플래시 메모리

FLASH MEMORY

플래시 메모리

FLASH MEMORY

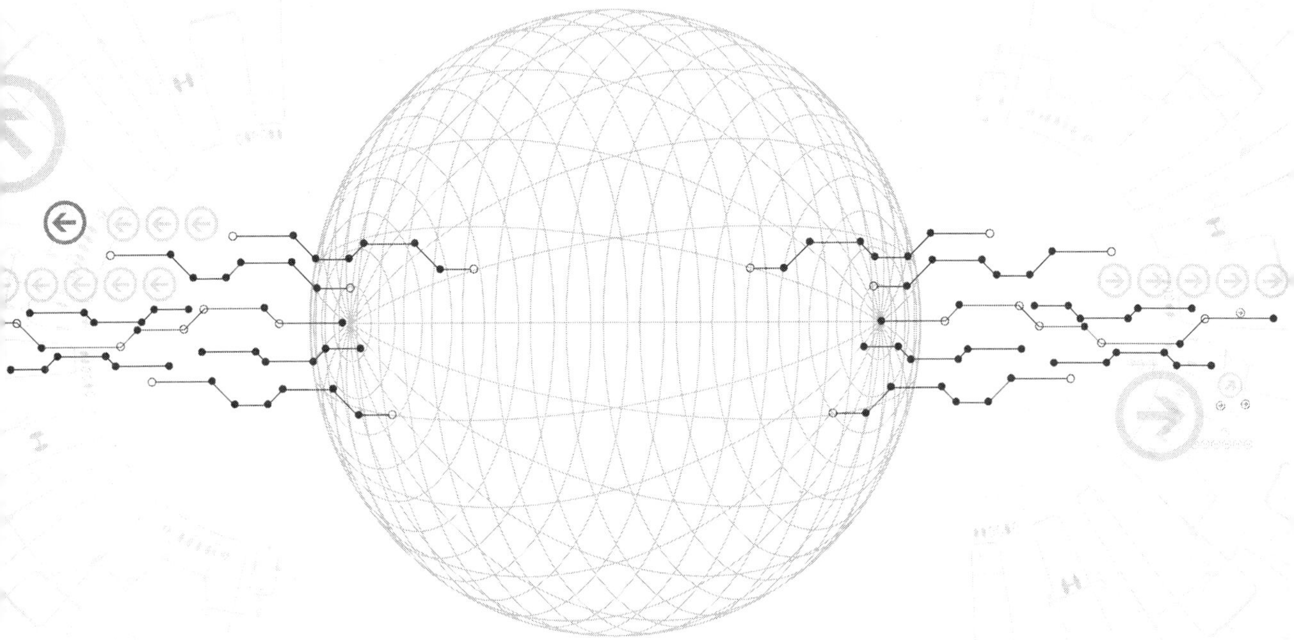

Detlev Richter 지음 | **김철우** 옮김

카오스북
CHAOS BOOK

옮긴이

김철우(고려대학교 전기전자공학부 교수)

플래시 메모리

FLASH MEMORY

발행일 2018년 8월 31일
지은이 Detlev Richter
옮긴이 김철우
발행인 오성준
발행처 카오스북
주　소 서울 마포구 양화로 56 동양한강트레벨 1022호
전　화 02-3144-8755~6
팩　스 02-3144-8757

등록번호 제2018-000189호

디자인 Moon & Park
인　쇄 이산문화사
지　류 성진페이퍼

웹사이트 www.chaosbook.co.kr
이메일 info@chaosbook.co.kr
ISBN 978-89-98338-85-5 93560

정가 20,000원

발간에 즈음하여

현 시대에 가장 스포트 라이트를 받고 있는 분야는 무엇일까? 모든 산업의 중심에 서 있는 반도체에서도 가장 각광을 받고 있는 플래시가 아닐까 싶다. 플래시토피아(Flashtopia)라는 말이 있다. 플래시 메모리 기술 혁명이 만들어 낼 이상향. 즉, 인간의 기본 욕구를 플래시 메모리를 중심으로 한 반도체 기술이 해결하는 세상. 단순한 정보의 저장, 휴대, 전달에서 탈피해 플래시 메모리가 인간의 뇌와 유사한 기능을 하는 세상을 뜻한다. 이 얼마나 가슴 뛰고 신비한 세계인가? 우리 반도체 산업에 종사하는 구성원들은 세상을 이끌어간다는 자긍심을 갖기에 충분하다고 생각한다.

이제 기술 발전의 속도와 맞물려 세상의 문화가 만들어지고 있다. 휴대폰, 음악, 영상 등 각각의 분야가 융복합되면서 더 단순하면서도 멀티 기능을 구현할 수 있는 시대로 진화되고 있으며, 그에 발맞춰 사람들의 생활 방식도 변화하고 있다.

인류는 이성인(理性人, Homo Sapience)에서 공작인(工作人, Homo Faber)으로 변모하면서 새로운 역사를 도출해냈다고 한다. 그런데 인간의 도구 사용의 한계는 어디까지일까? 이 질문의 답을 찾는 고민이야말로 우리 반도체 사업에 종사하는 사람들의 고민과 일맥상통할 것이다. 한계를 부수고 새로운 기술 발전을 구현하는 역할이 우리에게 있기 때문이다.

그렇다면 이 시대의 진화를 이끌어갈 사람들은 어떤 사고를 해야 할까? 〈탈무드〉를 보면 '모든 사람(혹은 사물)에게서 배울 자세가 된 사람이 가장 현명하다'는 구절이 있다. 현 시대는 넓고도 깊은 지식과 경험이 필요하다. 그러기 위해서는 배울 자세가 되어 있어야 하고, 이를 실천함으로써 스스로의 가치를 창출해야 한다. 그런데, 넓게 알아야 한다는 말에 대충이라는 단어를 결합시켜서는 안될 것이다. 본질과 원리의 이해를 기반으로 하여 지속적으로 지식을 확장시켜야만 세상의 선두에 설수 있다.

반도체 기술의 본질과 원리 이해를 돕기 위해 독일 뮌헨 공과대학(Technische Universität München)에서 전기/전자공학으로 박사학위를 받고, 현재 TÜV SÜD Product Service GmbH에서 일하고 있는 Dertev Richter 박사가 저술한 〈Flash Memories〉를 우리말로 번역하게 되었다. 이 책은 원 저자의 경험과 실증적인 사례 중심으로 기술되어 있어, 반도체에 대해 생소한 구성원부터 실제 연구에 대해 고민하는 엔지니어 모두에게 도움 될 것으로 생각된다. 또한, 우리 반도체 업에 종사하는 모든 구성원들이 치열한 반도체 시장에서 경쟁할 때 이 책이 작은 도움이 되길 바라 마지 않는다.

SK하이닉스 경영지원부문장 사장 김준호

추천사

회사라는 큰 시스템 속에서 가끔 우리는 무슨 일을 하고 있는지 어디로 가고 있는지 망각하곤 합니다. '성공은 속도가 아닌 방향이다'라는 격언에서 알 수 있듯이 각자의 역할이 무엇인지 우리가 하는 일이 회사 전체에 어떤 영향을 미치는지 명확하게 인식하는 것은 매우 중요합니다. 같은 맥락으로 우리가 개발하고 생산 · 판매하는 DRAM 및 NAND Flash도 시스템 관점에서는 하나의 부품에 해당하므로, 전체 시스템의 구조와 원리를 이해하고 메모리가 시스템에서 어떻게 동작하고 어떤 역할을 담당하는지에 대해서도 반드시 알아야 합니다. 이러한 이해를 바탕으로 메모리가 어떤 방향으로 진화해나갈지 예측하고 우리가 어떠한 특성을 가진 제품을 개발해야 하는지 알 수 있습니다. 이 책이 끊임없는 혁신과 도전을 계속하고 있는 SK hynix 모든 구성원에게 큰 도움이 되기를 기대합니다.

미래기술연구원장 **홍성주 부사장**

강대원 박사님과 S.M. Sze에 의해서 1967년에 Floating gate memory cell이 발명되면서 오늘날의 NAND Flash의 기반이 시작되었습니다. SK hynix는 1983년에 설립되어 1985년에 CMOS형 256K DRAM을 국내 최초로 시험 생산하였고, 그 후 지금까지 30년이 넘는 시간 동안 DRAM 기술 발전에 공헌하며 DRAM분야 세계 2위의 자리에 까지 오르게 되었습니다. 여기에 더하여 이제는 Flash Memory 입니다. 업무에 따라서 기초적인 지식을 쌓는 목적으로 사용하여도 좋고, 이미 알고 있는 내용을 체계화 하는 목적으로도 본 도서가 매우 유용하게 사용될 수 있으므로 열심히 공부하여 담당하고 계신 업무에 큰 도움이 되기를 바랍니다.

DRAM 개발 부문장 **이석희 부사장**

Flash Memory의 물리적인 원리, Architecture, 성능의 연관성을 기본에 충실하게 설명하고 있어서 비전문가들도 Flash Memory에 대해서 쉽게 이해할 수 있는 도서이면서도 System 최적화 관점에서 Flash Memory 제품의 요구 사항을 자세하게 기술하여 개발 현장에서도 유용하게 활용될 것으로 생각됩니다. 이런 좋은 내용이 우리말로 번역되어 보다 쉽게 참고할 수 있게 되어서 더욱 기쁩니다. 우리 회사 구성원 모든 분이 항상 옆에 두고 이용하실 수 있기를 바랍니다.

NAND 개발 부문장 **진교원 전무**

서론

- 시스템 개발과 최적화는 서로 다른 구조와 개념을 기반으로 하는 소프트웨어와 하드웨어 사이에서 기술적이고 상업적인 결정을 반복하는 작업이다. 최근 메모리 제품의 기술적인 사양을 바탕으로 결정하지만 이는 종종 메모리 제품군의 장기적인 로드맵 개발을 반영하지 못한다. 메모리 제품군의 장기적인 로드맵은 시스템 비용과 성능, 그리고 새로운 메모리 중심 시스템 제품의 상업적인 성공에 큰 영향을 미친다.

- 비휘발성 고체 메모리는 우리가 세상과 소통하는 방식을 바꿨다. NAND Flash는 이동식 저장 장치가 가능하도록 해준 기술이 되었다. 특정한 어플리케이션에 충분한 용량과 속도를 가진 비휘발성 고체 메모리의 사용이 가능해지면서 매년 새로운 상업 제품들의 생산이 가능해졌다.

- NAND Flash 제품 로드맵은 해마다 메모리 집적도를 두 배로 증가시키고 ITRS 로드맵의 예측을 넘어서는 성능을 보인다. 과거에는 32 셀의 NAND String을 통한 메모리 셀의 Read Access는 매우 난이도가 높고 신뢰성이 떨어지는 메모리 개념이라고 여겨졌다. 그러나 현재, NAND Flash는 전체 반도체 산업의 핵심 동력원이 되고 있다. 이 책은 NAND Flash의 셀, 설계, 알고리듬을 시스템적으로 소개하고, 이를 대안과 비교하여 플래시 메모리에 대한 타당한 결론을 내린다.

- 복잡한 수치들이 비휘발성 메모리 개발에 따른 어려움을 입증하기 위해 도입되었다. 성능 지표 값은 이러한 복잡성을 줄이고 비휘발성 메모리와 메모리 중심 시스템의 성능, 비용 및 내구성 최적화를 나타내는 정량적인 수치를 도출하기 위해 메모리 array 모델(Memory Array Model: MAM)을 바탕으로 계산된다.

- 성능 지표 방법론이 개발되었고 그래픽적인 표현은 성능과 애플리케이션 추세선을 바탕으로 한다. 이 방법의 장점은 서로 다른 셀과 Array 구조들을 정량적으로 비교할 수 있

다는 것이다. 이 방법론은 메모리 집적도, 프로그램 성능과 같은 다른 값들을 증가시킴으로써 시스템 레벨의 내구성 변수의 불충분함을 보상할 수 있게 한다. 소개된 모델 기반 성능 지표 분석은 복잡한 시스템의 반복적인 결정 과정을 도와주는 도구로서 이용될 수 있다.

이 책에 대한 주의점

이 책에서 얻은 정보는 기술적인 혁신들을 포함하고 이는 제3자에게 속한 특허일 수 있다. 이 책에서 제공하는 정보들이 어떠한 특허를 침해하라고 하는 것은 아니다.

Detlev Richter

Abbreviations and Symbols

Abbreviations

ABL	All 비트 라인
BBM	Bad Block Management(불량 블록 관리)
BFR	Bit Failure Rate(비트 불량률)
BL	Bit Line(비트 라인)
BOM	Bill of Material(재료표)
BPD	Background Pattern Dependency(배경 패턴 의존성)
BTBHH	Band-To-Band Hot Hole
CD	Coupling Dielectric
CG	Control Gate(제어 게이트)
CHE	Channel Hot Electron
CTF	Charge Trapping Flash
DIMM	Dual Inline 메모리 Module
DRAM	Dynamic Random Access 메모리
ECC	Error Correcting Code
EDC	Error Detection Code
EEPROM	Electrical Erasable Programmable ROM
EOT	Equivalent Oxide Thickness(등가 산화막 두께)
EPROM	Erasable Programmable ROM
ERS	Erase
ETOX	Erase Through OXide
F	Minimal feature size(최소 feature size)
FG	Floating Gate(플로팅 게이트)
FLOTOX	FLOating-gate Tunneling Oxide
FTL	Flash Translation Layer(플래시 변환 레이어)
FN	Fowler Nordheim

GIDL	Gate Induced Drain Leakage
GSL	Ground Select Line
GWL	Global 워드 라인s
HDD	Hard Disk Drives
HPC	High-Performance Computing(고성능 컴퓨팅)
IPD	Inter Poly Dielectric
ISPP	Incremental Step Pulse Programming
ITRS	International Technology Roadmap for Semiconductors
JEDEC	Joint Electron Devices Engineering Council
LSB	Least Significant Bit(최하위 비트)
MCP	Multi-Chip Package
MLC	Multi-Level Cell (applied for 2 bit/cell-4 level per cell)
MNOS	Metal Nitride Oxide Semiconductor(금속 질화 산화막 반도체)
MOSFET	Metal Oxide Semiconductor Field Effect Transistor(금속 산화막 반도체 전계 효과 트랜지스터)
MSB	Most Significant Bit(최상위 비트)
NROM	Nitride ROM
NVM	Non-Volatile 메모리(비휘발성 메모리)
ONFI	Open NAND Flash Interface Working Group
OTP	One Time Programmable
PAE	Program After Erase
PBE	Program Before Erase
PGM	Program
PROM	Programmable ROM
PV	Program Verify
RAM	Random Access 메모리
RBER	Raw Bit Error Rate(원시 비트 불량률)
ROM	Read Only 메모리
RTN	Random Telegraph noise
SADP	Self-Aligned Double Patterning
SAQP	Self-Aligned Quadruple Patterning
SA−STI	Self-Aligned-Shallow Trench Isolation
SBPI	Self Boosted Program Inhibit

SL	Source Line
SLC	Single Level Cell (applied for 1 bit/cell-2 level per cell)
SLN	Source Line Noise
SONOS	Silicon-Oxide-Nitride-Oxide-Silicon
SRAM	Static RAM
SSD	Solid-State Disk
SSG	String Select Gate
SSL	String Select Line
STI	Shallow Trench Isolation
TCO	Total Cost of Ownership(총 소유 비용)
TD	Tunneling Dielectric
TOX	Tunnel Oxide
TLC	Triple Level Cell (applied for 3 bit/cell-8 level per cell)
TSV	Through Silicon Via
WL	워드 라인
XLC	eXtended Level per Cell (applied for 3 bit/cell and 4 bit/cell up to 16 level per cell)

Symbols

α_G	Gate coupling ratio
α_D	Drain coupling ratio
BW_{RD_DRAM}	Read data bandwidth (DRAM). [MB/s]
BW_{WR_DRAM}	Write data bandwidth (DRAM). [MB/s]
$C_{[x,\ y,\ xy]}$	Coupling capacitance between adjacent cells in x, y and xy directions(인접 셀간 x, y, xy의 방향성을 갖는 coupling 커패시턴스) [F]
C_{BD}	Capacitance between bulk and nitride layer(bulk와 nitride층 사이의 커패시턴스) (bottom dielectric) [F]
C_B	Capacitance between floating gate and bulk(bulk와 게이트 사이의 커패시턴스) [F]
C_D	Capacitance between floating gate and drain(플로팅 게이트와 드레인 사이의 커패시턴스 [F]
C_{FC}	Capacitance between floating gate and control gate(플로팅 게이트와 제어 게이트 사이의 커패시턴스) [F]
C_S	Capacitance between floating gate and source(플로팅 게이트와 소스 사이의

	커패시턴스) [F]
C_{TD}	Capacitance between nitride layer and control gate(nitride층과 제어 게이트 사이의 커패시턴스) (top dielectric) [F]
d_{BD}	Thickness of bottom dielectric
d_{TOX}	Thickness of Tunnel Oxide
d_{TD}	Thickness of top dielectric
DR	Data Rate for sequential data bursts [MB/s]
DR_{RD_Burst}	Data Rate for read burst access to an open row [MB/s]
DT_{RD}	Read Data Throughput [MB/s]
DT_{PGM}	Program Data Throughput [MB/s]
DT_{WR}	Write Data Throughput [MB/s]
f_{IF}	Clock frequency of the data interface [Hz]
g_m	Transconductance of the MOS transistor (flash cell) [V/decade]
I_{cell}	Cell current for a flash cell transistor(플래시 셀 트랜지스터의 셀 전류) [A]
I_{DS}	Drain current for MOS transistor(MOS 트랜지스터의 드레인 전류) (flash cell) [A]
$I_{leakage}$	Leakage current flow in a cell array(셀 array 내부에 흐르는 누설 전류) [A]
I_{sense}	Sense current(sense 전류) [A]
I_{string}	Current flow through the NAND string(NAND string을 통해 흐르는 전류) [A]
ϕ_B	Energy height of a potential barrier in the device's band structure [eV]
Q_{FG}	Overall charge on the floating gate capacitor(플로팅 게이트 커패시터의 전체 전하량) [C]
R	Resistance(저항) [Ω]
σ	Standard deviation of the distribution(분포의 표준편차)
t	Time(시간) [s]
t_{BERS}	Block Erase time for NAND flash [s]
t_{CAS}	Column Access Strobe [s]
t_{CL}	CAS Latency = Column Access Strobe [s]
t_{DI}	Data in time [s]
t_{IF}	Data interface cycle time [s]
$t_{NV\_storage}$	Nonvolatile physical storage time [s]
t_{PROG}	Page program cycle time for NAND flash [s]
t_R	Read time for NAND flash-data transfer from flash array to data register [s]

t_{RACT}	Read Access Cycle Time [s]
t_{RAS}	Row Access Strobe [s]
t_{RC}	Read data interface cycle time (asynchronous NAND data interface) [s]
t_{RCD}	Row address to Column address Delay [s]
t_{RP}	Row Pre-charge cycle time [s]
t_{WC}	Write data interface cycle time (asynchronous NAND data interface) [s]
t_{WCT}	Write Cycle Time [s]
t_{WR}	Write Recovery time [s]
τ	Tau is characterizing the rise time [s]
V	Applied voltage(인가 전압) [V]
Vcc	Voltage of the common collector(공통 콜렉터 전압) [V]
V_{CG}	Voltage of the Control Gate(control gate 전압) [V]
V_{DS}	Voltage applied between Drain and Source of the cell transistor(셀 트랜지스터의드레인과 소스 사이에 인가된 전압) [V]
V_{FG}	Voltage of the Floating Gate(플로팅 게이트 전압) [V]
V_{GS}	Voltage applied between Gate and Source of the cell transistor(셀 트랜지스터의 게이트와 소스 사이에 인가된 전압) [V]
V_{SE}	Voltage of the Storage Element(기억 소자의 전압) [V]
V_{SS}	Ground potential(접지 전위) [V]
V_{PP}	Voltage applied to selected 워드 라인 during program(program하는 동안 선택된 워드 라인에 인가된 전압) (program pulse) [V]
ΔV_{PP}	Program pulse voltage increment(program 펄스 전압의 변화량) [V]
V_{RD_PASS}	Voltage applied to unselected 워드 라인s during read 오퍼레이션(read 오퍼레이션하는 동안 선택되지 않은 워드 라인에 인가된 전압) [V]
V_{th}	Threshold voltage of the MOS transistor(MOS 트랜지스터의 문턱 전압) [V]
V_{th_LL}	Left side of the erased V_{th} cell distribution(erase V_{th} 셀 분포의 왼쪽) [V]
V_{th_LH}	Right side of the erased V_{th} cell distribution(erase V_{th} 셀 분포의 오른쪽) [V]
V_{th_HL}	Left side of the programmed V_{th} cell distribution(program V_{th} 셀 분포의 왼쪽) [V]
V_{th_HH}	Right side of the programmed V_{th} cell distribution(program V_{th} 셀 분포의 오른쪽) [V]

초록

이 책은 반도체 공정 미세화(shrink) 로드맵을 따라 비용이 최적화된 휘발성, 비휘발성 메모리 제품의 최적화에 대한 조사 결과를 보여준다. 성능, 비용, 신뢰성 최적화에 적용할 수 있는 모델 기반의 정량적 성능 지표 방법론(performance indicator methodology, PIM)이 도입되었다. 이 방법론은 셀당 2비트부터 4비트의 상업용 플래시 제품의 개발과정에서 개발되었다. 요구 조건을 기준으로 하는 제품 개발 과정을 지원해 주기 위해 추세선을 사용하여 시각적으로 표현하였다.

이 책에서는 플래시 메모리의 셀, Array, 성능 그리고 신뢰성 효과가 소개되고 분석되었다. 플래시 메모리의 핵심 성능 변수(performance parameter)는 플래시의 복잡도를 다루기 위해 체계적으로 전개되었다. 성능과 array 메모리 모델이 개발되었고, 구조, 비용, 내구성을 결정하는 일련의 성능 지표(performance indicator)를 정의하였다. 또한 시스템 솔루션을 개발할 책임이 있는 엔지니어들이 플래시 메모리의 복잡도와 약점들을 극복할 수 있도록 높은 관념화 수준(abstraction level)이 도입되었다.

비용, 성능에 최적화된 제품과 시스템 개발 로드맵에서 숨겨진 메모리 변수들의 중요성을 보여주기 위하여 성능 지표 방법론이 적용되었다.

반도체 제품 개발 과정에 대하여 도입된 방법론의 고유한 특성은 다음과 같다.

- 플래시 메모리의 신뢰성 최적화는 문턱 전압 마진을 이해하고 정의하는 것이다.
- 제품 성능 변수는 문턱 전압 동작 윈도우(threshold voltage operation window)와의 관계를 고려하여 모든 측면에서 분석되었다.
- 기술적인 특성은 양적 성능 지표로 변환되었다.
- 제품의 요구조건을 충족시키며 전반적인 비용을 최적화하는 솔루션을 위해서 제품과 인접 분야 내의 기술 혁신을 확인하고 수량화해야 하며, 이를 위한 성능 지표가 적용되었다.

• 비용, 집적도, 성능, 그리고 내구성이 결합되어 애플리케이션 요구조건을 충족하는 공통의 지수(성능 지표)가 되었다.

이 책은 제안된 모델 중심의 성능 지표를 바탕으로 기술 혁신의 수량화 가능성을 보여 준다. 플래시 메모리의 복잡도(complexity figure)는 반도체 제조, 메모리 설계, 플래시의 내부 동작을 제어하기 위해 내장된(embedded) 제어 시스템으로 이루어져 있다. 이 방법론을 적용하고, 제품의 요구조건으로부터 유도된 정량적인 성능 지표에 의해 설계에 필요한 결정을 도울 수 있도록 시스템의 하드웨어와 소프트웨어 구조가 선택되었다.

차례

CHAPTER 06 메모리 최적화: 핵심 성능 지표 방법론 237

Flash Memory

CHAPTER 01

소개

1.1 책의 범위

경제적인 척도는 기술과 설계에 큰 영향을 미치며 반도체 산업의 경향을 좌지우지한다. 이 책이 다룰 범위는 비휘발성 메모리의 성능과 비용, 내구성 최적화 등에 적용 가능한, 모델 기반의 성능 지표 방법론을 개발하는 것이다.

반도체 메모리는 긴 역사를 갖고 있으며 개발 진행 과정을 분석하고 성공적인 최적화 전략을 확인하기 위하여 채택되었다. 이 책에서는 새로운 애플리케이션의 요구 사항들과 메모리 구조 발전의 상호 작용에 초점을 맞추고 있다. 메모리 구조의 발전은 반도체 메모리에 대해 필요한 요구사항들을 일정 부분 충족시켜왔다. 집적도, 성능, 에너지 소모와 내구성 변수 등에 초점을 맞춘 메모리 최적화 전략과 어레이(array) 구조 채택은 여러 성능 지표들 중에서 중요 변수들을 식별하기 위해 자세히 서술되었다. 이 책에 서술된 방법론은 복잡한 전자 시스템 개발 과정 중에 반복 횟수를 제한하는 쪽으로 개발되었다.

성장하는 DRAM 시장은 90년대 중반에 이미 수많은 새로운 메모리 구조를 제안해 왔다. 제안된 구조 중에 오직 몇 개만이 10년 후 큰 시장 점유율을 갖고 상업적으로 성공을 했다. 비휘발성 메모리에 대해서도 비용, 성능, 내구성의 균형을 맞추기 위해 어떤 메모리 구조를 채택해 왔는지 분석하였다.

비휘발성 메모리 시장은 NAND flash가 반도체 리소그래피(lithography)를 이끌었기 때문에 반도체 시장의 주요한 부분을 차지하게 되었다. Solid-state 기반의 기억 장치는 수 많은 모바일 애플리케이션을 가능하게 하였다. 오랜 시간 동안 NAND flash의 비트당 가격은

ITRS 로드맵에서 예상한 것 이상으로 빠른 속도로 감소하였다. 집적도는 메모리 제품에서 유일한 중요 변수이다. 그 외의 다른 변수들은 공정 미세화(shrink) 로드맵에 따라 세대가 거듭될수록 같은 정도로 꾸준히 개선되어야 한다.

메모리는 규칙적인 구조를 갖는 반도체 소자이다. 메모리는 각각의 교차 지점에 위치한 메모리 셀에 액세스하기 위하여 행(워드 라인으로 불리는)과 열(비트 라인으로 불리는)로 정의되어 있다. 플래시 메모리는 공정이 미세화됨에 따라 비트와 비트 간의 간섭과 셀당 멀티 비트 개념으로 인해 점점 더 복잡해지고 있다. 데이터 저장용 비휘발성 메모리 개발은 다음의 세 가지가 결합되어 이루어진다. ① 최신 기술(예, 리소그래피)을 적극적으로 사용하는 것, ② 모든 셀들이 잘 동작하기 위해 신호 감지와 전압에 대한 정확도 요구 등으로 인한 아날로그 설계의 어려움, 그리고 ③ 내장된(embedded) 알고리즘과 조정 가능한(adaptive) 기술 등으로 인한 디지털 설계의 어려움 등을 포함하고 있다. 제품 개발에 들어가는 노력은 메모리 시장에 성공적으로 들어가기 위해 필요한 최소한의 시간만을 사용해야 한다. 비휘발성 메모리의 설계와 공정 기술은 제품 수명이 다할 때까지 데이터를 오류 없이 보존해야 한다–이것은 최종 소비자들이 가장 중요하게 여기는 사항이다.

미세 공정(shrink) 로드맵에서 예상하기보다 메모리 집적도를 더 증가시키고, 비트당 비용을 더 감소시키는 멀티 비트와 멀티 레벨의 셀 개념을 도입해 비휘발성 메모리의 복잡성이 커졌다. 멀티–레벨 셀 플래시는 모든 설계와 공정 기술, 애플리케이션에서 요구하는 변수 등에 영향을 준다. 이 책에서는 메모리 기술과 애플리케이션 사이의 상호 작용에 대한 양적인 분석에도 초점을 두었다.

플래시 메모리를 기반으로 하는 메모리 중심의 시스템(Memory-Centric System)은 단일 메모리로 인한 모든 단점을 극복할 수 있게 하며, 막대한 병렬 액세스가 가능한 메모리를 사용하도록 해 시스템 성능을 올릴 수 있게 한다.

성능 지표 방법론(Performance Indicator Methodology, PIM)은 비휘발성 메모리의 성능, 비용, 내구성 최적화에 영향을 미치는 모든 변수에 대해 분석하고 예측하기 위해 개발되었다. 성능 지표 방법론은 설계와 기술 혁신을 수량화하고 메모리 개발 과정을 지원할 것이며 플래시 메모리에 이 방법론을 적용하기로 한다.

플래시 메모리에 대한 복잡한 예제는 중요 성능 매개 변수들을 도출하기 위해 사용되었다. 이 변수들은 비휘발성 시스템의 복잡도를 다룰 성능 지표를 소개하는 데 사용된다. 복잡한 비휘발성 반도체 메모리에 적용 가능한 애플리케이션 레벨의 혁신을 가능하게 하기 위해 여러 관념층(abstraction layer)–생각의 개념–이 소개된다.

• 인구 증가율보다 반도체의 집적도 증가율이 더 빠르게 늘고 있다. 생성되고 저장된 정보는 매년 두 배씩 증가하고 있다. 첫 번째 규칙은 비휘발성 SSM(Solid–state memories)을 위해 정의할 수 있다
• 시간 축에 대해 어떤 정보를 Read할 확률은 매년 X배 만큼 작아지고 있기 때문에 Read disturbance는 점점 덜 중요해진다.: 〈이론 1〉 Solid–state 기억장치에 대한 내구성 [2009년 7월 15일 23:09:09, Detlev Richter]

신뢰성과 내구성 변수는 상품 개발을 이끄는 성능 지표의 한 부분이 되고 있으며 완전한 시스템 최적화 설정의 한 부분이 되고 있다.

1.2 책 구성 개요

이 책『플래시 메모리 – 성능, 비용, 내구성 최적화에 대한 경제적 원리』는 8개의 장으로 구성되어 있다. 각 장마다 독자들을 안내하기 위한 짧은 개요가 있고, 각각의 주제는 독립적으로 사용될 수 있으며, 각 주제들은 모델 기반 성능 지표 방법론을 정의하고 소개하기 위해 순차적으로 기술되었다.

• 1장: 이 책의 주제와 구성에 대한 소개
• 2장: 비휘발성 메모리의 기초에 대한 소개. 비휘발성 기억 소자에 대한 물리학적인 소개가 이루어진다. 전자와 비–전자 기반의 셀이 기술되고 비교되었다. 플래시 어레이 구조의 일부가 분석되었으며 메모리 성능 변수를 유도하였다. 메모리 구성 블록들, 플래시와 내장된(embedded) 플래시의 감지(sensing), 그리고 write & Read 알고리즘이 소개되었다. 이 챕터는 플래시의 V_{th} 윈도우 마진(margin)과 멀티–레벨 셀 개념에 대한 자세한 논의로 끝난다.

성능 지표 방법론은 성능, 비용, 내구성 변수로 나타나는 메모리 어레이 구조 지표를 기반으로 개발되었다. 3장~5장은 성능, 내구성, 효율성에 상응하는 주제를 소개하고, 각각의 주제에 대해 요구되는 메모리 성능 변수를 구체적으로 정의하고 논의하였다.

• 3장: 휘발성 및 비휘발성 메모리의 성능 정의에 대한 소개. 6장에서 중요 성능 지표를

정의하기 위한 기초로써 플래시 메모리의 성능 변수를 유도하였다. 데이터 처리량과 내구성 사이의 관계가 소개되었으며 대응책 또한 기술하였다.

- 4장: 추가적인 개발 노력과 시스템 비용이 요구될 수 있는 극단적인 경우들과, 신뢰성에 대한 포괄적인 개요를 소개하였다.
- 5장: 상품 개발 과정과 메모리 중심의 시스템 개발에 대해 드러나지 않는 복잡성에 대해 초점을 맞추었다. 애플리케이션 기반 시스템 요구사항이 메모리 상품과 기술 로드맵에 의해 주어진 원칙과 상충되고 있다. 6장에서 이러한 개발 과정을 유도하는 효율성 변수가 구체적으로 정의되었다. 효율성 변수를 자세하게 정의하였고 이는 메모리 어레이 모델 개발의 기반이 된다. 성능과 비용, 내구성을 동시에 최적화시키는 것과 애플리케이션 요구 사항을 만족시키는 것 사이의 딜레마가 기술되어 있다.

메모리의 역사는 특정한 메모리 구조가 상업적인 성공을 거두기 위해 설계와 기술에 관련된 몇 가지 파격적인 혁신이 있었음을 보여준다. 대량으로 판매되는 메모리 시장에서는 설계와 기술에 대한 결정이 제시간에 내려져야 한다. 설계 혁신으로 수없이 증명된 설계 개념들을 비교하기 위해 체계적인 방법론이 이 책에서 제시되었다.

- 6장: 설계, 기술, 알고리즘 선택에 대한 정량적인 판단을 돕기 위해 모델-기반 성능 지표 방법론을 개발했다. 성능과 어레이에 대한 모델이 개발되었으며 성능 지표들이 정의되었다. 성능 지표 방법론은 설계와 기술 혁신을 수량화하고 요구사항에 따른 시스템 개발 과정을 지원하여 플래시 메모리에 성능 지표 방법론을 적용하였다.
- 7장: 성능 지표 방법론의 전형적인 예를 통한 시스템 최적화. 액세스 및 스토리지 지향 메모리의 개념을 적용하기 위해 NOR와 NAND 플래시가 사용되었다. 성능 지표 추세를 바탕으로 하여 3D-NAND의 예상되는 수요를 논의하기 위해 메모리 중심의 시스템 개발을 사용하였다.
- 8장: 성능 지표 방법론의 중요 요소들을 요약하고 전망을 보여주기 위해 기술되었다.

지난 10년간 휘발성 및 비-휘발성 메모리 개발은 플로팅 게이트와 전하 트랩 셀들을 사용하는 NAND 및 NOR 플래시 메모리 어레이 구조를 사용해 왔다. 이 책은 그 개발 중에 있었던 난관들에 대한 경험을 기초로 하였다.

살펴볼 여러 경우들마다 각각의 난관에서 어떻게 비용-최적화된 답을 찾을지 독자들을 안내하기 위해 성능 지표 방법론을 개발하였다. 비휘발성 메모리의 약점들을 나열하였고, 성능 지표 방법론은 이러한 메모리의 약점을 비휘발성 메모리 타입에 기반한 시스템의 강점으로 바꿀 수 있도록 도와줄 것이다.

주력 제품이나 기술이 중요 시스템 변수의 주요 부분을 정의하는 경우, 전기 전자와 관련된 어떠한 복잡한 시스템에도 성능 지표 방법론의 기본 원칙은 적용될 수 있다.

경쟁 개념을 능가하기 위해 채택된 플래시 구조의 능력을 가시화하고 목표로 하는 구조를 정량화하기 위해, 모델-기반 성능 지표 분석을 적용하였다.

Flash Memory

CHAPTER 02

비휘발성 메모리의 기초

이번 장의 주제는 비휘발성 메모리의 기초를 소개하는 것이다. 전자와 비전자를 기반으로 하는 셀에 대한 개요에 이어 고-집적 비휘발성 메모리를 기술하였다. 메모리 셀과 메모리 성능 변수 사이의 관계가 소개되었으며 NAND와 NOR 어레이 구조와 관련 지어 깊게 분석하였다. 설계 관점에서 감지하고 쓰고 지우는 알고리즘 기술을 플로팅 게이트와 전하 트랩 셀들을 기반으로 하는 플래시 메모리를 위해 소개하였다.

플래시 메모리를 설계하고 최적화할 주요 수단으로 V_{th} 윈도우가 소개되었다. NOR 및 NAND 플래시 메모리의 다른 어레이의 민감도와 알고리즘 개념을 설명하기 위해 구체적인 V_{th} 윈도우 마진(Margin)을 자세히 분석하였다. 셀당 비트 집적도를 올리고 공정 미세화(shrink) 로드맵과 더불어 메모리 비용 감소를 촉진시킬 주요한 개발 방향으로써 멀티-레벨 및 셀 플래시 구조당 멀티-비트가 소개되었다.

성능 평가는 성능 변수 채택 과정을 설정할 알고리즘 측면을 포함하여 셀, 어레이, 플래시 메모리 레벨에서 각각 이루어졌다.

2.1 무어의 법칙: 지수적 성장의 영향

2.1.1 비휘발성 플로팅-게이트 메모리의 역사

반도체 소자에 정보를 비휘발성으로 저장하는 것은 1967년 Kahng과 Sze에 의해 개발되었다[1]. 소자 물리학에 대한 깊은 이해와 셀 및 공정 기술에 대한 점진적인 개선이 이후

15년 동안 이루어졌다. 프로그램 코드 개발 단계 동안 ROM의 대체재로서 지우기와 기록이 가능한, EPROM(Erasable Programmable Read-Only Memory)이 개발되었다. 마이크로 콘트롤러를 사용한 제품은 시스템 개발을 빠르게 하기 위해 EPROM을 필요로 했다. 오류가 수정된 프로그램 코드는 EPROM에 전기적으로 프로그래밍할 수 있었다. 저장된 정보는 자외선으로 지울 수 있었다. 다음 단계의 혁신은 전기적으로 지울 수 있는, EEPROM(Electrically Erasable Programmable ROM)의 개발이었다.

애플리케이션 복잡성은 증가하였고 요구되는 코드 메모리 양은 늘어났다. 기억 소자는 셀 크기에서 작아져야 했으며, 단일 플로팅 게이트 트랜지스터가 개발되었다. 플로팅 게이트(FG) 셀은 다른 메모리 어레이 구조와 결합될 수 있었다. NOR-와 NAND-타입 플래시 EEPROM이 발명되었으며 논문으로 발표되었다[2]. '플래시'라는 이름은 Masuoka 박사의 동료인, Shoji Ariizumi 박사에 의해 제안되었는데, 메모리 내용물을 지우는 과정이 카메라의 플래시를 떠올리게 했기 때문이었다.

그 시기에(80년대 중반) DRAM과 SRAM의 두 가지 메모리 구조가 반도체 메모리 시장을 주도하였다. 휴대전화는 빠른 코드 실행을 위해 비휘발성 메모리를 필요로 하면서 시장 규모도 어느 정도 큰 첫 번째 제품이었다. 휴대전화의 프로그램 코드와 사용자 및 애플리케이션 데이터를 저장하기 위해 메모리 용량은 충분히 커야 했다. 당시에 NOR 플래시는 충분히 컸고 매우 짧은 응답 시간을 가졌으며 적은 대기 전류를 갖도록 설계될 수 있었다. 1990년부터 2000년대까지 휴대전화 시장에서 필요로 했던 요구 사항은 NOR 플래시 메모리로 충족될 수 있었다.

모바일 휴대전화의 기능은 매년 꾸준히 증가해 왔으며 더 큰 용량의 플래시 메모리의 필요성 또한 증가했다. 셀당 2개의 비트를 저장시키는 멀티-레벨 NOR 플래시가 소개되어 비트당 비용을 감소시켰다[3]. 주 메모리로 DRAM 대신 플래시 메모리를 사용하면서 휴대전화의 대기시간 동안 발생하는 전력 소모가 엄청나게 감소되었다. 그 후 DRAM 생산업자들이 DRAM을 휴대전화의 저전력 요구 사항에 맞추면서 저전력 DRAM(LPDRAM)구조가 개발되었다. DRAM 개발자들은 성장하는 모바일 시장을 위한 저전력 DRAM의 개발을 서둘렀고, NOR와 LPDRAM 메모리를 결합한 멀티-칩-패키지(MCP) 상품이 시장에 출시되었다.

NAND 플래시 메모리는 디스크와 하드디스크를 대체할 액세스 지향 비휘발성 메모리로, 자성의 저장 장치들과 비슷하게 블록 기반 데이터 기억 장치로 개발되었다. NAND 플래시는 가장 집적도가 큰 메모리 구조였으며 비용 대비 칩의 크기가 100% 최적화되었다. 페이지의 크기는 각각의 페이지 끝에서 에러를 감지하고 코드의 수정을 가능하게 할 추가적인 여유 공간을 포함하도록 구성되었다. NAND는 제품의 수명이 다할 때까지 여유 블록 관리라고 불리는 것을 제안하였다. NAND 플래시는 결함이 있는 섹터를 결함이 없는 섹터로 교체하는 방식을 사용하였다. 잘못된 비트(failing bit)와 잘못된 동작(failing 오퍼레이션)은 처음으로 메모리 스펙의 한 부분이 되었다. NAND의 첫 번째 애플리케이션은 디지털 데이터(그림과 음악)의 저장으로 제한되었다. 모든 종류의 데이터를 저장할 대용량 비휘발성 메모리에 대한 모바일 제품(스마트폰)의 요구는 또다시 패러다임을 바꾸어 NAND 플래시가 비휘발성 메모리의 주력 상품이 되었다.

메모리 집적도는 매년 꾸준히 공정이 발전해 셀 크기가 감소하기 때문에 증가한다. 하지만 작은 셀 크기에 대한 공정 편차의 증가는 지불해야 할 댓가이다. 랜덤 비트 결함은 통계적으로 기가 비트 이상의 집적도를 갖는 플로팅 게이트 셀 기반 메모리에 밀접하기 연관되어 있다. NOR 플래시 메모리에 대한 노력으로 기술이 크게 개선되었으며 제품의 수명이 다할 때까지 오류 없는 사용이 가능하게 되었다. NOR 플래시의 가장 큰 장점인 빠른 액세스 시간은 효율적인 EDC와 ECC 실행을 위한 설계에서 어려운 부분이 되었다. NAND 플래시는 늘어나는 단일 비트 에러에 대해 더 늘어난 여유 공간에 보다 개선된 ECC 개념을 넣어 해결하였다.

NAND 플래시 성능과 에너지 효율성은 매년 개선되었다. 셀에 연결된 각 비트 라인 중에 프로그램하지 않을 것들은 금지 기법(inhibit scheme)이 필요하다. 역사적으로 공급 전압 5.0V가 이러한 비트 라인들에 사용되었으며, 이러한 금지 기법은 NAND 구조에 제약으로 작용하였다. 셀프 부스트된 금지 기법이 개발되어, 전류를 줄이고 에너지 소모를 크게 줄였다[4]. 안정적인 NAND 프로그램 금지 기법이 성공적인 멀티-레벨 셀 NAND 개발 로드맵의 전제 조건이었다.

플로팅 게이트를 기반으로 한 멀티-레벨 셀 NAND 플래시 구조는 메모리 집적도가 셀당 2비트 이상이 되도록 촉진하였다. 3D 셀 (FinFET)은 전하 트랩 기반 플래시 구조에 대한 개선 가능성을 보여주었다[5,6]. 다음 개발 단계는 NAND 스트링(NAND string)이 Z-방향을 향하는 3차원의 NAND 플래시 어레이를 만드는 것이다. 이 3D-메모리 어레이는 3D 플래시 셀의 모든 장점을 자동적으로 이용할 것이며 다음 십 년 동안 플래시 메모리 집적도를 지속적으로 증가하게 할 것이다.

2.1.2 무어의 법칙 & 황의 법칙

메모리는 반도체 산업의 개발을 주도하는 두 가지 큰 장점을 갖고 있다. 알고리즘적인 테스트 패턴과 더불어 규칙적인 어레이 구조는 빠른 기술 습득과 실패에 대한 집중적인 분석을 가능하게 한다. 반도체 산업은 SRAM 테스트 어레이부터 시작하였고 그 이후 DRAM은 기술 개발의 견인차가 되었다. 수십 년 동안 DRAM은 리소그래피(lithography)와 공정 발전을 이끌어 왔다. 100nm 이하의 기술에서 high-k 유전체에 기반한 DRAM 커패시터의 발전은 더 많은 개발 시간을 필요로 하고 있어 NAND 플래시 메모리가 그 견인차 역할을 이어받을 것이다.

NAND 플래시의 셀과 어레이 구조는 커패시터와 트랜지스터를 기반으로 하는 DRAM과 비교하면 더 간단하다. 휴대용 데이터 기억장치를 사용하는 제품들은 고체 기억장치를 지원하는 NAND 플래시 시장 규모를 확장시키고 크게 만든다. 앞서 기술한 이 두 가지 측면이 NAND 플래시를 공정 기술과 리소그래피 발전에서 선두적인 위치가 되도록 만들었다.

1965년에 Gordon Moore는 그의 유명한 논문[7] "집적 회로에 더 많은 소자들을 집어 넣는 것(Cramming more components onto integrated circuits)"을 출판하였다. 한 칩의 트랜지스터 숫자는 2년마다 두 배씩 증가한다는 무어의 법칙은 그 후에 수정되었다. 인텔에 의한 마케팅과 더불어 소자 설계, 공정 개발과 애플리케이션의 결합은 마이크로컴퓨터 혁명의 주요한 요인이 되었다.

이번 세기에서 휴대용 기기들은 가장 증가하는 시장을 가지고 있다. 이 성장은 비휘발성 고체 저장 매체의 집적도 증가와도 연관되어 있다. 무어의 법칙으로부터 대략 40년 후 삼성의 반도체는 NAND 플래시 로드맵을 공격적으로 정하였다. 즉, "NAND 플래시 메모리의 집적도는 매년 두 배씩 증가할 것이다"라는 '황의 법칙'을 발표하였다. 삼성 전자의 사장이었던 황창규는 이 목표를 정하는 것으로 NAND 기술을 더 경쟁적으로 만들었고, SSD 제품으로 하드 디스크 기억 장치를 대체할 수 있도록 하였다.

NAND 플래시는 디지털 카메라, MP3 플레이어와, 스마트폰과 같은 휴대용 기기들을 가능하게 만든 기술이다. 첫 번째 상품 혁신은 휴대용 기억 장치였으며, 그 다음은 휴대용과 서버 컴퓨팅에 들어서고 있는 SSD이며, 마지막은 컴퓨터 구조에 근본적인 영향을 줄 것이다. 차세대 비휘발성 고체 메모리와 결합된 멀티-코어 마이크로 프로세서는 성능, 비용, 에너지 측면에서 최적화된 새로운 컴퓨팅 구조가 될 것이다.

플로팅 게이트 셀 소자가 개발된 지 40년 후, NAND 플래시가 발표된 지 20년 후 플로팅 게이트 셀과 NAND 어레이의 결합은 우리 삶의 질을 바꾸고 있다. 모든 종류의 데이터는 휴대용이 되었고 디지털 정보의 접속과 사용은 우리 삶의 거의 모든 분야에서 영향을 미칠 것이다. 무어의 법칙과 황의 법칙은 우리의 삶에 큰 영향을 미치고 있다.

2.1.3 Solid-state 기억장치의 역사: 셀과 애플리케이션의 개요

비휘발성 셀 개념의 짧은 역사(표 2.1 참조)를 이 책의 소개 자료로 보여 준다. 표를 보면 셀 개념은 애플리케이션과 매칭이 된다. 또한 주된 애플리케이션 시장도 추가되었다.

Solid-state 기억장치의 역사에 대한 자세한 분석은 이 책의 기초가 된다. 이 책은 아래 두 질문에 대한 답을 찾아 나갈 것이다.

- 특정한 셀 개념의 성공 요인은 무엇인가?
- 어떠한 방법론이 셀과 구조 개발을 예견할 수 있는가?

2.1.4 메모리 셀 분류

전자 기반 비휘발성 셀과 비전자 기반의 비휘발성 셀의 차이가 비휘발성 메모리 셀을 분류하기 위하여 소개되었다. 물리적인 차이와 더불어 비전자 기반 유형과 비교하여 전자

표 2.1_ 셀 개념의 역사

Year of invention	Cell concept	Product/Memory device	Application / market share
1967	Floating gate		
1971	EPROM-FAMOS		EPROM
1976	EEPROM-SAMOS		EEPROM
1978	NOVRAM		
1984	Flash memory		EEPROM
1988	ETOX flash memory	FG cell & NOR array	Mobile phone
1995	Multi-level cell NOR	FG NOR	Mobile phone
1995	2-bit multi-level NAND	FG NAND	Mobile camera
1999	NROM virtual ground NOR	Charge trap & VG NOR	Mobile storage
2005	4-bit per cell—NROM	Charge trap & VG NOR	OTP data storage
2006	4-bit per cell—MLC NAND	FG cell & NAND	All mobile devices
2009	2-Bit per cell PCM		
2007–11	3D-NAND	3D charge trap NAND	

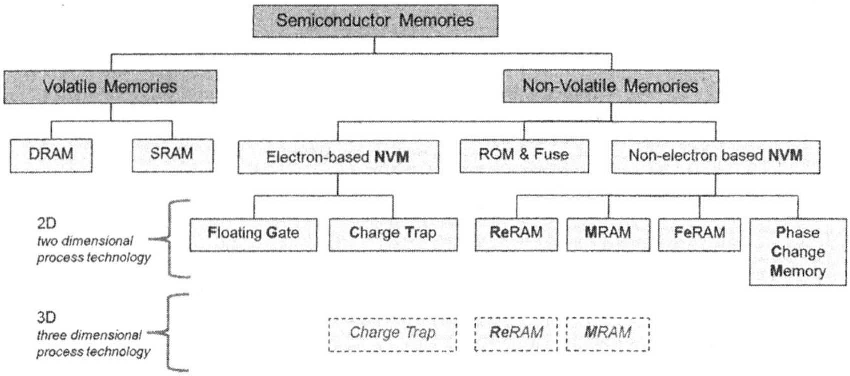

그림 2.1_ 반도체 메모리 셀 개요와 비휘발성 메모리의 분류

기반 비휘발성 메모리가 상업적으로 성공한 메모리 유형이다. 비전자 기반의 비휘발성 메모리는 이머징(emerging) 메모리라고도 불린다.

메모리 셀 개요와 분류는 그림 2.1과 같다.

메모리 데이터의 분석은 시장 점유율이 5% 이상인, 상업적으로 성공한 메모리 개념에 대해 이루어졌다. 전자 기반 비휘발성 메모리의 중요한 공정 기술 데이터는 통계적으로 이용 가능하다. 제품 혁신으로 상업적 성공을 이룬 메모리들도 분석에 추가되었으며, 최근 20년간의 셀 개념이 이 책에서 분석되었다.

모델 기반 계산에 따른 예상된 성능과 내구성 값은 특성 데이터(characterization data)와 비교되며 최종적으로 대량 생산되는 플래시 메모리 제품 데이터에서 최종적으로 검증된다.

전자 기반 비휘발성 메모리(특히 플로팅 게이트 셀에 기반하는 플래시 메모리)의 경우 시장 점유율의 95% 이상을 차지하고 있다. 상업적으로 성공적인 비휘발성 셀의 다음 개발 단계는 3D 메모리 구조에 기반할 것이다. 잠재적인 비휘발성 셀 후보군은 그림 2.1에 점선으로 표시되었다.

3D 메모리 어레이 구조의 첫 번째 성능 지표 분석은 전자 기반 비휘발성 셀들을 기반으로 7장에서 시작될 것이다.

2.2 비휘발성 기억 소자: 셀 작동 모드

비휘발성 메모리의 기본은 비휘발성 기억 소자의 정의로부터 시작한다.

- 기억 소자는 비휘발성 거동(behavior) 방식에 대한 물리(physics)를 정의한다. 적어도 두 값 사이(예를 들어,충전되거나 혹은 방전된 상태 또는 저항이 크거나 작은 경우)에서 거동을 바꿀 것을-전형적으로는 전기적 작동-작동에 의해 강요된다. 기억 소자는 미리 설정된 유지 기간(10년) 동안 어떠한 전압 공급 없이도 쓰여진 데이터를 유지할 수 있다.

기억 소자는 문턱 전압이 바뀌거나 다른 저항성 혹은 강유전성 구조를 갖는 트랜지스터이다.

이론적으로는 대부분의 기억 소자는 한 비트 이상을 저장할 수 있다. 멀티 비트의 증가된 저장 집적도를 갖는 실제 메모리 상품에서 제품의 잠재력은 비휘발성 셀 구조, 메모리 어레이 구조와 감지 기법에 따라 달라진다.

다음 레벨은 비휘발성 셀로, 비트 라인과 워드 라인에 직접적인 연결로 정의된다. 그림 2.2에 나와 있듯이 비휘발성 기억 소자와 비휘발성 셀 사이의 차이를 아는 것이 중요하다. 플래시 트랜지스터는 집적된 기억 소자와 비휘발성 셀로 이루어졌다. 집적된 기억 소자는 플로팅 게이트이거나 전하 트랩 레이어로써 트랜지스터의 문턱 전압에 영향을 준다.

다수의 메모리가 기억 소자와 비휘발성 셀, 그리고 선택 소자(select device)로 이루어져 있다. 그 한 예가 EEPROM 셀이다.

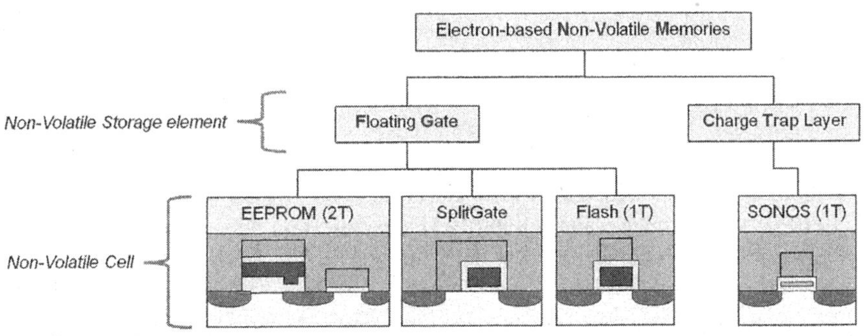

그림 2.2_ 비휘발성 기억 소자와 비휘발성 셀 사이의 관련에 대한 예제

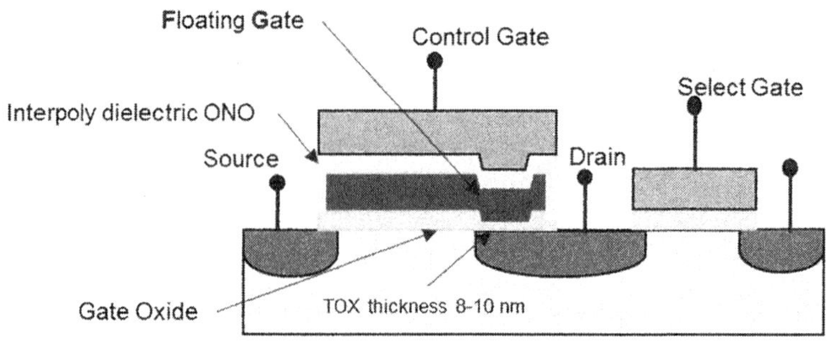

그림 2.3_ FLOTOX 셀과 선택 트랜지스터의 도식

2.2.1 EEPROM: 전통적인 2-트랜지스터 메모리 셀

EEPROM(Electrical Erasable Program mable Read Only 메모리)[8]은 물리적인 기초 원리와 중요 동작 모드를 설명하기 위해 사용되었다. EEPROM은 bit-wise 프로그램과 erase 오퍼레이션이 가능한 전통적인 2-트랜지스터 셀이다.

• EEPROM-bit-wise 프로그래밍과 bit-wise 선택적 erase

기본적인 EEPROM 셀은 그림 2.3에 나타나 있으며 FLOTOX(FLOating gate Thin OXide) 메모리 셀이라 불린다[9].

이 셀의 프로그래밍은 드레인에 낮은 전압을 가하고 제어 게이트에 높은 전압을 인가함으로써 얻을 수 있다. 플로팅 게이트의 전압은 커패시티브 커플링에 의해 증가하는데 그렇게 함으로써 TOX(tunnel oxide, 터널 산화막) 8~10nm의 얇은 부분을 통해 드레인에서 플로팅 게이트로의 FN 터널링을 통해 전자가 주입된다.

Erase는 드레인에 높은 전압을 인가하고 제어 게이트를 접지함으로써 얻을 수 있다. 플로팅 게이트는 다시 낮은 전압으로 커패시티브 커플링되고 FN 터널링은 전자가 플로팅 게이트에서 드레인으로 흐르도록 한다. 선택 게이트(Select Gate)는 드레인 바이어스를 조절하기 위해 사용된다.

선택 트랜지스터와 결합된 기억 소자는 랜덤 액세스 메모리에서 잘 알려진 bit wise 수정을, EEPROM에서 가능하게 한다. 이러한 구조에서 한계점은 기억 소자마다 추가로 붙는 선택 트랜지스터에 의한 셀 크기의 증가이다.

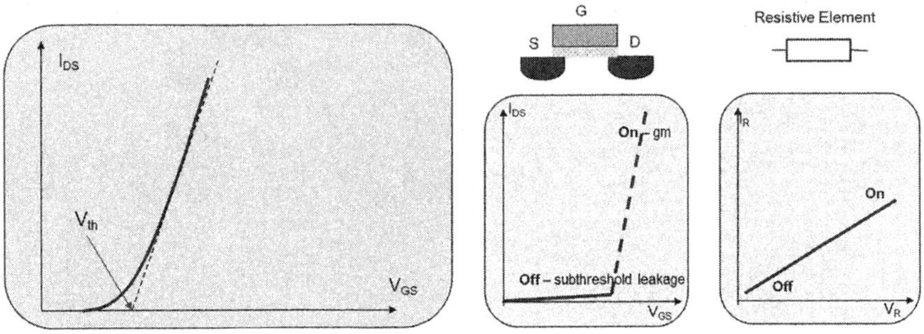

그림 2.4_ MOS 트랜지스터: 게이트 전압과 Vth에 따른 IDS 곡선, on/off 비율

2.2.2 단일 MOS 트랜지스터: 전자 기반의 저장 원리

스탠더드 MOS 트랜지스터는 게이트 산화막 아래에 채널을 형성하기 위해 게이트 전압을 공급 함으로써 소스와 드레인 사이의 전류 흐름을 조절한다. V_{th}보다 높은 게이트 전압은 MOS 트랜지스터를 켜고 이때 드레인 전압이 인가되어 있으면 드레인 소스 전류가 흐르기 시작한다. 양의 게이트 전압은 채널에 음의 전하들을 생성하며 결과적으로 $I_{DS}=f(V_{GS})$ 곡선은 그림 2.4와 같이 나타내어진다.

MOS 트랜지스터는 훌륭한 on/off 전류 비율을 가지고 있으며 이 때문에 기억 소자로 널리 사용된다. 선형적인 저항 성분과 다른 점이 그림 2.4에 나타나 있다.

게이트 산화막의 위에 Storage medium이 있는 MOS 트랜지스터는 자동적으로 비휘발성 기억 소자가 된다. Storage medium–플로팅 게이트 혹은 전하 트래핑 질화 층–은 전자로 충전될 수 있다. 게이트 위의 이러한 추가 전하(additional charge)는 소자 특성인 V_{th}에 영향을 준다.

그림 2.5는 같은 비휘발성 셀 트랜지스터의 storage medium이 충전된 상태와 충전되지 않았을 때에 따른 함수 $I_{DS}=f(V_{GS})$에 대한 2가지 곡선을 나타내고 있다. Storage medium에 저장된 전하(예, Q_{FG})는 저장 셀 트랜지스터의 V_{th}의 변화로 해석될 수 있다.

V_{th}의 변화량은 정전 용량(capacitance)에 쌓인 전하량으로 계산될 수 있다.

$$\Delta V_{T,CG} = -\frac{Q_{FG}}{C_{FC}}$$

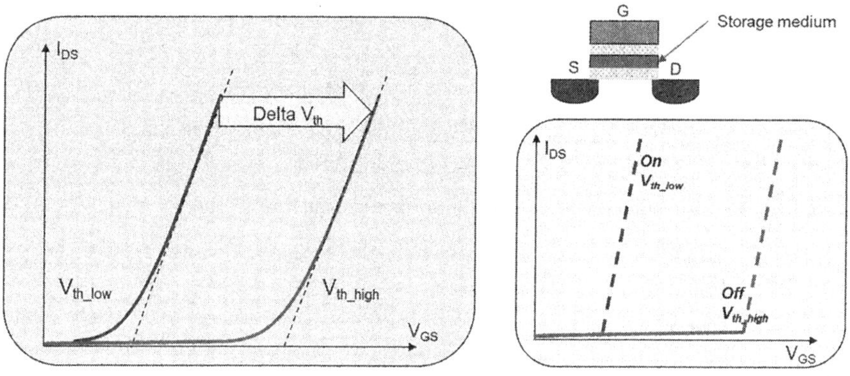

그림 2.5_ 플로팅 게이트 트랜지스터: 게이트 전압에 따른 IDS 전류와 on/off 비율

C_{FC}는 플로팅 게이트와 제어 게이트 사이의 정전 용량이다.

전자의 추가적인 저장층(기억 소자)이 있는 MOS 트랜지스터는 훌륭한 비휘발성 셀이고, 하단 산화물을 통해 충전/방전될 수 있으며 Read 오퍼레이션은 V_{th} 자체로 조절될 수 있다. 저장층의 충전과 방전은 비휘발성 셀 트랜지스터의 특정한 구조에 직접적으로 관련되어 있다.

2.2.3 플로팅 게이트 MOSFET의 동작 모드

Read, 프로그램과 Erase 하위 챕터에서는 플래시 셀 동작의 원리를 소개하고, 셀의 논리 동작을 위주로 소개할 것이다. 플래시 셀 동작에 관련된 물리적인 효과들은 문헌[10]에 더 자세히 설명되어 있다.

2.2.3.1 Read 오퍼레이션

플래시 셀의 트랜지스터 특성은 Read 변수를 결정한다. 트랜스 컨덕턴스 곡선 [V_{GS} vs I_{DS}] – 곡선의 기울기가 g_m으로 정의되는 – 은 Read 오퍼레이팅 포인트를 결정하는 중요한 매개 변수이다. 셀 터미널에 인가되는 모든 전압 레벨의 정확성은 Read 오퍼레이션의 정확도에 영향을 미친다. 게이트에 인가된 전압은 Read V_{th}를 결정하며 Read 오퍼레이션 중에 셀의 V_{th}는 인가된 Read 레퍼런스 V_{th} 레벨과 비교된다(그림 2.6).

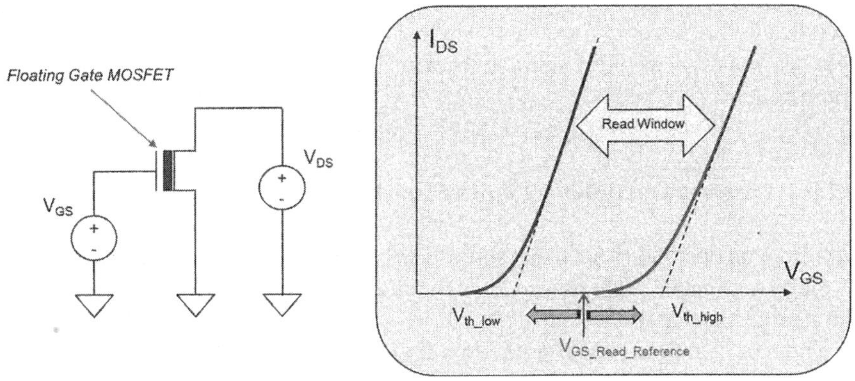

그림 2.6_ Read 오퍼레이션 – 게이트 전압은 erase된 셀과 프로그램된 셀을 구분한다.

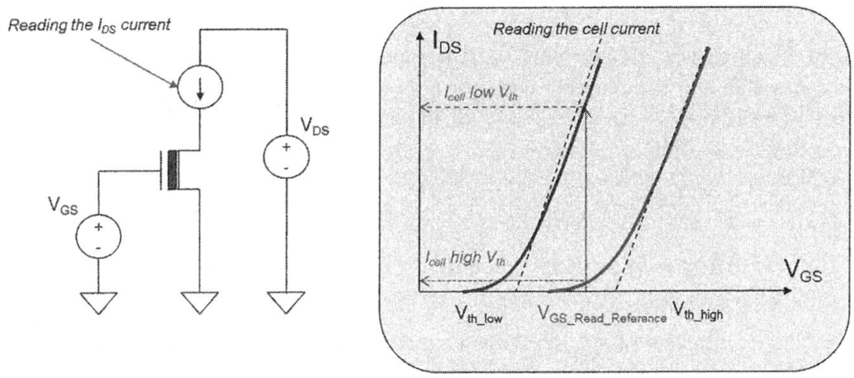

그림 2.7_ Read 오퍼레이팅 포인트 – Vth와 Read 오퍼레이션 셀 전류에 의해 결정됨.

- Read 레퍼런스 레벨보다 큰 V_{th} 레벨은 셀이 프로그램되는 것을 의미한다.
- Read 레퍼런스 레벨보다 작은 V_{th} 레벨은 셀이 Erase되는 것을 의미한다.

메모리 어레이 안에 있는 셀 하나의 V_{th}는 직접적인 측정이 불가능하다. 따라서 메모리 어레이의 가장자리의 Read 전류가 셀의 상태를 확인하기 위해 사용된다.

- 레퍼런스 레벨보다 큰 V_{th} 레벨은 정해진 레퍼런스 게이트 전압에 누설 전류와 sub-threshold 전류를 만들어내고 셀이 프로그램되었다고 인식한다.
- 레퍼런스 레벨보다 작은 V_{th} 레벨은 S/A가 셀이 Erase되었다고 판단할 만한 높은 셀 전류를 생성한다.

그림 2.7은 셀 트랜지스터 전류 I_{DS}의 Read(드레인 측에서 전류 센싱) 오퍼레이션을 보여준다.

S/A 회로는 메모리 어레이의 가장자리에서 셀 전류를 측정한다. S/A의 원리는 2.5절에 소개되어 있다. 다른 메모리에 적용되었던 전통적인 차동 센싱 기법이 적용되어 빠른 센싱 동작을 하게 한다[11, 12].

Read 오퍼레이션의 필요 요건으로 모든 플래시 메모리 제품의 핵심 변수인 기본 셀 V_{th} 동작 윈도우를 정의한다. Read 오퍼레이션 전압 조건(V_{GS}와 V_{DS})은 최대 동작 윈도우(윈도우 안에서 구별될 수 있는 V_{th} 레벨의 개수)와 최대 Read 내구성 사양을 결정한다. V_{th} 동작 윈도우가 크면 셀의 안정적인 Read 오퍼레이션을 보장한다. 하지만 셀과 어레이 조합에 따라서는 더 큰 Read 스트레스를 발생시킨다.

2.2.3.2 Fowler–Nordheim 터널링을 통한 프로그램 오퍼레이션

프로그램 오퍼레이션은 erase된 셀의 V_{th} 레벨을 목표 V_{th} 레벨(프로그램된 V_{th})까지 선택적으로 이동시킨다. 이러한 동작은 셀의 기억 소자에 전하를 주입시킴으로써 얻을 수 있다.

에너지 측면에서 플래시 셀을 프로그램하는 가장 효율적인 방법은 터널 프로세스이다. 하단 산화물에 걸린 강력한 전기장은 플래시 셀의 기억 소자(플로팅 게이트)의 안으로 직접적인 터널링을 만들어낸다. 이것은 Fowler–Nordheim 터널링을 통해 얻을 수 있다[13].

FN 프로그래밍은 그림 2.8에 그려진 것처럼 게이트 전압에 의해 제어된다. 전기장이 충분히 강하다면 FN 터널링은 시작되고 기억 소자의 전압(V_{SE})은 게이트 전압을 따라간다. 프

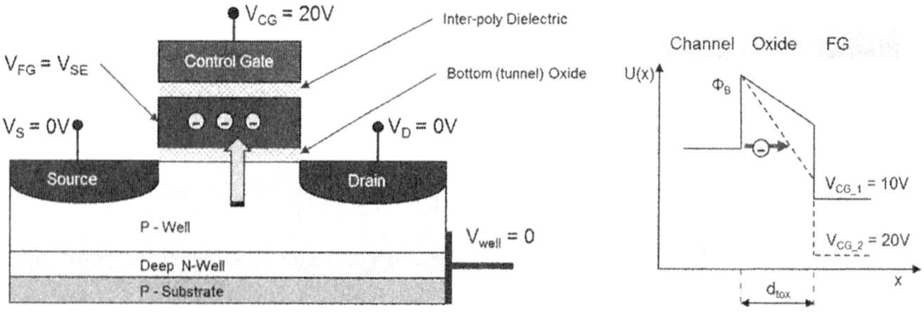

그림 2.8_ 셀 프로그램 오퍼레이션 – 포텐셜 barrier를 통한 Fowler–Nordheim 터널링

로그램 시간은 인가된 게이트 전압 값과 하단 산화물(터널 산화막)의 두께에 따라 달라진다.

FN 프로그래밍은 게이트가 액세스되어야 동작한다. 다른 터미널들의 포텐셜은 선택된 셀/어레이 조합에 의해 결정된다.

- Barrier가 충분히 작아지기 위해서 강한 전기장이 필요하다(그림2.8).
- 전자들이 하단 산화물에서 플로팅 게이트로 터널링하기 위해서 높은 전압이 게이트로 인가되어야 한다.
- 프로그램 효율이 매우 좋다(=1): 모든 전자들은 기억 소자에 주입된다.
- 프로그램 전류량은 크지 않다.

프로그램 시간 중에 전하는 플로팅 게이트로 주입된다(V_{FG}(V_{SE})는 증가). 그리고 하단 산화물에 생성된 전기장은 감소한다. 감소한 전기장은 전자의 흐름을 감소시킨다. 이러한 연관성은 선형적이며 V_{SE} 포텐셜은 인가된 게이트 전압의 변화를 정확히 따라간다.

Barrier를 통한 양자 역학적인 터널링 과정은 느리게 일어나고 낮은 터널링 전류는 barrier 높이의 3/2승에 지수함수적으로 비례한다. 터널링 과정은 가역적이며 따라서 반대 전압은 기억 소자를 erase할 수 있다.

2.2.3.3 프로그램 오퍼레이션: Channel Hot Electron Injection

전자를 플래시 셀 기억 소자에 빠르게 주입하는 방법은 hot electron의 에너지를 사용하는 것이다. 이 물리적인 효과는 전자들이 하단 산화물의 포텐셜 barrier를 뛰어넘게 해준다. 이것은 CHE(Channel Hot Electron) 프로그래밍을 통해 이루어진다.

CHE 프로그래밍은 빠르게 일어나며 전하의 양이나 효율을 게이트 전압과 드레인 전압으로 제어할 수 있다(그림 2.9).

게이트 전압과 드레인 전압 모두 hot electron을 생성하기 위한 레벨보다 높아야 한다. 드레인 전압은 hot electron을 만들기 위해서 적어도 barrier height(Si는 3.2V)보다는 높아야 한다. 프로그램 시간은 셀 트랜지스터의 모든 터미널에 인가된 전압 레벨과 플래시 셀의 게이트 length에 따라 달라진다.

CHE 프로그래밍은 빠른 동작이며 셀의 모든 터미널이 액세스되어야 한다.

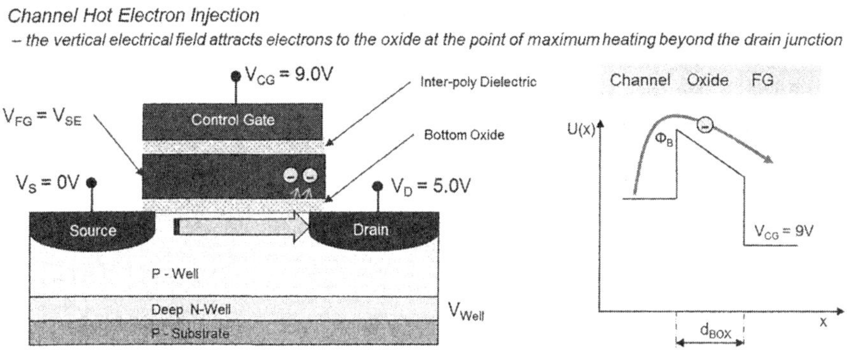

그림 2.9_ 셀 프로그램 오퍼레이션 - barrier를 넘는 Channel Hot Electron Injection Electrons

- Hot electron을 생성하도록 소스와 드레인 사이의 전류 흐름이 필요하다. 게이트 전압은 드레인 전압보다 커야 하며, 플로팅 게이트 안으로 생성된 hot electron을 가속시키는 전기장을 생성한다.
- 프로그램 효율은 통계적 전자 에너지 분포에 따라 달라지며, 특별히 barrier를 넘는 높은 운동 에너지(10^{-5})를 가진 전자들이 해당된다.
- 어느 정도 높은 드레인 전압과 높은 게이트 전압이 필요하다.
- 셀 터미널인 소스와 드레인 사이의 전류 흐름이 물리적 현상의 토대가 된다.

CHE 프로그래밍의 초기에는 셀 V_{th}가 빠르게 변하다가 점차 느려진다. 이는 V_{SE}가 V_D보다 작아지고 전자 주입이 포화되기 때문이다[15].

2.2.3.4 Erase 오퍼레이션

EPROM(Electrically programmable ROM)에서 EEPROM(Electrically erasable programmable ROM)의 발전은 전체 메모리의 UV Erase를, 미리 정의된 Erase 블록의 전기적인 제어를 통한 Erase로 대체시켰다.

Erase 오퍼레이션은 프로그램 오퍼레이션에서의 V_{th} 이동과 반대로 동작한다. 터널링 전류가 substrate를 향하고 이는 Erase 블록의 모든 셀에 적용된다. Erase 오퍼레이션은 많은 양의 셀(프로그램되거나 Erase된 것)을 Erase V_{th} 레벨 아래로 이동시킨다.

Erase 오퍼레이션은 그림 2.10과 2.11에 설명된 터널링 과정으로 설명될 수 있다.

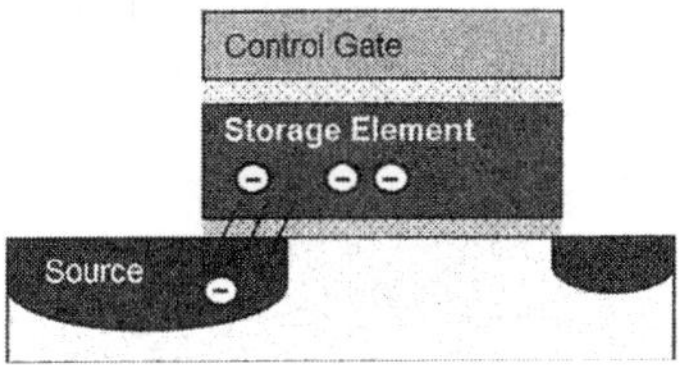

그림 2.10_ Diffusion FN tunneling Erase – DFN

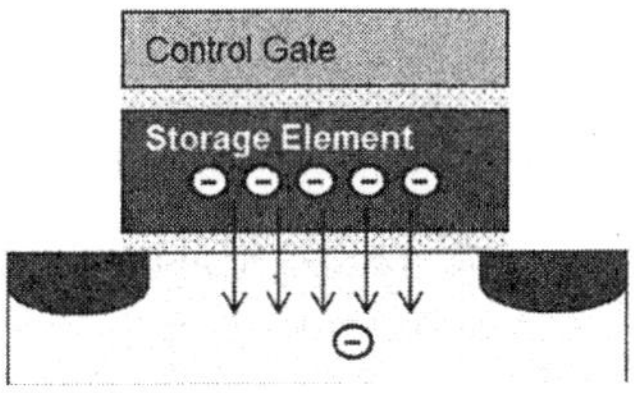

그림 2.11_ Negative Gate Channel FN tunneling Erase – NFN

FLOTOX 셀에서는 DFN(Diffusion Fowler–Nordheim Tunneling)이 모든 셀을 Erase하기 위해 사용된다. 필요로 하는 전기장은 소스와 드레인에 각각 양의 전압을, 제어 게이트에는 음의 전압을 인가함으로써 얻을 수 있다. 이 전압은 수 밀리 초 단위의 특정한 시간 간격으로 인가되어야 한다. Erase 시간은 게이트와 소스 사이의 전압 차이와 터널 산화막의 두께에 의해 결정된다. 그림 2.3에 설명한 대로 채널 영역의 나머지 부분과는 다를 수 있다.

공정 미세화 로드맵에 나온 대로 확산과 게이트 사이의 넓은 오버랩은 셀 크기를 줄이는 데 한계를 갖도록 한다. 결과적으로 NFN(Negative Gate Channel FN Tunneling)이 벌크를 통해 셀을 Erase하기 위해 도입되었다.

선택된 셀에 높은 음의 전압이 일정 시간(수 백 마이크로 초에서 수 밀리 초) 동안 인가되어야 플로팅 게이트에서 벌크 영역으로 전자의 흐름을 만들어 낼 수 있다.

터널 산화막으로 인가되는 높은 전기장은 터널 산화막의 품질을 저하시킨다. 터널 산화막의 품질 저하는 셀의 수명이 다할 때까지 가속되며 전류 누설 경로를 만들어 dielectric barrier의 품질에 영향을 주고 결국 플래시 셀의 데이터 유지 변수(data retenti-on parameter)에 영향을 미친다.

이밖에 또 다른 물리적인 Erase 방법인 band-to-band HHI(Hot Hole Injection)가 플래시 셀 Erase에 적용되었다[16,17].

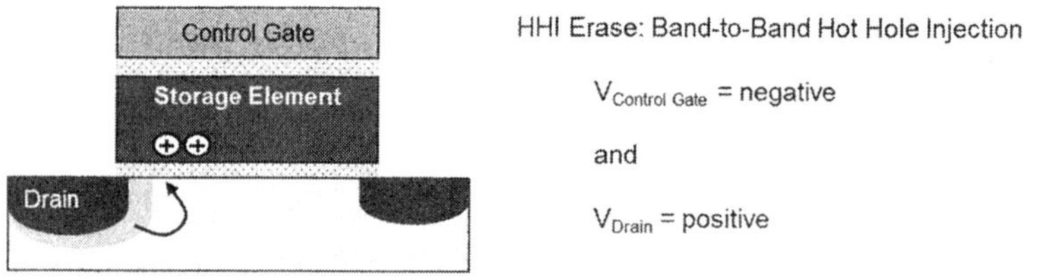

그림 2.12_ band-to-band hot hole injection - HHI

채널 FN 터널링 Erase에 비해 절반 정도의 높은 음의 전압 펄스가 게이트로 인가된다. 셀은 snap-back 조건에 들어가게 된다. 많은 수의 hot hole들이 드레인 근처의 충격 이온화(impact ionization)에 의해 생성되고 플로팅 게이트 쪽으로 다시 가속된다. 이 동작은 그림 2.12에서 보여진 것처럼 hole들의 흐름이 저장되어 있던 전자와 재결합함으로써 빠르게 erase된다. Hot Hole Injection 메커니즘이 동작하는 조건을 만들기 위해서는 큰 전류 흐름이 필요하다.

이 band-to-band 터널링은 게이트에서 GIDL(Gate Induced Drain Leakage)을 만들게 된다.

Band-to-band hot hole injection은 Fowler-Nordheim 기반의 Erase 오퍼레이션보다 빠르고 낮은 전압 바이어스가 가능하다는 장점이 있다.

플래시 메모리의 성능과 신뢰성에 관련된 Erase 오퍼레이션의 중요성은 Erase 알고리즘 복잡도를 포함해 해당 장에서 자세히 설명될 것이다.

2.2.4 플래시 셀 동작 요약

EEPROM과 1-트랜지스터(one transistor) 플래시 셀은 각각 비휘발성 기억 소자와 비휘발성 셀의 관계를 설명하기 위해 소개되었다. 기본적인 동작 모드와 전자 기반 비휘발성 셀의 충전과 방전에 대한 물리적 이론은 표 2.2에 요약되어 있다. 또한 플래시 셀의 충전과 방전에 대한 물리이론은 참고문헌에 자세히 설명되어 있다[1, 19].

앞서 소개되었던 물리적 동작 이론들은 특정한 프로그램과 erase 성능을 얻기 위해 셀 레벨에서 묶일 수 있다. 셀 동작의 에너지 효율은 적용된 메모리 어레이 아키텍처와 더불어 가장 중요한 변수이다. 느린 셀 동작은 매우 좋은 에너지 효율로 특성 지어지고 빠른 동작

표 2.2_ 충전과 방전의 물리적 동작 모드

Cell operation principle	Charge / program	Discharge / erase	Performance / efficiency
Channel Hot Electron Injection (CHE)	Hot electron injection (~100 μA/cell)		Fast operation: 1 μs Efficiency low: 10^{-5}
Channel FN tunnelling (CFN)	Fowler Nordheim Tunneling		Slow operation: ms Efficiency excellent: 1
Source Side Injection (SSI)	Hot electron injection (~10 μA/cell)		Fast operation: 10 μs Efficiency low: 10^{-5}
Hot Hole Injection (HHI)		Hot hole injection induced by GIDL	Slow operation: 1 ms Efficiency middle: 10^{-3}
Diffusion FN tunnelling (DFN)		Fowler Nordheim Tunneling	Slow operation: 1 ms Efficiency middle: 10^{-4}
Negative Channel FN tunneling (NFN)		Fowler Nordheim Tunneling	Slow operation: 1 ms Efficiency excellent: 1

은 중간 정도의 에너지 효율로 특성 지어진다. 적절한 셀 구조와 물리적 동작 모드의 선택이 쉽지 않음을 표 2.2에서 확인할 수 있다.

셀 동작 모드는 메모리 어레이의 조합에 의해서만 결정될 수 있다. 다음의 두 장은 셀과 물리적 원리 그리고 어레이 구조의 조합에 대해 중점적으로 설명하고 있다. Read 오퍼레이션 포인트와 구현 가능한 V_{th} 동작 윈도우는 프로그램과 erase와 더불어 다른 어레이 구조에 의해 영향을 받는다.

가장 비용 효과적인 메모리 구조를 선택하는 쪽으로 이 책의 내용이 전개될 것이다. 그리고 나서 두 개의 주요한 플래시 셀의 기억 소자(플로팅 게이트와 전하 트랩 층)가 이어서 더 자세히 소개될 것이다.

2.3 비휘발성 셀: 전자 기반과 비전자 기반

하나의 메모리는 메모리 셀들의 행렬로 정의될 수 있다. 각각의 행(워드 라인)과 각각의 열(비트 라인)의 교차점에는 하나의 메모리 셀이 위치하고 있다. 비휘발성 메모리는 워드

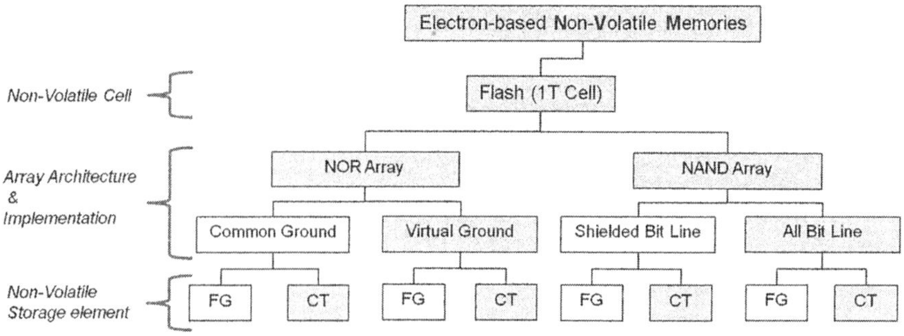

그림 2.13_ 비휘발성 메모리 – 셀과 어레이 개요

라인과 비트 라인에서 셀들이 어떻게 연결되어 있는지(NOR, AND, NAND)와 같은 어레이 구조의 타입에 의해 주로 결정된다. 이러한 어레이의 설계 구현 방식(로컬 라인 또는 글로벌 비트 라인, 꼬인 라인(twisted line) 또는 그렇지 않은 라인, 접지 연결 방법 또는 접지 플레이트(plate))이 메모리 제품의 성능과 신뢰성에 큰 영향을 준다.

비휘발성 메모리에서 셀과 어레이의 조합이 대부분의 핵심 변수들을 정의한다.

- 셀 액세스: NOR 어레이에서는 직접적으로 NAND–어레이에서는 간접적으로
- 선택된 셀을 read, 프로그램, erase하기 위한 선(line)의 개수

그림 2.13은 1–트랜지스터(one transistor) 플래시 셀에서 나온 전자 기반의 비휘발성 메모리에 대한 개요이며 두 가지 기억 소자와 어레이 구조에 따라 세분화되어 있다.

1–트랜지스터 플래시 셀에 대한 더 자세한 분석은 특별히 두 가지 기억 소자에 해당하는 가장 적합한 어레이 구조에 대해 이루어졌다. NAND 어레이에 적용된 플로팅 게이트 셀(두 번의 FN 터널링이 필요한)은 프로그램을 하고 erase를 하는 가장 효율적인 방법이다. 조합은 에너지와 비용 측면에서 최적화된 NAND 플래시 셀 제품 생산을 가능하게 한다. NAND는 이 책에서 서술된 성능 지표 방법론(PIM)의 기초 역할을 할 것이다.

NAND 어레이에 적용된 전하 트랩 셀들은 FG와 CT의 차이를 가늠하기 위해 사용되었고 셀과 어레이의 조합을 분석하기 위한 핵심 성능 변수를 이끌어낸다. VG–NOR 어레이에 적용된 전하 트래핑 셀들은 물리적으로 셀당 2비트를 저장할 수 있게 하며 빠른 read, 프로그램 액세스(CHE 프로그래밍)를 가능하게 한다. 또한 비휘발성 메모리 구조의 집적도를 높일 수 있다.

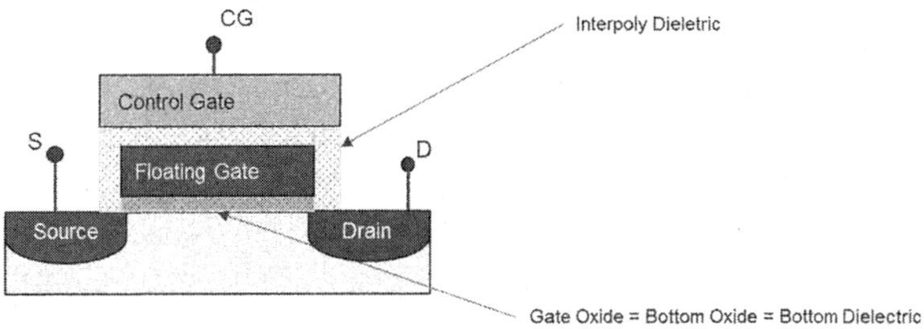

그림 2.14_ 플로팅 게이트 플래시 셀

2.3.1 플래시 셀: 플로팅 게이트 기법

지난 30년간 가장 상업적으로 성공한 비휘발성 메모리 기술은 단연 플로팅 게이트를 기반으로 한 셀 구조이며, NOR와 NAND 메모리뿐만 아니라 많은 특수한 임베디드 플래시에 사용되었다[2].

그림 2.14에서는 게이트 산화물 위에 증착되고, inter-poly 유전체(dielectric)로 완전히 둘러싸여 분리된 플로팅 게이트 셀 트렌지스터의 단면을 도식화하여 보여준다.

Fowler-Nordheim 터널링 이론을 바탕으로 하는 NAND 플로팅 게이트 프로그램 오퍼레이션은 하단 산화물이라고 불리는 얇은 게이트 산화물 층을 통하여 벌크에서 플로팅 게이트로 전자가 이동된다. 제어 게이트의 전압은 하단 산화물에 걸린 유효 전계가 충분히 높고 터널 프로세스가 시작할 수 있는 레벨까지 높아진다. 플로팅 게이트에 통과된 전하가 증가하면, 전계가 낮아지고 전하 주입은 느려진다.

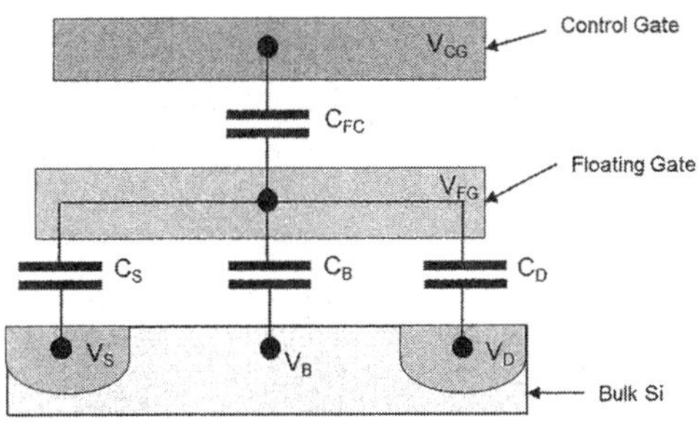

$$\textit{gate coupling}: \quad \alpha_G = \frac{C_{FC}}{C_T}$$

$$\textit{drain coupling}: \quad \alpha_D = \frac{C_D}{C_T}$$

$$\textit{total cap.}: \quad C_T = C_{FC} + C_D + C_S + C_B$$

그림 2.15_ 플로팅 게이트 전하 커플링 계산을 위한 등가회로

FN 터널링은 가역적인 과정이라 반대 극성으로 erase 과정이 진행된다. 역사적으로 플로팅 게이트 셀에는 두 가지 erase 원리가 있었고, 지금은 FN 터널링이 기본 erase 오퍼레이션 원리로 사용된다.

플로팅 게이트 트랜지스터는 그림 2.15에 보여진 것과 같이 플로팅 게이트에 연결된 커패시터 네트워크로 설명할 수 있다.

플로팅 게이트 전압 V_{FG}는 그림 2.15의 등가 회로에 기초하여 다음과 같이 계산될 수 있다.

$$V_{FG} = \alpha_G(V_{CG} + fV_D)$$

$$f = \frac{\alpha_D}{\alpha_G} = \frac{C_D}{C_{FC}}$$

C_{FC}는 폴리와 폴리 사이의 커패시턴스이고, C_D는 플로팅 게이트와 드레인 사이의 커패시턴스이다. C_S는 플로팅 게이트와 소스 사이의 커패시턴스이고 C_B는 플로팅 게이트와 벌크 사이의 커패시턴스이다.

FN 터널링을 이용하는 플로팅 게이트에서 중요한 설계 변수는 프로그램 커플링 비율이다. 커플링 비율은 터널산화물(유전체) 및 inter-poly 유전체에 걸친 전계의 비대칭성을 보장한다. 터널 산화물에 걸친 높은 전계로 인하여 주입된 전하는 플로팅 게이트에 머무르게 되고 inter-poly 유전체 장벽을 넘어 제어 게이트로 이동할 수는 없다.

그림 2.16에 표현된 것과 같이, 효과적인 프로그램 커플링 전압은 플로팅 게이트를 둘러싸는 제어 게이트에 의한 높은 폴리와 폴리 사이의 커패시터 C_{FC}가 포함된 셀을 구성하여 얻을 수 있다.

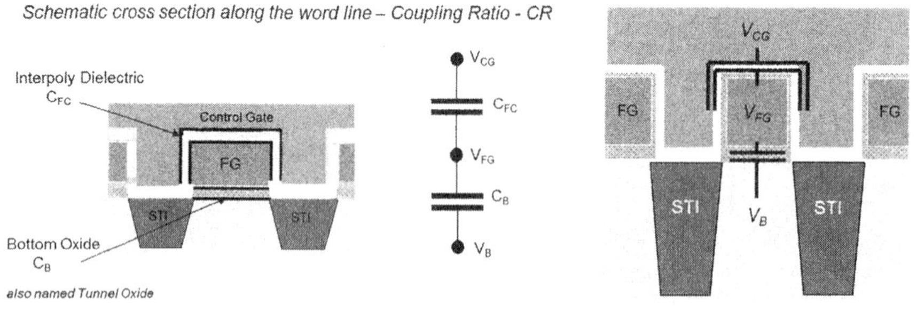

그림 2.16_ 커플링 비율의 커패시턴스를 설명하기 위한 WL과 NAND 플로팅 게이트 교차 영역의 단면도

좋은 커플링 비율을 갖는 셀은 하단 산화물의 두께 및 실질적인 셀 높이의 트레이드 오프 관계이다.

폴리와 폴리 사이의 커패시터 C_{FC}와 하단 산화물 커패시터 C_B와 벌크 사이의 비는 셀의 V_{th} 동작 윈도우 크기에 직접적인 영향을 주는 커플링 비율을 정의한다. 다른 크기의 커패시터를 기초로 한 설계 원리는 플로팅 게이트 플래시 셀과 메모리의 주요 성공 요소 중 하나이다.

FN 터널링 동작과 결합된 플로팅 게이트 셀은 아래와 같은 큰 장점을 갖는다.

- 커플링 비율과 이로 인한 프로그램 동작의 유효성 및 V_{th} 동작 윈도우 크기는 셀 구조에 의하여 잘 정의된다. 이렇게 특성을 예측할 수 있고 결정할 수 있다는 것은 NAND FG 셀 조합의 주요 장점이다. 하지만, 미세공정에서도 플로팅 게이트 셀의 좋은 커플링 비율을 유지하는 것은 매우 어렵다.
- 플로팅 게이트는 도체이며 프로그램된 전하는 플로팅 게이트의 각 위치에서 동일한 전위를 갖는다. 이 특성은 플로팅 게이트를 캡슐화하여 결함이 없는 한 셀 트랜지스터의 V_{th} 안정성을 보장한다.

누설 전류를 발생시키는 전도성 기억 소자의 결함은 중성(neutral) V_{th} 수준으로 플로팅 게이트 전압을 방전시킬 수 있다. 플로팅 게이트 공정 기술의 과제는 플로팅 게이트를 캡슐화하여 칩의 수명 동안 누설이 최소화되도록 억제하는 것이다.

2.3.2 플래시 셀: 전하 트랩 기술

비휘발성 메모리 기술은 질화물 층(Nitride layer)에서 로컬화된 전하 트랩에 보관된 전하를 기초로 한다. 산화물 위에 질화물 보관 층을 갖는 비휘발성 셀은 MNOS(Metal Nitride Oxide Silicon)라 불리며 1967년에[20] 소개되었고 프로그램 가능한 ROM에 사용된다. 폴리실리콘 게이트와 질화 저장 층 사이에 다른 산화물 층을 추가한 SONOS(Silicon Oxide Nitride Oxide Silicon) 셀은 1977년[21]에 소개되어 지금은 전하 트랩 플래시 셀의 기본 셀 구조로 사용된다.

플로팅 게이트 셀과 비교했을 때, SONOS 셀의 장점은 기억소자의 물리적 결함에 대한 견고함을 갖는 것이다. 즉, 어떤 하나의 산화물 층에서 결함이 발생하면 단지 결함 근처 트

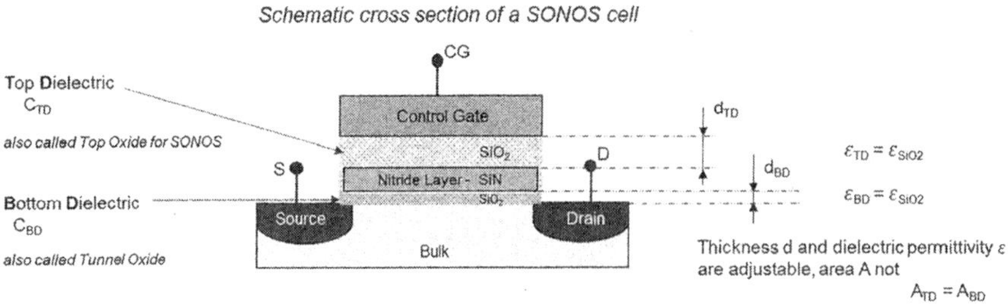

그림 2.17_ 전하 트랩 질화물 층(Nitride layer)을 기반으로 한 SONOS 플래시 셀

랩에 연결된 제한된 수의 전하만 손실이 일어난다.

SONOS 플래시 셀은 플로팅 게이트처럼 복잡한 캡슐화가 필요 없다. 대량생산 초기 단계에서 다른 메모리 기술들과 비교하여 빠르고 높은 초기 수율을 얻을 수 있으며 많은 생산량을 얻을 수 있다. 생산 요구조건이 덜 까다롭고 이론 확장성이 우수하다. 이것이 전하 트랩 기반 비휘발성 기술의 두 가지 장점이다.

그림 2.17은 기능 설명을 위한 전형적인 SONOS 셀을 보여준다.

SONOS 플래시 셀의 FN 터널링은 FG 플래시 셀과 동일하게 동작한다. 기억 층의 전압이 높아지면 벌크에서 질화물 층으로 전하의 터널링 프로세스가 시작될 수 있을 만큼 터널 산화물에 걸린 실효 전계가 높아진다. 그리고 질화물로 전하가 이동한 뒤 갇히면 산화물 터널에 걸린 전계는 감소하고 결과적으로 전하 주입도 감소된다.

Planar SONOS 셀의 커플링 비율은 그림 2.17에 나타낸 2D 셀과 같이 상부 유전체 크기가 하단 유전체의 크기와 같기 때문에 기계적인 셀 구조(mechanical cell construction)로는 향상시킬 수 없다. 셀 동작은 산화막 터널의 두께를 변화시키거나 상부 유전체 레이어를 높은 유전율(ε)을 갖는 물질로 교체하여 최적화 할 수 있다.

- 같은 (실리콘 산화물)물질에서 상부 유전체 커패시턴스 C_{TD}와 바닥 유전체 커패시턴스 C_{BD}의 비율은 다른 두께의 d_{TD}와 d_{BD}에 의하여 결정된다.

$$C = \varepsilon * \frac{A}{d} \text{ (A 사이즈와 ε은 같다.)}$$

상부 유전체용 재료의 조합은 SANOS(Silicon-Aluminum Oxide-Nitride-Oxide-Semiconductor)[22]라 불리는 셀 구조를 정의한다. TANOS 셀은 $TaN/Al_2O_3/SiN/SiO_2$라는

합성물질로 이루어진 유전체이다. TaN은 높은 일 함수(work function)[23]로 인해 상부 유전체로 원하지 않는 전하의 Backward Fowler–Nordheim 터널링 전류를 억제시킨다. 이 책에서는 인가된 전계의 비대칭 크기를 설명하기 위해 여전히 SONOS 셀에 대한 커플링 비율 용어를 사용할 것이다. 다른 해결책은 논문에 공개되어 있다. 전하 트랩 플래시 기술 개발의 방향성은 해당 비휘발성 메모리의 성능 지표 분석을 설정하기 위해 설명되었다.

- 아래는 플로팅 게이트 셀 기반의 메모리와 비교하여 SONOS 셀 원리에 따른 메모리 개발에서 성능의 한계를 극복하고 유지한 사례들이다.
  - FN 터널링 프로그램과 erase에 따라 제한된 유지 요건을 가진 임베디드 플래시 셀의 최적화된 SONOS 셀 두께.
  - CHE 프로그래밍과 SONOS 셀의 조합은 유지 요건에 반하는 프로그램 성능을 개선시킨다. CHE는 높은 하단 산화물 두께(>4~5nm)에서도 빠른 프로그래밍을 가능하게 한다.
  - CHE 프로그래밍을 대체한 FN 터널링 동작과 hot hole injection erase는 동일한 하단 산화물 두께를 갖는 전하 트래핑 셀의 신뢰성 수치를 개선시킨다.

    분리된 지역의 기억 소자에 전하를 저장하기 위해 SONOS 셀을 개선시킬 수 있다. 셀당 두 개의 비트를 갖는 Nitride ROM 플래시 셀에 대해서는 2.3.3절에서 자세히 다룰 것이다.

- 제품에 따라 프로그램 성능과 신뢰성 요건이 달라지는 SANOS와 TANOS 셀 기반의 플래시 메모리 개발 전략
  - 다른 소재의 조합과 셀 캡슐화는 SANOS와 TANOS 셀 기반의 NAND 플래시 메모리를 향상시키는 것으로 발표되었다.
  - 특정한 전하 트랩 신뢰성 이슈에서, 트랩 층[24]에서의 셀의 Threshold voltage 변화를 일으키는 전하 위치의 비 안정성이 존재한다. Threshold voltage V_{th}의 함수는 $V_{th}=F(Q, x)$(Q는 층에 저장된 전하이며, x는 전하의 위치이다)이다. 주위의 전계는 기억소자의 전하를 이동시킬 수 있다.

- SONOS 원리의 한계를 대부분 극복한 3D 구조(트라이 게이트)를 갖는 전하 trapping material 기반의 3D 비휘발성 셀의 개념.
  - 다른 크기(A_{TD}와 A_{BD})에 따른 커플링 비율은 큰 V_{th} 셀 동작 윈도우와 우수한 erase 효율을 보장한다[25].

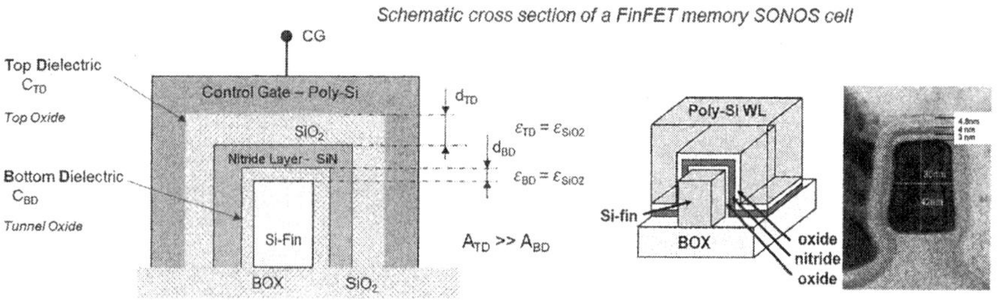

그림 2.18_ FinFET SONOS 셀과 P+ 트라이 게이트 NAND 셀 예

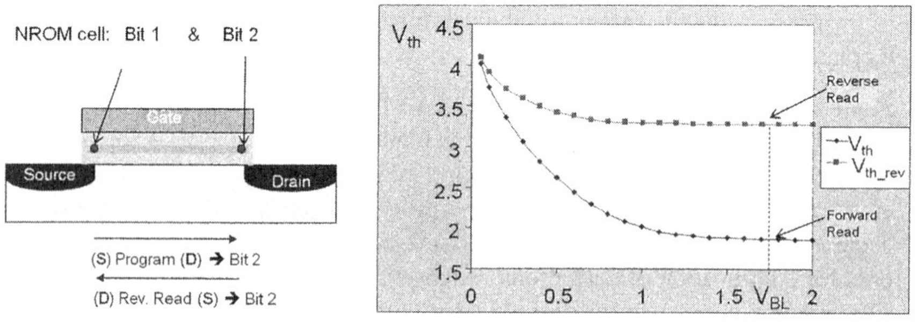

그림 2.19_ 셀당 두 개의 비트를 갖는 Nitride ROM(NROM)과 전방향 역방향 Read Threshold voltage 특성

그림 2.18은 3D 셀 구조에 대한 예로 FinFet 구조를 보여준다[25,26].

2.3.3 셀당 두 개의 비트를 갖는 Nitride ROM: 전하 트랩 기술

SONOS 셀은 Channel Hot Electron Injection에 의하여 프로그래밍할 수 있다. 정확히 높은 전압이 게이트와 드레인에 인가되면 셀 트랜지스터의 드레인 junction 위에 전하가 국소적으로 주입된다. 소스와 드레인의 전위 교환은 그림 2.19에서 보여지는 것과 같이 셀 트랜지스터의 두 junction에 전하가 주입될 수 있도록 해준다.

CHE 프로그램 원리는 FN 터널링에 비해 낮은 전압으로 동작한다. 하단 산화물의 스트레스가 감소되고 두꺼운 하단 산화물이 유지(보존)를 개선하는 데 사용된다. hot hole erase(band to band Tunneling hot holes)는 추가적인 최적화를 가능하게 하고, 앞서 논의된 평면 SONOS 셀의 FN 터널링 구조가 가졌던 (커플링 비율)트레이드 오프를 극복하게 한다.

역방향 read 개념이 조합된 트랜지스터 양단의 nitride 층의 트랩을 기반으로 하는 전자 저장은 물리적으로 분리된 두 비트 플래시 셀을 생성한다[27]. 셀당 두 개의 비트를 갖는 Nitride ROM(NROM)은 논문[28,29]에 소개되어 있다. Junction 위에 정확하게 전하가 주입되는 정확도는 프로그램, read, erase에 중요한 성능 변수이다. Threshold voltage 값과 안정성은 주입된 전하 Q와 트랩의 위치 그리고 트랩의 질(energy depth)에 의존한다.

$$V_{th} = f\,(Q,\ x,\ d)$$

HHI(Hot Hole injection) erase 원리는 선택적으로 셀의 한쪽을 지울 수 있고, 셀당 두 개의 비트를 갖는 NROM에 적용하였다.

이러한 멀티 비트 전하 트랩 셀 개념은 두 가지 장점이 있다.

- Nitride storage layer에 국소적으로 주입되고 트랩된 전하를 기반으로 하는 두 개의 독립적인 비트는 물리적인 견고성을 갖도록 해준다. (셀당 한 개의 비트를 갖는 구조와 비교 시)
- 두 배의 집적도 증가는 셀 동작 성능에 영향을 주지 않는다. Read와 프로그램 오퍼레이션은 싱글 레벨 셀(Single-Level Cell) 플래시의 속도와 같다.

이 셀의 개념을 평가하기에 명백하지는 않지만 두 가지 어려움을 기술하겠다.

- FN 터널링(FG와 CT)으로 알려진 프로그램 전압 조건의 V_{th}(Threshold voltage) 의존성을 설명하는 수식은 없다. 기술적인 변수, 자세한 셀 구조, Nitride 층의 최적화와 erase 조건은 프로그램 성능 및 프로그램 정확도에 큰 영향을 미친다. 이는 이 셀 개념에 따라 플래시 제품 인증 등 추가적인 개발 기간을 요구하기도 한다.
- 주입된 전하는 전하 트랩 층에서 시간이 지남에 따라 이동(전하의 이동이라고 함)하고, 셀의 V_{th}(Threshold voltage)[30]에 영향을 미칠 수 있다. 따라서 이동분포를 감지하고 전하 이동을 감소시키기 위한 설계 개념을 필요로 하게 된다.

셀당 두 개의 비트를 갖는 Nitride ROM 플래시 셀은 설계, 알고리즘, 애플리케이션 레벨의 기술[31]에서 전하 트랩 기반의 전자(electron) 저장의 성능과 안정성 문제를 분석하고 극복하는 데 우수하다.

전하 트랩 Nitride ROM 기반의 플래시 제품의 대량생산은 전하 트랩 셀 효과에 대한 완전하고 깊은 이해가 필요하다.

2.3.4 비 전자 기반 셀: PCRAM, MRAM, FeRAM

플래시 메모리는 erase 블록의 많은 양의 셀들로 구성되어 있어, erase 오퍼레이션에 많은 시간이 걸리며, 모든 메모리의 erase 오퍼레이션에 걸리는 시간은 정확히 알기 어렵다. 새로운 비휘발성 메모리(NVM)(PCRAM, MRAM과 FeRAM)들은 두 가지 기본적인 장점이 있다.

- RAM처럼 동작한다 – 블록 레벨에서 erase 오퍼레이션을 제공하지 않는다.
- 전자를 기반으로 한 물리적인 저장이 아니어서 공정 미세화(shrink) 로드맵에 따라 뛰어난 확장성을 갖는다.
- 이론적으로 새로운 비휘발성 메모리들은 3D 차세대 메모리 구조에도 집적될 수 있다.

비 전자 기반의 비휘발성 메모리는 낮은 집적도 또는 임베디드 비휘발성 솔루션을 갖는 독립형 메모리로 시장에 출시된 상태이다. 이 새로운 메모리는 플래시 메모리보다 많은 부분이 개선되었으나 비트당 비용이 많이 들어 경쟁할 수 있는 수준은 아니다.

사용 가능한 비휘발성 셀 종류와 동작 모드를 설명하기 위해 기본적인 셀 원리가 소개되었다. 시스템 최적화 장에서는 짧은 read 액세스 시간을 가진 새로운 메모리들이 DRAM을 대체할 수 있는지 분석할 것이다.

2.3.4.1 FeRAM

강유전체(Ferroelectric) RAM은 1982년부터 연구개발 활동이 시작되었다. 지금은 FeRAM 셀의 적용 범위가 SSD (Solid-state Disc)에 사용하는 NV FeNAND 플래시 페이지 버퍼에서부터 낮은 누설 전류를 갖는 TAG RAM (TAG RAM은 어드레스 tag를 저장하고 있기 위한 특별한 RAM 구조) 그리고 SRAM / DRAM 대체까지 매우 넓다.

하나의 트랜지스터와 하나의 커패시터(1T1C)로 이루어진 FeRAM 셀은 DRAM 설계에서 알려진 설계 원리를 이용하여 전원이 꺼진 후에도 데이터를 저장하는 기능을 제공한다. 1T1C FeRAM은 그림 2.20에서와 같은 물리적인 저장 원리로 널리 사용된다.

강유전체 커패시터는 비휘발성 저장 소자이다. 강유전체 분극을 이용해 저장이 이루어지며 이는 빠르고 강력한 메모리 동작을 가능하게 한다.

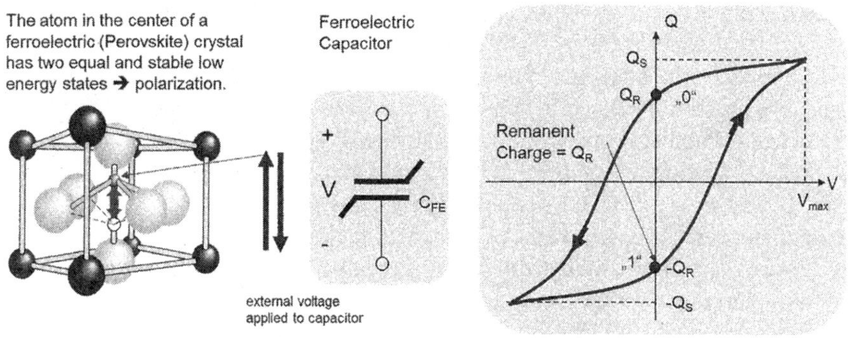

그림 2.20_ FeRAM: 강유전체 분극, 커패시터 그리고 반 시계방향으로의 히스테리시스(기억현상) 동작 원리

- 잔류 전하를 갖는 자발 분극(spontaneous polarization)의 방향은 인가된 전계로 인해 가역적이 된다. 이 원리에 의하여 저전력으로 read/write가 가능하다.
  - 바이너리 상태 0: '+' 전계에 의한 '+' 극성
  - 바이너리 상태 1: '–' 전계에 의한 '–' 극성

FeRAM과 DRAM에서 사용된 capacitive storage elements는 유사성을 가지며 큰 차이로는 charge voltage function의 비선형을 들 수 있다.

DRAM	FeRAM
• 일정한 커패시턴스를 갖는 선형적인 Q–V • '0'또는 '1' 값에 관계없이 일정한 C값을 가짐.	• 히스테리시스(기억현상)에 의한 비선형적인 Q–V • '1' 값을 가질 때 큰 C값을 가짐(C1 > C0)

연구는 셀 크기 축소에 따른 scalability 보장과 피로에 의한 신뢰성 문제를 해결하는 데 초점을 맞추고 있다. 기준 셀이 파괴적인 read 오퍼레이션을 견뎌야 하고 기준 셀의 피로와 관련된 이슈들로 인해 이론적으로 뛰어난 FeRAM의 내구성을 갖는 데 제한적이다.

매우 경쟁력 있는 새로운 강유전체 셀 개념이 MFIS(Metal-Ferroelectric-Insulator-Silicon-FET)이다. 강유전체 절연막을 갖는 트랜지스터 셀은 낮은 전압으로 제어되는 물리적인 동작 원리를 기반으로 한다. MFIS는 강유전체 메모리 연구를 수십 년간 진행한 결과, 매우 경쟁력 있는 새로운 비휘발성 셀 개념이 되었다. 연구 사항의 개요는 논문[32,33]에 소개되어 있다.

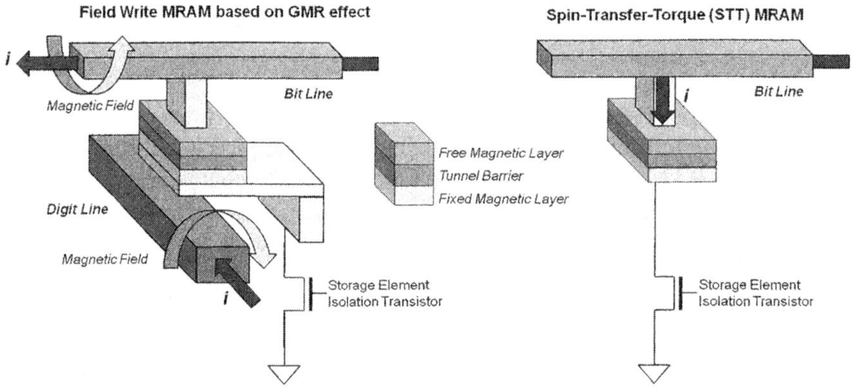

그림 2.21_ GMR과 STT를 기반으로한 MRAM 셀 구조 원리

2.3.4.2 MRAM

MRAM(magnetic RAM)은 쌍 안정(bi-stable) 비활성 기억소자를 사용하는 새로운 비휘발성 메모리이다. 자성을 기초한 기억원리는 비선형 저항효과를 갖는다. 자성은 전자의 고유 특성인 회전 방향(spin)과 관계가 있다. 평행 또는 반 평행(anti-parallel) 회전 방향은 저항의 차이로 나타난다. 기억 소자는 2개의 자성층－자유층(free layer)과 고정층(fixed layer)－을 기반으로 하며 두 개의 층 사이에는 터널 장벽이 있다. 터널 장벽의 저항감은 두 자성층의 역방향으로 인해 높다. 특정한 MRAM 셀 구조마다 다른 write 오퍼레이션에 의하여 자유층은 변화될 수 있다.

이 책에서는 두 가지 유형의 MRAM 셀에 대하여 설명한다. 셀 구조는 그림 2.21에 묘사되어 있다.

필드 Write MRAM 셀

- 자기장에 의한 스위칭 MRAM은 자유 자화층의 분극을 반전시키기 위해 전류선 주위의 필드를 사용한다. 이 유형은 높은 신뢰성을 요구하는 애플리케이션과 임베디드 메모리용에 양산되고 있다. 비트 라인과 디지털 라인에서 요구하는 큰 write 전류는 셀의 스케일링 로드맵에서 심각한 문제이다.
- 이 셀은 toggle MRAM으로도 알려져 있는데, 그 이유는 셀에 쓸 수 있는 전류가 셀과 인접 셀의 간섭을 줄이기 위하여 단계적으로 토글될 수 있기 때문이다.

STT(Spin Transfer Torque) MRAM 셀

- STT 셀은 전자의 회전 분극에 필요한 전류가 작고 자기장에 의한 스위칭 MRAM보다 scalability가 우수하다.

MRAM 셀은 read/write의 빠른 주기와 우수한 내구성을 특징으로 한다. Field Write MRAM은 read 간섭이 매우 우수하며, STT 셀은 다른 NVM셀과 같은 수준의 read disturbance 문제를 갖는다. STT MRAM의 구성 원리는 3D 메모리 어레이 솔루션에서 선호하는 구조이다. 현재 STT-MRAM의 개발 및 연구 현황은 문헌[35]에 정리되어 있다.

2.3.4.3 PCRAM

Phase change 메모리의 기본적인 비휘발성 저장 원리는 안정적인 상황에서 두 가지 다른 상태로 존재할 수 있는 물질의 사용을 기반으로 한다. 에너지 장벽을 넘어서는 조건에서 상태는 변경될 수 있다. 이 에너지는 다양한 방법으로 물질에 공급될 수 있는데, 광학 저장장치(CD, DVD)의 기록에 레이저 임펄스를 사용하는 것과 PCRAM(Phase-Change RAM)에 전류 펄스를 사용하는 것이 그 예이다.

PCRAM 또는 OUM(Ovonic Universal Memory)은 쌍 안정 소자로, 결정질과 비정질 상태 사이에서 전환할 수 있는 GST(GeSbTe: germanium, antimony and tellurium) 등의 chalcogenide 합금 박막을 사용하는 비휘발성 메모리의 일종이다. PCRAM의 동작 원리는 그림 2.22에 보인 것과 같이 기억 소자를 가열함으로써 나타나는 비정질과 결정질 사이의

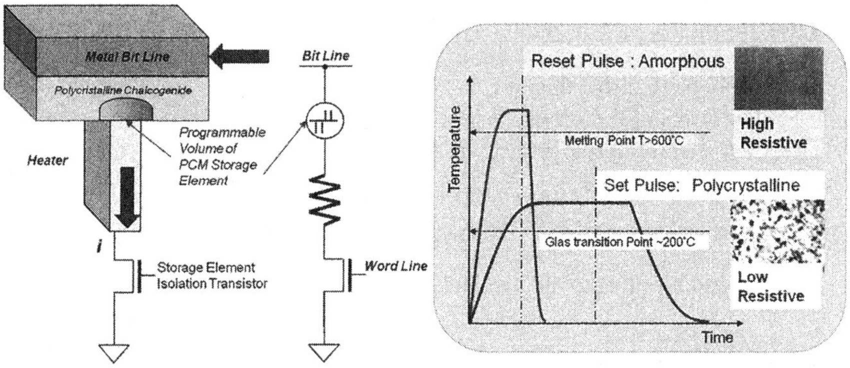

그림 2.22_ PCRAM 동작원리 - 셋(set)과 리셋(reset)

표 2.3_ 비휘발성 셀의 특성 요약

Topics	NOR flash	NAND flash	FeRAM	MRAM	PCM
Material	SiOx/Poly-Si	SiOx/Poly-Si High-k, metal gate, metal FG	PZT, SBT	CoFeB etc.	GST
Cell size (F^2)	8–10	4	15–40	8–25	6–20
Read op.	Non-destructive	Non-destructive	Destructive	Non-destructive	Non-destructive
Read latency	20 ns	40 μs	50 ns	<10 ns	20 ns
Write latency	1 μs	>500 μs	50 ns	<10 ns	100 ns
Endurance	10^5	10^4	10^8	10^{16}	10^{6-12}
Power in Write pW sec/bit	10^5	0.1	30	40 (field) / 20(spin)	20–1000
Advantage	Conventional material Low latency	Cost per bit Low energy	Fast write Low Latency	Fast write Low latency	Scalability
Challenge	Endurance Failure rate Write energy	Endurance 3-bit per cell	Scalability Fatigue	Magnetic field disturbance	Thermal disturbance Write energy

가역적인 상 변화를 이용한다.

• 셀 내의 요소: chalcogenide film, 히터와 절연 소자 (트랜지스터 또는 다이오드)

PCRAM은 10^{12}만큼 무제한으로 read/write 할 수 있다. 3nm 배선 폭까지 scalability는 이미 입증되어 있다[36, 37]. Phase-Change 메모리 셀은 복수의 비트를 저장할 수 있는 충분한 윈도우 공간을 제공한다[38].

2.3.5 요약: 비휘발성 셀

비휘발성 셀 또는 비휘발성 메모리 소자는 비휘발성 메모리 제품의 신뢰성 변수들을 결정한다. 설계 및 알고리즘은 열화의 수준에 영향을 줄 수 있지만 실질적인 신뢰성을 향상시킬 수는 없다. 메모리 제품의 성능은 셀과 메모리 어레이의 조합을 기반으로 한다. 셀 동작 윈도우는 복수의 비트를 저장할 수 있는 능력과 제품 성능 변수에도 영향을 미친다. 셀 요약의 첫 부분에는 셀의 주요 특징을 표 2.3에 비교 요약하였다. 셀 요약의 두 번째 부분에는 이상적인 비휘발성 셀/요소의 동작 분석을 기반으로 여러 특성들을 유도하였다.

- 프로그램 또는 write
  - 짧은 프로그램 시간
  - 프로그램과 erase 오퍼레이션은 전압으로 제어하는 동작이다. 어레이에서 필요로 하는 사항에 큰 영향을 준다.
  - 셀 'V_{th}'의 프로그램 전압에 대한 선형 의존성
  - 셀이 작아지면 필요한 프로그램 전압 레벨은 자동적으로 감소한다. 프로그램의 최대 정격전압은 낮으면 낮을수록 더 좋다.
  - 셀당 복수의 비트를 저장할 수 있는 커다란 사용 가능한 동작 윈도우

- Read
  - 신호 파괴가 없는 read 오퍼레이션
  - Read 간섭을 방지하기 위한 read와 프로그램 전압 간의 큰 차이
  - 저장되어 있는 정보를 높은 정밀도로 간단하게 감지할 수 있는 높은 셀 전류 민감도

셀 평가 방식의 세 번째 부분은 획기적인 멀티 레벨 비트 혹은 멀티 레벨 셀의 작동을 도와주는 성능을 판단하는 것이다. 메모리 윈도우의 전체적인 크기와 프로그래밍 되는 레벨의 안정성이 중요한 두 가지 요소이다.

- 이상적인 비휘발성의 셀은 '다른 레벨에 있는 각 PGM 펄스의 PGM 에너지'를 저장한다.
- 비트의 획기적인 선택적 read 오퍼레이션과 결합된 선택적 write 오퍼레이션은 주요 연구 방향 중 하나이다. 그 이면에는 비용이 주 원인으로, 이러한 read/write 선택성에 의한 셀당 비트의 집적도를 높이기 위한 옵션은 다른 변수들보다 중요하다.

제안된 획기적 멀티-비트-선택성이 단위 비트당 비용을 줄이거나 집적도와 성능을 증가시키지 않는 한, 유연성을 갖는 선택적 셀 개념을 필요로 하게 된다. 그러한 요구사항들을 이루기 위해서는 선택된 비휘발성 셀은 3D로 만들어질 수 있어야 한다.

플로팅 게이트 셀이 산업적으로 성공한 이유는 아래 개념들을 조합한 결과이다.

- 트랜지스터의 뛰어난 on/off 전류 비율
- 전도성 기억소자 포함 - 플로팅 게이트
- 셀의 기하학적 구조에 의해 잘 정의된 플로팅 게이트를 프로그램하기 위한 커플링 비율
- 셀의 V_{th}는 프로그램 전압에 선형적으로 의존함

위의 내용을 종합해 봤을 때, 플로팅 게이트는 가장 안정적이고 예측 가능한 비휘발성 셀 구조 중 하나이다. 플로팅 게이트를 전하 트랩 층으로 대체하면 보다 견고한 기술이 되고 진정한 3D 집적도 가능해진다. 플로팅 게이트 기반의 기억 층(Storage Layer)과 비교해 charge trapping layer 잘 알려진 문제를 해결하고 3D 셀 트랜지스터 구조를 가능하게 하기 위해서 셀 크기는 충분히 작아야 한다. 위에서 언급한 장점은 FinFET SONOS 소자에서 보여주었다[39].

2.4 플래시 메모리 어레이

셀의 종류와 셀의 동작들은 비휘발성 메모리 제품의 성능과 사양을 결정하는 중요 특성으로써 자주 논의된다. 그러나 이것은 특정한 비휘발성 메모리 셀 변수에만 적용 가능하며, 제품 사양이나 성능 변수는 셀의 구조나 물리학적 성질뿐만 아니라 어레이 구조에 의해 정의된다. 비휘발성 메모리 제품의 주요 성능 변수는 아래에 의해 정의된다.

- 가장 최적의 어레이와 더불어 선택된 셀
- 가장 최적의 셀과 더불어 선택된 메모리 어레이

이번 절에서는 어레이 구조로부터 유도되는 다음 레벨의 메모리 변수를 소개할 것이다. 특히 적용 가능한 메모리 오퍼레이션을 위한 셀과 어레이 간의 의존성, 선택된 어레이 안에서 셀 간의 간섭, 물리적인 layout의 고려 및 어레이 disturbance의 종류들을 소개하고 NOR와 VG-NOR, NAND 어레이 종류에 대해 간단히 알아볼 것이다.

2.4.1 셀의 어레이: V_{th}의 분포

비휘발성 플래시 셀은 프로그램이나 erase 오퍼레이션에 따라 바뀌는 특정한 V_{th}에 의해 특성이 결정된다. 메모리 어레이의 목적은 행과 열을 통해 접근 가능한 수백만 개의 셀을 최대한 집적하는 것이다. 메모리 어레이는 칼럼 비트 라인 디코더와 로우 워드 라인 디코더, 그리고 버퍼회로에 의해 둘러싸인다. 그림 2.23은 전형적인 메모리 어레이를 보여준다. 로우 디코더와 칼럼 디코더, 그리고 센싱 회로와의 거리를 보여주는 전체 그림에서 왼쪽 위 코너에 있는 메모리 어레이의 9개의 셀들을 확대하여 나타내었다.

수백 개의 반도체 공정에 의해 제조되는 수백만 개의 셀들은 상당한 통계적 편차를 가지고 있다. 대부분의 메모리 셀 배열은 높은 균일성을 갖지만 모든 셀들은 여전히 길이와 저

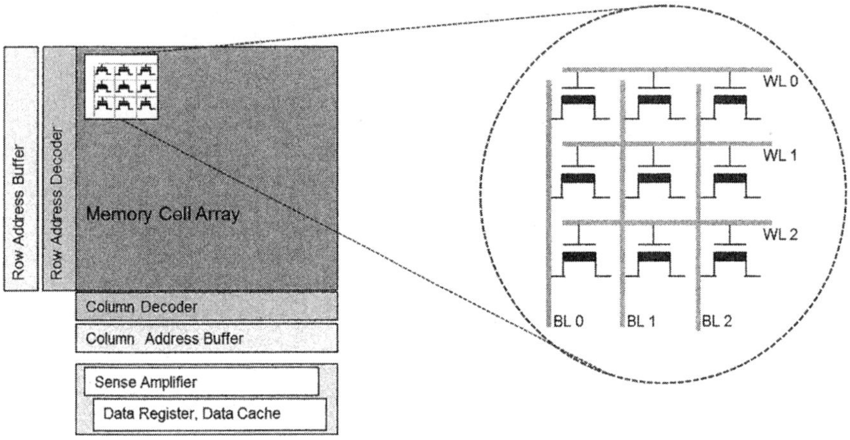

그림 2.23_ 메모리 셀 어레이와 주변 회로

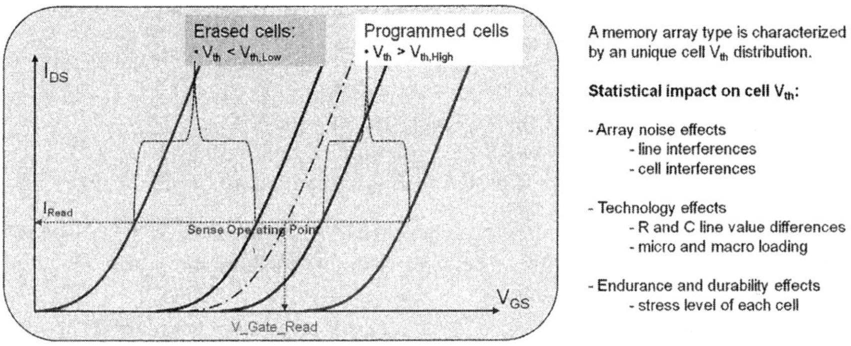

그림 2.24_ 메모리 어레이에 있는 셀의 V_{th} 범위

항이 독자적으로 변하는 비트 라인에 연결되어 있다. 이러한 셀들을 선택하는 회로와 디코더 회로는 대부분의 메모리 어레이 종류들에 대해 비 균일성을 갖도록 한다. 이 두 가지의 영향은 각 셀의 V_{th}에 영향을 미친다. 즉, 셀 자체에 공적 편차가 영향을 미치거나 어레이 효과에 의해 V_{th}가 바뀌게 된다. 여기에서 어레이 효과란 메모리 어레이 안에서 각 셀의 위치가 달라서 생기는 효과이다.

그림 2.24는 위에 언급했던 두 가지 효과가 어떻게 셀의 V_{th}에 영향을 주는지 보여준다. 프로그램되거나 erase된 셀은 어떠한 특정 V_{th} 영역 범위 안에 분포된다. 메모리 어레이에 있는 모든 셀의 V_{th}를 측정을 하고 그 개별적인 값들의 분포를 그래프로 나타내었다. 그림 2.25는 NOR 플래시 메모리 어레이의 V_{th} 분포를 보여준다.

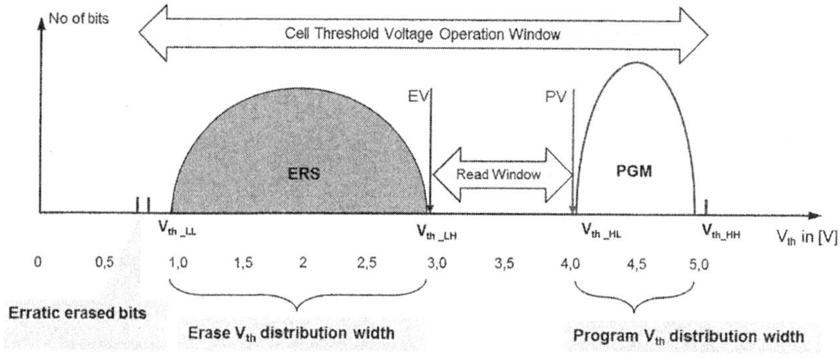

그림 2.25_ 프로그램된 플래시 메모리 어레이의 셀의 V_{th} 분포도

프로그램된 모든 셀들의 V_{th} 분포는 프로그램 PV(verify level)보다 위쪽이고 2.6장에서 소개 할 프로그램 알고리즘에 따라 width가 결정된다. Erase된 모든 셀의 V_{th} 분포는 EV(erase verify level)보다 아래쪽이나, erase된 모든 셀의 V_{th}는 양수 값을 갖는다.

어레이 효과와 더불어 모든 셀들에 대한 통계적인 편차는 잘못된 read 오퍼레이션을 방지하기 위해 한정된 read 윈도우가 필요하다는 것을 보여준다. 각각의 셀들은 데이터를 읽거나 센싱할 수 있는 고유의 trip 포인트를 가지고 있다. 메모리 어레이 레벨에서는 sense 오퍼레이션을 위해 read 윈도우가 요구된다.

V_{th} 분포의 양단은 메모리의 성능에 큰 영향을 미친다. 이번 절에서는 이 양단에 대해 정의하고 V_{th} 윈도우와 마진 평가에 대해 알아볼 것이다.

- V_{th_LL} "$V_{th\_Low\_Low}$" erase된 분포의 왼쪽 끝
- V_{th_LH} "$V_{th\_Low\_High}$" erase된 분포의 오른쪽 끝
- V_{th_HL} "$V_{th\_High\_Low}$" 프로그램된 분포의 왼쪽 끝
- V_{th_HH} "$V_{th\_High\_High}$" 프로그램된 분포의 오른쪽 끝

셀의 V_{th} 분포, 특히 erase된 분포의 위치는 플래시 메모리 어레이의 종류 및 특성을 구분해주는 주요 판단기준이 되며, 모든 신뢰성 변수에 영향을 미친다.

방대한 양의 양산 통계와 메모리 어레이는 셀의 V_{th} 윈도우를 넓어지게 만든다. 이에 대한 자세한 내용과 신뢰성에 미치는 영향을 제어하는 방법은 알고리즘 및 신뢰성을 다루는 장에서 소개할 예정이다.

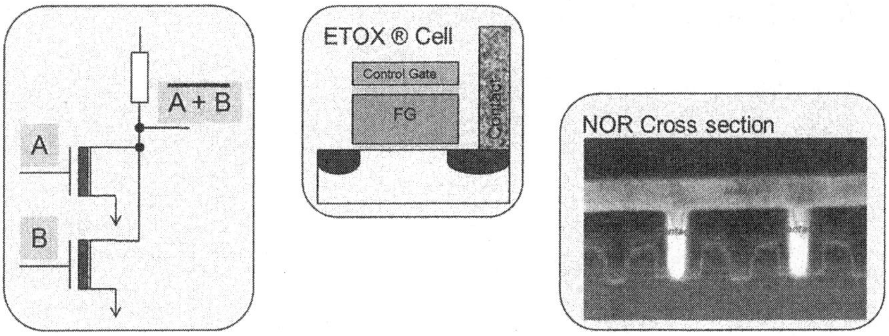

그림 2.26_ ETOX® 셀과 NOR 실리콘 단면도를 기초로 한 NOR 어레이 원리[40]

2.4.2 NOR 어레이: 직접 셀 액세스(Direct Cell Access)

NOR 플래시 메모리는 1988년 인텔에 의해 새로운 메모리 어레이 구조로 개발되었다. NOR 메모리 어레이의 특성 중 하나는 각 셀의 단자(Terminal)에 직접 액세스(Direct Access)가 가능하다는 점이다. NOR는 OR로직과 NOT로직으로 구성된 로직이며, 두 입력 신호 모두 false가 들어온다면 true를 출력신호로 내보내는 로직으로 정의할 수 있다.

그림 2.26은 전형적인 NOR 어레이로써, 인텔에 의해 개발된 ETOX(Erase Through Oxside)라 불리는 셀과 어레이의 단면도를 보여준다. 단면도에서 공유된 비트 라인의 contact을 볼 수 있다. 최적화된 어레이 구조는 2.4.2.4절에서 자세히 논의될 예정이다. 그림 2.26에 나와 있는 NOR의 단면도는 두 개의 NOR셀과 하나의 공유된 비트 라인 contact을 보여준다.

보통 NOR 어레이 구조는 단일 비트와 로우, 칼럼의 동작을 허용하며 전기적으로 erase와 프로그램을 할 수 있는 Read Only 메모리에 매우 적합한 구조이다.

또한 NOR 플래시 메모리는 프로그램 코드 저장을 위해 사용하는 코드 플래시라고도 한다. NOR 어레이는 빠른 랜덤 액세스를 제공하며, 단일 비트나 data words를 바꾸는 능력은 완벽한 코드 메모리로 적합하게 해준다. 마이크로 컨트롤러의 프로그램 코드는 NOR(LODE) 플래시 메모리로부터 바로 실행시킬 수 있다. NOR 플래시 메모리 어레이와 관련된 플래시 성능변수들을 소개할 차례이다.

2.4.2.1 NOR Read 오퍼레이션 및 센싱 원리

위에서 살펴본 바와 같이 NOR 어레이의 특성 중 하나는 각 메모리 셀에 직접 액세스를 제공해 준다는 것이다. 이러한 셀에 대한 직접 액세스는 셀에 있는 전류를 빠르게 감지해 내어 25~90ns 정도의 빠른 random read access를 가능하게 해준다.

Read 오퍼레이션의 정확도는 중요한 변수이다. 센싱 정확도는 같은 센싱 원리를 사용하고 있는 모든 프로그램 오퍼레이션에 영향을 미친다. Read 정확도는 플래시 메모리 제품의 신뢰성과 성능을 정의하는 V_{th} 윈도우 마진을 정의하는 데 중요한 변수가 된다.

센스 오퍼레이션은 항상 전류를 전압으로 변환하는 작업이다. Trip 포인트는 읽으려고 하는 셀의 선택된 read 게이트 전압을 센싱하는 지점이다. 모든 셀에 대하여 정확성을 보장하고 다른 영향들을 상쇄해 주기 위해 프로그램 verify, erase verify, read에 대해 trip 포인트는 항상 정확하게 같아야 한다. 하지만 물리적으로 그것을 실현시키는 것은 불가능하다. 그러므로 우리는 아래 두 가지의 센싱 원리를 적용할 것이다.

- 게이트 전압이 일정할 시 – 센싱되는 전류가 다르다는 것은 각 셀의 V_{th}가 다르다는 것을 의미한다.
- 감지되는 전류가 일정할 시 – 센싱되는 게이트 전압이 다르다는 것은 각 셀의 V_{th}가 다르다는 것을 의미한다.

그림 2.27에서 보여주는 원리로부터 각 셀마다 다른 방식으로 센싱을 구현할 수 있고, 이는 다른 센싱 개념, 즉 더 나은 센싱 구조를 이끌어 낸다. 다른 S/A 구조가 NOR 기반의 메모리 어레이에 사용될 수 있다.

- 감지된 전류를 바로 통합하여 이를 기준 전압과 비교
- 감지된 전류를 바로 통합하여 이를 기준 셀이나 구조와 비교

특히, 일정한 게이트 전압 센싱 방식의 경우 기준 셀이나 기준 셀 어레이는 큰 장점을 갖게 된다. 왜냐하면 기준 셀은 보통 같은 온도계수를 가지고 있고 어레이 셀을 따라 바뀌므로 모든 read 오퍼레이션 시, 목표 셀의 어떠한 변화도 보상해 줄 수 있기 때문이다.

그림 2.28은 NOR 플래시의 센싱에 요구되는 기준 셀들을 보여주고 있다. 기준 셀들은 웨이퍼 테스팅 동안에 매우 높은 정확성을 가지고 프로그램될 수 있어야만 한다(웨이퍼 테스팅은 시간이 오래 걸리고 동시에 NOR 플래시 제품에 테스트 비용을 크게 증가시킨다).

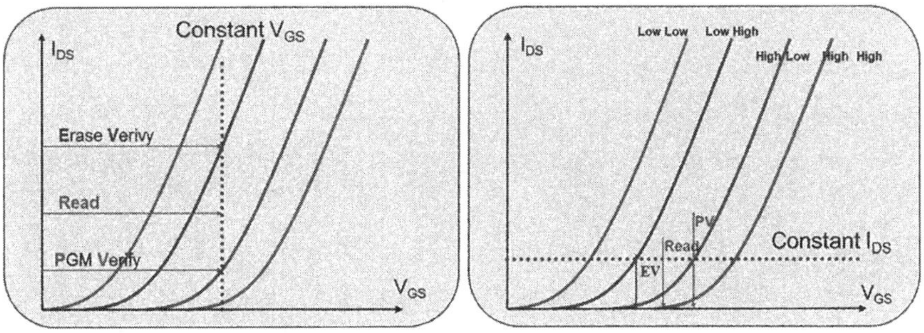

그림 2.27_ 일정한 게이트 전압과 일정한 센스 전류 센싱

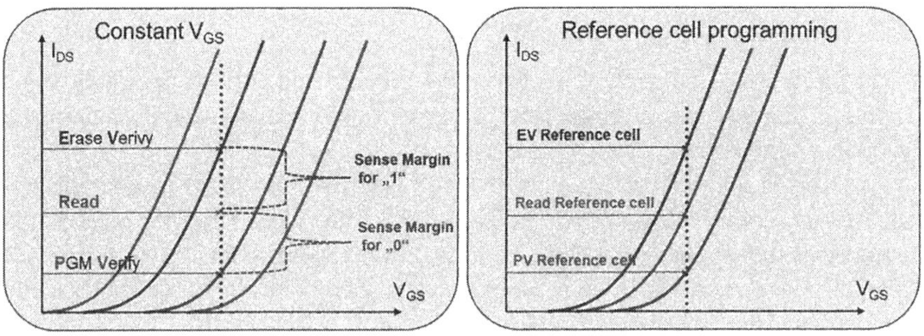

그림 2.28_ Erase Verify(EV)와 프로그램 Verify (PV)를 위한 센스 마진과 기준 셀의 위치

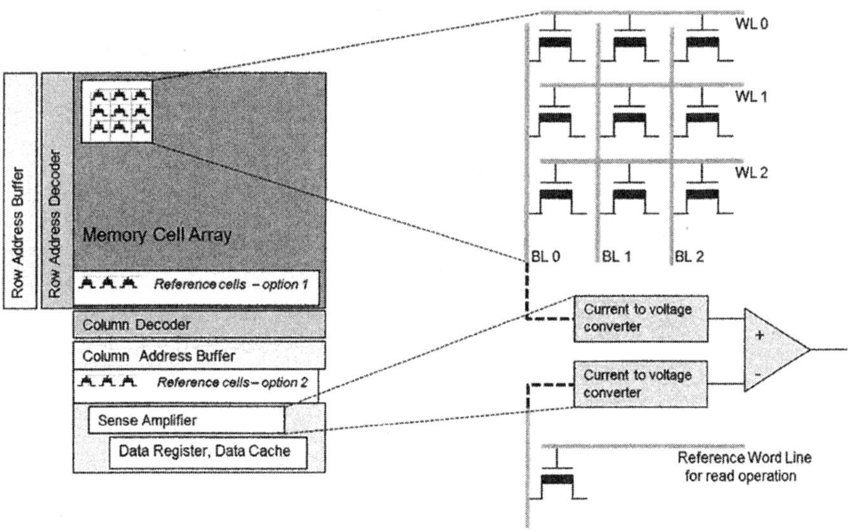

그림 2.29_ 간단한 나타낸 센싱 개념과 기준 셀을 배치하기 위한 레이아웃 옵션

모든 비휘발성 메모리는 시간이 지나면 어레이 셀들의 성능이 악화되고, 각 기준 셀들은 각기 다른 스트레스를 받게 되어 read disturbance가 크게 증가하게 되는데, 이것은 기준 셀 기반의 센싱 개념의 단점 중 하나이다.

그림 2.29는 분리된 기준 셀 어레이를 이용하여 간단하게 NOR 플래시 센싱 방법을 구현한 그림이다. 그림에는 두 가지의 다른 옵션을 보여준다. 오프셋 보상과 같은 설계 토픽을 포함하여 빠르게 전류를 전압으로 바꿔주는 역할을 하는 NOR 센싱 회로가 논문 [41]에 자세히 소개되어 있다. NOR 어레이의 read 성능은 센싱 방법, 회로, 레이아웃 그리고 기준 셀에 의해 정해진다. 정확한 센싱은 안정적인 게이트 전압과 안정적이고 매우 정확한 비트 라인 전압을 요구한다. 메모리 어레이는 낮은 저항, 낮은 커패시턴스 값을 갖는 비트 라인을 필요로 한다. 그래서 NOR 메모리에서는 필요로 하는 낮은 비트 라인 rise time을 만족시키기 위해 로컬 및 글로벌 비트 라인 구조가 널리 사용된다. 로컬 및 글로벌 비트 라인을 사용한 NOR 메모리의 분할(Segmentation)은 빠른 센싱을 가능하게 해준다.

그림 2.30에는 로컬 비트 라인 decoding(local Y-select)의 원리가 나타나 있다. Y-select을 설계 하거나 레이아웃할 때에, 각 경로마다 같은 전기적인 성질을 보장하기 위해서는 주의를 기울여야 한다. 어레이 효과의 영향은 각 프로그램과 erase 사이클 동안에도 여전히 남아 있다. 이 남아 있는 악영향은 NOR 어레이 안에 있는 플래시 메모리의 센싱 동작과 신뢰성에 영향을 미친다. 이 효과에 대한 더 자세한 논의는 VG-NOR 어레이 장에서 더 자세하게 다룰 것이다.

그림 2.31에서 이 효과가 로컬 Y-selector 구조와 글로벌 구조의 의존성에 의해 read 오퍼레이션의 정확성에 영향을 미치고 있는 것을 보이고 있다. 각 NOR 어레이 블록과 글로벌 비트 라인의 끝에 있는 S/A 사이의 거리는 각기 다르다.

NOR의 센스 구조와 기준 셀 방식은 다른 블록들과 기준 셀 블록과의 거리 문제와 Y-select 효과를 보완하여야 한다. 또한 온도의 변화, 셀의 변화(alteration) 그리고 신뢰성 효과가 V_{th}의 read 마진 윈도우를 위해 고려되어야 한다.

2.4.2.2 NOR의 write 오퍼레이션 및 프로그램 원리

NOR 어레이 안에서 프로그램 오퍼레이션은 어떤 sub 어레이 안에 있는 한 셀에서 실행된다. → 단일 셀 동작 원리

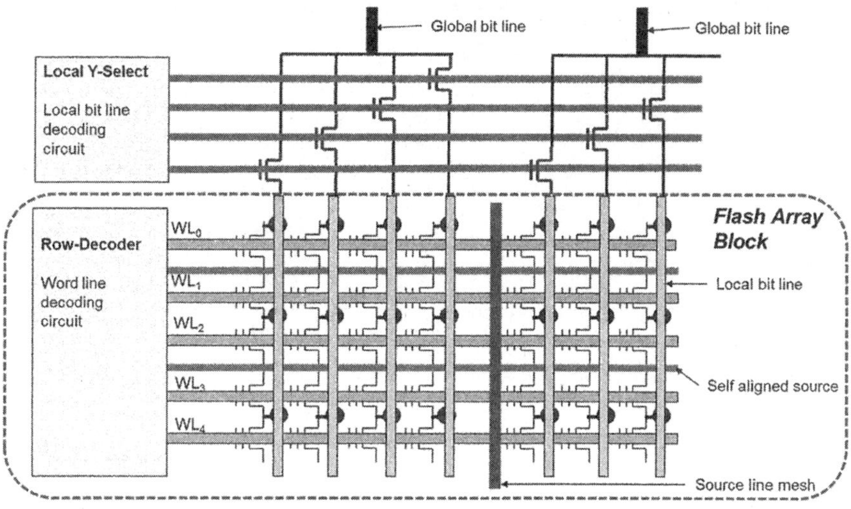

그림 2.30_ 로컬과 글로벌 비트 라인 구조를 포함하고 있는 NOR 플래시 어레이 블록

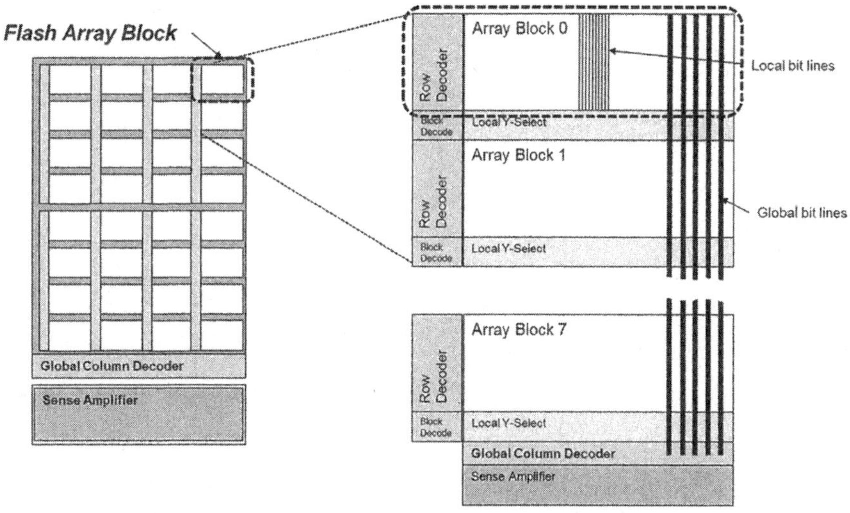

그림 2.31_ 센스 앰프와 어레이 블록, 로컬/글로벌 비트 라인 디코딩 간의 거리

NOR 어레이는 모든 셀 단자들을 액세스할 수 있고 빠른 CHE(Channel Hot Electron) 프로그램 원리의 사용을 가능하게 한다. CHE 프로그래밍 방법은 두 가지 장점을 가지고 있다.

- FN 터널링보다 더 낮은 전압을 사용하기 때문에 게이트 옥사이드에 입히는 피해가 적다.
- 몇 µs정도의 빠른 프로그램 오퍼레이션

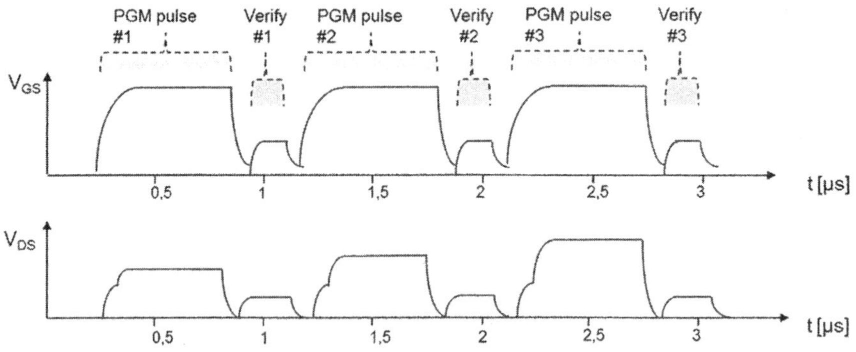

그림 2.32_ 드레인 전압 stepping을 사용하여 동작하는 NOR 플래시 CHE 프로그램 펄스 오퍼레이션

프로그램 오퍼레이션은 증가하는 계단파(step pulse) 프로그램 알고리즘을 기반으로 한다. 이 알고리즘은 2.6장에서 소개할 예정이다. 그림 2.24와 같이 다수의 프로그램 펄스가 인가되고, 각 펄스는 통계적인 셀과 어레이 효과를 보상하기 위하여 verify 오퍼레이션을 수반한다. 이때, 각 셀의 V_{th}는 프로그램 verify V_{th} 전압 레벨을 통과해야만 한다.

NOR 어레이는 셀에 프로그램하기 위한 V_{th}를 단계적으로 증가시키기 위해 두 가지 옵션을 제공한다. 드레인 전압뿐만 아니라 게이트 전압의 증가는 CHE 프로그램 오퍼레이션의 효율성을 증가 시킨다.

- 게이트 전압 stepping → 게이트 전압은 조금씩 증가시키고, 드레인 전압은 일정하게 유지한다.
- 드레인 전압 stepping → 게이트 전압을 일정하게 유지시키고, 드레인 전압을 조금씩 증가 시킨다.

그림 2.32는 NOR 어레이에 있는 한 셀에 CHE 방법을 사용하여 프로그램 하는 전형적인 타이밍도를 보여준다. NOR 어레이는 글로벌 비트 라인 끝에 있는 S/A에 연결되어 있다. 게이트 혹은 드레인 전압을 증가시키는 프로그램 오퍼레이션은 verify 오퍼레이션을 수반하고 그 이후에나 다음 셀이 프로그램될 수 있다.

비트 라인과 워드 라인들은 높은 전압의 요구하는 프로그램 이후에 낮은 전압의 verify (read) sequence가 수반되므로 자주 전하로 충전되거나 방전된다.

프로그램 sequence를 끝내는 데 필요한 시간은 프로그램 펄스의 폭과 비트 라인(V_{DS})과 워

표 2.4_ 프로그램 동작 시 NOR 어레이의 전압 조건

Global array	Local array	Cell	Voltage [V]	Current [μA]	Time [ns]
Word line	Local word line	Gate	8–9		300–800
Global bit line	Local Y-select, local bit line	Drain	4–5	100–200	200–500
Source mesh	Source line	Source	0 V		

드 라인 (V_{GS})의 상승시간에 의해 정의된다. NOR 어레이의 프로그램 오퍼레이션 시간은 아래의 변수들에 의해 구해질 수 있다.

- PGM 펄스의 개수(측정하는 법은 3장에서 논의될 예정이다)
- PGM 펄스의 폭 —셀 터미널에 걸린 두 높은 전압의 최소시간
- 최악의 조건에서 비트 라인과 워드 라인의 충, 방전 시간

표 2.4에는 Channel Hot Electron 플래시 프로그래밍의 전형적인 전압과 타이밍 조건들을 나타내고 있다.

프로그램 성능은 프로그램 verify 레벨 이상으로 각 셀의 V_{th}를 이동시키기 위해 요구되는 펄스의 개수를 줄이거나 셀의 개수를 향상시킬 수 있다. 하지만, NOR 어레이에서 병렬로 프로그램하는 것은 아래의 이유에 의해 제한된다.

- 같은 워드 라인에 동시 접근 가능한 S/A의 개수
- Channel Hot Electron injection 원리에 의해 최댓값이 제한된 product current

Channel Hot Electron injection은 높은 전압을 가할 때 상당한 I_{DS} 전류를 요구한다. 그러한 이유로 NOR 프로그래밍은 로컬 Y-select 회로를 포함하고 있는 비트 라인이 매우 낮은 저항 값을 갖도록 요구한다. 이러한 어레이 최적화는 병렬처리를 제한한다. 왜냐하면 비트 라인들이 점점 작아지면서 저항은 계속 커지기 때문이다.

워드 라인과 로컬 비트 라인을 따라 높은 전압이 가해진다. 그림 2.33에서 보여 주는 것과 같이 어레이 안에서 모든 프로그램 오퍼레이션은 높은 전압을 유지하고 있는 비트 라인과 워드 라인을 따라 위치한 선택되지 않은 셀들에게 영향을 미친다. 설계와 공정의 목표는 셀의 변수들과 가해진 전압 레벨 사이에 균형을 맞추어 같은 비트 라인과 워드 라인을 사용하는 프로그램과 read 오퍼레이션을 사용하는 특정 애플리케이션에서 이미 프로그램된 셀 상태가 변형되지 않도록 하는 것이다.

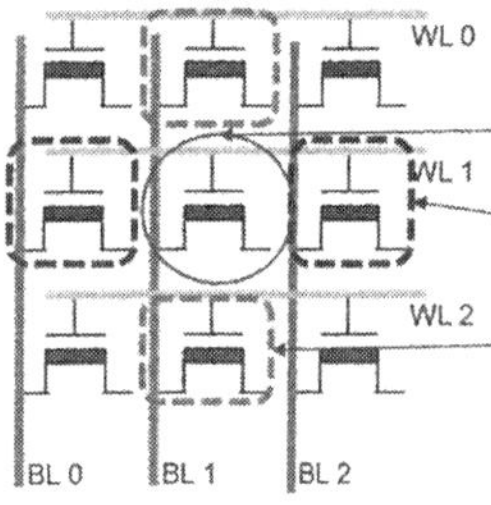

PGM conditions	WL	BL
Program cell operation at WL 1 & BL 1	9.0V selected	4.0V Selected
Gate Disturbance along WL 1	**9.0V**	0V non-selected
Drain Disturbance along BL 1	0V non-selected	**4.0V**
No Impact	0V non-selected	0V non-selected

그림 2.33_ WL과 BL을 따라 선택되지 않은 셀에 대한 NOR 프로그램 장애

2.4.2.3 NOR의 Erase 오퍼레이션과 어레이 효과

두 다른 용어 'Erase sector 또는 Erase block'은 어레이 sub-area를 나타내는 것으로 플래시 메모리에서 하나의 erase 오퍼레이션 안에서 이 영역에 속하는 모든 셀의 V_{th}를 이동시킨다. 이 어레이 분할을 설명하기 위해 메모리 어레이 블록이라는 용어를 사용할 것이다. NOR 어레이 구조에서 erase 오퍼레이션은 메모리 어레이 블록 안에서 모든 셀에게 병렬적으로 일어난다. → 세그먼트화된 섹터 동작 원리

NOR 메모리 어레이 블록을 erase하기 위한 여러 방법이 구현될 수 있다. 블록 안에 있는 모든 셀의 공통 소스(Common Source)에만 높은 양의 전압이 인가되거나, 음의 전압은 워드 라인에 인가하고, 양의 전압은 소스나 벌크에 각각 가해진다. 보통 더 작은 크기와 더 나은 신뢰성을 가지고 있는 FN 터널링 bulk erase 방식을 선호한다. FN 터널링은 몇 ms 동안의 긴 음의 높은 전압 펄스를 필요로 한다. 프로그램된 셀은 프로그램되지 않은 셀과 비교했을 때 약 3~4V 더 높은 V_{th}를 가지고 있다. 그러므로 프로그램 셀에 작용하는 전기장은 터널 프로세스를 통해 셀을 목표하는 영역으로 이동시킬 만큼 충분히 크다. Erase 셀의 이동은 전기장을 감소시키고 터널 프로세스는 느려진다. 주어진 시간 동안 FN erase의 과정은 이론적으로 self-limiting하는 과정이다. 이 self-limitation의 유효성은 공정 변화에 매우 민감하다. Erase의 폭은 생산 기술을 위한 quality parameter로 플래시 알고리즘과 프로그램, erase 성능에 커다란 영향을 미친다.

Erase V_{th} 분포의 낮은 왼쪽 끝 전압(V_{th_LL})은 NOR 플래시 메모리에서 민감한 변수이다. 그림 2.34에서 불규칙한 비트 특성을 갖는 셀을 포함하여 NOR 플래시 어레이의 V_{th} 분포를 보여준다. Erase된 셀을 계속적으로 지우는 것을 반복하면, 그 셀의 V_{th}는 V_{th_LL}의 밖으로 이동하게 된다. 이러한 영향을 받은 일부 셀들은 불규칙한 특성을 보여주게 된다. 이들

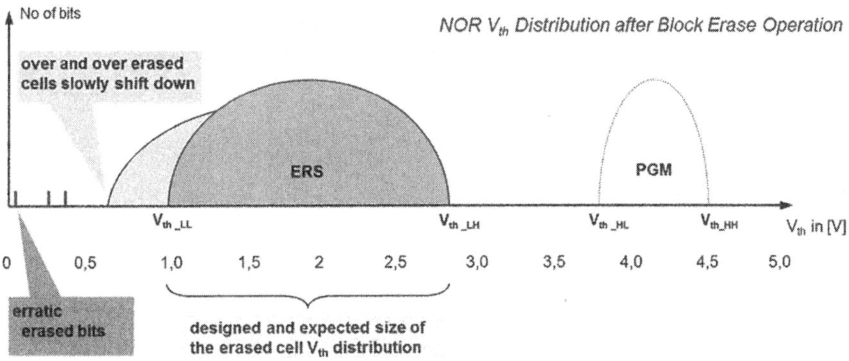

그림 2.34_ NOR 메모리의 erase 후 V_{th} 분포

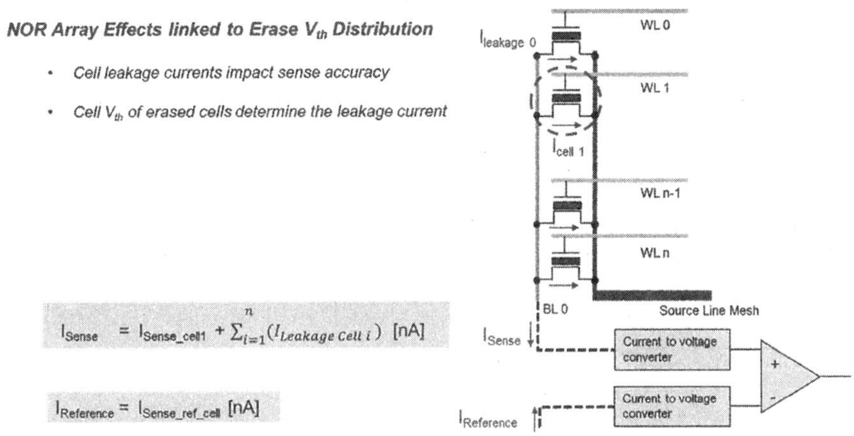

그림 2.35_ 센싱 정확도에 영향을 미치는 NOR 어레이의 erase 동작의 약점

의 V_{th}는 가해진 erase 전압 조건에 비해 비교적 낮은 값을 갖는다.

V_{th_LL}의 경계 면의 왼쪽에 있는 셀들은 NOR 어레이의 센싱 정확도에 영향을 미친다. 그들의 높은 누설 전류(설계 목표 값보다 비교적 더 높은)는 read하고 있는 다른 셀들의 센싱 전류에 더해지게 된다. Erase의 V_{th} 분포를 유지하기 위한 방법에 대해 2.6장에서 논의할 예정이다.

NOR 셀 어레이의 가장 큰 장점은 각 셀에 빠르고 직접 액세스가 가능하다는 것이다. 하지만 이 장점은 erase 오퍼레이션을 할 때에는 NOR 어레이의 큰 단점이 된다. 모든 셀들은 비트 라인을 따라 위치하고 그 비트 라인에 연결되어 있으므로, 각 셀의 누설 전류는 그 목표 셀의 센싱 전류에 더 해질 것이다. 그림 2.35는 NOR 어레이 안에서 누설 전류가

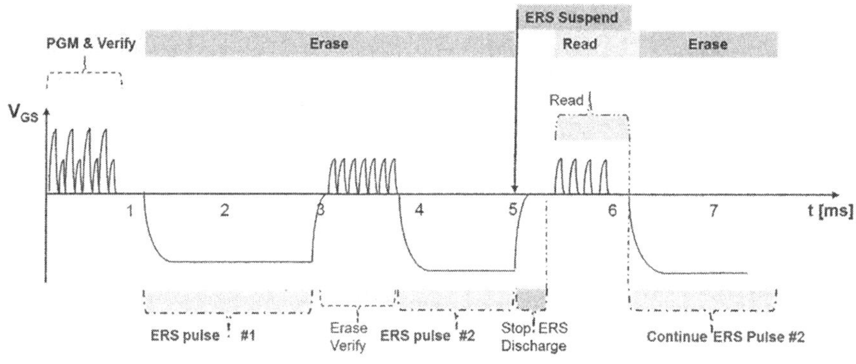

그림 2.36_ Erase suspend 동작을 가진 NOR 메모리의 erase 타이밍도

목표 셀의 센싱 전류에 영향을 미치는 원리를 보여주고 있다.

NOR의 erase 오퍼레이션은 erase verify 마지막 부분에서 목표하는 모든 셀이 erase 분포도 안에 들어가기를 요구한다. 그러므로 erase 분포도의 V_{th_LL} 모서리가 조절 가능해야 한다.

NOR 플래시의 긴 erase 시간은(>500ms) NOR 어레이 성능의 약점이다. Erase의 시간은 read나 프로그램 동작에 비해 비교적 상당히 길다. 또한, erase를 하는 동안에 메모리는 완전히 차단 되므로 NOR 플래시 메모리의 응답시간을 향상시키려고 erase suspend mode가 도입되었다.

그림 2.36은 프로그램과 read 그리고 erase의 동작 타이밍을 보여준다. 하나의 NOR block에서 erase 오퍼레이션이 erase pulse의 중간에서 멈추는 것을 볼 수 있다. 그 다음에 read 오퍼레이션이 실행되고 read 오퍼레이션이 끝나면 다시 erase 오퍼레이션이 실행되는 것을 볼 수 있다.

Erase 분포의 폭을 조정하는 것은 플래시 메모리의 신뢰성에 관련된 모든 변수에 직접적인 영향을 준다. 그러므로 erase 분포의 폭과 위치는 플래시 메모리에서 매우 중요한 변수이다.

2.4.2.4 NOR의 어레이 구조: 물리적인 레이아웃 고려사항

NOR 메모리 어레이의 목표는 보다 더 적은 공정 단계를 거치면서도 셀 간의 연결을 집적도 높게 구성하는 것이다. 과거의 모든 NOR 어레이는 셀의 모든 터미널을 사용하여 각 셀에 접근하였다. 모든 셀은 비트 라인과의 컨택을 요구하는 데 컨택의 크기 때문에 셀 크기

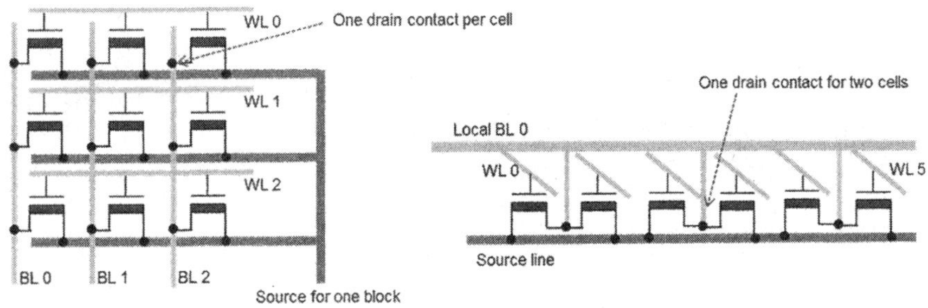

그림 2.37_ NOR와 DINOR 어레이구조

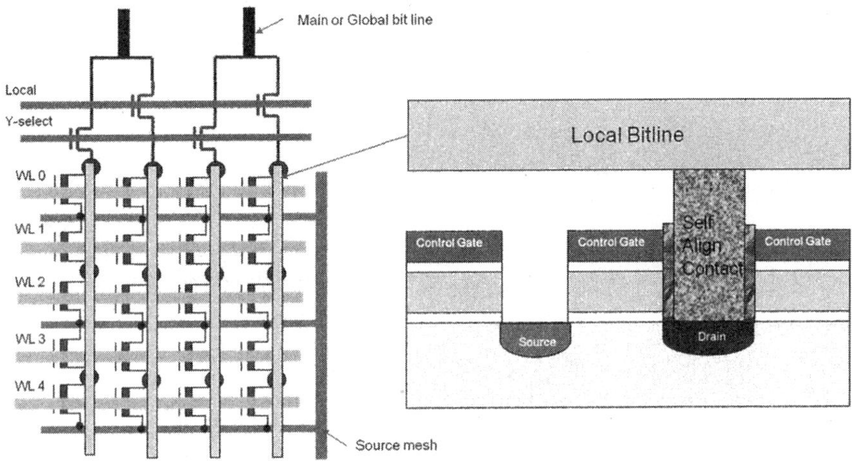

그림 2.38_ ETOX 셀과 자가 정렬 컨택을 합성한 DINOR 플래시 어레이

가 커질 수 밖에 없다. 그러한 이유로 하나의 비트 라인 컨택을 두 개의 셀이 공유하는 아이디어는 NOR 어레이 구조에서 면적적인 부담을 줄일 수 있다. 그래서 효율적인 NOR 어레이의 사용을 위해 DINOR(Divided bit line NOR)란 개념이 도입된다. 이 개념은 두 개의 로컬 비트 라인이 공유하는 글로벌 비트 라인(metal)의 개념을 사용한 컨택을 만들어 로컬 비트 라인(poly silicon)끼리 결합한 구조이다. 과거의 NOR(왼쪽 그림)구조와 DINOR 어레이 구조의 비교를 그림 2.37에서 보여주고 있다.

자가 정렬 컨택(Self Aligned Contact: SAC)의 개발은 또 한 번 DINOR 어레이의 집적도를 증가시킨다. 그림 2.38에서 글로벌 또는 main 비트 라인을 포함하는 DINOR 어레이 구조와 분할된 로컬 비트 라인들을 전환하기 위한 select 트랜지스터의 모습을 보이고 있다. 단면도에는 컨택을 볼 수 있다. 짧은 로컬 비트 라인(예: polyline)과 긴 글로벌 메탈 비트 라인은 전

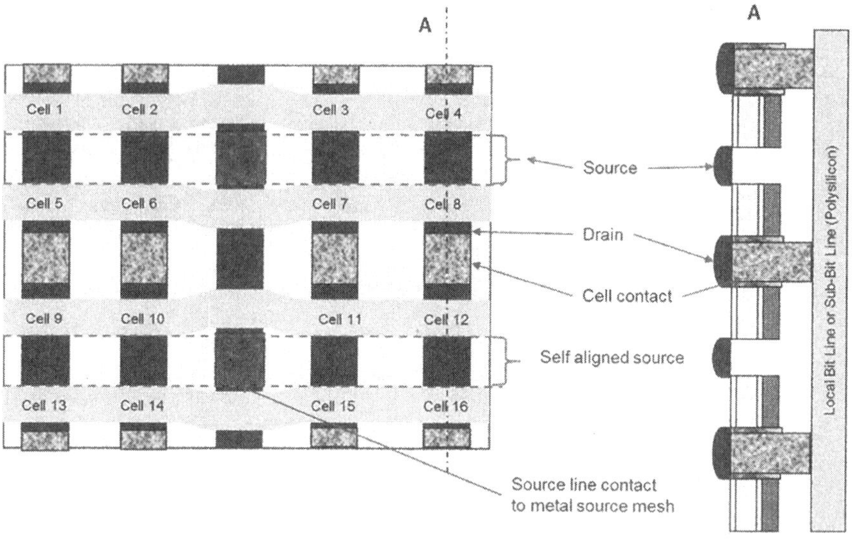

그림 2.39_ DINOR 어레이—레이아웃 집적도 및 단면도

체 비트 라인의 정전용량과 저항을 줄여준다. 이것들은 빠른 read 액세스에 도움을 준다.

그림 2.39는 DINOR 어레이 구조 안에서 보여 지는 셀과 어레이의 매칭을 보여준다. 어레이의 집적도는 최소의 pitch(리소그래피에 의해 결정됨)와 셀을 액세스하는 데 필요한 컨택의 숫자, 비트 라인, 소스라인 그리고 웰에 의해서 결정이 된다.

그림 2.29에 보여진 집적도가 높은 어레이 도면을 최적화된 집적도를 만들어 내기 위해 물리적인 레이아웃으로 다시 재배치해 그림 2.39에 나타내었다.

레이아웃 최적화는 적용되는 셀 동작에 영향을 미친다. 자가 정렬 비트 라인(self-aligned 비트 라인) 과 소스라인의 컨택의 개발은 channel bulk erase 오퍼레이션을 시행하게 한다. 더 적은 소스라인 컨택과 더 높은 어레이 효율은 어레이 내에서 더 큰 저항 편차를 가진다는 것을 의미한다. 어레이 저항 값의 차이는 설계 방법에 의해 보완될 수 있고, 긴 시간 동안 셀들이 보여주는 신뢰성 측면에서 볼 때, 이 영향은 꼭 나타나게 된다.

지금까지 서로 다른 NOR 어레이 구조에 대해 이야기하였다. 전용으로 사용되는 비트 라인과 각 셀당 소스라인의 컨택을 가지고 있는 NOR 어레이 구조, 두 개의 셀 사이에 하나의 드레인 셀 컨택을 공유하는 DINOR 구조, 가상 접지(Virtual Ground) 어레이 개념을 결합하여 파묻힌 비트 라인을 사용한 VG-NOR 구조를 그림 2.40에 각각 나타내고 있다.

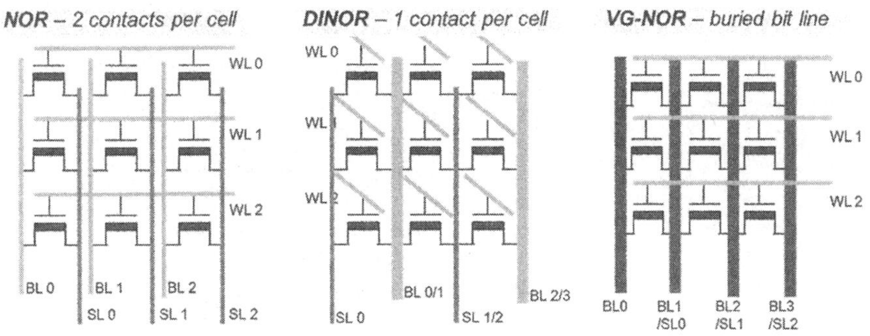

그림 2.40_ 셀당 컨택의 개수를 보여주는 NOR와 DINOR, VG-NOR 구조

세 가지 구조 중에서 가상 접지 방법을 사용한 NOR 어레이 구조가 가장 효율적인 구조이며, 셀과 어레이 매칭을 위주로 다음 장에서 더 자세하게 다룰 예정이다.

2.4.2.5 NOR 셀과 어레이의 요약

NOR 어레이 구조와 플로팅 게이트 셀에 대한 평가와 비교를 표 2.5에 정리하였다. 이 표는 메모리의 개념을 평가, 비교하기 위해 필요한 모든 변수들을 포함하였다.

표 2.5_ NOR 셀과 어레이 요약 - Key Statements

Operation	Key statement	Assessment
Program	Channel hot electron Injection	Individual operation per cell High current ~100 μA/cell; Moderate voltages: $V_{GS} = 9\,V$, $V_{DS} = 4\,V$
Read	Direct access to the cell Low V_{th} operation	Fast operation, Low latency High g_m transistor required
Erase	FN Channel erase Drain and Source floating	High Voltage required $V_G = -8\,V$, $V_{Substrate} = 7\,V$ Physical stress to the Bottox
Bit line decoding	Local Y-Select required 1–8 or 1–4 or 1–2	Additional inhomogeneity Impact on current capability
Word line decoding	X-Select—decoding of 9 V Passing per ERS block −8V	Additional technology requirements
Intra Block disturbance	Gate disturbance Drain disturbance	During PGM and Read During PGM and Read
Inter Block disturbance	Dependent on block architecture	During Erase
Parasitic effects	Neighbour and sense effects	Dependent on sense concept

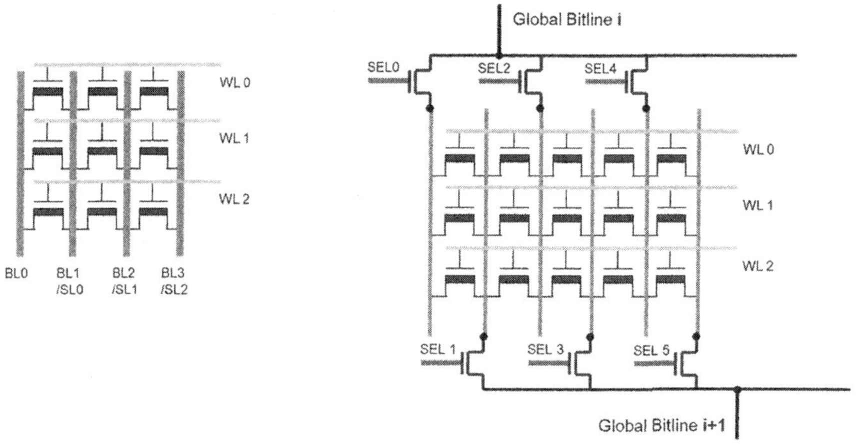

그림 2.41_ 가상 접지 NOR 어레이 구조

가장 집적도가 높은 어레이 구조는 가상 접지 NOR 어레이 구조이다. VG-NOR의 안쪽 어레이는 NAND 어레이처럼 집적도가 높고 둘 다 core area 안에는 컨택이 없다.

가상 접지 NOR 어레이를 사용하여 플래시 메모리의 성능을 최적화하기 위해 셀과 어레이의 원리를 알아볼 것이다. 두 가지 주제에 특별히 초점을 맞출 예정이다. 기생 어레이 효과는 센싱 동작, 그리고 셀과 어레이의 매칭에 영향을 미친다.

2.4.3 가상 접지 NOR 어레이

가상 접지 NOR 구조는 공통 접지를 가지지 않는다. 모든 buried 비트 라인은 소스나 드레인 line으로 공유가 된다. 그림 2.41은 대표적인 어레이 구조를 보여준다. 셀이 필요로 하는 컨택이 없기 때문에 어레이의 집적도가 매우 높다. 그리고 비트 라인 선택 시 read하거나 프로그램하고자 하는 셀의 양쪽 모두 연결을 필요로 한다. 즉, i번째의 글로벌 비트 라인은 드레인에 연결되고 i+1 글로벌 비트 라인은 셀의 소스 부분에 연결된다.

가상 접지 NOR 어레이 구조는 단일 비트와 로우/칼럼 동작을 허용하며, 셀 트랜지스터의 양쪽 부분에 로컬 전하 저장소를 가지는 비휘발성 셀의 개념에 매우 어울리는 어레이 구조이다. 왜냐하면 해당되는 글로벌 비트 라인에 있는 셀의 소스와 드레인은 서로 다른 전압 차를 선택하여 서로 바뀔 수 있기 때문이다. 가상접지 NOR 플래시 구조를 위한 다른 동작모드가 소개가 될 것이며, 기존의 NOR나 DINOR 플래시 어레이 구조와 비교할 것이다.

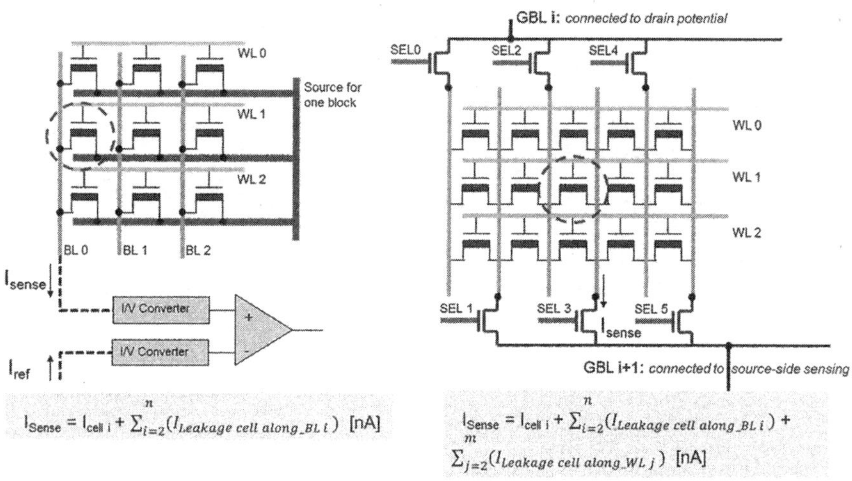

그림 2.42_ NOR와 가상 접지 NOR 센싱 구조의 기생 효과 비교

2.4.3.1 VG-NOR Read 오퍼레이션 및 센싱 원리

NOR의 read 오퍼레이션 원리는 가상 접지 NOR 구조에도 완전히 똑같이 적용될 수 있다. 모든 셀들은 소스를 공유하기 때문에, 공통접지 NOR 어레이 구조는 drain-side 센싱 개념을 필요로 한다. 가상 접지 어레이는 플로팅 접지 방식에 기반한다. 각 buried 비트 라인은 read하려는 해당 셀의 소스와 드레인의 어느 한쪽으로 전환 될 수 있다. 이러한 원리는 VG-NOR 플래시 메모리에서 drain-side 센싱이나 source-side 센싱 방법 모두 사용 가능하게 한다.

그림 2.42는 VG-NOR 어레이 구조에서 발생되는 추가적인 기생 효과를 나타내고 있다. NOR 어레이 안에서 이루어지는 전류 센싱은 목표 비트 라인을 따라 발생하는 기생 누설 전류에 의해 영향을 받는다. 이것이 그림 2.35에 이미 소개되었다. 비트 라인의 누설 전류 효과는 erase 알고리즘을 이용하여 erase된 V_{th} 분포의 폭을 조절함으로써 제어할 수 있다.

센싱 동작 초기에는 근처에 위치하고 있는 비트 라인이 플로팅이기 때문에, VG-NOR 어레이 안에서 이루어지는 센싱이 워드 라인의 누설 전류에 의해서도 추가적으로 영향을 받는다.

셀을 통한 센싱 전류와 셀의 양쪽 부분에서 발생하는 센싱에 의한 기생 전류를 그림 2.43에서 보여주고 있다. Read 동안 드레인 전압은 큰 추가 전류를 만들어 내고, 이 전류는

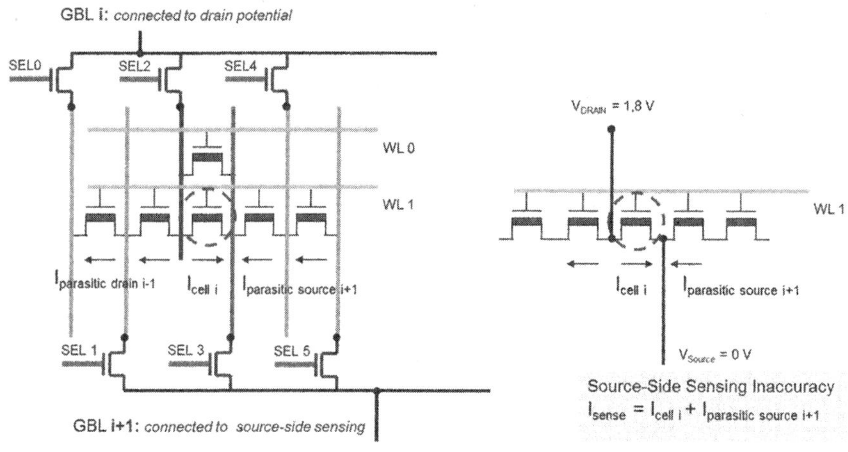

그림 2.43_ 기생 효과에 대한 VG-NOR 보상을 위한 source-side 센싱

buried 비트 라인의 플로팅 부분으로 이동한다. 이 효과는 Channel Hot Electron 프로그램 동작 중에 프로그램 펄스 초기에서도 볼 수 있으며, 추가적인 프로그램 장애를 만들어 낸다.

read가 될 목표 셀의 소스 부분은 이 효과에 크게 영향 받지 않는다. 더 자세히 분석을 하면 마지막 오퍼레이션은 셀의 한 쪽(예를 들어, 오른쪽)에 연결된 플로팅 비트 라인에 어떤 전압이 남겨질 수 있고 이로 인해 센싱 동작 시 축적되는 추가 전류가 발생한다. 긴 로컬 buried 비트 라인에서 센싱 전류는 셀의 소스 부분에 어떠한 전압강하를 만들어 내는데, 이 전압은 센싱 전류에 더해지는 추가적인 기생전류를 생성한다.

이러한 모든 효과는 S/A 회로나 해당 되는 라인들을 충전하거나 방전하는 데 적용된 타이밍 순서에 의해 보상되어야 한다.

VG-NOR의 두 번째 개념은 NOR 플래시 설계에서 매우 성공적으로 적용했던 드레인 센싱 방법이다. 드레인 컨택을 공유하고 있는 같은 워드 라인이 두 개의(혹은 더 많은) 셀에 의해 공유 될 때, DINOR 어레이와 비교해서 VG-NOR가 가지고 있는 어려움은 쉽게 눈에 띈다. 플로팅 비트 라인은 접지에 가까운 전위를 가지고 있다고 가정할 수 있으며, 결과적으로 최악의 경우 센싱 전류가 목표 셀의 셀 전류의 거의 두 배의 값을 갖게 된다. 드레인 노드의 기생전류를 억제하기 위해 셀의 드레인 쪽에 가깝게 위치한 하나 이상의 비트 라인에 같은 전압을 인가하는 방법이 있다.[42]

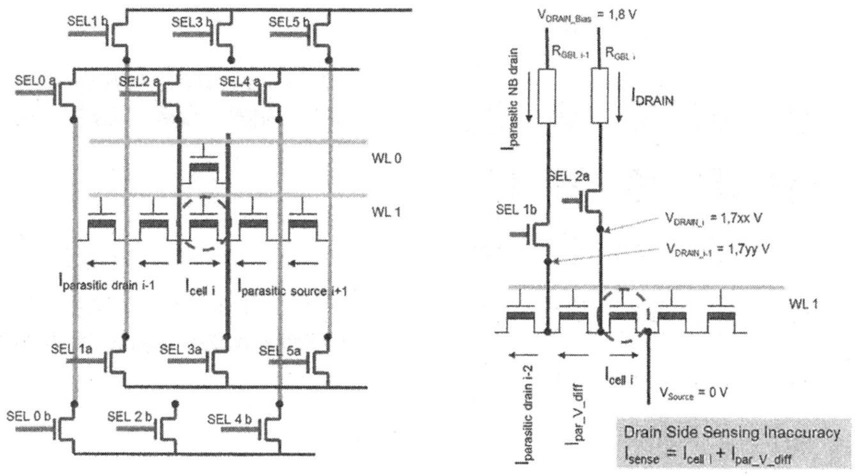

그림 2.44_ VG-NOR에서 드레인를 센싱하는 구조의 드레인 누설전류 보상 방법

기생 전류가 생기는 경로와 드레인 쪽 부분을 센싱하는 설계 해결책이 그림 2.44에 소개되고 있다. 드레인 센싱노드의 근처 비트 라인에 정확한 전위를 공급하기 위해 추가적인 select 트랜지스터들이 필요한데, 이것들은 소문자 b로 표시하였다. 제품에 구현된 센싱 방법은 조금 더 복잡하다. 왜냐하면 비트 라인을 따라 발생한 센싱 전류에 의해 만들어진 전압 강하가 보상되어야 하기 때문이다. 그리고 다음에 위치한 비트 라인에 공급되는 전압의 전위는 약간 달라야 하고 조절이 잘 될 수 있어 한다.

드레인 쪽에서 센싱하는 방법의 정확도는 설계 혁신에 의해서 보장되어야 하며, 기존 NOR 어레이 구조에 적용된 간단한 드레인 쪽에서의 센싱 방법과 비교해 판단될 것이다. 하지만 그러기 위해선 비트 라인 select 회로의 설계와 레이아웃에 추가 비용이 발생한다.

컨택이 없어 작은 크기의 셀로 구성이 가능한 VG-NOR 어레이의 장점은 비트 라인 select와 센스 회로의 증가로 인해 줄어든다.

- 어레이 내부에 컨택이 존재하지 않지만, 두 배나 세 배가 되는 select transistor가 필요함

NOR와 VG-NOR 셀과 어레이 크기 비교로부터 배운 첫 번째 법칙은 다음과 같다.

> "다른 메모리 종류들을 평가할 때, 완전한 어레이의 추가비용이 반영이 되어야 한다. 그리고 이것은 뒤에 6장에서 논의할 전체 성능을 모델링 할 때 사용될 중요한 변수가 될 것이다."

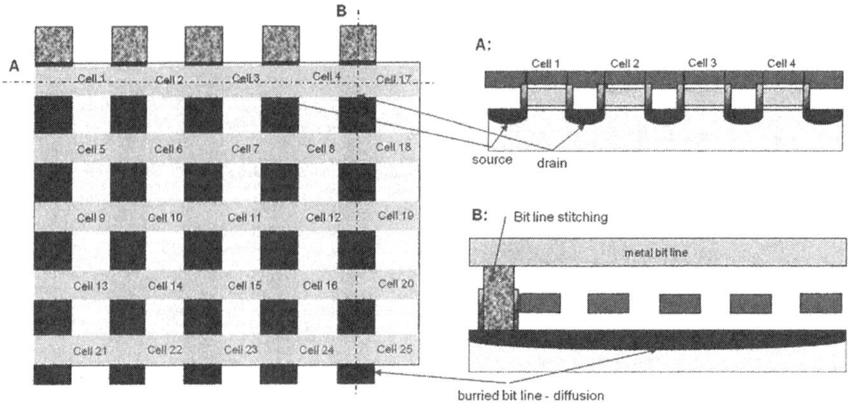

그림 2.45_ VG-NOR FG 셀 어레이-레이아웃 집적도 및 단면도

이번에 논의된 내용은 중요 성능 변수를 포함한 전체 어레이의 집적도를 판단하기 위해 어레이 효율변수를 다루는 5.22장에 추가할 것이다.

2.4.3.2 VG-NOR의 동작 원리 및 어레이와 셀 매칭

프로그램과 erase 오퍼레이션은 NOR 어레이에서 설명한 것과 동일하게 적용이 된다. VG-NOR 어레이는 플로팅 게이트와 전하 트랩 셀들과 결합될 수 있다. 몇 가지 프로그램과 erase의 원리들은 성공적으로 VG-NOR 어레이 구조에 적용 가능하다. Channel Hot Electron Injection과 band-to-band HHI는 프로그램을 할 때에, FN 터널링 또는 HHI는 erase를 할 때에 적용 가능한 방법들이 될 수 있다[43-46].

VG-NOR 어레이 구조는 집적도가 높고 경쟁력이 있는 플래시 메모리이다. 그림 2.39에 나타나있는 DINOR 어레이 구조와 그림 2.45에 나타나 있는 VG-NOR 어레이 구조를 비교해 보면 차이를 알 수 있다. 컨택이 없는 buried 비트 라인과 워드 라인의 규칙적인 구조가 그림 2.45에 나타나 있다.

어떤 특정한 소스 접지 라인이나 컨택들을 제거하면 어레이의 집적도가 1.56배나 증가한다 (16개의 셀을 가지고 있는 DINOR 구조와 비교해 25개의 셀을 VG-NOR는 가질 수 있다).

안쪽 메모리 코어의 집적도는 위의 가정을 기초로 했을 때 약 56%가 증가한다. 그러나 더욱 진화된 센싱 방법과 select 게이트를 위한 추가적인 노력이 우선 필요하고 게이트 셀을 기초로 하는 VG 어레이의 전반적인 장점을 설계 시에 자세히 따져 보아야 한다. 하지만 첫 판단은 VG-NOR 어레이 구조가 제품 단계에서 가지는 장점이 위에서 가정했던 것보다는 작다는 것을 알 수 있다.

복잡한 select gate 구조는 상당한 설계 추가비용을 요구한다. 모든 select device의 빠른 스위칭을 위한 타이밍은 모든 기생 효과들을 보상하기 위해 잘 설계되어야 한다. 그러므로 다이 크기에 최적화된 VG-NOR 레이아웃은 불규칙적인 select structure를 필요로 하는데, 이는 메모리 어레이의 균일성뿐만 아니라 공정 scalability에도 영향을 미친다.

예를 들어, CHE 프로그래밍은 가상 접지 어레이 구조에 의해 추가적인 효과가 나타난다. 프로그램 오퍼레이션은 셀의 드레인 쪽에서 높은 전압을 필요로 한다. 워드 라인을 따라 플로팅 부분으로 흐르는 기생 전류의 양이 많으며 아래 조건에 따라 달라진다.

- 프로그램 타이밍 시퀀스, 즉, 이전 사이클에 어떤 셀이 프로그램되었고, 검증되었는지
- 워드 라인을 따라 이미 프로그램된 프로그램 데이터 패턴
- 목표 셀의 위치, 플로팅 파이프(floating pipe) 안에 전체적으로 얼마나 많은 셀 들이 있는지

공정 미세화(shrink) 로드맵에 따라 buried 비트 라인들은 더 얇아지고, 그에 따른 저항성분들은 공정 노드별로 계속 증가한다. 앞서 설명한 영향들도 마찬가지로 공정이 shrink되면 증가한다. 이렇게 증가된 buried 비트 라인의 저항 성분은 기생 어레이 전류에 의한 전압 강하를 발생시킨다. 이 어레이에서 전압 강하는 불규칙하게 나타나고, erase 분포의 폭을 더욱 크게 만든다. 모든 불규칙한 구조는 리소그래피 효과들로 인해 추가적인 노이즈를 만들고, V_{th} 윈도우에 생각보다 강한 영향을 준다.

NOR와 VG-NOR 셀 그리고 어레이 비교로부터 얻은 두 번째 법칙은 다음과 같다.

> "전체 어레이의 추가비용은 셀 당 하나의 비트 이상을 저장하기 위한 능력을 정확하게 평가하기 위해 기생 효과들과 disturbance의 관점에서 분석되어야 한다."

2.4.3.3 VG-NOR 어레이와 로컬화된 전하 트랩 2비트/셀 매칭

가상 접지 NOR 어레이와 플로팅 게이트 셀의 조합은 비트 집적도를 1.5배 향상시킨다. 하지만 로컬 Y-select와 강화된 센싱을 위한 추가적인 다이 크기와 설계 부담은 증가된

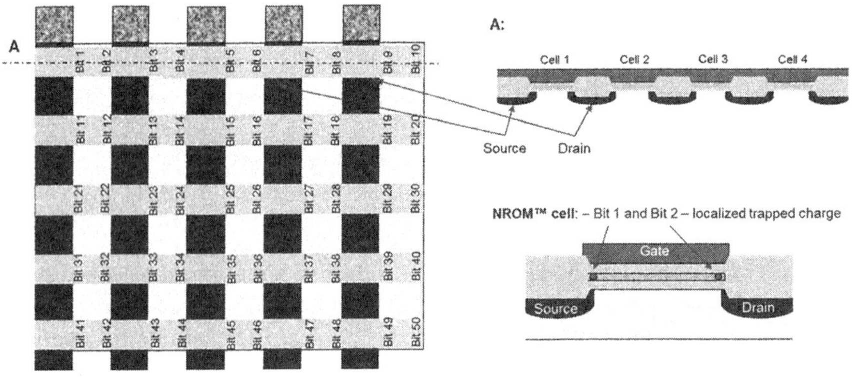

그림 2.46_ VG-NOR NROM 셀 어레이 - 레이아웃과 단면도

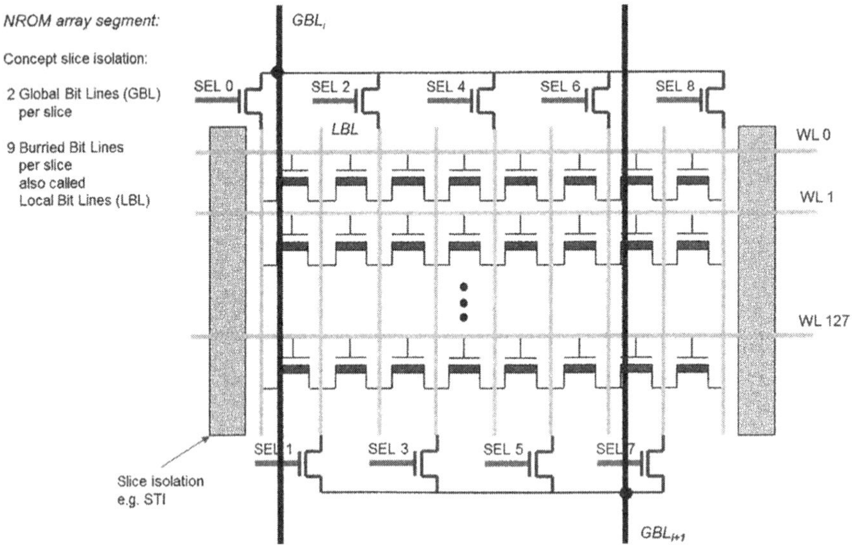

그림 2.47_ NROM 어레이 - slice 이론 기반의 분할[47]

VG-NOR 어레이의 집적도를 나쁘게 한다. 그리고 플로팅 게이트 캡슐화는 같은 기술의 복잡도를 요구한다.

전하 트랩 셀(nitride layer는 기억 소자로서의 플로팅 게이트를 대체)은 기술을 간소화하고, 트랜지스터당 두 개의 물리적인 비트를 저장할 수 있도록 한다. 그림 2.46에서처럼 VG-NOR 어레이에서의 전하 트랩 셀 구조는 FG NOR 기반의 메모리와 비교하여 비트 밀도를 3.1배 증가시킨다(2bit/셀 SONOS VG-NOR의 50bit는 1bit/셀 FG DINOR의 16셀과 비교됨).

위와 같은 개념 기반의 플래시 제품들은 NROM™, MirrorBit®, TwinFlash® 등의 여러 이름들로 시판된다.

셀당 두 비트의 SONOS 기술이 결합된 가상 접지 NOR 어레이는 셀 efficiency를 상당히 증가시키고, inner core 어레이 기술을 간단하게 한다. 그리고 작고 집적도가 매우 큰 어레이가 빠른 read 액세스와 짧은 프로그램 사이클 타임을 갖도록 해준다.

셀당 로컬화된 트랩 전하는 최적화된 erase 오퍼레이션을 필요로 한다. 상업적으로 쓰이는 erase 오퍼레이션 원리는 band-to-band HHI(hot hole injection) erase이다. 그림 2.47에서 보이고 있는 slice 아키텍처는 erase 오퍼레이션을 한 slice 내부 셀들로 제한하여 erase 블록의 크기와 erase 시간을 줄인다.

게다가 slice 아키텍처는 read와 verify 오퍼레이션을 하는 동안에 하나의 워드 라인에 속한 많은 셀들의 병렬 접근을 관리하는 옵션으로 특히 소스 쪽 센싱 아키텍처가 적용된 경우의 기생 전류를 제한한다.

셀과 어레이 구조 사이의 매칭은 예로 보여준 가상 접지 NOR 어레이의 플로팅 게이트의 경우와 전하 트랩의 경우가 다르다. (트랜지스터당 로컬화된 비트 저장 기반의)전하 트랩 셀은 가상 접지 (비트 라인)어레이 아키텍처의 모든 이점들을 이용한다.

소스와 드레인 사이 스위칭은 두 개 비트 저장에 필요하고, 메모리 집적도를 2배로 증가시킨다. Inner 어레이는 경쟁력 있고, 집적도가 높은 플래시 메모리 솔루션이다.

모든 select 게이트들과 slice의 면적을 포함하는 전체 어레이에 대한 평가는 다른 결론을 낼 것이다. 특히 buried 비트 라인의 일정한 거리는 센스와 프로그램 오퍼레이션을 위해서는 촘촘해야 작은 저항 성분을 갖게 되고, 내부 코어 어레이의 어레이 efficiency를 증가시키기 위해서는 듬성듬성하게 해야 되므로 양쪽의 균형을 잘 맞춰야 한다.

가상 접지 NOR 어레이의 약점은 간섭에 대한 민감함이다. 모든 오퍼레이션 중에 블록 간에 또는 블록 내부에서 발생되는 간섭은 적절한 설계를 통하여 해결되어야 한다.

표 2.6_ VG NOR 셀과 어레이 요약

Operation	Key statement	Assessment
Program	Channel hot electron Injection	Individual operation per cell Relatively high current Moderate voltages: $V_{GS} = 9\,V$, $V_{DS} = 4\,V$
Read	Direct access to the cell Low V_{th} operation	Fast operation, Low latency High gm transistor, required
Erase	Hot Hole Injection Source floating	High Voltage required $V_G = -6\,V$, $V_{DB} = 6\,V$
Bit line decoding	Local Y-Select required 1–8 or 1–4 or 1–2	Additional inhomogeneity's Impact on current capability
Word line decoding	X-Select—decoding of 9 V Passing per ERS block −6 V	Additional technology requirements
Intra Block disturbance	Gate disturbance Drain disturbance	During PGM and Read During PGM, Erase and Read
Inter Block disturbance	Depend on block architecture	During Erase
Parasitic effects	Neighbour and sense effects	Dependent on sense concept Source versus Drain Side sensing

2.4.3.4 VG NOR 셀과 어레이에 대한 요약

VG NOR와 셀당 두 비트의 NROM 셀의 평가에 대해 표 2.6에 요약하였다. 표 2.6은 메모리 개념 평가에 쓰이는 모든 변수들을 포함하고 있다.

VG-NOR 어레이가 셀당 두 비트의 전하 트랩 셀과 결합된다면, 높은 밀도의 inner 어레이와 매우 작은 latency의 read 능력을 겸비하게 된다.

이 셀과 어레이 조합은 코드 실행 및 대용량 데이터 저장의 요구 조건들을 모두 만족하는 탁월한 애플리케이션 특정 솔루션을 만든다.

다음 장에서는 VG-NOR 어레이와 같은 inner core 어레이 집적도를 갖는 NAND 어레이 구조를 소개한다. VG-NOR 어레이와 다르게 NAND 어레이는 셀당 두 비트의 전하 트랩 셀과는 결합될 수 없다. NAND 어레이 셀들은 로컬화된 프로그래밍에 직접적으로 접근할 수 없기 때문이다.

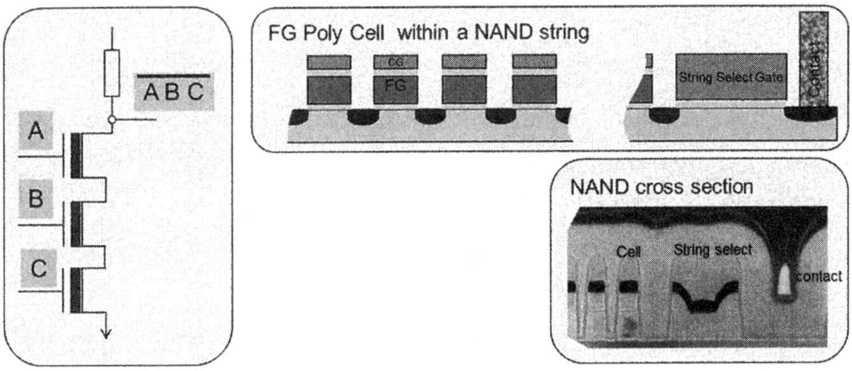

그림 2.48_ NAND string 어레이 원리와 단면도

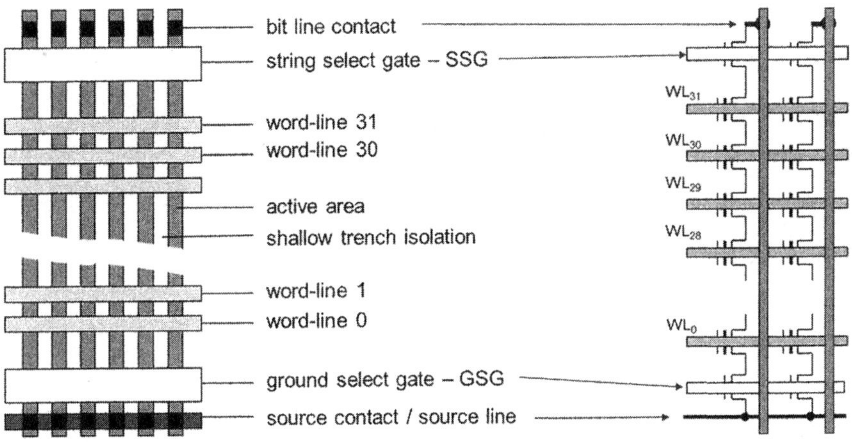

그림 2.49_ NAND 레이아웃과 논리적 개요 - 32셀을 가지는 NAND string

2.4.4 NAND 어레이: 간접적인 셀 액세스

NAND 플래시는 1989년 도시바에 의해 새로운 메모리 어레이 구조로 도입되었다. 다음의 정의는 논리적인 어레이의 동작을 묘사한다.:

NAND는 논리 AND 뒤에 논리 NOT으로 구성되고, 오직 두 피연산자들이 모두 논리 참인 경우에만 논리 거짓 값을 내보낸다.

그림 2.48은 논리 NAND의 스키매틱, select 게이트와 비트 라인 컨택이 끝에 연결된 NAND 스트링 안의 플로팅 게이트 셀을 보여준다. NAND의 단면도는 직렬로 연결된 셀들(NAND 스트링 끝에 비트 라인 컨택 포함)의 실제 규격을 보여준다.

NAND erase 블록의 한 slice는 비트 라인 컨택들, string select transistors, 32개의 NAND 셀, select 트랜지스터와 소스 라인으로 구성된다. 그림 2.49의 왼쪽은 NAND 스트링 레이아웃 그림이며, 오른쪽은 32개의 셀을 가지는 NAND erase 블록의 논리 구조도이다. 논리 회로는 비트 라인 컨택을 통해 두 개의 string select transistor와 연결된 비트 라인을 포함한다.

2.4.4.1 NAND의 Read 오퍼레이션과 센싱 원리

NAND의 read 오퍼레이션 원리는 NAND 스트링이라고 불리는 32개나 64개의 셀들이 직렬로 연결된 체인 중에 하나의 셀을 센싱한다. 간접적인 셀 액세스(indirect access)는 NAND 플래시의 센싱 오퍼레이팅 포인트, 센싱 성능과 센싱 정확도에 영향을 준다.

NAND 스트링 안에 있는 타겟 셀의 센싱은 read되기 위한 셀의 V_{th}에 의하여 바뀌는 스트링의 전류 변화를 감지한다. 그림 2.50은 셀에서의 센싱 원리를 보여준다. 게이트 워드 라인은 0V에서 안정화되고, 하나의 erase된 셀은 스트링을 통해 전류가 흐르게 할 것이며 프로그램된 셀은 이 전류의 흐름을 멈추게 할 것이다.

목표 셀에 연결된 BL 정전용량으로의 전류 통합을 보장하기 위해 NAND 스트링에 속한 모든 다른 셀들은 센싱 동작을 하는 동안 전도되어야 한다. 그림 2.51에서 보이는 것처럼 다른 셀들의 모든 게이트들은 read PASS 워드 라인 전압(V_{RD_PASS})이 인가된다. 이 구동 전압은 스트링 안에 있는 프로그램된 모든 셀들이 켜질 만큼 충분히 높은 전압이 되어야 한다. 반면에 V_{RD_PASS}전압은 반복적인 read 오퍼레이션을 하는 동안 셀 내용을 변경시키지 않을 만큼 낮아야 한다.

그림 2.50의 오른쪽 스키매틱은 센스 전류의 경로(셀에 흐르는 전류와 스트링에 흐르는 전류는 동일함)와 NAND 스트링 내부 센싱 오퍼레이션에 영향을 주는 주요한 기생 효과들을 보여준다.

- NAND 스트링 내부 다른 셀들의 저항 성분 영향(overdrive operating 조건들은 저장된 전하와 관계없이 모든 셀들을 켜야 한다)
- 병렬로 연결된 2,047개 erase 블록의 드레인 select 게이트들의 누설 전류
- 약 16,000−32,000개의 셀 전류가 모이는 공통 소스 라인에서의 전압 강하

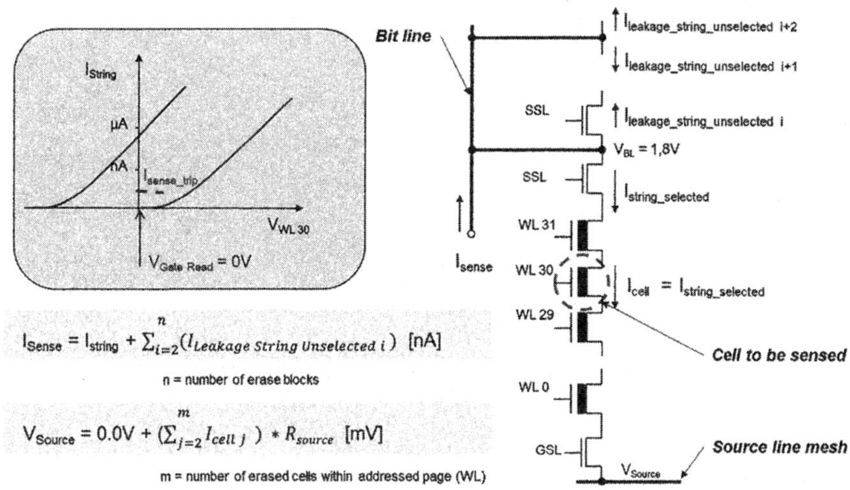

그림 2.50_ NAND 센싱 방법 - string과 셀의 전류 경로

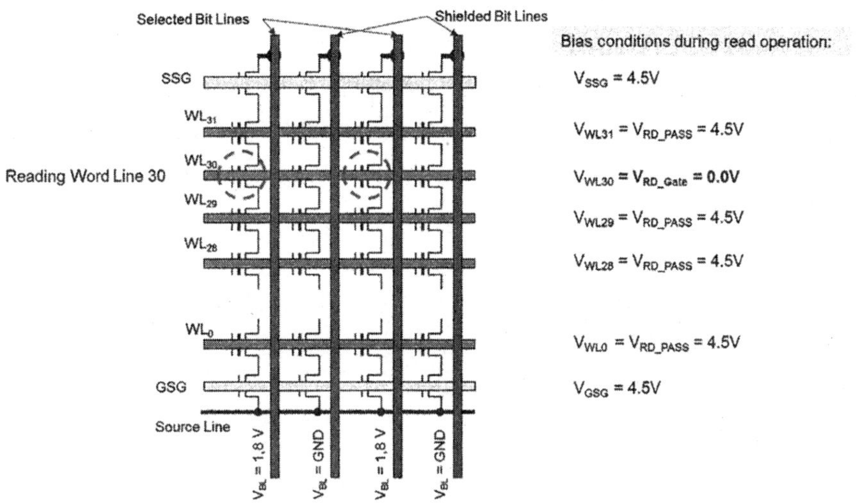

그림 2.51_ Shielded BL 아키텍처에서 read 오퍼레이션을 하는 동안 NAND 바이어스 조건

NAND read의 정확도는 스트링 내부에 있는 다른 셀들의 V_{th}에 민감하며, 작은 프로그램 V_{th} 분포가 요구된다. 그렇지 않으면 pass overdrive 전압은 이 스트링 내부 다른 셀들의 센스 전류를 흐르게 하기 위한 셀의 연결이 불가능하다.

워드 라인 30을 Read하는 동안 NAND 어레이 voltage 조건들은 그림 2.51에서 보인다. 구동 전압 V_{RD_PASS}는 read 오퍼레이션을 하고 있는 워드 라인을 제외한 모든 워드 라인에 인가된다. (페이지 버퍼라고 불리는)sensing circuit은 NAND 어레이의 끝에서 선택된 비트 라인들과 연결된다.

NAND page 버퍼는 read와 프로그램 알고리즘을 지원하기 위해 S/A 회로와 데이터 래치들로 구성되어 있다. NAND 센스 원리들은 2.5절에서 소개된다.

2.4.4.2 NAND 프로그램 오퍼레이션: 프로그램 금지(inhibit) 개념

NAND 어레이 내의 프로그램 오퍼레이션은 워드 라인을 따라 위치한 모든 셀에서 실행된다. NAND 어레이는 멀티플 셀 동작 원리를 지원한다. 멀티플 셀 동작 원리는 NAND 기반 메모리들의 프로그램 성능 계산에서 중요하다.

NAND 어레이 내부 셀에서 V_{th}의 이동은 Fowler Nordheim 터널 프로세스를 기반으로 한다. FN 터널링은 두 가지 장점을 가진다. 첫 번째는 프로그램 전압과 셀 V_{th} 사이의 탁월한 선형성이고, 두 번째는 셀 충전에 필요한 프로그램 전류가 매우 낮다는 점이다. 프로그램 오퍼레이션은 다수의 프로그램 펄스들을 기반으로 한다. 프로그램 펄스의 제어는 정확한 워드 라인 전압의 제어에 의해 구현된다. NAND 어레이의 프로그램 오퍼레이션은 항상 다음과 같이 끝난다.

- 게이트 스텝핑(gate stepping) → 게이트 전압은 점차 증가되고, 드레인과 소스는 접지된다.

SSG(String Select Gate)에 의해 제어되는 스트링의 드레인 전압은 워드 라인을 따라 위치한 모든 셀들을 제약하는 변수로 쓰인다. 그래서 셀들이 프로그램되지 못하게 한다. 예전의 NAND 설계는 모든 비트 라인에 고정된 전압(5.0V)을 인가해왔고, 그것은 프로그램이 되지 못하게 한다는 의미이다. 전원 전압 3.3V에서 동작하는 NAND 디바이스들에서 이러한 방법은 너무 많은 전력을 소모하는 데 그 이유는 모든 금지된 비트 라인들이 펌핑된 높은 전압에 의해 구동되어야 하기 때문이다.

Self-boosted NAND inhibit 기술은 위에 언급된 이슈들을 해결하고, 적은 에너지로 NAND 프로그램 오퍼레이션을 가능하게 한 혁신적인 기술이었다. Self-boosted NAND inhibit은 모든 워드 라인에 인가된 전압의 capacitive coupling에 의해 inhibit 전압 조건을 만든

표 2.7_ NAND 어레이 프로그램 전압 조건

NAND array	NAND erase block	Target Cell	Voltage [V]	Current [μA]	Time [μs]
Target word line	Vpp program pulse sequence	Gate	20–24V	< nA	18
Inhibit word lines	Self-boost voltage sequence		9.0V	< nA	20
Target bit line	Target NAND string	Drain	0V		22
Inhibit bit line	Inhibit NAND string		Vcc		22
Source line mesh	Source line	Source	0V		

다. Read pass 전압 구동을 위한 WL 디코더 회로는 이미 기존에 설계된 것을 사용하면 되므로 추가 설계가 필요 없다. Pass 워드 라인 전압(V_{VPROG_PASS})과 inhibit시킬 string과의 capacitive coupling은 모든 선택되지 않은 워드 라인에서 pass voltage ramp와 관련된 string select gate의 정확한 타이밍 시퀀스에 의하여 보장된다[50, 51].

선택된 NAND 블록 내에서 모든 워드 라인 전압들과 모든 스트링 바이어스 조건들의 정확한 제어는 NAND 어레이 내의 프로그램 오퍼레이션을 실행하기 위한 한 가지 전제 조건이다. 그리고 그것은 NOR 어레이의 프로그램 오퍼레이션보다 복잡하다. pass 워드 라인 전압들의 ramp와 연관된 string select gate의 타이밍 시퀀스는 안정한 self-boosted inhibit을 위한 매우 중요한 변수이다. Self-boosted inhibit은 시간적으로 제한되므로 멀티 레벨 프로그램 시퀀스 동안에 프로그램 pulse shape modulation을 제한한다.

표 2.7은 NAND 프로그램 오퍼레이션 동안 일반적인 전압 조건들을 나타낸다.

프로그램하는 동안 NAND 어레이 전압 조건들은 그림 2.52에서 보여주고 있다. 드레인 select 쪽으로부터 0V로 구동되는 NAND 스트링과 워드 라인 30에 속한 셀은 셀을 가로질러 완전한 프로그램 전압을 받고, FN 터널링 동작 조건들을 만족시킨다.

NAND 어레이 내에서 프로그램 오퍼레이션은 그림 2.53에서 보이는 것처럼 두 가지의 방해 효과를 자동적으로 만든다.

- 인접한 모든 워드 라인에서 프로그램 pass voltage(V_{VPROG_PASS}) disturbance−V_{VPROG_PASS}가 high로 되는 경우
- 타겟 워드 라인에 속한 인접 비트 라인에서의 프로그램 disturbance−채널 전위가 low로 되는 경우

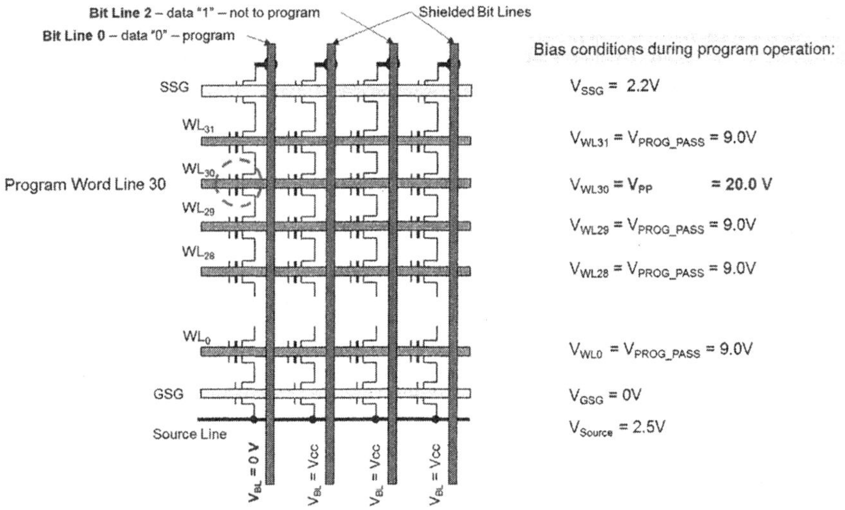

그림 2.52_ 프로그램 오퍼레이션을 하는동안 NAND 어레이 전압 조건

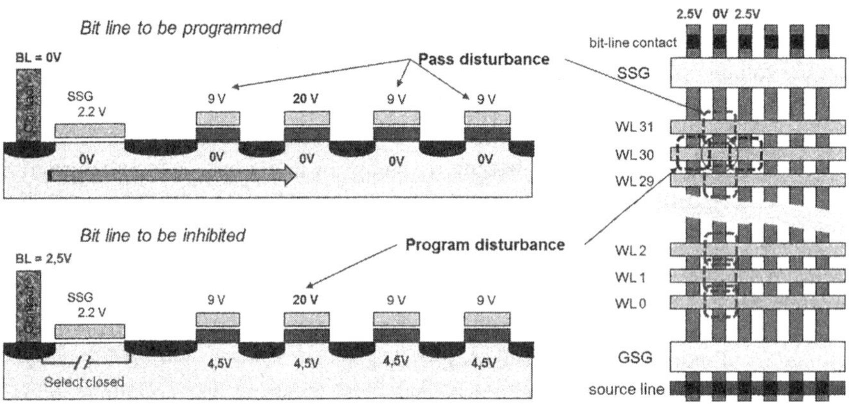

그림 2.53_ NAND PGM inhibit과 방해(disturbance) - 단면도

2.4.4.3 NAND erase 오퍼레이션: V_{th} 윈도우 마진

NAND 어레이 아키텍처는 각 설계마다 워드 라인 디코더에 의해 제한된 WL 방향의 erase 메모리 블록 크기를 정한다. 또한, NAND 스트링 길이에 의해 정의되고 SSL(string select line)과 GSL(ground select line)에 의해 제한된 BL 방향의 erase 메모리 블록 크기를 정한다.

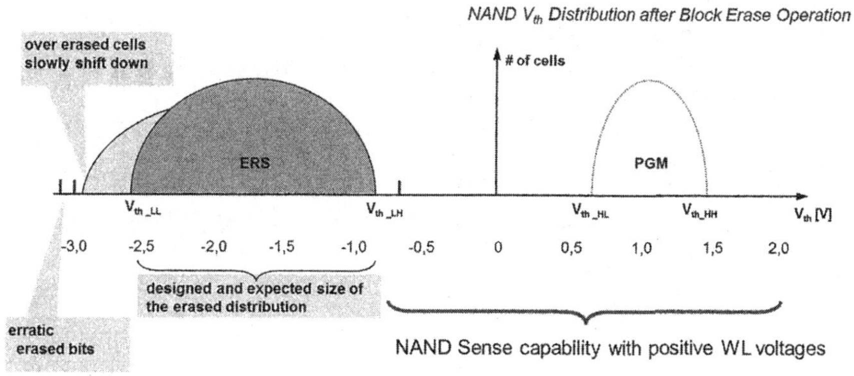

그림 2.54_ NAND 타입 메모리에서 블록 erase 이후의 셀 V_{th} 분포

Erase 오퍼레이션은 FN 터널링 원리를 이용하여 모든 셀들에서 실행된다.

- 세그먼트화된 sector 오퍼레이션 원리

기본 erase 구현은 웰(well)에 양의 전압을 인가하고, erase되기 위한 메모리 블록에 속한 모든 워드 라인들을 접지한다. Erase 절차는 간단하다. 길고 높은 음 전압 펄스(1–2ms)는 모든 프로그램된 셀들을 방전할 것이다. 그리고 셀들은 다시 영 전압 V_{th} 이하의 상태로 이동한다.

Erase 오퍼레이션은 중요하지 않은 것처럼 보인다. 왜냐하면 과도하게 삭제된 비트들은 NAND 센싱 동작의 정확성에 어떠한 영향도 미치지 않기 때문이다. 이러한 가정이 센싱 동작에는 성립하지만, V_{th} 동작 윈도우 마진 정의에는 성립하지 않는다. NAND erase 제어의 첫 번째 이슈는 양 전압 워드 라인 센싱의 제한된 능력이다. 그림 2.54에 보인 것처럼 센싱 오퍼레이션의 V_{th} 가시성(visibility)은 작은 음의 V_{th} 범위로 제한된다.

Erased 분포의 V_{th_LL} 가장자리는 NAND 플래시에서도 중요한 변수이다.

이 셀이 프로그램된다면 특히 낮은 쪽은 인접한 셀의 방향 쪽으로 over erase된 셀들과 바로 인접한 이웃 셀들과의 커플링에 간접적으로 영향을 준다. NOR와 다르게 V_{th_LL} 가장자리는 기본 워드 라인 전압과 S/A 회로들에 의해 검증될 수 없다.

Erase 분포의 폭과 위치는 MLC NAND 메모리에서 중요한 요소가 된다. 프로그램과 erase 알고리즘 그리고 마진과 신뢰성 고려들에 대한 자세한 논의는 2.6절과 4.4절에 나와 있다.

NAND 어레이 아키텍처는 설계를 최대한 간단하게 유지하려고 개발되었다. 적용된 erase 오퍼레이션은 음의 워드 라인 전압을 제공하는 설계를 필요로 하지 않는다. 그 대신 목표하는 erase 블록의 워드 라인들은 접지되고, 다른 모든 워드 라인들은 플로팅되어야 한다. 웰은 양의 높은 전압에 연결되고, 접지된 erase 블록에 대해서만 모든 셀들에 높은 전압이 인가된다. 결과적으로 NAND 블록 erase 오퍼레이션을 위해 웰을 분리할 필요는 없다. 이 개념은 훌륭한 어레이 efficiency를 보장한다.

가상으로 접지된 erase 개념은 플로팅 어레이 부분의 가장자리에서 이슈를 만든다. 그리고 가장자리는 높은 전압 레벨 쪽으로 이동된다. 모든 플로팅 섹터들은 erase 전압 조건이 가해진 웰에 간접적으로 연결된다. 그러므로 NAND Y−mux 레이아웃 면적은 분리가 잘 되고 20~25V까지의 전압 차단을 수행하는 방법으로 설계되어야 한다.

2.4.4.4 NAND: 어레이와 셀 매칭

플로팅 게이트 셀과 NAND 어레이 사이의 매칭은 완벽한 어레이와 셀의 조합으로 NAND 메모리의 성공적인 개발 이유 중 하나이다.

집적된 메모리의 코어 어레이는 NAND 스트링의 영역 그 자체이고, select 게이트들에 의하여 캡슐화된다. 위 쪽으로는 string select gate에 의해 비트 라인 컨택 쪽과 다른 쪽으로는 ground select gate에 의해 공통 소스 라인 망과 각 NAND 스트링은 select 게이트들에 의하여 캡슐화 된다는 사실로 인해 다른 NAND 블록들이 방해를 받지 않을 것을 보장한다. 셀과 어레이의 매칭으로 얻을 수 있는 또 하나의 이점은 전압으로 구동되는 NAND 메모리 동작들이다. 그러므로 select 게이트들은 셀들과 비트 라인 간격에 맞춰서 설계할 수 있다.

그림 2.55는 최적의 셀, select 게이트, 그리고 어레이 매칭을 갖는 NAND를 보여준다.

NAND 메모리 칩의 레이아웃 중 80%는 그림 2.55 왼쪽 그림과 같다. Erase 블록들은 GSL(ground select line)과 SSL(string select line)에 의하여 분리되고 GSL 다음엔 소스 라인이 오고 SSL 다음엔 비트 라인 컨택들이 온다. 소스 라인과 웰은 일정한 거리를 두고 연결되어야 한다. 그리고 두 metal mesh들은 일정한 간격의 컨택들을 가지고 NAND 어레이 위에 분포된다.

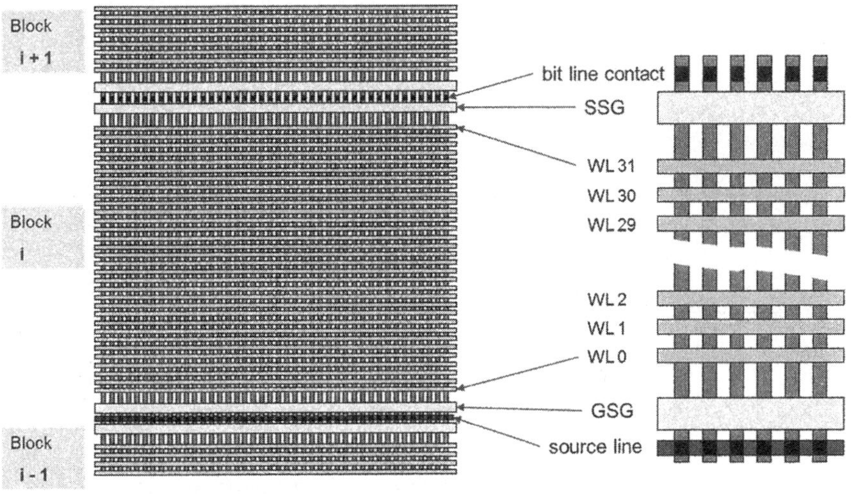

그림 2.55_ NAND 어레이 레이아웃 – NAND string 기반의 erase 블록의 레이아웃

NAND 스트링 부분(erase 블록의 내부 파트)은 어떠한 컨택도 없다. 이 블록은 메모리 칩 위에 두 개의 erase 블록이 공유하는 소스 라인과 비트 라인 컨택을 사용하기 위해 데칼코마니 방식(mirrored way)으로 블록 단위로 놓여진다. 이 개념에 의해 셀 pitch에서 긴 metal 비트 라인들이 요구되고, 셀 pitch에서 긴 metal 비트 라인들은 NAND 스트링을 통한 느린 센싱으로 인해 가능하다.

앞에서 언급한 긴 metal 라인들과 특히 각 스트링에 같은 간격(최소 크기)의 비트 라인 컨택들을 만들기 위한 기술 공정은 어려운 과제이다. 게다가 이것은 두 배와 세 배의 패터닝으로 만들어야 한다. 왜냐하면 아직 대량 생산을 위한 직접적인 리소그래피 기술이 마련되지 않았기 때문이다.

전압 구동 FN 터널링 과정은 전압 구동 self-boosted inhibit을 이용해 탁월한 선택적 프로그래밍 동작을 잘 하고 있다. 이 조합은 NAND 플래시 어레이 아키텍처를 특별하게 만든다.

프로그램 중에 다른 워드 라인들 사이의 높은 전압 차는 전압 isolation 측면에서 보면 기술적으로 어려운 일인데 특히 워드 라인 디코더 구조와 첫 번째 워드 라인과 select 게이트들 사이에서가 그렇다. 확실히 자리를 잡은 설계 방법은 스트링의 양쪽 가장자리에서 더미 워드 라인을 사용하는 것이다. 이 방식은 스트링당 32셀에서 64셀로의 전환에 처음 적용되었다.

표 2.8_ NAND 셀과 어레이 구조 요약

Operation	Key statement	Assessment
Program	FN tunnelling	Low current operation Massive parallel cell operation Highest program throughput
Read	Indirect access Number of sense amplifier = 1/2 number of bit lines	Slow operation, high latency, Massive parallel data cache available Highest read throughput
Erase	FN tunnelling	Low current operation Slow process (2–5 ms)
Bit line decoding	No local y-decoder Global Y-decoder at the array border (HV-devices)	Global Y-decoder depends on design concept (odd/even or All Bit Line) Die area consuming feature (HV)
Word line decoding	X-decoder up to Vpp_max + V_{th} of HV trans (up to 28 V)	Layout and fan-out define the number of cells per string
Intra Block disturbance	Gate disturbance Pass disturbance	Compensate by self-boosted inhibit During program and read
Inter Block disturbance	None	During erase
Parasitic effects	Leakage of select gates Self-boosted inhibit timing	
Cell to Cell interference	High FG to FG coupling	Compensated by program algorithm

2.4.4.5 NAND 셀과 어레이에 대한 요약

NAND 어레이와 플로팅 게이트 셀이 표 2.8에 요약되었다. 표 2.8은 메모리 개념 평가에 사용된 모든 변수들을 포함하고 있다.

FG 셀과 NAND 어레이 구조는 데이터를 저장하는 비휘발성 메모리를 위한 탁월한 조합이다. Read와 프로그램 오퍼레이션 동안 수행할 수 있는 많은 병렬처리로 인해 매우 낮은 전류 소모를 가지고 데이터 대역폭의 계속적 증가를 이룰 수 있게 한다. 셀당 여러 개의 비트를 가지는 셀을 사용하지 못하는 점은 MLC NAND 플래시 챕터에 자세히 설명된 셀당 멀티 레벨 방식에 의해 해결된다.

NAND와 VG-NOR 메모리 core 어레이 구조는 같은 유효 셀 크기 $4F^2$을 갖는다(여기에서 F는 공정 노드의 최소 feature size이다). 두 개념이 6장에서 비교되며 이때 이 책에서 개발한 성능 지표 방법론을 사용한다.

2.4.5 요약: 플래시 어레이 구조

세 가지의 다른 어레이 구조들이 조사되었는데, 아래에 짧게 요약해서 소개한다. 이상적인 비휘발성 어레이 구조는 다음의 변수들을 조합해야 한다.

- 집적도 높은 메모리 코어 어레이($4F^2$보다 정량적으로 우수)
  - 코어 블록 안의 컨택 없는 어레이 셀 조합

- 센싱을 매우 잘하게 하는 셀/스트링/어레이 조합
  - 리소그래피와 systematic, deterministic 상호의존에 의해 발생하는 편차는 read와 verify 오퍼레이션에 의하여 보상될 수 있다.

- Read와 write를 위해 메모리 셀들을 어드레스하기 위해 집적도 높은 워드 라인과 비트 라인 디코더 구조를 가질 수 있는 디코딩 기법
- Disturbance의 영향을 줄이기 위해 물리적으로 세그먼트화된 어레이 구조
- 모든 비트 라인과 워드 라인의 동작들은 낮은 전압 제어를 선호함
  - 비휘발성 메모리 어레이에서 낮은 전압이란 최고 2x Vcc로 정의됨;

- 만약 높은 전압의 동작이 필요하다면 아래의 조건에서만 사용됨:
  - 한 방향의 높은 전압 path들(예를 들어 워드 라인 디코더)
  - 비트 라인 방향으로는 낮은 전압 동작

메모리 집적도의 증가는 공정 미세화(shrink) 로드맵에 따라 feature 사이즈 감소에 의해 보장된다. feature 사이즈 감소는 비트 라인과 워드 라인에서 요구하는 긴 금속 라인의 기생 커패시턴스와 sheet resistance의 증가를 야기한다. 그러므로 이상적인 비휘발성 메모리 셀/어레이 조합은 아래에 의해 이 문제를 다룬다.

- 주요 오퍼레이션인 read와 write는 전압에 의해 제어된다.
  - Write(PGM)와 overwrite(ERS & PGM)하기 위한 물리적 이론들은 전압으로 구동된다.

- 셀들과 라인 사이 거리에 관한 셀/어레이 비율은 합리적인 마진을 가지고 소자의 크기가 줄어드는 것에 맞게 유지해야 한다.
  - NAND 어레이에서 두 워드 라인 사이의 전압 차는 그들을 isolation 시켜주는 break-down 전압보다 항상 낮아야 한다.
  - 셀로 인가되는 최대 전압은 공정 미세화(shrink) 로드맵에 따라 감소해야 하고 또는 inhibit 방법은 위의 필요조건들을 이행할 준비가 되어야 한다.

193nm 액침 노광(immersion lithography)은 리소그래피 로드맵을 맞추기 위해 SADP(Self-aligned double patterning)과 SAQP(self-aligned quadruple patterning) 같은 기술들을 갖추고 있다. SADP와 SAQP가 적용되는 한 비트 라인 간 거리와 워드 라인 간 거리의 비대칭적인 편차들에 대한 보상이 셀/어레이 조합을 고려할 때 꼭 필요한 조건이 된다.

- 모든 write 동작을 하는 동안 높은 병렬성을 지원하는 셀/어레이 조합은 앞서 설명한 시스템적이고 결정적인 상호의존성(systematic and deterministic interdependencies)들을 보상하는 효과적인 방법이다.

기생 커패시턴스와 sheet resistance의 증가는 신소재 개발로 해결될 수 있으나, 어레이 설계 구조는 병렬 처리 증가로 인해 늘어난 rise time 값(BL과 WL)을 그 이상으로 보상해야 한다. 결론적으로 read와 write 오퍼레이션의 병렬성 증가로 인한 저항과 커패시턴스 값 증가로 인한 성능의 감소를 보상하기 위해 간단한 센싱 구조를 필요로 한다. 사용된 S/A의 수와 센싱 동작 시간의 곱이었던 고전적인 판단에 비하여 전체 비트 라인 수 대 비트 라인에 연결된 S/A의 개수의 비율은 중요한 값이 되어가고 있다.

- 많은 센싱 소자들을 가진 메모리 셀/어레이 구조들(이상적으로 모든 비트 라인에 대해)은 성능 요구조건들을 이행하기 위한 목표 어레이이다.

2D 메모리 어레이 구조들의 한계는 10여 년 전부터 모든 국제적인 학회에서 주목 받았다. 하지만 이와 반대로 NAND 플래시는 현재 SADP와 SAQP가 지원되는 193nm 리소그래피 기술을 바탕으로 19nm feature size를 가지고 생산되고 있다.

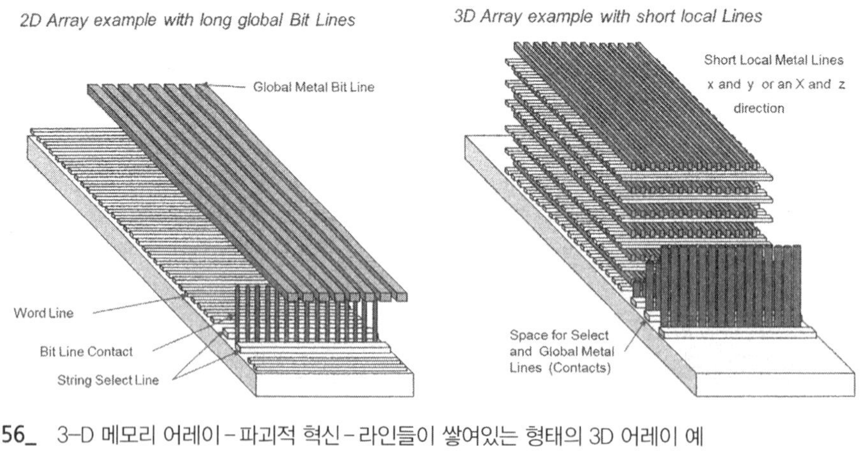

그림 2.56_ 3-D 메모리 어레이 - 파괴적 혁신 - 라인들이 쌓여있는 형태의 3D 어레이 예

소개된 성능 지표 방법론은 7장에서 플래시 메모리 어레이 구조의 성능과 2D 공정 미세화(shrink) 로드맵을 따르는 애플리케이션에 기반을 둔 성능 지표 trend line 사이의 차이가 지속적으로 커짐을 보여준다. 잘 알려지고, 잘 정립된 메모리 어레이 구조들의 새로운 혁신을 위해 3차원은 필요한 유연성을 제공한다. 그림 2.56은 미래에 상업적으로 성공할 메모리 구조의 추가적인 유연성을 보여준다.

다음 절들은 2-D 메모리 구조들 그리고 이런 개념의 평가와 최적화를 보여준다. 6장에서 개발된 이론들은 3-D 메모리 어레이 구조 개발을 위해 확장되고 변경될 수 있다.

다음 절은 플래시 메모리를 설계하기 위해 중요한 회로 블록들을 소개한다. 이 내용들은 공정 미세화(shrink) 로드맵에 따라 모든 회로 제한들을 고려한 적절한 메모리 어레이 model 개발을 위해 필요하다.

2.5 메모리 빌딩 블록

NAND 플래시 메모리의 경우 그림 2.57에서 볼 수 있듯이 메모리 기능이 여러 논리 블록들로 구현된다. 플래시 메모리들은 높은 전압을 필요로 하고, 디코더 구조는 휘발성 RAM과 비교하여 추가적인 기능이 포함되어 있어야 한다. 이 절에서는 높은 전압 발생과 디코딩을 전담하는 블록들에 대하여 집중적으로 다룬다. 센싱과 데이터 버퍼 구조는 메모리 어레이 주변 빌딩 블록들에 대한 다이 크기 필요조건들과 레이아웃 고려사항들에 관한 큰

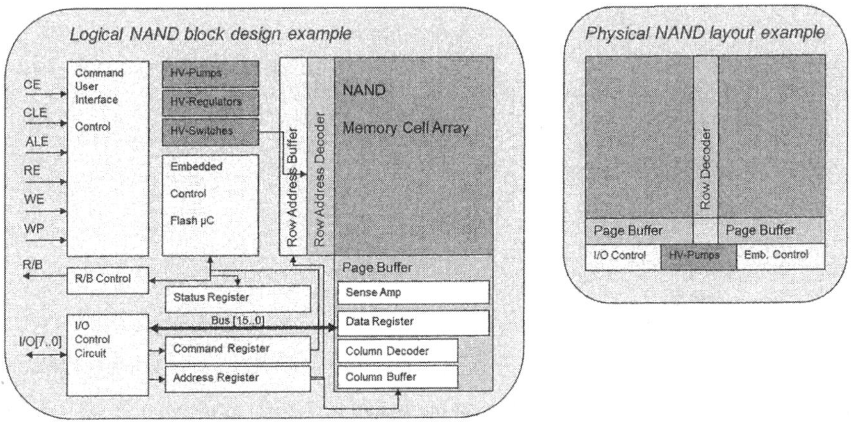

그림 2.57_ 논리적이고 물리적인 메모리 블록 구조 - NAND 메모리

그림을 보여주기 위해 설명된다.

메모리 제품은 셀의 효율로 정의되는 메모리 어레이 대 완전한 다이 크기의 비율로 특징지어진다. 메모리 어레이는 다이 크기의 50% 이상 사용되어야 하는데 그렇지 않으면 우리는 큰 임베디드 메모리를 가지는 논리 소자로 간주한다.

최소 feature size는 CMOS 공정 미세화(shrink) 로드맵을 따라 매 공정 노드마다 감소된다. 메모리 어레이에 쓰이는 최소 pitch는 양 방향으로 모두 감소하여, 셀들의 숫자는 두 배가 된다. (디코더 구조와 같은)주위의 논리 블록들도 역시 두 배가 되어야 하지만 플래시 메모리들의 높은 전압 필요조건들 때문에 감소된 feature size를 이용할 수 없다.

플래시 메모리 발전 로드맵은 이런 각 노드별 딜레마를 다른 방식으로 극복해야 한다.

- 주위의 논리 블록 크기를 줄이기 위해 창의적인 회로가 개발되어야 한다.
- 프로그램과 erase 오퍼레이션을 위한 전압 필요조건들을 줄이기 위하여 셀 혁신이 이루어져야 한다.
- 대량 생산용으로 적용된 셀 구조의 FN 터널링 프로세스를 보장하기 위한 신소재 개발이 이루어져야 한다.

2.5.1 로우 디코더: 글로벌 및 로컬 X-디코더

(일반적으로 로우 디코더나 X-디코더라고 불리는) 워드 라인 디코더는 생산 비용을 줄이기 위해 적은 수의 고전압 소자들을 사용하고 트리플 웰 기술 없이 적절하게 동작하도록 회로 기술을 가지고 개발되어야 한다.

워드 라인 디코더 회로와 레이아웃은 다음의 기능들을 가져야 한다.

- 시간이 중요한 워드 라인 오퍼레이션에 대해 필요한 어레이 성능을 실현하기 위한 워드 라인 길이 내에서 메모리 어레이의 세분화(segmentation)
  - NOR 메모리에서 어레이 블록들 내부의 플래시 셀들의 전기적이고 논리적인 Grouping을 위해 워드 라인 디코더가 사용되었다.
  - NAND 메모리 세분화는 긴 워드 라인을 고려해 이루어진다. 싱글 혹은 double sided 로우 디코더 회로는 NAND string 길이에 맞는 다이 크기에 최적화된 fan-out을 얻기 위한 레이아웃 고려사항들에 의하여 결정된다.

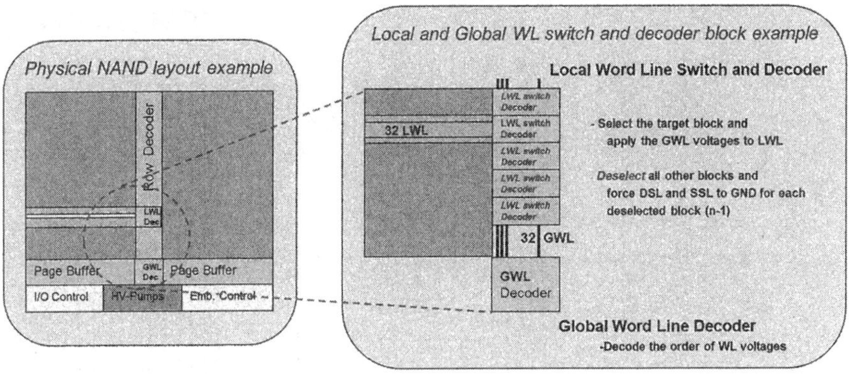

그림 2.58_ NAND 메모리에서 로컬 및 글로벌 워드 라인 디코더 체계도

- 디코딩 제어 신호들을 1.8V나 3.3V로부터 NOR에서는 9V로, NAND에서는 28V로 바꾸기 위해 레벨 쉬프트 기능이 구현되어야 한다.
  - Ratioed circuits, cross coupled 레벨 쉬프터나 피드백 회로 등의 여러 회로 기술들이 발표되었다[54, 55].

- 필요한 워드 라인 성능을 보장하고, 목표한 로우 디코더 블록 크기 요구사항들을 달성하기 위해 로컬 및 글로벌 로우 디코딩 회로들이 적용되었다.
  - 다이 크기에 최적화된 설계 혁신이 로우 디코더 회로의 목표이다.

- 스텝 펄스 프로그래밍 알고리즘 동안 필요한 펄스 모양을 생성하기 위하여 핫 스위칭 기능이 내장되어야 한다.

NAND에서 워드 라인 디코더의 top view가 그림 2.58에 보이고 있다. 그림에는 로컬 워드 라인(LWL) 디코더, 글로벌 워드 라인(GWL), metal 라인, 그리고 high voltage support line, GWL 디코더를 포함하고 있다.

기본 개념은 높은 전압을 선택, 스위치, 디코딩해야 하는 회로 블록들의 개수를 줄이는 것이다. 각 블록 특유의 로컬 워드 라인 디코더는 목표 블록을 선택하고, 목표 블록 이외의 것들은 선택하지 않는다(같은 기능이 erase에도 이용된다). 글로벌 워드 라인 디코더는 다이마다 하나씩 있고, 모든 블록에 공통으로 사용된다.

높은 전압 워드 라인 동작의 비용 최적화된 제어는 한편으로는 다이 크기를 줄이기 위한 간단화와 다른 한편으로는 선택된 NAND erase 블록으로 여러 다른 WL 전압 조합들을

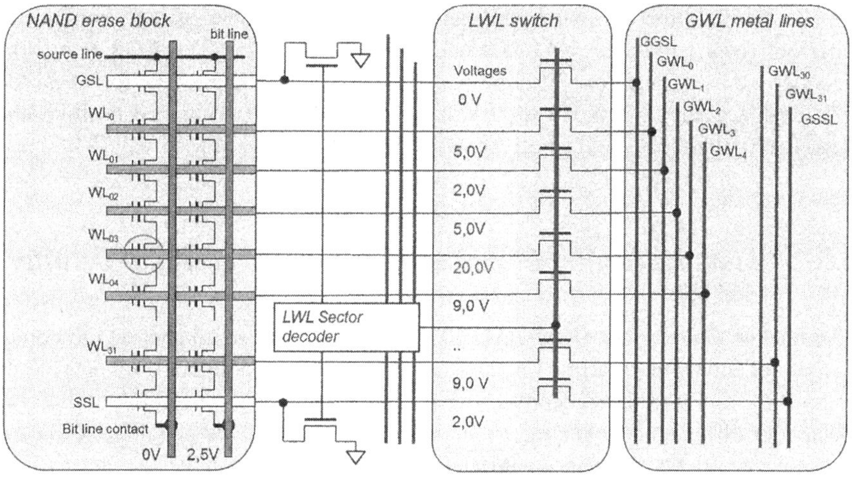

그림 2.59_ 로컬 워드 라인 스위치와 디코더 그리고 다양한 VVPROG_PASS 워드 라인 전압

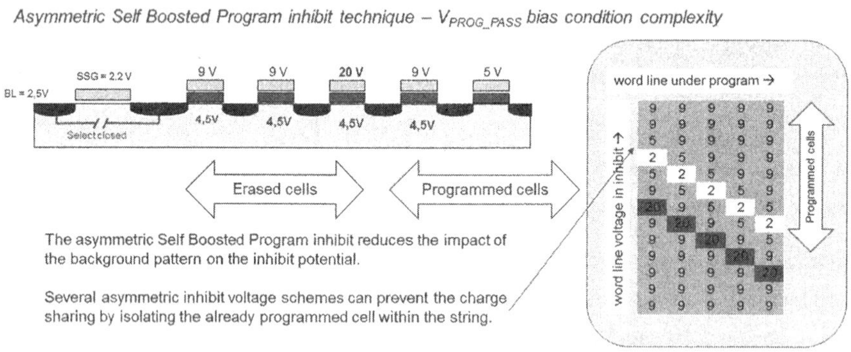

그림 2.60_ 배경 패턴 의존성을 줄이기 위한 비대칭적 셀프 부스트된 프로그램 금지 기술

통과시키기 위한 유연성이 필요하다. 그림 2.59는 50nm 이하의 NAND 제품 설계를 위한 self–boosted program inhibit을 생성하기 위해 필요한 워드 라인 전압들(V_{VPROG_PASS})의 값과 순서를 보여준다. 설계 구현은 read 오퍼레이션을 위해 이미 설계된 전압 펌프와 regulator 등의 다른 바이어스 전압들을 그룹으로 모은다.

(2.4.4.2에 소개된) Self-boosted inhibit 원리와 그림 2.59에서 보이는 최적화된 생산 설계 구현 사이의 차이를 강조하기 위해 이 예시가 사용되었다. 적용된 기술은 asymmetric self-boosted program inhibit이라고 불리며, 배경 패턴 의존성 억제로 인해 inhibit potential과 안전성을 향상시킨다.[56]

다른 passing 워드 라인들의 순서는 변경되었고, 그림 2.60에 보이는 것처럼 프로그램된 워드 라인의 위치에 의존한다. GWL 디코더는 미리 정해진 정확한 순서에서 5~8개의 다른 전압들을 디코딩해야 한다. Select 게이트 다음으로 시퀀스도 변경되어야 하고 특성화 노력이 필요하다.

NAND 블록 내부의 다른 로우에서 특정한 수의 높은 전압을 스위치하고, 디코딩하기 위한 노력은 다이 크기를 차지한다. NOR 워드 라인 디코더는 더 낮은 워드 라인 전압들을 필요로 한다. 해당 워드 라인에 비용과 다이 크기에 최적화된 양과 음의 고전압을 스위칭해주는 회로 설계 기술로 설계 노력이 전환된다[54, 55].

2.5.2 칼럼 디코더: 글로벌 및 로컬 Y-디코더 그리고 Y-버퍼

비트 라인 디코더 회로는 메모리 어레이의 균질성에 가장 작은 영향을 주도록 개발되어야 한다. 균질성은 비휘발성 메모리에서 중요한 변수이다. 모든 이질성이나 불규칙성은 이질성을 갖는 셀들과 그와 인접한 셀들의 안정성, 그리고 다음 단계로 성능에도 강하게 영향을 줄 수 있다.

NAND 타입 어레이의 경우, 어레이 타입과 셀 동작 이론에 따라 비트 라인 디코더는 read와 verify 오퍼레이션에 필요한 전압들을 전환시키거나 통과시켜야 한다. 또한 DINOR-NOR과 VG-NOR 타입 어레이의 경우는 높은 전압들, 그리고 센스, 프로그램, erase 전류들을 전환시키고 통과시켜야만 한다.

2.5.2.1 NOR 어레이에서의 로컬 및 글로벌 Y-디코더

NOR 플래시 메모리는 빠른 read와 프로그램 오퍼레이션을 지원하기 위해 개발되었다. 빠른 동작을 하기 위해 작은 저항 성분을 갖는 비트 라인들은 잘 알려진 로컬 및 글로벌 비트 라인 메모리 구조를 기반으로 구현된다.

NOR 어레이에서 비트 라인 디코더는 다음을 보장해야만 한다.

- Read와 verify 오퍼레이션 동안의 빠른 스위칭
- SONOS 메모리에서 HHI erase를 하는동안 높은 전압을 통과시키는 능력
- CHE 프로그램을 하는 동안 높은 전압(4-6V)을 통과시키는 능력

- 완전한 비트 라인 path를 따라 큰 전압 강하 없이 프로그램 전류(CHE 프로그램)를 통과시키기 위한 낮은 저항성분의 path

Cascade된 비트 라인 디코딩 구조는 프로그램 오퍼레이션뿐만 아니라 read 및 verify 오퍼레이션을 위한 타이밍 요구사항들에 의해 마련된 설계 해결책이다. 짧은 로컬 비트 라인들은 로컬 Y-select를 통해 글로벌 비트 라인들과 연결되고, 그것은 글로벌 Y-select을 통하거나 직접적으로 S/A 회로에 연결된다.

셀당 100μA까지의 높은 프로그램 전류 값은 NOR 플래시 메모리 구조에서 로컬 Y-select들의 크기가 작아질 수 있는 가능성을 제한한다. 작은 저항 성분을 갖는 칼럼 디코딩 기법은 필수이고, 그것은 로컬 Y-select 회로와 레이아웃에서 사용되는 트랜지스터의 크기를 결정한다. 로컬 Y-select 설계와 레이아웃은 모든 select 소자들 사이의 분리 기준을 6.0V보다 높게 해야 한다.

로컬 Y-select 로직은 센싱 path의 일부이고, 모든 select path는 정확히 같은 저항성분과 capacitive 성분의 load를 가져야만 한다. 면적에 최적화된 Y-select 구현은 균질성에 있어서 전부를 보상할 수 없다.

2.5.2.2 NAND 어레이에서의 글로벌 Y-디코더

NAND 메모리는 데이터 저장을 위해 설계된 page 지향 플래시 메모리이다. 이론에 의하면 워드 라인에 있는 모든 셀들은 read와 프로그램 시에 병렬로 접근될 수 있다. 이것은 더 높은 셀 efficiency와 NAND 기반의 플래시 메모리의 더 높은 어레이 균질성을 위해 매우 중요한 장점이다.

Shielded 비트 라인 센싱 방법은 1994년에 소개되었고[57], 결과적으로 두 개의 비트 라인 중 하나의 디코딩 기법이 적용되었다. 홀수와 짝수 비트 라인을 선택하는 회로에서는 높은 전압을 차단하기 위하여 두꺼운 산화막 게이트를 가지는 트랜지스터들로 구성된다. NAND가 erase 오퍼레이션을 하는 동안 비트 라인들은 비트 라인 컨택을 통해 벌크(bulk)로 연결되고, erase되기 위해 벌크 전위의 전압(20~24V)을 따른다. 어레이와 낮은 전압 S/A와 비트 라인 제어 회로 사이의 높은 전압 격리는 그림 2.61에 나타낸 것처럼 NAND Y-Mux에 의해 보장된다. 4개의 두꺼운 산화막 소자들을 위한 다이 크기 추가 비용과 해당 소자들 간 격리시킨 거리는 엄청나며, NAND의 scalability에 영향을 미친다. 비트 라인

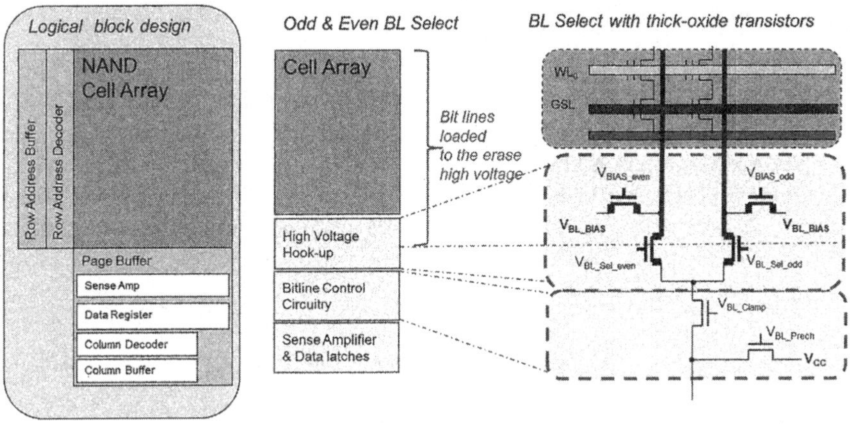

그림 2.61_ NAND에서의 Y–선택 – 두꺼운 산화막 소자를 가지는 홀수와 짝수 BL 선택 – HV 연결

제어 회로에 높은 전압 차단 기능을 넣기 위한 새로운 접근[58]은 이 블록의 크기를 33% 감소시킬 수 있다고 발표되었고, NAND 셀과 어레이의 공정 미세화(shrink) 로드맵을 따라 모든 디코더 블록들의 크기 감소가 필요하다는 창의적 원리를 보여준다.

NAND Y–Mux는 다음의 기능을 가져야 한다.

- 비트 라인의 디코딩 (홀수와 짝수의 shielded 비트 라인 구조를 위해)
- 선택 취소된 비트 라인을 차폐하기 위해 미리 정해진 고정된 전압 전위(예. V_{SS})로 바이어싱 Erase 오퍼레이션 동안에 높은 전압 차단
- 집적도가 높은 어레이 패턴으로부터 덜 집적된 디코더와 S/A의 리소그래피
- 패턴으로의 바꾸기 위한 추가적인 리소그래피를 가지는 레이아웃 영역(zone)

NAND 구조에서 비트 라인 path는 기능적으로 낮은 전압 기능만을 위해 사용된다.

- Read 오퍼레이션: 비트 라인의 pre-charge와 string 전류의 센싱
- 프로그램 inhibit 제어: 비트 라인을 V_{CC}로 pre-charge
- 프로그램 제어: 비트 라인을 0V로 접지

NAND 어레이 내부에서 얻어진 균질성이 훌륭하다면 모든 셀들은 정확하게 같은 방법으로 접근할 수 있다. 비균질성은 Y–Mux 이후에 시작한다. 왜냐하면 완벽한 센싱 기능이 페이지 버퍼라고 불리는 매우 작은 회로 안에 설계되어야 하기 때문이다. 그리고 그것은 이론적으로 두 비트 라인의 거리 또는 최소 feature size의 네 배 크기를 가진다.

2.5.3 센싱 개념: S/A 회로 옵션

S/A의 레이아웃 기생 성분들뿐만 아니라 센싱 개념과 그에 맞는 S/A 회로는 환경적 기술 사양 범위에서 얻을 수 있는 정확성과 메모리 제품에서 얻을 수 있는 성능과 안정성을 정의한다. 같은 셀과 어레이 구조에서 최적화된 센싱 개념은 신뢰성 변수들을 10배 이상 더 향상시켜 줄 수 있다.

멀티 비트나 멀티 레벨 셀 메모리에서 센싱 성능과 정확도는 매우 중요한 변수가 되고 있으며, 다음의 하위 절에서 다른 센싱 개념들에 대하여 보다 자세히 소개할 것이다.

2.5.3.1 센싱 개념의 이론들: MLC NOR용 S/A

센싱 이론은 변수의 측정 단위로 설명될 수 있다(4 quadrant V/I source). 고정된 게이트 전압에서 직접적으로 셀 전류를 측정하거나, 혹은 두 번째 단에서 센싱한 전압을 비교하는 전류-전압 변환기를 이용하여 간접적으로 셀 전류를 측정한다. 전류-전압 변환기는 센싱한 전류를 적분시키는 큰 커패시터로 비트 라인 정전 용량을 사용하는 메모리 어레이를 기초로 구현할 수 있다. 셀 전류는 비트 라인 정전 용량을 방전하여 전압 레벨을 만들고 이는 S/A의 문턱 레벨과 비교된다. 이 개념은 오직 μs 단위의 느린 read 오퍼레이션에서만 적용될 수 있고, 이 개념은 NAND 센스를 다루는 절에서 논의될 것이다.

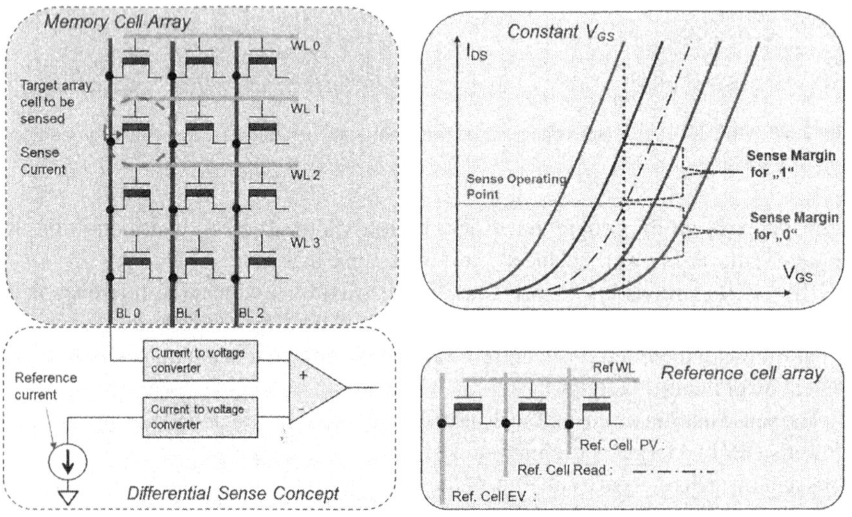

그림 2.62_ 차동센서 개념도-센스 오퍼레이팅 포인트와 레퍼런스 셀 어레이

NOR 메모리는 빠른 read 오퍼레이션을 필요로 하고, 차동 S/A 개념을 이용한다. 그림 2.62는 기준 셀들과 차동 S/A 기반의 센스 오퍼레이션을 위한 중요한 회로들과 I/V 곡선을 보여주고 있다. 센스 오퍼레이션으로부터 4개의 변수들을 도출할 수 있는데 이들은 S/A 설계, 센스 오퍼레이션의 정확도와 속도에 큰 영향을 끼친다.

- 비트 라인과 드레인 바이어스의 제어와 비트 라인의 pre-charge 시간은 어레이 세그먼트 내에서의 셀 위치와는 상관없이 특정한 전압 값을 얻기 위해 필요하다.
- 센싱 동작 시간 자체, 즉 비교 동작을 하기 위해 셀 전류를 해당하는 전압 레벨로 변경하는 데 걸린 시간들의 합
- 센싱하는 지점에서 필요한 기준 전류(Reference current)는 해당되는 셀 어레이가 V_{th} 레벨의 위 또는 아래에 있는지를 결정하기 위하여 필요하다. V_{th} 레벨은 일정한 게이트 전압이 인가되어 유도된다.

다른 최적화된 센싱 방식을 NOR와 특히 VG NOR에 적용할 수 있다. 이런 내용들은 다음 논문이나 자료에서 자세하게 논의되어 있다[47, 55, 59].

- Read 액세스 타임 스펙은 20~90ns이다. 그러므로 NOR의 센싱 기술은 차동 센싱 방법에 기반하고 있다. 타겟 셀과 기준 셀은 나란히 읽혀지고, 두 동작의 전압 차이가 안정된 센싱 값을 결정할 수 있게 한다.
- 멀티 레벨 셀 플래시를 위하여, 여러 센싱 방법들이 발표되었고, MLC NOR와 Multi-Bit-Cell(MBC) VG NOR 플래시 제품에 적용되었다.
  - 고정된 게이트 전압 센싱: 셀 전류를 병렬로 비교하거나 다른 기준 전류와 비교
  - 시간 축에서 센싱
  - 고정된 전류 센싱: 각 게이트 전압 레벨의 끝 부분에서 셀 전류를 비교

그림 2.63은 NOR 멀티 레벨셀(Multi-Level-Cell) 플래시 메모리의 4개 멀티 레벨의 V_{th} 분포를 보여준다. 각 Read 레벨의 센싱 마진은 센싱 동작 점(read verify(RV))과, 프로그램 verify 레벨, 해당하는 프로그램된 분포의 더 낮은 쪽 모서리 즉, $V_{th\_L1\_HL}$ 사이에서 잘 정의되어 있다. 프로그램된 분포의 위쪽 모서리($V_{th\_L1\_HH}$)와 센싱 동작 점 사이의 센싱 마진은 프로그램된 분포의 폭(width)에 의존한다. 전압 축에서 셀 분포는 일정한 센싱 마진을 보이고 있다.

고정된 전압 센싱 방법에 기초하여 3개의 기준 셀을 가지고 4개의 V_{th}를 센싱하기 위한 회

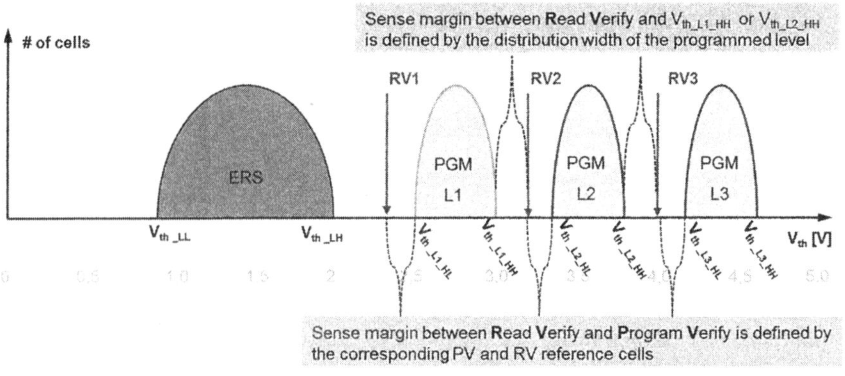

그림 2.63_ NOR 멀티 레벨 셀 V_{th} 분포

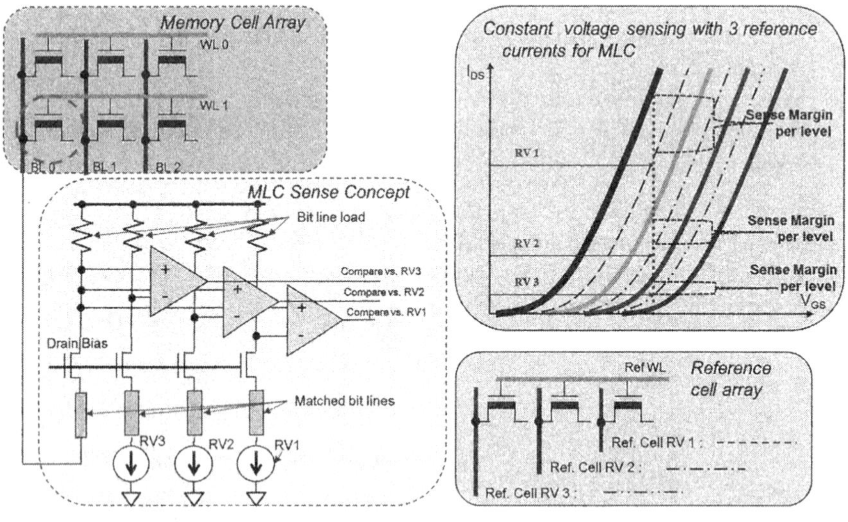

그림 2.64_ MLC NOR 일정한(고정된) 전압 센싱 원리 – 3개의 병렬 전압 비교기 단

로 원리를 그림 2.64에 나타냈다. 셀 전류는 3개의 비교 전류를 가지고 병렬적으로 비교되며 3개 비교기의 결과는 셀이 어느 논리적인 레벨에 포함되는지 알 수 있게 해 준다.

전류 측면에서 본 센싱 마진은 모든 read 레벨마다 다르다. 더 높은 센싱 전류(RV1)의 경우 더 넓은 센싱 마진을 갖는 것이 그림 2.64에서 보여진다. 셀과 각 기준 셀의 기울기의 변화는 센싱 마진에 영향을 주고, 더 큰 센싱 전류의 경우(RV2와 RV1)에는 좀 더 중요해진다. 셀 g_m의 변화와 기생 어레이 전류가 일정한 전압 센싱 방식을 제한한다. 이 부분의 영향과 대책은 5.3절에서 논의 된다. 셀 g_m의 변화는 그림 5.12에 표시되어 있다.

기준 셀 방식은 i) 센싱 증폭기당 하나의 분리된 기준 셀과 ii) 기준 어레이 셀과 모든 S/A에 가해주는 복사된 기준 센싱 전류, 그리고 iii) 중심 영역에 놓여있고 어레이 셀과 함께 동작하는 기준 셀을 가지고 개발되었다.

멀티 레벨 셀의 차동 S/A는 타겟 셀과 기준 셀을 위해 같은 R과 C 값을 갖도록 잘 매칭된 비트 라인이 필요하다. 센싱 회로와 기준 셀을 위하여 추가로 다이(die) 면적이 필요하다.

이미 그림 2.27에서 소개한 일정한 전류 센싱 방식은 매우 높은 정확도를 제공하지만 3배나 더 긴 센싱 시간이 필요하다. 이런 방식은 NAND S/A 방식을 설명할 때 같이 자세히 다루어질 것이다.

2.5.3.2 NAND 페이지 버퍼 회로 –MLC NAND를 위한 S/A

셀 전류는 NAND 스트링 저항에 의해 제한되고, 센싱 방식은 NAND 스트링을 통해 셀 전류를 측정하기 위하여 개발된다. 매번 비트 라인은 완전한 페이지 버퍼 회로(NAND S/A와 데이터 레치 회로)를 필요로 하기 때문에 가능한 한 S/A 회로는 작게 만들어져야 한다.

그러므로 NAND 센싱 방식은 싱글 ended 센싱 방식을 사용한다. 전류를 전압으로 변환하는 방식은 비트 라인의 커패시턴스를 방전함으로써 얻어진다. 필요한 정확도를 보장하기 위해 제한된 셀 전류 크기와 긴 적분 시간이 요구된다. NAND 센싱 원리를 그림 2.65에 보여준다.

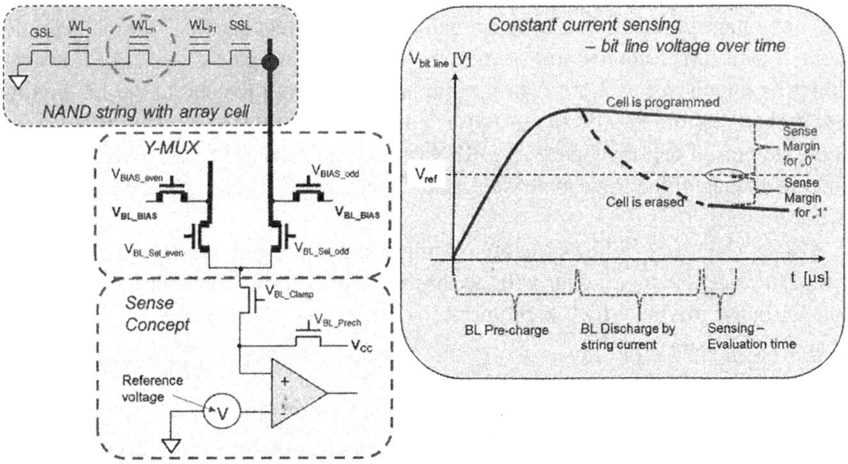

그림 2.65_ NAND 센싱 원리와 shielded 비트 라인 어레이 구조에서 시간에 따른 BL 전위

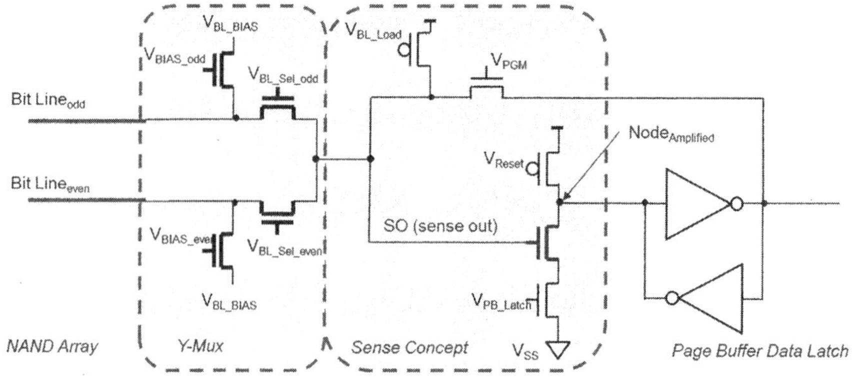

그림 2.66_ Direct 게이트 센싱 방식의 NAND 페이지 버퍼 구조

NAND 스트링은 센싱 조건에 따라 적응성이 필요하다.

- NAND 어레이 안에서 셀 터미널에 직접적인 액세스가 안되므로 센싱은 전체 스트링을 액세스해야 한다. 비트 라인 바이어싱은 직접 셀 센싱을 위한 드레인 바이어싱과 같은 의미를 가지고 있다.
- 셀 전류는 스트링 저항과 read 오퍼레이션 동안의 모든 passing 셀의 전도도에 의해 제한된다. 높은 스트링 전류 용량은 더 높은 read pass 전압을 필요로 하고 전체 NAND 섹터의 read disturbance를 증가시킨다.
- 소스 라인과 소스 메시는 소스 쪽의 전압 강하를 제한하기 위해 작은 저항 값을 가져야 한다. 적은 수의 프로그램된 페이지를 갖는 erase된 NAND 섹터는 소스 메시 위에 전압 강하를 일으켜 센싱 정확도가 영향을 받는 가장 나쁜 조건이다.

전압 비교기는 그림 2.66과 같이 센싱 트랜지스터의 게이트에 BL 전압을 직접 연결하여 구현된 집적 센싱 방식으로 구현할 수 있다. 프로그램된 셀은 discharge 시간과 evaluation 시간 내에 BL 전압을 많이 방전하지 않고, 센싱 트랜지스터는 오픈 상태이다. Erase된 셀은 BL 전압을 빠르게 방전시키며, 센싱 트렌지스터는 닫히고 로직 상태의 변화는 저장(latched)된다. 자세한 구조와 타이밍은 참고 문헌 [60]에 기술되어 있다.

이런 NAND 페이지 버퍼의 구조는 간단하고 견고하며, 대부분의 SLC NAND에서 사용되고 있다. 수 많은 센스 트랜지스터의 V_{th} 편차를 보상하기 위한, 충분한 센싱 마진을 확보하기 위해 비트 라인에서의 급격한 전압 방전이 필요하다. 센싱 트랜지스터의 트리거 포인트는 어느 정도 설계(device technology)에 의해 정의되고 erase 알고리즘을 위해 필요한

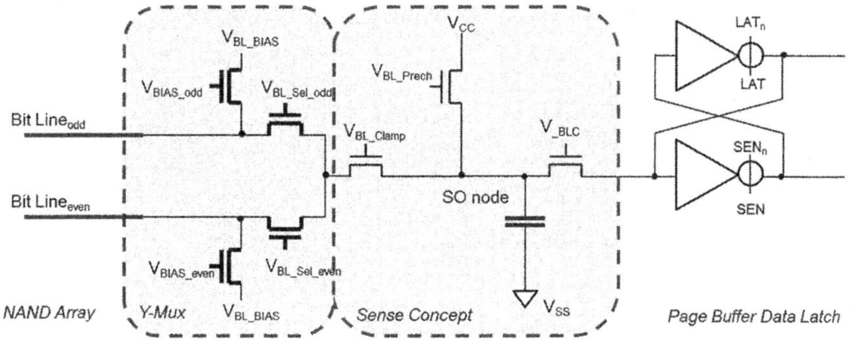

그림 2.67_ SO 노드 커패시터를 사용한 NAND 페이지 버퍼 구조[61]

다른 verify 오퍼레이션 조건에 의해 쉽게 변하지 않는다.

MLC-NAND를 위한 센스 오퍼레이션은 여러 번 수행되어야 한다. 위에 기술된 센싱 방법은 센싱 단계 동안 방전되는 전압을 줄임으로써 가속될 수 있다. 작은 전압의 변화를 감지하기 위한 센싱 기술은 작은 용량(Sense out node capacity)을 추가함으로써 얻을 수 있다. 이런 센싱 원리를 사용한 페이지 버퍼가 그림 2.67에 나와 있다.

이런 센싱 기술은 비트 라인과 SO 노드의 두 개 커패시턴스의 순차적인 방전에 기반하고 있다. 이런 센싱 회로의 트리거 포인트는 아래의 기술된 전압 및 타이밍 조건을 변경하여 변경할 수 있다. 비트 라인은 $V_{BL_Clamp}=0.7V+V_{th}$로 정의된 전압으로 먼저 충전된다. 비트 라인이 pre-charge가 완료된 이후에 V_{BL_Clamp} 전압은 0V(ground)로 된다. 센싱 전류는 천천히 비트 라인 전압을 방전시킨다. 동시에 SO 노드는 어떤 전압 (Vso=2.5V)으로 pre-charge 된다. 센스 오퍼레이션 동안 $V_{BL_Clamp}=0.6V+V_{th}$가 잠깐 동안 인가된다.

- 만약 erase 된 셀에 의해 BL 전위가 100mV 이상 감소되면, 작은 SO 노드는 방전되어 비트 라인 전위 값을 갖게 된다
- 셀들이 프로그램되어 있어, 만약 BL 전위가 다른 drain select 트랜지스터의 누설 전류에 의해서만 줄어든다면, 작은 SO 노드 용량은 방전되지 않는다.

NAND 페이지 버퍼는 read, 프로그램, 그리고 Erase 후의 프로그램 동안 알고리즘 오퍼레이션을 위해 완전한 로직 함수를 포함한다. 30개 이하로 트랜지스터의 숫자를 유지하면서 완벽한 MLC NAND 페이지 버퍼 회로 설계를 위해 모든 트랜지스터는 하나 이상의 목적

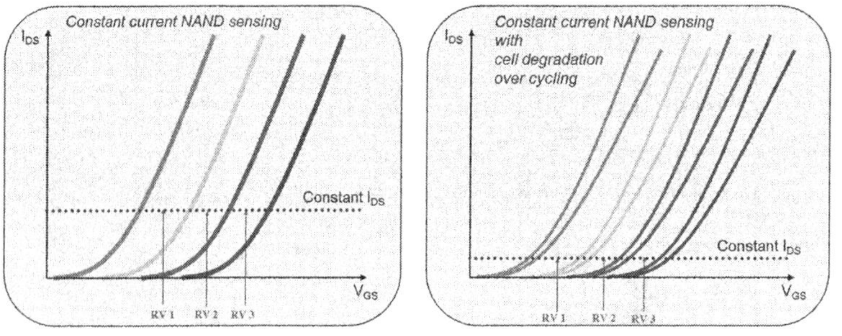

그림 2.68_ 감소된 센싱 전류를 이용한 일정한 전압 NAND 센싱

을 가지고 사용된다. MLC BL 제어 회로와 타이밍은 참고 문헌[62]에 기술되어 있다. MSB 프로그래밍 중 트랜지스터와 래치의 재사용은 설계 및 레이아웃 효율 기준에 있어 중요한 부분이다.

NAND 플래시 메모리 설계의 이질성은 페이지 버퍼 레이아웃 면적에서 시작된다. 페이지 버퍼 레이아웃은 가능한 작아야 한다. 그리고 적어도 4개는 서로 지그재그로 놓여져야 한다. S/A 레이아웃과 지그재그로 놓여진 레이아웃 내에서 모든 중요한 라인의 shielding은 공정이 높아짐에 따라 해결해야 할 설계 기술이 공정마다 계속 증가한다.

2.5.3.3 NAND 페이지 버퍼: 셀당 3bit와 4bit를 위한 센싱 신기술

3개와 4개의 멀티 레벨 셀 NAND 설계를 위해, 센싱 동작은 더 빨라져야 하며, 센싱 정확도 또한 상당히 증가하여야 한다. 신뢰도를 다루는 4장에서는 어레이와 신뢰도 영향을 포함한, MLC NAND 플래시 설계를 위한 가능한 V_{th} 센싱 마진에 대해서 자세하게 논의할 것이다. 이미 지금 유도되어 있는 한 가지 주된 결론은 NAND 스트링 내부에서의 셀 센싱의 정확도는 센스 오퍼레이션 포인트에서의 요구되는 셀 전류를 줄임으로써 증가시킬 수 있다는 것이다(그림 2.68 참고).

현재 설계에서의 도전 과제는 상당히 작은 센싱 전류로 빠르게 센싱하는 것이다. 그것은 큰 비트 라인 커패시턴스가 오랜 시간 방전하지 않고 센싱하는 것을 필요로 한다.

NOR 센싱의 드레인 바이어싱 기술이 싱글 ended NAND 센싱을 위해서 변형되어야 한다. 그림 2.67의 SO 커패시턴스를 가지고 있는 페이지 버퍼 구조는 수정될 수 있어 셀 전류를 의미하는 지속적인 전류가 SO 노드로부터 BL로 흐른다. 지금 센싱 회로는 NAND 스트링 내부의 셀 전류와 같은 SO 노드의 작은 capacity의 방전 전류를 측정할 수 있다. 이런 빠른 전류 센싱 접근 방법은 참고 문헌[63]에 소개되어 있다. 그리고 프로그램 verify 오퍼레이션 속도를 높이기 위한 All 비트 라인 NAND 구조[64]와 함께 적용된다.

Shielded 비트 라인 또는 All 비트 라인 NAND 구조를 제품 생산에 채택했다면 센스 오퍼레이션 동안 비트 라인 방전(및 correlated crosstalk)을 없애면 마찬가지 방식으로 NAND 센싱 방법의 견고성을 향상시켜 준다.

정 전류 센싱(가장 견고한 멀티레벨 센싱 방식)과 동작 점을 낮추는 것, 그리고 위에 기술된 고속 전류 센싱 방식의 조합은 높은 정밀도와 반복된 빠른 센싱 동작에 가장 적합한 설정이다.

2.5.4 고전압 생성과 정확도

플래시 메모리는 프로그램과 erase 오퍼레이션을 위하여 칩 내부에 고전압을 필요로 한다. 칩 내부의 고전압은 입력 전압 범위가 넓은 차지 펌프(Charge pump) 회로에 의해 만들어진다. 대게 NAND에는 2.7V부터 3.6V가 사용되고, NOR와 임베디드 플래시 메모리를 위해서는 1.8V에서 3.3V가 사용된다.

차치 펌프 회로의 설계 쪽 과제들은 낮은 전압에서 차지 펌프 효율을 보장하고 높은 전압에서 전류 소모를 제한하는 것이다. Dickson 차지 펌프[65]에 기초한 차지 펌프 구조는 잘 알려져 있다. 그리고 고전압을 만들기 위한 효율 최적화 방식은 참고문헌[66,67]에 소개되어 있다. 차지 펌프 설계 가이드는 참고문헌[68]에 요약되어 있다. 이 책에서는 정확도의 정의와 멀티 레벨 셀 마진 고려 사항으로부터의 제기된 필요 사항에 집중할 예정이고 해당 장에서 자세히 논의할 것이다.

프로그램 전압을 위해 요구되는 정확도는 굉장히 높다. 차지 펌프 출력 전압 범위가 고전압인 18~28V일때 10~100mV의 정확도가 필요하다.

그림 2.69는 일반적인 프로그램 전압 사다리(Voltage ladder)를 보여주고, 오른쪽에 FN 터널링 프로그램 알고리즘을 위한 정확도 정의가 표시되어 있다. 전압의 절대값 정확도는 중요하나 첫 Vpp 전압 알고리즘에서 낮은 시작점을 선택하면 쉽게 해결된다. 프로그램 전

표 2.9_ 셀당 1, 2, 4bit의 NAND 플래시 설계를 위한 절대값과 차이값 정확도 예제들

Flash type	PGM voltage range	Absolute accuracy	Differential accuracy
1b/cell SLC NAND	$V_{pp} = 18 - 24.0\,V$	+/−200mV	+/−50 mV
2b/cell MLC NAND	$V_{pp} = 18 - 24.5\,V$	+/− 100mV	+/− 10 mV
4b/cell XLC NAND	$V_{pp} = 18 - 25.5\,V$	+/− 50 mV	+/− 2,5mV

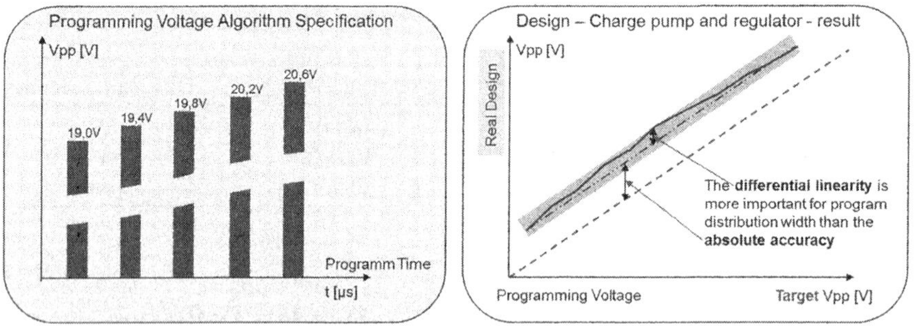

그림 2.69_ 프로그램 전압(Vpp)의 절대값과 차이값 정확도

압 펄스들 사이의 차이 값의 정확도(차이 값의 선형성)는 중요한 정확도 값이다. 차이 값의 부 정확도는 2.7.4절에서 설명한 대로 V_{th} 분포의 폭을 결정하는 데에 직접적으로 영향을 미친다. 표 2.9는 셀당 4비트까지 셀의 비트를 증가시키기 위해 멀티 레벨 셀 개발 방향과 더불어 증가해야 하는 정확도의 필요성을 강조했다. 이를 XLC(eXtended Level Cell, 확장 레벨 셀) NAND로 나타낸다.

여러 가지 다른 부하(load) 상황(펄스 간 프로그램되어지는 셀의 수는 감소한다)에서도 모든 프로그램 펄스에 대하여 차이 값의 선형성이 보증되어야 한다. 또한 일어날 수있는 모든 환경적인 변화(입력 전압과 온도) 상황에서도 선형성이 보증되어야 한다. 이런 고정밀 조건은 오퍼레이션의 연속 실행을 보장하는 애플리케이션 규정과 함께 뛰어난 설계 기술로 확보할 수 있다.

2.6 플래시 메모리 알고리즘과 V_{th} 윈도우 정의

플래시 메모리 설계를 위해 필요한 다른 블록들은 마지막 절에 소개되어 있다. 셀 구조와 메모리 모델, 센싱 컨셉 그리고 제조 기술 사이의 상호 작용은 비휘발성 메모리 개발의 핵

심 내용(지식)이다. 휘발성 메모리와는 대조적으로 프로그램, read, erase 알고리즘(대부분의 플래시 설계에서 최적화된 임베디드 소프트웨어)은 비휘발성 메모리의 성능과 수명에 큰 영향을 끼치게 될 것이다.

프로그램되거나 erase된 V_{th} 분포의 각 모서리에 영향을 미치는 효과에 대한 분석은 마진 정의의 필요성을 만든다. 마진의 정의는 최적화된 플래시 알고리즘 설계와 비휘발성 메모리의 수명에 대한 신뢰도를 위해 핵심적이다.

이 장에서는 물리적 셀 동작, 공정, 통계적 편차 그리고 V_{th} 전압의 분포를 연결하여 설명한다. 플래시 알고리즘 컨셉이 소개되고, 논의된 문제들을 극복하기 위한 절차들이 설명되어 있다.

2.6.1 플래시 V_{th} 윈도우: 마진 Setup과 정확도

플래시 알고리즘 개발의 기본은 V_{th} 윈도우 마진 계산 부분이다. 프로그램, read, erase 동안 read 센싱 마진 쪽의 다른 알고리즘 변수들의 정량적인 영향을 분석한다. 프로그램 및 erase를 위하여 인가된 전압 및 센싱의 정확도가 그림 2.70의 두 번째 분포에 포함되어 있다.

플래시 셀 구조와 공정 기술은 사용 가능한 최대 V_{th} 윈도우를 정의한다. 이 윈도우는 다시 3개의 부분으로 나눌 수 있다.

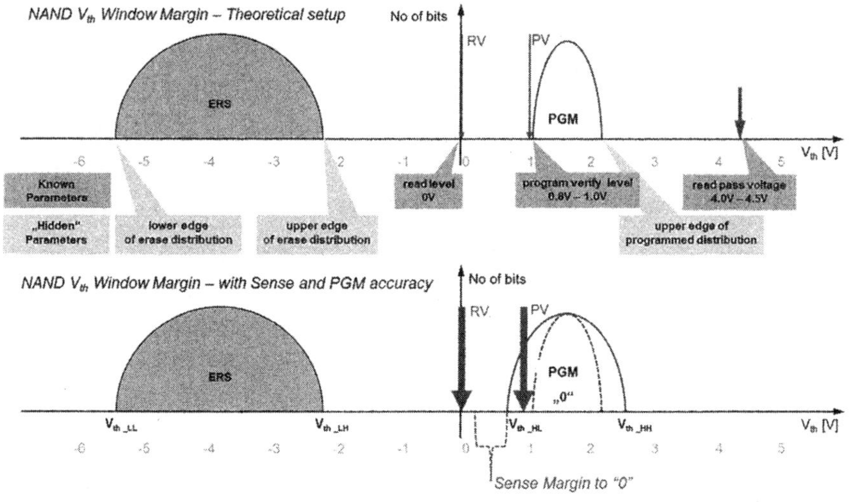

그림 2.70_ 정확도를 고려한 NAND V_{th} 윈도우 마진(알려지거나 알려지지 않은 변수)

- ERASE된 윈도우 – V_{th_LH} 밑부분에 셀 분포
- 프로그램된 윈도우–V_{th_HL} 윗부분에 셀 분포
- V_{th_LH}와 V_{th_HL}의 사이 윈도우 영역

이것은 완전한 신뢰도 마진을 포함해 read 윈도우라 불리는 부분의 영역(거리)을 확보하기 위한 것이다. 프로그램 알고리즘은 프로그램 분포의 폭과 위치를 설정하고, Erase 알고리즘은 가정할 수 있는 제약 안에서의 erase 분포를 유지하고 있다. 두 가지 항목의 분포 폭 read 영역과 마찬가지로 중요하다. 그리고 이런 의존성들은 대응책들과 함께 하나씩 소개될 것이다.

다음 장에서는 NAND 프로그램, erase 알고리즘의 원리들을 소개하겠다.

2.6.2 플래시 프로그램 알고리즘 원리

프로그램 알고리즘의 목적은 프로그래밍할 모든 셀들을 V_{th_HL} 레벨 위쪽 영역으로 옮기는 것이다. 이것은 결과적으로 셀의 통계적인 특성에 기인한 프로그램 분포의 폭을 결정짓는다. 모든 휘발성 메모리와 반대로 싱글 write 오퍼레이션(one pulse strategy)은 (단일 프로그램 펄스)플래시 셀의 V_{th} 레벨을 통계적으로 프로그램 윈도우 안으로 옮긴다. 가장 간단한 프로그램 오퍼레이션은 이론적으로는 단일 펄스를 사용하는 것이다. 이것은 다음의 두 가지 이점을 가지고 있다.

→ 고전압 오퍼레이션의 최소화
→ 셀의 아래쪽 산화물(막)의 스트레스 최소화

그림 2.71은 단일 펄스 수행을 하고 나서, 프로그램되고 erase된 셀의 문턱 전압의 분포를 보여 준다. 굉장히 넓은 범위의 프로그램 분포 폭을 보여 주며, 중간 정도의 프로그램 전

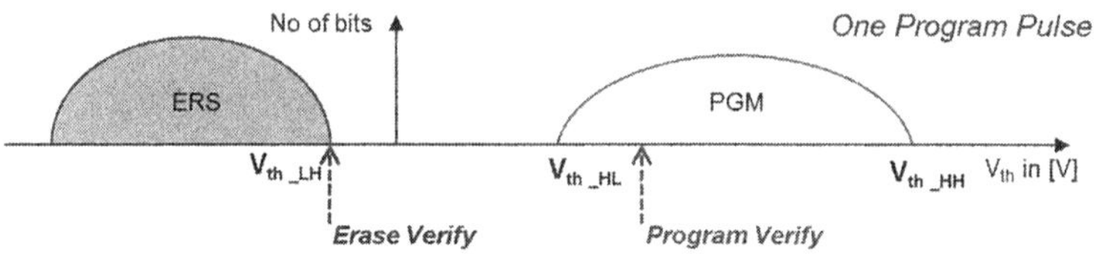

그림 2.71_ NAND 프로그램 – 단일 펄스 프로그램 이후의 V_{th} 분포

압이 선택 되면, 모든 셀이 프로그램 verify 레벨을 통과하는 것은 아니다. 더 높은 프로그램 전압은 모든 셀을 프로그램할 수 있으나 V_{th} 분포 내에서 가장 높은 V_{th}를 갖는 셀은 더 높은 V_{th}로 이동하게 된다. 결과적으로 프로그램된 셀의 높은 V_{th}는 스트레스 레벨도 올라가게 만들고, 고밀도 메모리 어레이 내의 셀 주변에 더 큰 커플링 영향을 주게 될 것이다.

가장 기본적인 ISPP(Incremental Step Pulse Programming)의 개념은 90년대 중반에 소개되었고[4], 프로그램 분포 폭을 작게 하여 플래시 메모리의 신뢰성 특성을 획기적으로 개선하였다. ISPP의 원리는 프로그램 펄스 이후에 verify 오퍼레이션이 따라오는 형태이다. 여기에서 verify 오퍼레이션은 Vth_HL을 기준 전압으로 read 오퍼레이션을 수행하는 것이

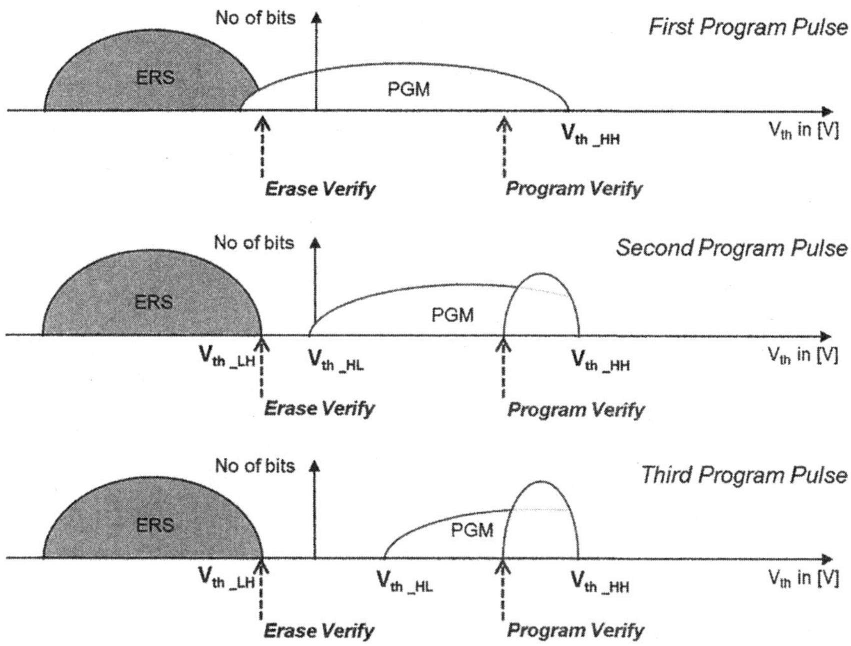

그림 2.72_ ISPP 알고리즘–각 프로그램 펄스 후의 V_{th} 분포

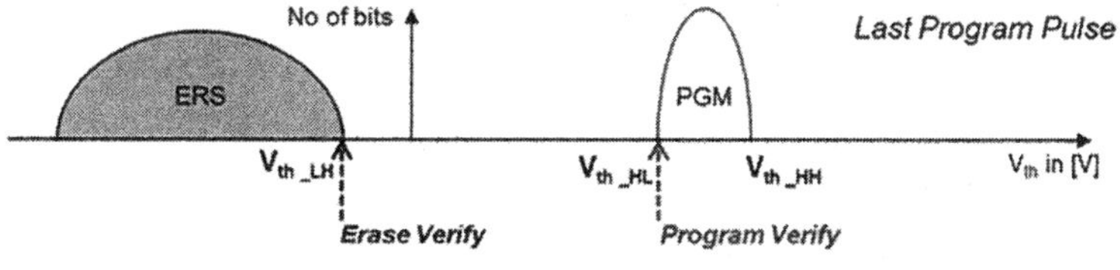

그림 2.73_ 프로그램 알고리즘–완전한 알고리즘 실행 후의 V_{th} 분포

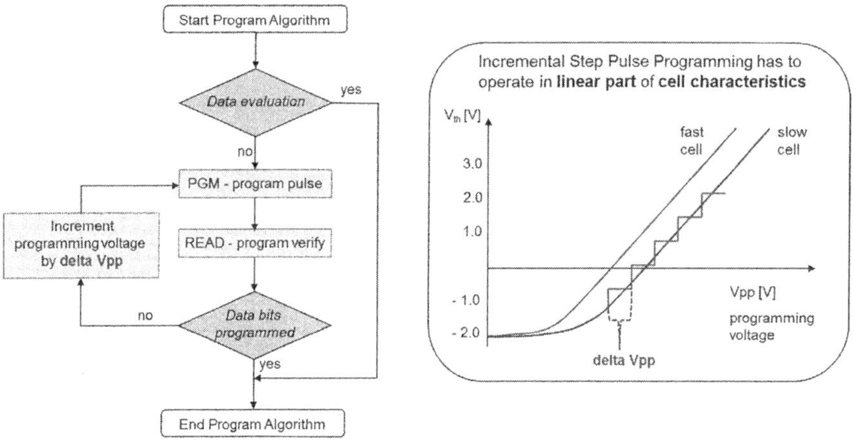

그림 2.74_ PGM 알고리즘 flow chart– V_{th}와 Vpp의 선형적 의존성

다. 이때 프로그램 verify에서 목표 레벨을 달성하지 못하면 셀은 다른 프로그램 펄스가 필요하게 되고 이어서 다음 verify 오퍼레이션이 수행된다. 논리적 결론은 여러 번의 프로그램 펄스를 인가하는 프로그램 알고리즘을 사용하는 것이다. 각 펄스는 그림 2.69에 나타낸 것처럼 프로그램 전압(Vpp)을 400mV씩 증가시킨다. 이 증가분은 자동으로 400mV의 넓은 프로그램 분포 폭을 만든다. 프로그램 전압 부정확성과 각 verify 동안 센싱 부정확성으로 인해 실제로 얻어지는 분포 폭은 더 넓다. 그림 2.72 및 2.73은 초기 프로그램의 넓은 분포가 첫 펄스 인가 후 작은 분포로 압축되는 원리를 도시한다. 마지막 프로그램 펄스 및 verify 오퍼레이션은 목표 프로그램 분포 폭이 달성되도록 해주어야 하며 그림 2.73에 도시되었다. 프로그램 원리는 논리 흐름으로 설명한다. 예가 그림 2.74 왼편에 나와 있다. 앞서 기술된 프로그램의 원리를 기반으로 다음과 같은 결론을 얻을 수 있다.

- Vpp의 변동폭이 작을수록 프로그램 분포 폭을 작게 만들 수 있다.
  - 줄어든 Vpp step increment는 프로그램 펄스 숫자를 증가시키는 것으로 이해될 수 있다. 긴 프로그램 시간은 read 윈도우 마진을 확보 할 수 있다.
- 그림 2.74 오른쪽에 보인 것처럼 프로그램 알고리즘이 선형적인 셀 특성을 가지고 동작할 때에만 이론적으로 얻을 수 있는 가장 작은 프로그램 분포 폭은 delta Vpp increment와 같다.

주변 이웃한 셀들과 간섭현상을 갖고 있는 집적도가 높은 셀 어레이의 경우는 위에서 설명한 프로그램 분포 폭이 모든 셀들이 병렬로 프로그램될 때만 가능하다. 이것은 이론적

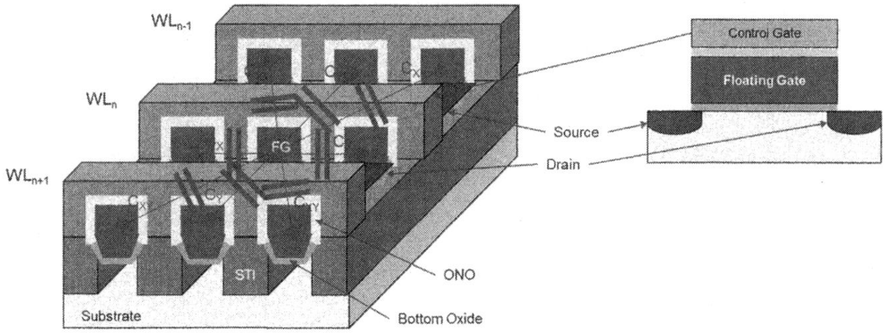

그림 2.75_ 3WL NAND 단면도 - 셀간 FG 커플링

으로 테스트 패턴상에서만 구현 가능하다. 모든 워드 라인이 같은 Vpp를 갖고 모든 비트 라인이 접지되어 있어야 한다. NAND 플래시 메모리의 프로그램 알고리즘들은 2.6.4절에 소개한다. 이 발전된 플래시 알고리즘들은 위에 기술된 이론적 목표에 거의 부합한다.

2.6.3 NAND 셀 간섭 현상: FG 간 커플링

확률적인 셀 특성의 변화 폭과 셀 간 간섭 현상은 CMOS의 공정 미세화(shrink) 로드맵에 따라 심화되고 있다. 셀, 어레이 그리고 프로그램 알고리즘 간의 연관성을 조사하기 위해 NAND 어레이의 플로팅 게이트 간의 커플링 현상을 선택하였다.

FG 간 커플링 현상은 학회[69,70]에서 공정 미세화(shrink) 로드맵에 따른 도전 과제로 대두되었다. 40nm 이하 공정의 2D NAND 메모리에서 매우 커진 FG 간 커플링을 줄이기 위해 이미 전하 트랩기술을 포함한 새로운 비휘발성 메모리 기술들이 발표되었다.

이 장에서는 간섭 현상에 대해 소개하고 특정 조건이 모두 만족된다는 가정하에 단계적인 수학적 접근을 통해 간섭현상을 해석하는 것을 목표로 한다. 셀 간 간섭현상은 비휘발성 메모리에서의 중요한 도전 과제이다. Capacitive 커플링은 NAND 어레이에서 중요한 문제이며, VG-NOR와 같은 어레이 타입에서는 누설 전류 경로에 대해 분석하여 보상해야 한다.

NAND 어레이는 반도체 업계에서 가장 집적도가 높은 어레이 구조이다. 그림 2.75에 9개의 조사된 NAND 어레이 셀들 간의 의존성을 나타내었다. 타겟 셀은 중앙에 위치하며, 8개의 주변 셀들로 둘러 쌓여있다. 타겟 셀의 주된 간섭현상은 BL 방향의 direct capacitive Cy(인접한 두 워드 라인 사이에서 발생한 face to face 커플링)와 WL 방향의 C_x이다. 대각

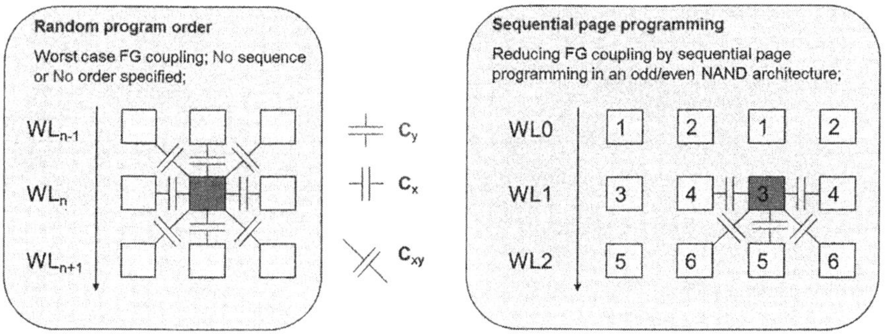

그림 2.76_ NAND 셀 FG 간 커플링– 평면도와 순차 페이지 프로그램 순서

선 방향의 셀 간 capacitive 커플링인 C_{xy}는 C_x, C_y의 1/10 미만 수준으로 미미하다.

타겟 셀의 FG 커플링은 다음의 공식으로 설명 가능하다.

$$C_{WorstCase\_Random} = 2 * C_X + 2 * C_Y + 4 * C_{xy}$$

FG 간 커플링으로 타겟 셀의 V_{th}가 변화하는 전압은 수V 정도 되는데 이는 타겟 셀 주변의 8개 셀의 V_{th}가 각각 6~8V 변했다는 최악의 상황에서 산출한 값이다. 특정 주소의 셀을 프로그램 하는 동안에 셀 V_{th} 오퍼레이션 윈도우 내에서 셀의 정확한 V_{th} 값은 얻기 어렵다.

이런 중요한 효과를 보여주기 위해, 일반적인 플래시 오퍼레이션 모드에서부터 분석을 시작한다. NAND 메모리는 보편적으로 페이지 단위로 데이터를 채워 나간다. 무작위로 데이터를 써 나가는 오퍼레이션들은 NOR 플래시 메모리에서만 사용된다. 그림 2.76의 오른편 그림의 셀에 표기된 페이지 1과 페이지 2는 짙은 색으로 표기되어 있는 타겟 페이지 3이 프로그램되기 전에 이미 프로그램되어 있기 때문에 타겟 페이지 3에 존재하는 셀의 V_{th}에 영향을 주지 않는다. 아래의 계산 결과는 순차 페이지 프로그래밍이 이미 커플링 영향을 크게 감소시키고 있다는 것을 나타내고 있다[14].

$$C_{WorstCase_{default}PagePGM} = 2 * C_X + C_Y + 2 * C_{xy}$$

그림 2.76은 일반적인 페이지 프로그램 순서에 의해 FG 간 커플링의 감소를 나타내고 있다. 이 일반적인 페이지 프로그램 순서는 데이터 저장에 항상 사용되는 기본 방식이다. 두 개의 다른 상황인 홀수/짝수 페이지 NAND 메모리 구조[71]에 대해 분석하였다. 분석 결

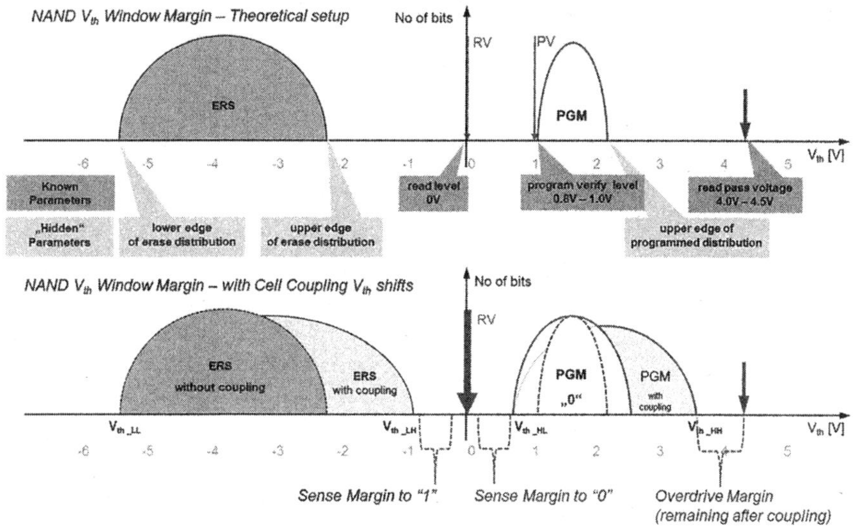

그림 2.77_ NAND V_{th} 윈도우 마진 - 플로팅 게이트 커플링에 의한 V_{th} shift 유무에 따른 특성

과 odd 페이지와 even 페이지는 다른 커플링 값이 도출되었다. 이때 계산은 FG와 FG의 간섭현상이 가장 큰 최악의 케이스에 대해 진행하여 두 가지 값을 도출하였다.

$$C_{WorstCase_{default}PagePGM\_odd} = C_X + 2 * C_Y + 2 * C_{xy}$$

$$C_{WorstCase_{default}PagePGM\_even} = C_X + 2 * C_{xy}$$

프로그램 순서상 두 번째에 위치한 짝수 페이지는 커플링에 대한 영향을 홀수 페이지에 비해 적게 받는다. 고정되어 있는 프로그램 순서에 의해 대략적으로 75%의 FG 간 커플링이 감소하게 된다. 프로그램 순서는 제품 사양에 기술될 수 있으며, 셀 간 간섭현상에 큰 영향을 미친다.

NAND 셀 간 간섭현상을 분석하기 위해서는 간섭현상의 커플링 강도에 따라 타겟 셀의 V_{th}에 영향을 미치는 아래에 요약된 변수들을 고려하여야 한다. 그리고, 그림 2.77에 나타낸 것처럼 V_{th} 변동에 따른 V_{th} 윈도우 마진 분석을 통해 필요 시 보상해 주어야 한다.

- 노드 별로 주어지는 공정 변수 C_x, C_y, C_{xy}로 유도된 FG 간 커플링 요소들
- 마지막 셀 프로그램 시퀀스 동안에서의 최대 문턱 V_{th}-shift 허용치
  - Erase된 분포의 낮은 쪽 모서리에 위치하는 셀은 프로그램된 분포의 위쪽 모서리로 프로그램이 된다.

$$V_{th\_WorstCase_{default}PagePGM\_Shift} = V_{th\_HH} - V_{th\_LL}$$

• 프로그램 순서에 대한 정의: 셀이 마지막으로 프로그램되고 나서, 이때는 주변 셀들에 대해서는 무작위로 데이터를 프로그램하는 것을 허용한다.
  – 순차 페이지 프로그램과 같이 미리 결정된 프로그램 순서로 프로그램하는 방식;

셀과 공정이 미세화되면서 FG의 커플링 계수는 증가하고 있으나, 위 기술된 두 가지 다른 변수들을 감소시켜 유효 커플링을 줄이면 허용할 수 있는 수준이다.

최대 V_{th}–shift 허용치를 줄이는 것은 신뢰성 마진을 위해 큰 윈도우를 확보해야 하기 때문에 쉬운 문제가 아니며, 이러한 현상은 멀티–레벨 셀 제품에서는 더욱 심화된다. 프로그램 알고리즘 개선을 통해 최대 V_{th}–shift를 10배 이상 감소시킬 수 있으며, 다음 절인 2.6.4 절에서 기술한다.

다른 중요한 변수는 플래시 알고리즘 변수들에 큰 영향을 미치는 erase 분포 위치와 폭이다. 이 부분은 잘 알려져 있지 않으며 erase를 기술하는 장에서 자세한 내용을 기술한다.

> FG 간 커플링은 플로팅 게이트 셀 NAND 어레이 구조의 큰 단점으로 평가되기도 하며, 지속적인 공정 미세화를 위한 해결책으로도 평가된다. 플로팅 게이트의 강한 커플링은 플래시 메모리의 강점이 되고 있다. 이는 타겟 셀 주변부에 존재하는 8개의 셀에 따라 타겟 셀의 V_{th}의 위치가 50% 이상 결정되기 때문이다. CMOS의 미세화에 따라 FG에 저장할 수 있는 전자의 개수가 감소하면서 알고리즘 기술에 의해 이 문제가 다시 대두되었다. 9개 셀 내에서 발생된 전자들의 손실은 예측 가능하다. 셀 간 강한 커플링은 오류 검출 및 오류 교정 기술을 개선시켰다. 이와 같은 오류 관련 기술들로 인해 언제나 정확한 데이터를 복구할 수 있기 때문이다.

셀 간 강한 커플링에 의한 부작용과 별도로 다음 장에 기술된 알고리즘 개발을 위해서는 셀 간 커플링 효과의 수학적인 분석이 반드시 포함되어야 한다.

2.6.4 프로그램 알고리즘 파트 II: 셀 간 간섭현상의 구체화

셀 간 간섭현상을 줄이기 위해서는 제품 규격에 몇 가지 유의사항이 기재되어야 한다. 논리 페이지는 오직 한 번만 프로그램되어야 한다. 더욱 좋은 방식은 사용자 패턴에 따라 프로그램 셀들과 erase된 셀들의 숫자가 자동으로 균형을 맞추는 것이다. 칩상에 설계된 randomizer는 최악의 상황의 데이터 패턴이 나타나는 것을 확률적으로 줄일 수 있다[72].

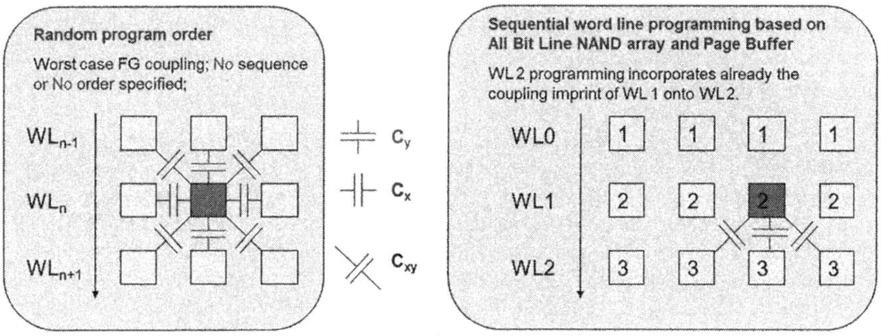

그림 2.78_ NAND 셀 커플링 – 평면도와 순차 워드 라인 프로그램 순서

두 번째 변수는 플래시 메모리 설계에 존재하는 페이지 버퍼를 이용한 프로그램 알고리즘이다. NAND 플래시에 존재하는 홀수 그리고 짝수 페이지의 순서로 프로그래밍하는 것은 그림 2.76에 나타낸 것과 같이 FG의 커플링을 감소시킬 수 있고, 세 가지 커플링 커패시터의 영향을 없앨 수 있다($1*C_y+2*C_{xy}$).

All 비트 라인 NAND 어레이와 페이지 버퍼 구조는 워드 라인에 물리적으로 같이 물려 있는 모든 셀들을 같이 프로그램할 수 있으며, 셀 간 간섭현상을 크게 줄일 수 있다. 그림 2.78에 결과를 나타내었는데, 이제 5개의 커플링이 없어졌다($2*C_x+1*C_y+2*C_{xy}$).

그림 2.78의 오른편에 짙은 색으로 표기된 셀에는 오직 1개의 F2F 커플링과 2개의 대각선 방향의 커플링(F2F 커플링의 약 10% 미만 수준)만 존재한다. 프로그램 순서와 워드 라인 액세스를 한꺼번에 하는 방식으로 커플링 효과를 약 25% 수준으로 감소시킬 수 있다. 병렬로 처리하여 read와 프로그램 데이터 throughput을 동시에 증가시킬 수 있는 워드 라인 액세스를 구현하기 위해 NAND 어레이가 채용하는 것을 선호한다.

다음으로 중요한 변수는 마지막 프로그램 과정에서 발생하는 허용 가능한 최대 V_{th} 변이폭이다.

프로그래밍 동안 셀의 V_{th} 변동폭을 줄일 수 있는 방법은 두 가지가 있다. 처음으로 erase된 셀의 분포 폭을 감소시키는 것이다. 예를 들어 4.0V의 폭에서 2.0V로 줄이는 것은 최대 V_{th} 변화폭을 2.0V 감소시키는 것을 의미한다. 남아 있는 프로그램 shift는 여전히 약 6.0V 범위로 이동한다.

FG 간 커플링의 감소는 imprint 프로그램 방식을 적용하여 얻어질 수 있다. 먼저,

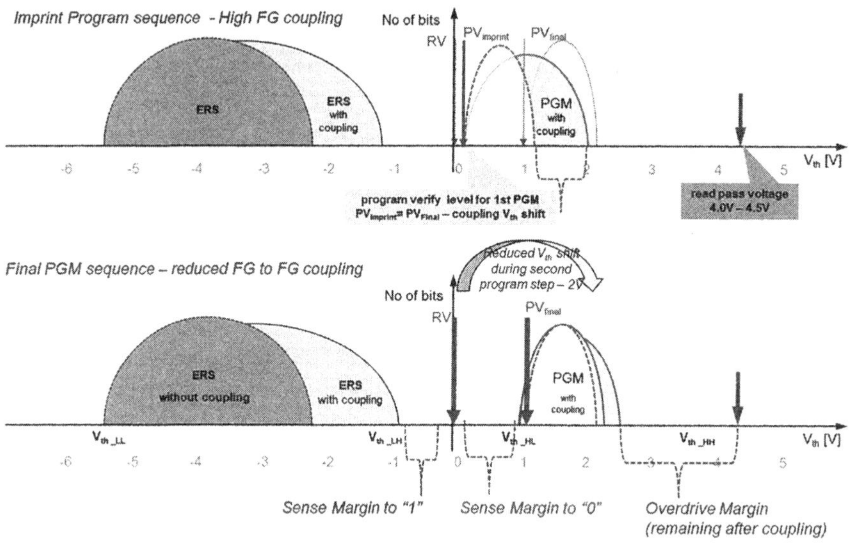

그림 2.79_ NAND V_{th} 윈도우 마진 – 감소된 FG 커플링으로 수행한 2상 imprint 프로그래밍

advanced page buffer 캐시 안에 존재하는 최소 2개의 물리적인 워드 라인에 논리 데이터를 저장한다. 이렇게 저장된 데이터를 이용하여 첫 번째 워드 라인과 두 번째 워드 라인을 순서대로 $PV_{imprint}$ 레벨로 프로그램한다. 이런 일련의 과정을 통해 결국 첫 번째 워드 라인은 PV_{final} 전압으로 프로그램이 된다. 일련의 과정은 블록에 모든 데이터를 모두 write할 때까지 반복된다. 그림 2.79는 SLC NAND의 V_{th} 윈도우 마진 분석을 위한 두 가지 시퀀스 프로그램의 원리를 보여준다. 그림 2.77에 비해 read 오버드라이브 마진이 크게 증가한 것을 볼 수 있다.

이웃한 워드 라인에서 최종 프로그램하는 동안 발생되는 최대 V_{th} shift는 all 비트 라인 NAND 어레이 내에서 2.0V 이내로 줄어들게 된다. 그림 2.77에 나타내었던 직접적인 주변 셀들의 V_{th} shift가 8.0V로 크게 나타난 것에 비해 그림 2.79를 보면 한 개의 이웃한 셀만 2.0V 이내로 V_{th} shift가 일어나 FG 커플링 효과가 크게 감소하게 된다.

2.6.5 플래시 erase 알고리즘의 원리

플래시 메모리에서 블록 erase는 완전한 erase 블록(예를 들어 4,095,000의 셀을 갖는 NAND erase 블록)의 모든 셀들의 이동을 의미한다. 한 번 혹은 한 번 이상의 erase 펄스를 인가하여 erase된 V_{th} 상태로 이동시키는 것이다. 이와 같은 간단한 pulse erase 오퍼레이션이 플래시(빛처럼 빠름)와 유사하여 이런 소자들을 '플래시' 메모리라 부른다. erase 셀의 분포는 erase 알고리즘의 결과이며, 특정 프로그램 오퍼레이션을 규정하기 위한 시작점으로 쓰인다. 메모리 어레이 구조(NAND, DINOR, VG-NOR)는 각기 다른 기생 효과(주변 셀의 전류, 셀 간섭효과)를 가지고 있다. 그리고 이런 기생효과는 erase 오퍼레이션의 최종 값에 영향을 주게 된다.

Erase 셀의 위치와 폭으로 규정되는 erase 셀의 분포는 아래의 변수들에 큰 영향을 받는다.

- 프로그램 속도
- 프로그램 실패
- read의 정확성
- 장기간 동안 데이터를 저장할 수 있는 보존 마진

그러므로 erase 알고리즘은 NAND와 NOR 플래시 모두에 적용되어야 한다. 그리고 erase 분포가 클 때에 대한 영향성과 대책에 대해서 다음 절에서 논의한다.

2.6.5.1 NOR 플래시 메모리의 erase 알고리즘

NOR 플래시 어레이는 비트 라인 방향의 모든 셀들이 하나의 비트 라인(NOR) 혹은 두 개의 비트 라인(VG-NOR)에 직접적으로 연결되어 있다. 센싱 오퍼레이션은 오직 선택된 셀만 센싱 전류에 포함되도록 설계되어 있다. 큰 NOR 어레이에서 erase된 셀들이 확률적으로 분포하며 모든 erase된 셀은 병렬로 연결되어 있어 누설 전류를 발생시키게 된다. 이 누설 전류는 타겟 셀의 센스 정확도를 감소시키는 요인이 된다. 누설전류는 WL이 선택되지 않는 셀에서도 증가하게 된다. 그러므로 NOR 어레이에서 금지된 셀 상태는 오버 erase된 셀 상태를 갖게 된다.

그림 2.80은 타겟 erase 폭에서 벗어난 두 개의 오버 erase된 셀을 보여주며, 오버 erase된 셀들의 V_{th}가 작으면 작을수록 이 셀들에서 발생되는 누설전류는 증가하는 양상을 보인다.

다음의 가정된 상황을 통해 문제를 가시화할 수 있다. erase verify 오퍼레이션에서는 반드시 V_{th_LH} 아래에 분포한 모든 셀들을 감지하여야 한다. 그림 2.80에 나타낸 것처럼 NOR 플래시의 경우 erase 오퍼레이션 중에 몇몇 셀들은 매우 오버 erase되게 된다. 이 셀들의 V_{th}는 V_{th_LL}보다 크게 낮은 위치에 분포하게 된다. erase 오퍼레이션에서 이와 같은 오버

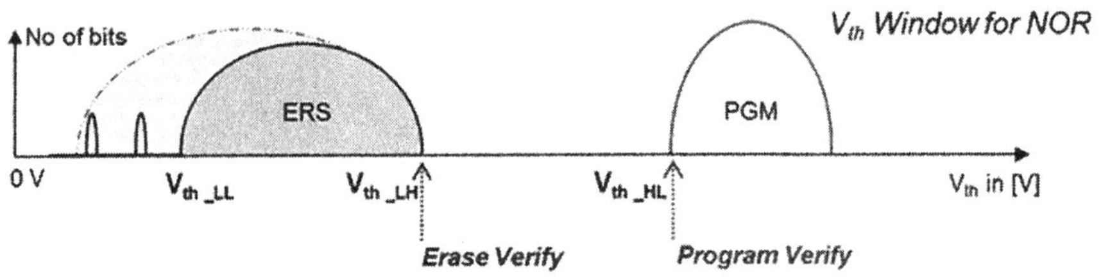

그림 2.80_ NOR 플래시 V_{th} 분포 내에 위치한 over erase된 셀(비트)

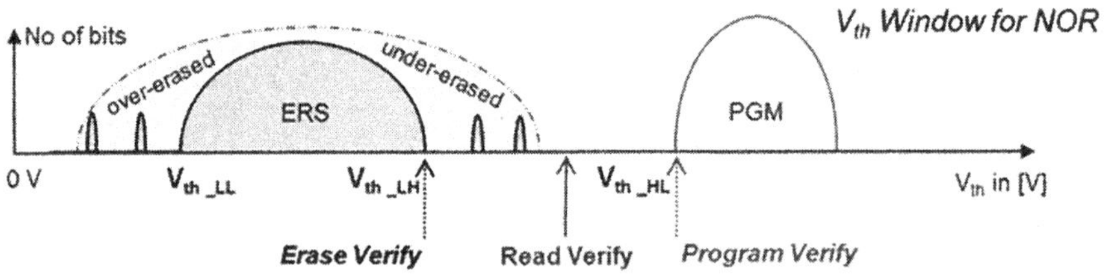

그림 2.81_ NOR 플래시 V_{th} 분포 내에 위치한 over erase 되거나 under erase 된 셀(비트)

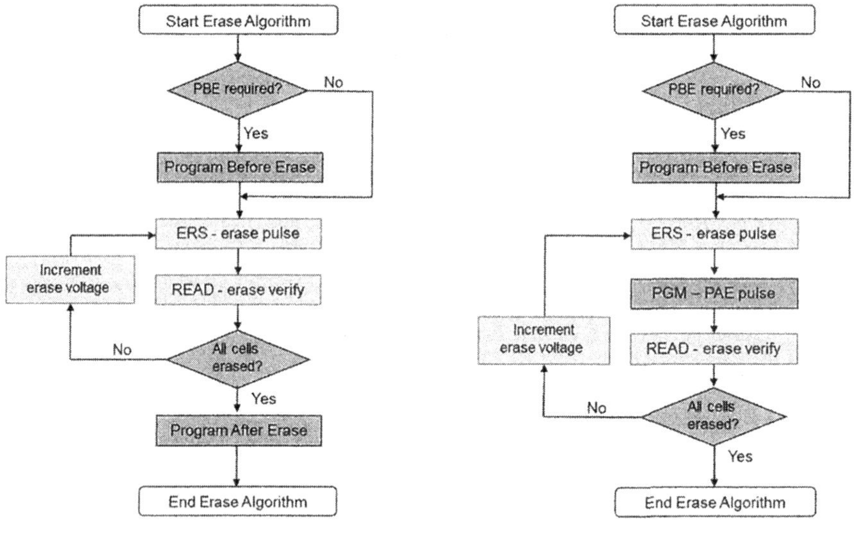

그림 2.82_ NOR erase 알고리즘 – 최종 PAE(좌측) 및 중간 PAE(우측) 사용한 경우

erase된 셀들에 의해 발생하는 누설 전류가 타겟 워드 라인에 속한 셀들의 센싱 전류에 추가 됨으로써, V_{th_LH}보다 큰 V_{th}를 갖는 셀들을 erase로 잘못 판단한다. 그림 2.81은 이와 같은 현상을 보여주고 있으며 erase 분포가 양쪽으로 커진 것을 볼 수 있다.

Erase verify 오퍼레이션 자체로는 이와 같은 현상을 확인할 수 없으며, 결과적으로 오퍼레이션 중 많은 프로그램 오류와 비트 오류현상이 발생한다. Erase 알고리즘은 과도하게 삭제된 셀들을 반드시 고려해 설계해야 한다. 이는 오버 erase된 셀들이 다시 erase 셀의 정규 분포나 그 위에 존재할 때만 확인되기 때문이다. 이런 문제점을 해결하기 위한 하나의 알고리즘은 erase 실행을 위해 인가되는 erase 펄스 직후에 중간 프로그램을 실행시키는 것으로 중간 PAE(Progam After Erase)라고 한다(그림 2.82 참조).

이러한 이유로 NOR 플래시 메모리에 한정된 erase 알고리즘은 모든 셀들에 대한 프로그램 펄스들, 모든 셀들에 대한 erase 펄스들, 모든 혹은 선택된 워드 라인에 인가되는 프로그램 After Erase 펄스들의 조합으로 이루어진다. 이와 같이 조합된 알고리즘은 오버 erase된 셀들을 정규화된 erase 분포 폭 안에 위치하도록 하는 것이 목표이다.

- PBE(Program Before Erase)
  - 중간 전압보다 좀 더 높은 전압으로 프로그램해서 V_{th} 전압을 V_{th_HL}에 가깝게 만들어 이미 프로그램된 셀들의 V_{th}는 이동하지 않으며, erase된 셀들의 V_{th}는 erase verify 전압 이상으로 전이하게 된다. 이와 같은 오퍼레이션은 신뢰성을 크게 증가시킬 수 있다. PBE가 없다면 일정 시간 이상 논리 데이터로 프로그램되지 않은 셀들은 항상 erase 펄스를 받게 되며, 이로 인해 V_{th} 전이가 심화되어 오버 erase된 셀을 발생시키게 된다.

- PAE(Progam After Erase)
  - 마지막 erase 펄스 이후 erase 오퍼레이션은 끝날 수 있다. 모든 오버 erase된 셀들과 불규칙한 특성에 의해 V_{th}가 너무 크게 전이된 셀들에 의해 센싱이 실패하게 되고 이로 인해 비트 라인의 데이터들에게 영향을 줄 수 있다. 그러므로 PAE는 verify 유무와 상관없이 블록 단위나 워드 라인 단위로 실행시켜야 한다.

두 가지 알고리즘에 대한 옵션을 그림 2.82에서 보여준다.

Erase 오퍼레이션은 Erase Before 프로그램과 erase 그리고 erase after 프로그램의 조합으로 이루어지고 이들 중 어떤 것을 실행할지는 적용된 알고리즘에 따라 다르다. 실행시간은 프로그램된 논리 데이터, 온도 및 erase 블록의 스트레스 레벨(내구성)에 따라 다르다. 그러므로 제품의 규격에는 오직 전형적인 수치가 사용되고 있고, 이 규격은 시간이 지남에 따라 변화의 여지가 있다.

NOR 플래시의 작은 블록 크기의 erase 오퍼레이션은 큰 NAND 블록의 빠른 erase 시간에 비해 더 많은 시간이 필요하다. 긴 erase 시간은 특히 데이터 저장 애플리케이션에서의 메모리 서브 시스템을 위한 NOR 어레이의 구조의 단점 중 하나이다.

2.6.5.2 NAND 플래시 메모리의 erase 알고리즘

NAND 어레이는 간단한 erase 전략을 제공하고 있다. NAND erase 블록에 속해 있는 NAND 스트링에 연결된 모든 셀들은 select 게이트에 의해 분리된다. 어레이 구조는 오버 erase된 셀들의 누설 전류 경로를 차단한다. erase 알고리즘은 erase verify 레벨 아래로 모든 셀의 V_{th}를 이동시키기 위한 incremental step pulse ladder 방식이다.

위에 기술된 간단한 erase 방식을 통해 1~2ms의 erase 시간이 제품 규격에 명시될 수 있다. 이는 전형적인 수치를 제시한 것이며, 데이터 히스토리나 환경 조건에 따라 변할 수 있다. Erase 분포 폭은 프로그램 오퍼레이션 중 최대 허용되는 V_{th} 전이량에 집적적인 영향을 미친다. 큰 erase 분포 폭은 더 큰 셀의 초기 프로그램 shift를 필요로 하게 되고 이는 V_{th_LL}에 가깝게 위치한다. 초기 erase 분포인 2V에서 약 4V로 키우기 위해서는 2V의 초기 프로그램 shift를 추가하여야 한다. FG 커플링은 주변 셀들에 영향을 주며 이로 인해 발생된 erase 분포 폭의 문제점이 이슈가 되고 있다.

Erase된 셀의 커플링 전이는 어떤 알고리즘으로도 보상이 불가능하다. 이유는 erase된 셀들은 반드시 erase verify 레벨 밑에 존재해야 하기 때문이다. erase 분포 폭은 공정 노드가 미세화 되면서 증가된 커플링 shift만큼 정확히 작아져야 하기 때문에 이 문제는 반도체가 미세화되면서 주요 이슈로 대두되게 되었다.

그림 2.83은 erase 분포가 커지면서 NAND V_{th} 윈도우 마진에 영향을 주는 것을 나타내고 있다. NAND erase 오퍼레이션과 erase 분포 폭과 연관된 성능과 마진을 최적화하기 위해서는 다음과 같은 결론이 도출되어야 한다. Erase 분포가 유지되는 시간이 작으면 작을수록 V_{th_LH}는 덜 네거티브한 값이 된다. 여기에서 게이트 전압이 0V를 갖고 −2.0V에서 −1.0V의 V_{th}를 갖는 erase된 셀들을 verify할 수 있는 센스 컨셉을 구현해야 하는 어려움이 있다.

- 공정 기술의 intrinsic variation에 의해 결정되는 초기 분포 폭은 ICD(Intrinsic Cell Distribution)라고 정의되며, 가능한 작아야 한다. ICD 폭을 바탕으로 확보 가능한 erase 성능이 정해지며, 거의 모든 신뢰성 변수에 영향을 미친다. 이는 신뢰성에 관련된 장에

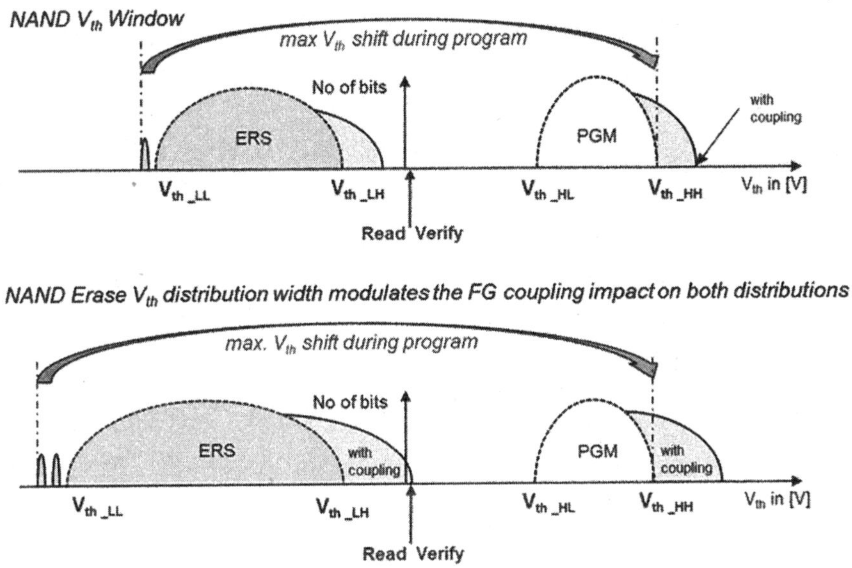

그림 2.83_ NAND V_{th} 윈도우–erase 분포 폭은 최대 V_{th} shift 및 FG 커플링에 영향을 미친다.

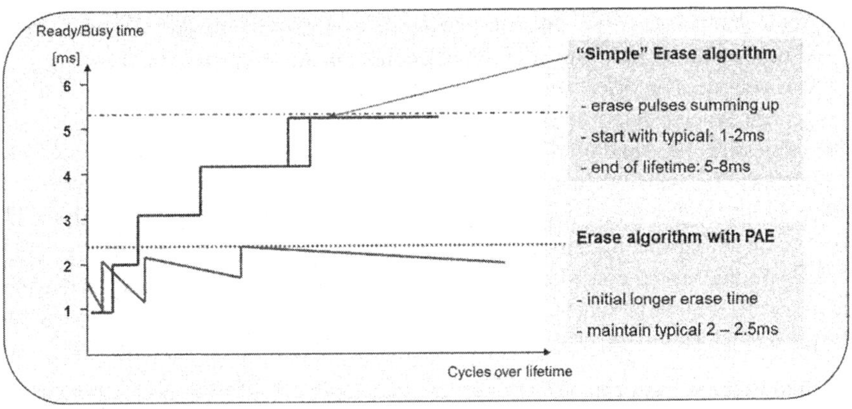

그림 2.84_ NAND erase 알고리즘 결과–PAE 포함 및 미 포함한 경우

서 다시 언급하도록 한다.

- 특히 PAE를 사용하는 erase 알고리즘은 목표로 하는 erase 분포 폭을 줄일 수 있고, 프로그램 분포 폭에 영향을 주는 FG 커플링을 개선할 수 있다.

그러나 erase 분포 폭 자체에 영향을 주는 FG 커플링 효과는 PAE로 절대 줄일 수 없다. 이는 PAE 자체가 erase 분포에 cross 커플링을 발생시키기 때문이다.

Erase 분포 폭에 대한 영향과 이에 대한 대책에 대해 깊은 이해를 하지 않고 NAND 제품 변수 규격을 평가한다면 특정 시스템 애플리케이션의 요구사항을 만족시키기 어렵다.

두 가지 다른 제조사에서 만든 NAND 플래시를 애플리케이션 예를 들어 비교해 보자. 하나의 제품은 보편적인 erase 시간이 1.5ms이고 다른 제품은 2.5ms이다. 두 플래시 제품의 erase 시간이 제품의 수명이 다할 때까지 어떻게 변하는지 그림 2.84에 비교하였다. 그리고 이 결과를 통해 좀 나은 NAND 제품의 보정이 가능하다.

Erase 오퍼레이션은 제품 사양 및 알고리즘의 성격과 센싱 능력의 연관성을 알 수 있는 가장 좋은 예이다. Erase 알고리즘과 프로그램 성능과의 관련성을 감추어진 영역까지 이해하여야만 정확한 결론을 낼 수 있다. 초기의 뛰어난 erase 성능은 그 제품의 사용기간에 전체에 걸친 시스템 성능을 개선시키지는 않는 것이다.

2.6.6 알고리즘 요약: 플래시 메모리의 확률적인 특성

모든 집적회로는 확률적인 특성을 가지고 있다. CMOS 로직과 휘발성 메모리, 비휘발성 메모리의 차이는 집적도, 정확도, 제품 수명까지의 요구사항 그리고 오퍼레이션 중 진행되는 열화 현상의 최악의 상황에서의 조합이다. 55℃에서의 비휘발성 메모리의 write 오퍼레이션은 정확성과 프로그램된 셀의 분포 폭 및 erase된 셀의 분포 폭 마진을 모두 만족해야 한다. 이를 통해 10년 뒤 −10℃에서 이웃한 셀이 몇 년 동안 지속적으로 스트레스 받았던 최악의 상황인 경우에도 데이터를 읽을 수 있어야 한다.

비휘발성 메모리는 리소그래피 공정기술을 선도하고 있다. 정확한 WL과 BL 사이 폭은 리소그래피 툴과 공정에 의해 반드시 보장되어야 한다. WL과 BL 사이 폭의 편차는 라인의 저항과 capacitive 커플링을 통해 집적적으로 셀의 프로그램 특성에 영향을 미친다. 더 작은 노드의 공정에서는 보다 높은 편차를 보이지만 제품은 기존에 존재하는 규격을 기준으로 비교된다.

비휘발성 메모리의 각각의 알고리즘 오퍼레이션 중 고려되어야 하는 주요한 내용들을 아래에 요약하였다. 이 요약을 통해 플래시 메모리들의 차이점과 요구사항들을 명확하게 이해할 수 있다.

- 공정에 따라 발생되는 **확률적인 변화** 폭은 ICD 폭으로 측정 가능하다. 각 셀의 초기 V_{th}

값은 모든 오퍼레이션과 신뢰성을 고려하는 데 있어 시작점이 된다.

- 초기 특성은 안정적이거나 특정 셀 개념에서는 불규칙한 특성을 보일 수 있다.
- 이 초기 특성은 'initial technology imprint'라고 이 책에서는 규정한다. Initial technology imprint는 특정 셀 개념을 위해 수정될 수 있으며, 이를 통해 특정한 알고리즘의 도움으로 셀 수명을 증가시킬 수 있다.

• 프로그램과 erase 오퍼레이션에 의한 **물리적 스트레스**(특히 터널링과 같은 물리현상)는 하단 산화물의 특성을 열화시킬 수 있다. 추가적인 트랩들이 만들어질 것이고 전하들은 하단 산화물에 trap될 것이고 시간이 지나면 de-trap될 것이다. V_{th}는 셀 구조에 따라 증가 혹은 감소의 양방향으로 변화가 가능하며, 이는 잘 알려진 현상이다.

• 반복적인 read 혹은 write 오퍼레이션에 대해 셀당 **오퍼레이션의 히스토리는** (트랩 밀도 등에 연관되어)프로그램이나 erase 오퍼레이션 동안에 실질적으로 확보 가능한 V_{th} shift에 영향을 준다. 모든 셀이 항상 선형적으로 프로그램할 수 있는 구간에 존재하지 않기 때문에 알고리즘 시작 전에 비 선형 프로그램 구간에 있는 셀들에 대한 고려를 반드시 하여야 한다. 셀들의 V_{th}는 프로그램 전압인 Vpp 스텝을 증가시키면 선형적으로 증가 시킬 수 있다.

• **주변 셀**들에 저장된 데이터들은 실질적으로 확보 가능한 V_{th}에 영향을 준다. 그렇기 때문에 V_{th} 윈도우 마진 분석은 셀, 워드 라인, 비트 라인 간 간섭현상의 확률적인 영향을 포함해야 한다.

• Read와 verify 오퍼레이션은 전압 정확도에 대해 **절대 정확도**를 요구한다.
  - 프로그램과 erase 오퍼레이션의 정확도는 상대 전압 혹은 차동 전압의 정확도로 규정될 수 있다. 반복성과 스테핑을 고려하고 있기 때문에 절대적인 값은 중요하지 않다. Read와 verify 오퍼레이션 사이의 부정확성은 절대적인 값에 대해 책임이 있다.

• 반복적인 사용으로 인한 비휘발성을 갖는 소자 자체의 **특성의 변화**(I/V-커브)
  - 반복적인 사용으로 각 셀(트랜지스터)의 기울기가 변하기 때문에 빠르고 낮은 전류로 센싱할 수 있는 기술이 필요하다. 이를 통해 제품의 오퍼레이팅 포인트를 제품의 수명 기간 동안 적게 만들 수 있다.

위에 나열된 이슈들로 인해 이론적인 목표를 갖는 플래시 메모리 설계의 필요성이 절실해지고 있다. 이를 기술하자면 다음과 같다. "모든 셀들은 제품의 수명 기간 동안 각각의 오퍼레이션에 따른 스트레스 레벨이 같아야 한다." 위 조건을 만족시키기 위해서는 각 셀마다 또한 매 순간마다 지정된 V_{th} 윈도우가 필요하다.

하지만, 실제로는 모든 메모리 제품들이 셀, 블록별로 다른 스트레스 레벨을 가지게 되고 전체 시스템을 최적화하기 위해서는 이러한 실제 상황을 반영해야 한다. 셀들과 블록 간의 확보 가능 한 내구성의 차이는 10~100배 정도이며, 적절한 대응책이 시스템이나 알고리즘 레벨에서 적용되지 않는다면 사용 기간이 길어질수록 이러한 차이는 더 커지게 된다. 시스템을 설계하는 측면에서 중요한 것은 어떻게 모든 플래시 블록들을 효율적으로 구분하고 진단하게 만들 것 인지와 그들의 동작을 모니터링할 기준을 만드는 것이다.

비휘발성 셀들의 확률적인 평가에 기반을 두고 아래 사항들을 기술할 수 있다.

- 비휘발성 메모리들의 신뢰성 있는 오퍼레이션을 설계하기 위해서는 확률적인 특성에 대한 고려가 필요하다.
- 프로그램과 erase 타이밍 변수는 일반적인 조건에서 무작위 데이터를 이용하여 측정한다(여기서 일반적인 조건이란 1일~수주 정도의 기간을 가지고 동일한 온도 조건에서 프로그램, erase 그리고 read 오퍼레이션을 수행하는 것을 의미한다).

플래시 윈도우 마진 분석의 원리는 플래시 제품의 주요 사양에 대해 결정하는 과정을 주요 내용으로 하고 있다. 프로그램과 erase 알고리즘의 복잡성은 많은 부작용으로 이어질 수 있다. 이런 이유로 주요 사양에 대한 결정 이후 혹은 다른 제품 사양이나 다른 메모리 구조를 결정하는 과정에서 기본적인 메모리 특성에 대한 분석이 강하게 권장된다. 검증을 위한 테스트 실행 횟수는 선택된 메모리가 응용 분야에 필요한 특정 필요조건을 모두 만족한다는 근거로 채택될 수 있을 정도의 횟수로 정해진다. 플래시 메모리의 특성 평가를 위한 계획은 다음과 같다.

- 메모리 마진 그리고 보존 특성
  - read 그리고 write 마진 분석
  - 메모리 어레이 내의 x-y 위치에 따른 의존성(이질)
  - 이전에 실행된 명령에 따른 의존성(이력)
  - 이전 메모리 셀의 내용에 따른 의존성(이력)
  - 모든 인접한 메모리 셀의 내용에 대한 의존성(간섭)
  - 외란의 유무에 따른 메모리 어레이에 저장된 데이터의 데이터 보존 특성

프로그램 및 erase 분포의 폭과 안정성에 영향을 주는 요인은 문헌[14, 61]에 기재되어 있

으며, 신뢰성을 다룬 장에서 더 자세히 설명하기로 한다.

특히 전하 트랩 셀들의 경우 V_{th} 분포가 시간이 지남에 따라 이동하는 현상은 잘 알려져 있으며 read 레벨은 이에 따라 맞게 변경되어야 한다. 이를 위해서는 제품의 수명 기간 전반에 걸쳐 유동적으로 마진 계산이 필요하다. Read 알고리즘의 혁신에 대한 것은 해당 절에서 설명한다.

2.7 셀당 멀티 비트 영역: 플래시 메모리 개념

이번에는 메모리와 메모리 시스템 최적화의 경제적 원리를 다룬다. 주요한 개발 목표는 비트당 비용을 줄이는 것이다. CMOS shrink 로드맵은 지속적인 공정 개발을 통한 셀 크기의 감소를 실현하여 큰 메모리 집적도를 실현하는 것이다. 이를 위해 매 새로운 공정 노드를 개발하기 위해서는 리소그래피 기술의 획기적인 발전이 필요하다. 플래시 메모리는 셀당 한 비트 이상을 저장할 수 있다. 다음 절에서는 비휘발성 메모리에서 비트 집적도를 향상시킬 수 있는 개념들에 대해 소개하고자 한다.

첫 번째 접근 방식은 셀당 멀티 비트를 갖는 개념이다.

- 멀티 레벨 셀 메모리 개념은 플래시 메모리의 확보 가능한 총 V_{th} 윈도우 공간에서 프로그램된 분포 폭의 수를 증가시키는 것이다. 1비트는 2개의 분포로 실현 가능하며 1.5비트는 3개의 분포, 2비트는 4개의 분포, 3비트는 8개의 분포, 마지막으로 4비트는 16개의 분포로 구현 가능하다.
- 멀티 비트 셀 메모리 개념은 멀티 비트를 셀 내의 각기 다른 물리적인 위치에 저장하는 것이다. 개념의 평가는 셀당 멀티 비트의 개념이 주요 애플리케이션에 적용 가능하도록 특정한 변수를 변경하는 것에 초점을 맞춰 진행한다.

두 번째 접근 방식은 삼차원 방식이다(3차원 메모리 셀과 어레이 구조).

- 원칙적으로는 멀티 레벨 셀 오퍼레이션뿐만 아니고 싱글 레벨 셀 오퍼레이션도 실제 3D 비휘발성 메모리의 비트 집적도를 증가시키기 위해 적용될 수 있다.
- 크로스 포인트 어레이는 뛰어난 3D 능력을 제공한다.

대량 제품 생산에 있어 시스템 최적화를 위한 주요 성능 지표를 도출하는 여러 개념들에 대해 주된 어려운 점들을 기술하겠다.

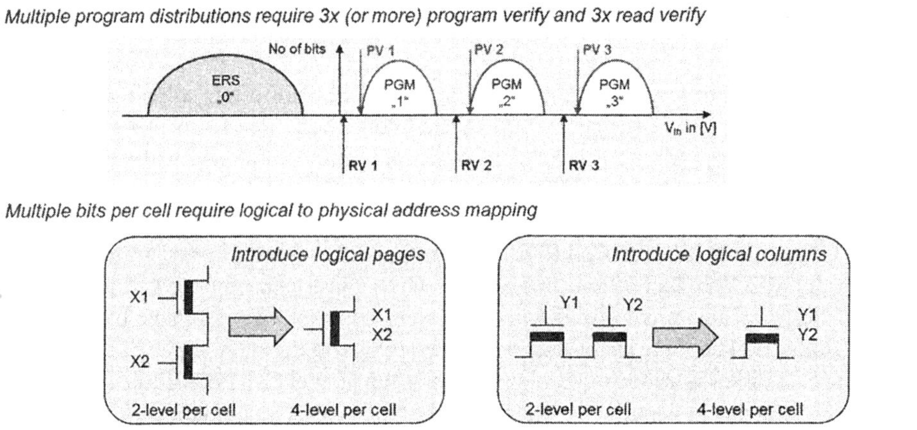

그림 2.85_ 멀티-레벨 셀[MLC]의 원리들- 논리 페이지 혹은 칼럼을 구성하기 위한 논리 어드레스 매핑부터 물리적인 어드레스 매핑 방법

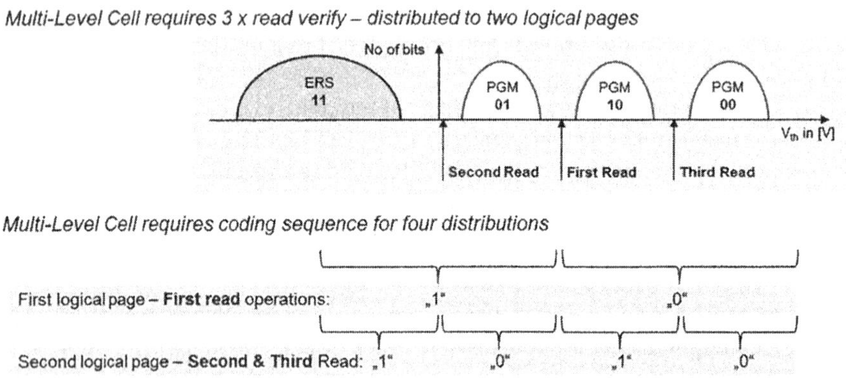

그림 2.86_ 멀티 레벨 셀[MLC]의 원리-두 개의 논리 페이지를 구성하기 위한 코딩 구조

2.7.1 멀티 레벨 셀의 원리

멀티 레벨 셀을 이용하여 셀당 비트 수를 두 배로 증가시키기 위해서는 추가적인 verify와 read 레벨이 필요하며 추가적인 비트들에 대한 논리적/물리적 주소 매핑(그림 2.85 참조)이 필요하다. 두 비트를 논리적 페이지에 매핑하는 개념은 비트들을 디코딩하기 위한 read 오퍼레이션 수를 줄일 수 있다.

멀티 페이지 MLC read는 SLC read 오퍼레이션보다는 평균 1.5배 느리지만, 멀티 칼럼 MLC read 액세스보다는 2배 빠른 오퍼레이션 속도를 보인다. 그림 2.86에 디코딩의 원리를 나타내었다. 멀티 레벨 셀 원리를 적용하기 위해서는 아주 정밀한 프로그램 순서가 필요하다. 이미 논의된 프로그램 전압의 차이에 대한 정확성은 그 중요한 변수들 중 하나이다. 또한, 센스 정확도와 센스 오퍼레이팅 포인트의 정의도 중요한 변수들이다. 한 개 혹은 그 이상의 논리 페이지 주소들에 속한 완료된 센스 오퍼레이션 관련 디코딩 결과들을 센싱 회로들은 기억하고 있어야 한다. 3개의 센스 윈도우에 대한 V_{th} 윈도우 마진 분석이 이루어져야 하고, 셀과 설계 및 공정에 대한 모든 노이즈 효과에 대한 깊고 자세한 이해가 필요하다. 안정성과 V_{th} 분포의 확장에 의해 발생하는 영향들은 해당 설계나 기술 혁신을 통해 제거되어야 한다.

2.7.2 멀티 레벨 셀 NOR 플래시

NOR 어레이 구조에서 직접 셀 액세스는 각 셀들의 V_{th}를 제어하기 위한 높은 정확성을 제공한다. 기대 셀 간 간섭 효과는 NAND 어레이에 비해 작은 특성을 갖는다. 모든 멀티 레벨 센스 개념들은 NOR 메모리 구조와 결합될 수 있다. 인텔[3]에서 최초의 상용 제품을 소개하였고 매년 정확도를 향상시키기 위해 설계 및 센싱 기술을 최적화하고 있다. 특정 멀티 레벨 셀 NOR 플래시의 필요조건들은 MLC 제품 사양을 변경함으로써 달성되었다. MLC NOR 플래시는 SLC NOR에 비해 특히 몇몇 신뢰성 변수들에 대해 큰 차이를 보여 다른 종류의 플래시 메모리가 되었다. 핸드폰 시장에서 데이터와 코드 저장에 대한 요구가 커짐에 따라 비용 감소를 위한 고용량 멀티 레벨 셀 NOR 플래시가 요구되었다. MLC NOR 플래시 설계에 있어 기술적인 난관을 정리하면 다음과 같다.

- MLC 플래시 제품들에서는 논리적, 물리적 어드레스들의 매핑이 규정되어야 한다.
  - 모든 세 가지 레벨을 프로그램하기 위해서는 다음의 두 가지 선택사항이 가능하다. 하나의 프로그램 오퍼레이션은 긴 프로그램 시간과 긴 read 액세스를 유발한다. 여러 행 혹은 여러 열 후속 프로그램 오퍼레이션을 사용한다.
  - 코드 메모리에서 언제든 데이터 비트를 오버 프로그램할 수 있는 능력은 NOR 플래시 제품 사양에서 하나의 중요한 차별점이며, 코딩 방식에 영향을 미친다. 오버 프로그램은 이미 프로그램된 논리적 페이지 또는 칼럼에서 랜덤하게 요청된 비트 프로그래밍(V_{th} shift는 한 방향으로 일어남)을 의미한다.

- 센싱 개념은 모든 3개의 read 레벨에 대해 높은 정확도를 확보해야 하며, SLC NOR에 비해 대략적으로 10배 정도 높은 정확도가 요구된다.

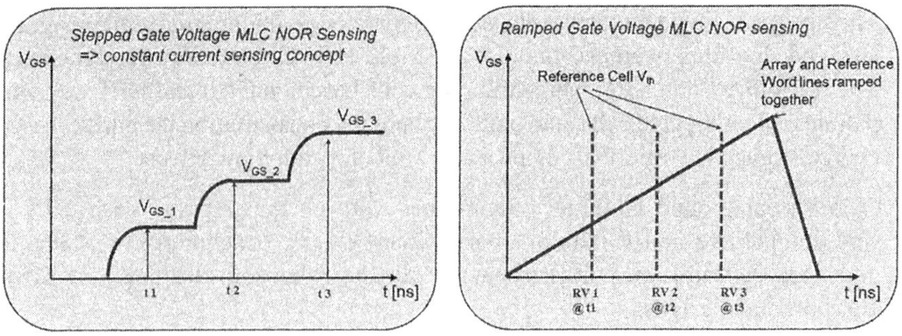

그림 2.87_ NOR MLC 센싱–단계 게이트 전압과 램프 게이트 전압의 센싱 원리

– PBE와 PAE를 이용한 NOR 플래시 erase 알고리즘은 작은 erase 분포를 보장하기 위한 두 번째로 중요한 요소이고 결과적으로 어레이에서 발생된 모든 종류의 누설 전류를 최대한 감소시킨다.

• 일정한 전압 센싱 개념은 공정 미세화(shrink roadmap)가 진행됨에 따라 정확도 조건을 언제나 만족시키는 것은 아니다. MLC 센싱을 위한 센싱 정확도를 개선하기 위해 그림 2.87에 소개되는 stepped gate voltage 전압 혹은 ramp gate voltage sensing 개념들이 소개되었다.
  – 멀티 레벨 셀 NOR 플래시 센싱 오퍼레이션은 위 개념들에 의해 긴 read 사이클 시간이 필요하며, 비동기화 read 액세스들은 2~3배 정도 늘어나게 된다.

이제 MLC NOR 플래시의 남은 과제들은 모든 프로그램 verify와 read verify 레벨과 기준 셀들의 확률 편차와 프로그램된 셀들의 가우시안 확률 분포이다. 신뢰성에 대한 효과는 작은 read 윈도우에 더해져야 한다(예, 불규칙 셀들의 특성, 드레인 장애[73]). 가장 높은 윈도우를 읽기 위한 높은 게이트 전압에 대해 읽기 방해 요소의 증가로 제한된다. 센스 레벨을 벗어나 잘못된 정보로 셀이 인식될 수 있는 확률은 집적도(1Gbit 혹은 2Gbit)가 증가되면서 심화되고 있다. 오류 정정 기술들이 같이 집적화될 수 있지만, MLC NAND 플래시에 비해서는 경쟁력이 떨어진다.

• Error tolerant NAND 메모리 제품 사양은 데이터나 코드 용도의 비휘발성 메모리 서브시스템으로 MLC NOR 플래시 대비 경쟁력을 얻기가 어려운 상황에 처해 있다.

NAND 어레이와 차세대 MLC NAND와의 직접적인 경쟁은 NOR 어레이와 추가 오퍼레이션에 필요한 로직의 감소를 통한 효율 개선을 가속화시켰다. 신규 프로그램과 read 오퍼레이션이 소개되어 가상 접지(virtual ground) NOR(혹은 NOR Virtual Ground–NVG)가 실현될 수 있도록 하였다[74]. 가상 접지 NOR는 컨택이 없는 코어 배열을 통해 고집적 플래시 오퍼레이션을 위한 더욱 경쟁력 있는 어레이 구조이다[75].

2.7.3 멀티–비트 Nitride ROM Virtual Ground NOR 플래시: 2–4 비트/셀

2.7.3.1 2비트/셀 멀티–비트 플래시 메모리들

로컬화된 비트 저장 Nitride ROM 플래시의 개념은 고밀도 가상 접지 NOR 어레이 구조의 셀에 직접 액세스와 세 개의 레벨을 프로그램하는 시간 낭비를 줄이기 위한 2비트를 저장할 수 있는 레이어를 추가하는 것으로 이루어진다.

- 가상 접지 NOR 메모리 어레이의 개념은 NOR 어레이에 필요한 컨택 개수를 크게 줄였다(메모리 어레이 장 참조).
- 한 개의 비트를 두 개의 물리적으로 분리된 위치에 저장함으로써 멀티–레벨 셀 메모리들에 비교하여 프로그램이나 read 알고리즘의 추가 비용을 크게 줄일 수 있다.
- CHE와 HHI를 기반으로 하는 전하 트랩 셀들의 신뢰성 특성은 플로팅 게이트 셀들에 비해 경쟁력을 가지고 있고, 공정을 고려하면 Nitride 기반 전하 저장 방식은 어떤 종류의 공정 결함에 대해서도 내구성을 가지고 있다.

전하 트랩 플래시 셀을 이용한 가상 접지 NOR 메모리는 큰 경쟁력을 가지고 있는 비휘발성 메모리이다(7장에 벤치마크 되어 있다). 셀과 어레이에 대한 철저한 평가를 통해 MBC NROM 제품 설계에 대한 난관들을 아래와 같이 도출할 수 있다.

- CHE 프로그램은 FG 셀들에 비해 Vpp와 V_{th} 간에 선형성과 관련성이 작다. 매 새로운 기술을 도입하는 시기에 공정 변수들과 프로그램 알고리즘 간의 긴 최적화의 시간이 필요하다. 첫 비트 프로그래밍은 두 번째 비트 프로그램 오퍼레이션에 영향을 미치게 된다.
- 큰 블록 erase 알고리즘 시간이 병목현상을 일으켜 메모리의 write throughput에 영향을 주고 있다.
- 적용형 알고리즘으로 셀의 특성을 조절하기 위해 전하 트래핑의 다른 신뢰성 특성의 복원 기술이 구현될 수 있게 하고 넓은 범위에서 응용 분야에 맞는 최적화가 가능하도록 한다.

  – 다른 셀 개념과는 대조적으로 전하 트랩 레이어는 알고리즘의 방법에 따라 변조가 가

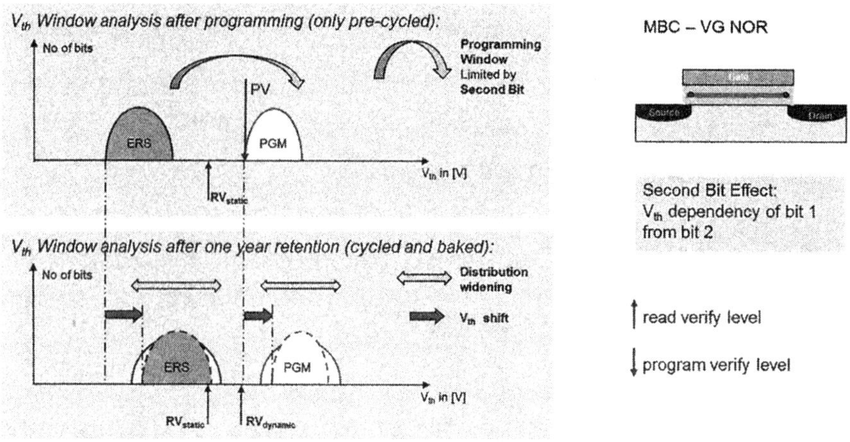

그림 2.88_ MBC nitride ROM V_{th} 동작 윈도우 분석-분포 폭 shift 및 확대

능하다. 윈도우 확대는 제어되어야 하며, 적응형 센싱 알고리즘 기술에 따라 이동해야 한다. 이 이동을 '플라잉 윈도우'라고 하며, 이동의 분포 사이에 창을 이동시킨다는 것을 설명하고 있다.

- 큰 어레이 구조에서 erase 블록이 물리적으로 분리되어 있지 않다면 선택된 블록들 안에서의 오퍼레이션들은 장애로 인해 다른 섹터에 영향을 미치게 된다. 견고성은 voltage inhibit scheme으로 얻을 수 있는데 공정이 미세화되면 제어하기가 힘들게 된다.
- 물리적으로 분리된 두 비트들은 공정이 미세화 되어도 제어 가능하여야 한다.

그림 2.88은 Nitride 기반의 멀티-비트 셀에서 프로그램되고 erase된 분포를 보여주고 있다. 두 분포 모두 프리-사이클링과 유지 시간 이후 V_{th} 축에서 위쪽 방향으로 움직인다. 분포의 움직임의 원리는 전하 트랩 플래시에 있어서 예상하지 못했던 부분이며, 전자와 전공에 따라 다른 특성을 보인다[76]. 이런 이유로 제품 수명 기간 전반에 걸쳐 보상이 필요하다.

전하 트랩 멀티-비트 셀들의 단점에 대한 설명을 하려고 여러 다른 해결책들을 생각해 볼 수 있다.

- 진보된 erase 알고리즘을 이용하여 가능하면 분포 확대를 막을 수 있다. 이 알고리즘은 read 윈도우의 위치를 찾기 위해 적응형 read 알고리즘이 필요하다[47].
- 전하 트랩핑 레이어에 대해 cycling behavior를 리셋해 less cycled cell behavior와 비슷한

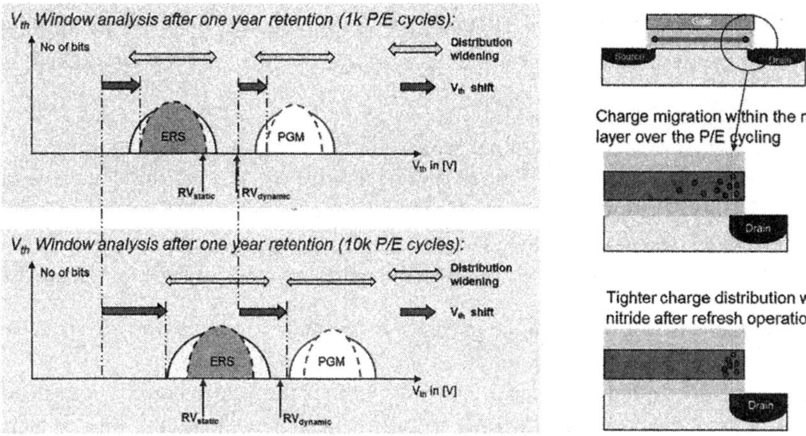

그림 2.89_ 리프레쉬와 결합한 플라잉 윈도우를 위한 V_{th} 윈도우의 특성

초기 상태로 만들기 위해 리프레쉬 중 한 방법이 소개되었다. 이 확장된 내구 방식을 통해 백만 번의 프로그램 및 erase 사이클이 가능하다[77].

그림 2.89는 각기 다른 프리 사이클링 조건에서 V_{th} 윈도우 원리와 멀티 비트 셀 비휘발성 메모리의 복잡성을 보여주고 있다. Read 오퍼레이션은 윈도우를 찾아야 하며, 윈도우의 적절성을 판단하여야 한다. 그리고, 다음 오퍼레이션인 적응형 read 알고리즘 전략에 영향을 미친다. 데이터에 오류가 없이 일정 주기(약 5~20년) 동안 항상 관리되어야 한다.

가상 접지 NOR 어레이는 물리적으로 분리된 어레이 슬라이스 안에 있는 오직 하나의 셀에 대해서만 프로그램과 verify가 가능하다. 프로그램 에너지 분석과 별개로 프로그램 throughput은 데이터 저장 애플리케이션에 따라 제한된다. 데이터 처리량을 증가시키기 위한 방식은 다음과 같다.

- 추가된 슬라이스의 증가– 추가적인 면적과 전력 소모
- 빠른 프로그램과 read 오퍼레이션–low resistive 스위치들과 low resistive local diffusion 비트 라인을 포함하는 비트 라인들
- 전력 소모 감소를 위한 지능형 논리 데이터 처리–병렬로 프로그램되어야 하는 비트들의 수를 반전시키는 방식으로 총 비트 수를 감소시킬 수 있다[78].

프로그램 성능을 증가시킬 수 있는 대책들은 다이 크기를 증가시킨다. 성능 증가는 공정 미세화(shrink roadmap)만으로는 가능하지 않기 때문이다.

셀과 어레이 개발은 전자의 이동과 channel length를 줄이는 한계라는 두 가지 문제점들을 해결하기 위해 혁신적인 방안을 강구하고 있다. Recessed 채널 구조의 spacer-type Storage node를 갖는 2-비트/셀 NOR 형태의 SONOS 플래시 메모리 셀은 FN 터널링 erase와 결합되고 있다. 이 결합을 통해 국부적인 전하 저장 특성을 갖는 전하 트랩 기반의 플래시 셀들의 대부분의 논의된 이슈들을 개선시킬 수 있다[46].

2.7.3.2 4비트/셀 멀티-비트 플래시 메모리

다이의 면적당 비트 집적도의 증가를 목적으로 한 Nitride ROM 셀 구조는 하나의 디바이스 내에서 멀티-비트 셀(MBC)과 멀티-레벨 셀(MLC)의 독특한 조합을 가능하게 한다. 그림 2.90은 전하 트랩 플래시 셀들을 기반으로 하는 4비트당 셀 개념(MBC + MLC)의 원리를 보여준다.

이 조합을 이용한 설계는 15개의 프로그램 레벨을 기반으로 하는 4비트당 셀 플래시 설계와 비교했을 때 프로그램과 Read의 V_{th} 동작 윈도우의 마진을 좀 더 많이 가져갈 수 있게 해준다. 내구성 윈도우를 확장시키기 위하여 2개의 Nitride 저장 요소들을 갖는 획기적인 셀 개념을 필요로 한다.

분포 전이와 확대는 가상 접지 NOR arrary에 기초한 셀당 4비트의 플래시 설계에 의하여 적절히 이루어져야 한다. 그림 2.91은 분포 이동의 신뢰성 문제를 지적하고 있다. 분포 전이와 확대는 이런 MBC, MLC Nitride ROM 배열 구조에서 사용 가능한 최대 사이클 수를 제한하게 된다.

Nitride ROM 셀들에 localized charge trapping 방식과 멀티 레벨 프로그래밍 방식은 비트 밀도를 증가시켜 플래시 메모리의 비용 효율을 높였다. 이 4비트/셀의 개념은 제한된 내구성(50 이하)에 있어서 좋은 신뢰성을 갖고 빠른 Read Access Cycle을 갖는다. 시스템 레벨에서 이런 장점들이 느린 프로그램 throughput과 높은 프로그램 전류를 보상해 줄 수 있다면 이 구조를 선택할 수 있다.

- 4비트/셀의 멀티 비트 셀 NVM 메모리 제품들은 믿을 만한 one time data storage solution을 위해 빠른 Read Access 시간을 제공한다. 이는 굉장히 좋은 비트당 비용을 얻게 해준다.

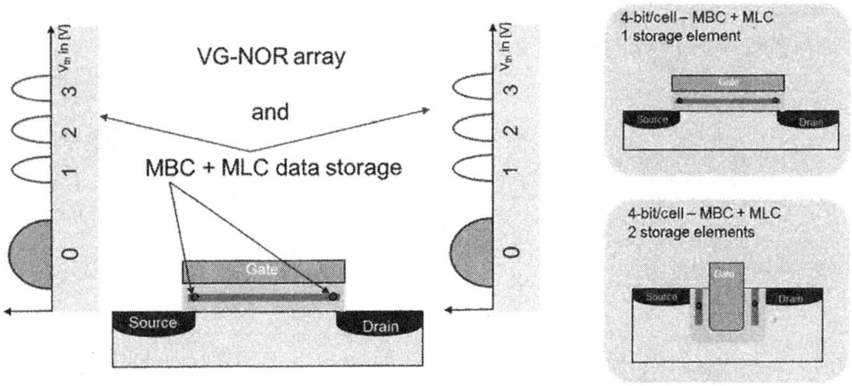

그림 2.90_ MBC 기반 셀당 4-Bit 그리고 MLC CT NROM- 평면 셀 및 recessed 채널 셀

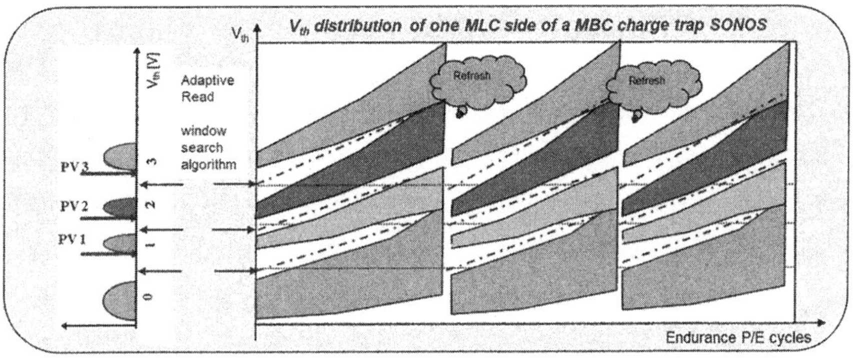

그림 2.91_ Refresh를 갖는 4비트 MBC와 MLC NROM을 위한 Flying 윈도우

2.7.4 멀티 레벨 셀 NAND 플래시: 2-4비트/셀

부동 게이트에 기초한 NAND 플래시는 경쟁력 있고 집적도 높은 어레이 구조를 제공한다. 또한, erase 블록들 사이의 물리적 간격을 둠과 함께 FN 터널링 프로그램 전압과 셀의 V_{th}가 서로 선형적 의존성을 갖는 셀을 제공한다. NAND 제품의 스펙은 페이지와 블록 오퍼레이션들이 물리적 어레이 구조와 100% 일치하고 read 동안 발생하는 비트 에러와 프로그램이 실행되고 erase 오퍼레이션 동안 발생하는 알고리즘 에러를 포함하고 있어야 한다. 이때 비트 에러는 ECC에 의해 고쳐지고 알고리즘 에러는 'bad' block이라 불리는 완전한 매핑에 의하여 고쳐진다.

시간이 오래 걸리는 프로그램(≫100μs)과 Read 오퍼레이션(≫10μs)들은 더 오래 걸리는 프

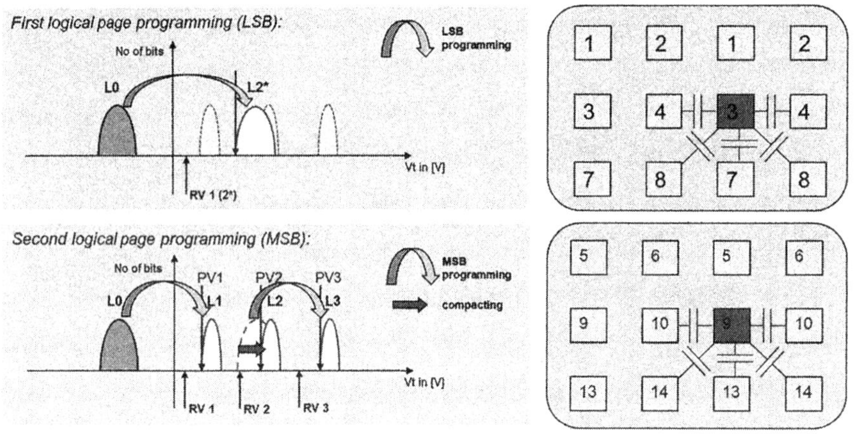

그림 2.92_ NAND의 V_{th} 윈도우 분석 - MLC LSB와 MSB 프로그램 알고리즘

로그램(>600μs)과 Read 오퍼레이션(40μs)들을 대비한다. MLC NAND는 평균 동작 시간을 줄여주는 logical page 어드레싱을 도입하였다. 긴 동작 시간은 구현 가능한 데이터 병렬 연산을 통하여 완전히 보상될 수 있고 프로그램과 Read의 높은 데이터 대역폭은 현재의 MLC NAND 플래시 제품들을 통해서 제공되고 있다. 성능 지표에 대한 장에서는 SLC와 MLC(2 비트/셀과 4 비트/셀) NAND 메모리의 프로그램 대역폭 평가에 초점을 두고 분석할 것이다.

멀티 레벨 셀 NAND의 개발은 어레이 마진 손실(FG 간 커플링과 후방 패턴 잡음, 소스 라인 잡음)을 고려해야 하고 이를 줄이려고 노력하고 있다. MLC 프로그램 알고리즘은 MLC NAND 프로그램이 어떻게 FG 셀 간 커플링을 줄이기 위한 대책을 자동적으로 포함하는지를 잘 보여준다. 이는 알고리즘 장에서 자세하게 다뤄질 것이다.

> 그림 2.92에서 L2*라 불리는 첫 번째 레벨은 첫 번째 2개의 물리적 워드 라인에 해당하는 첫 번째 4개의 논리적 페이지에서 LSB 프로그래밍 과정 동안 프로그램이 된다. 두 번째 레벨(L1)과 세 번째 레벨(L3)의 MLC 프로그래밍에 따른 V_{th} 이동의 최댓값은 괄목할 만큼 감소하였다. 두 번째 레벨인 L2는 두 번째 프로그래밍 오퍼레이션 과정 동안에 압축되어 커플링에 의한 V_{th}의 이동이 V_{th} 윈도우 마진 계산에 포함되도록 하였다.

우리는 신뢰할 만한 제품을 만들기 위한 중요한 변수들을 확인하기 위하여 MLC 혁신을 단순화하려고 한다.

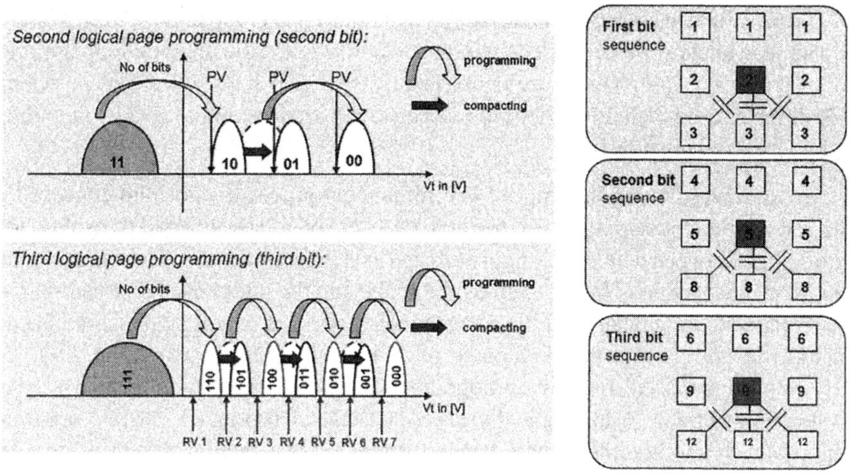

그림 2.93_ 3비트/셀 용 NAND의 V_{th} 윈도우 분석과 프로그래밍 순서

- 3.5V보다 큰 V_{th} 윈도우 범위
- 페이지 프로그램의 순서와 페이지 버퍼 개념을 정의해주고 3레벨을 병렬로 프로그래밍하고 압축하는 애플리케이션 노트가 70~45nm 공정의 플로팅 게이트 MLC NAND의 대부분의 커플링 이슈들을 해결해준다.
- 질 좋은 터널 산화막을 갖는 플로팅게이트 셀은 시간에 대해 가장 높은 V_{th} 안정성을 보장해준다.

프로그램 분포를 정확히 배치하는 데 있어서 어려움들은 다음에서 배울 것들에 대해 더욱 확고히 만들어준다.

- 규칙적인 메모리 어레이 안의 셀 간 간섭은 수학으로 풀어낼 수 있다.
- 한 개 이상의 비트를(또는 두 레벨 이상) 프로그래밍하려면 자체적으로 정확성을 보장하고 노이즈 효과에 대해 보상하는 추가적인 알고리즘 기술이 필요하다. 하지만 이는 모든 노이즈 효과들을 완전히 이해하고 수학적으로 정확히 적용할 수 있을 때 가능하다.

설계와 셀, 공정 기술들에 대해서는 더욱 자세한 내용들이 있지만 3비트는 8개의 레벨과 같고 4비트는 16개의 레벨과 같다는 기본 개념을 다시 한 번 적용할 수 있다. 15개의 레벨이 프로그래밍 가능한 MLC 플래시 메모리(70nm 공정을 사용해 처음 발표됨)를 설계함으로써 얻을 수 있는 가장 중요한 효과는 상품에 대한 특성 분석과 자격을 심사할 때 얻을 수 있는 학습효과이다.

우리는 소개된 알고리즘 원칙들을 적용하였다. 그림 2.93에서 보이는 것처럼 V_{th}의 최댓값의 변화를 조금 더 최소화하기 위하여 All 비트 라인 NAND 어레이 구조와 3 phase 프로그래밍 과정을 8개의 레벨과 혼합하는 방식이다.

V_{th} 윈도우 마진 분석은 2비트/셀과 3비트/셀 MLC NAND 플래시 설계에 있어서 점점 더 중요해지고 있다. 플로팅 게이트 MLC 플래시는 일종의 반복적 알고리즘으로 접근하는 방식을 필요로 한다. 반복적 알고리즘 접근 방식은 자동으로 모든 워드 라인을 고전압 프로그램 펄스 곱하기 3회에서 5회 정도로 프로그램하는 방식이다. Self-boosted program inhibit 방식은 2비트/셀 이상의 설계에 있어서 성공 요인으로 자리매김하고 있다.

3비트/셀과 4비트/셀 MLC NAND 설계의 발전과 사용처는 참고문헌[80-82]에 잘 설명되어 있다. XLC(Extended Level per Cell) NAND 디바이스들은 프로그램 알고리즘 수행 시간이 보다 오래 걸리며 이는 큰 페이지 크기로 보상이 된다.

- 한 페이지당 프로그램 시간은 MLC NAND에 비해 3~5배로 증가한다.
- Read latency는 적응형 read의 튜닝 옵션에 따라 증가한다.
- 신뢰도 변수들은 결과적으로 더 낮은 값들로 구체화된다. 이 낮은 값들은 아직까지 ECC와 적응형 읽기를 포함한 타겟 애플리케이션의 요구 조건에 잘 맞춰져야 한다.

우리는 셀과 배열, 알고리즘 및 시스템 구조 사이의 관련성에 대하여 설명하기 위하여 4비트/셀 MLC NAND 플래시의 마지막 개선 작업의 단계로 imprint와 refinement 프로그램

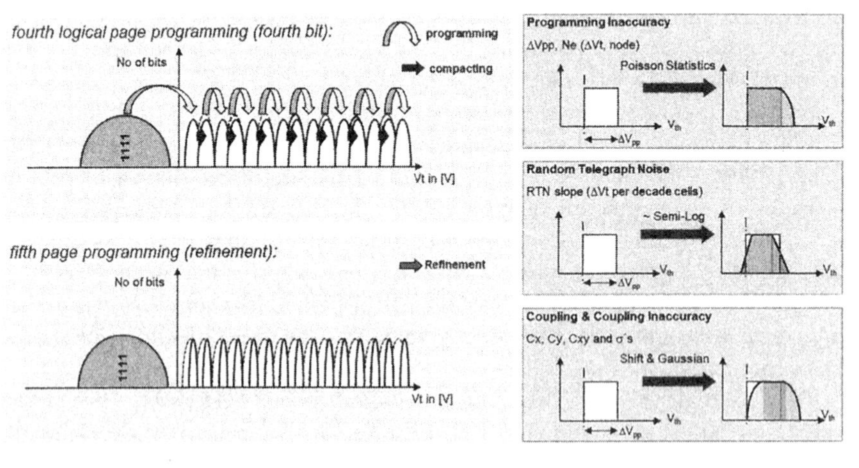

그림 2.94_ 4비트/셀용 NAND V_{th} 윈도우와 분포 모양에 대한 분석

알고리즘 개념에 대하여 자세히 조사 중이다. 16개 분포의 Read 윈도우의 타겟에 들어가기 위해서는, 각각 분포의 형태와 끝을 자세히 이해하고 있어야 하며 그에 따른 윈도우 마진 계산에 그림 2.94에 명시된 각각의 효과에 대해 알맞은 통계적 모델을 포함하고 있어야 한다.

구조적 혹은 임의로 발생하는 모든 어레이와 셀의 불균일성은 특성화되고 수학적으로 정리되어 프로그램 알고리즘에 포함되도록 해야 한다. 신뢰성 효과는 제품 수명이 다하기 전에 분포의 끝부분들이 겹치는 현상을 가져 오는데, 이는 주요한 오버래핑 효과를 해결하기 위하여 동적으로(dynamically) 최적화된 adaptive read와 에러 수정 기술들을 이용하여 해결이 가능하다.

플로팅 게이트 MLC NAND의 가장 중요한 성공 요인들은 미세화된 공정과 뛰어나고 예측 가능한 오퍼레이션 성능, Read, 프로그램, erase 오퍼레이션을 위한 전압 오퍼레이션 모드로 얻을 수 있는 플로팅 게이트 셀을 위한 단순한 알고리즘이다.

- MLC NAND의 긴 프로그램 오퍼레이션 시간으로 인해 설계 시 최고의 병렬 연산처리 기법에 초점을 둔다.
- Read와 프로그램 throughput 증가로 인해 다른 플래시 기술들보다 압도적인 성능을 자랑한다.
- 오류 내성(Failure tolerant) 사양과 적응형 오류 수정 개념은 반드시 필요하다.

4비트/셀 MLC NAND는 현재까지 나온 비휘발성 메모리 개념들 중 가장 비용이나 에너지적인 측면에서 경쟁력 있는 것으로 꼽힌다.

2.7.5 멀티 레벨과 멀티 비트 요약

멀티 비트와 멀티 레벨 셀 플래시 메모리의 개념들과 오퍼레이션 원리들을 소개하였다. 멀티 비트 플래시 메모리는 간단한 구조처럼 묘사되었지만 전하 트랩 저장 요소가 V_{th} 오퍼레이션 윈도우에 영향을 주어서 신뢰성이 이슈가 되며 CHE 프로그래밍이 프로그램 데이터 throughput의 증가를 제한하는 문제가 있다.

멀티 레벨/셀 NAND 플래시 메모리는 가장 우세한 비휘발성 메모리 구조이다. XLC (eXtended Level per Cell) 프로그램 알고리즘은 배열 간 모든 간섭의 90% 이상을 포함하고 있다. 진보된 All 비트 라인 NAND 어레이의 개념은 리소그래피 과정에서 발생하는 기술 편차를 보상해준다. 3비트/셀과 4비트/셀을 따로 분리하여 구분할 필요가 없다면 이 책에서는 모든 2비트/셀 이상의 MLC NAND 플래시 메모리들은 XLC NAND라는 이름으로 명명되었다.

2.8 NVM의 기본 원칙에 관한 요약

메모리 셀, 저장 요소의 물리학적 특성 그리고 메모리 어레이 select 라인, 비트 라인 및 워드 라인의 구성은 함께 메모리 어레이 구조의 성능을 정의한다. 새로 도입된 셀과 메모리 구조의 조합은 더 높은 레벨에서 두 가지 주요 메모리 어레이 구조에 속해 있게 된다.

- 모든 비트 라인이나 모든 두 번째 비트 라인이 센싱 회로에 연결된 메모리 어레이
  - 멀티 셀 동작 원리
  - 전압에 의해 구동되는 오퍼레이션
  - 컨택이 없는 어레이 코어

  메모리 성능은 어레이 페이지 크기에 의하여 결정됨

- 셀에 대한 접근이 최적화되어 있고 제한된 개수의 셀만이 센싱 회로에 연결되어 있는 메모리 어레이
  - 싱글 셀 오퍼레이션 원리
  - 어레이 코어 내부의 기생 누설 전류

  메모리 성능은 센싱 회로의 개수에 의하여 결정됨

이 책의 두 번째 부분에서는 줄어드는 공정 미세화 로드맵을 따라서 여러 메모리 어레이 구조들의 성능을 결정하는 변수들의 향상에 초점을 두었다. 드러나 있기도 하고 숨어 있기도 한 메모리 어레이 구조의 약점들과 애플리케이션 요구 조건 사이의 상호작용은 메모리에 기반을 둔 시스템의 성공 여부를 결정한다.

비트당 비용은 대량생산되는 반도체 메모리들에 있어서 가장 중요한 결정 변수이다. 비휘발성 메모리들은 셀당 수용할 수 있는 비트 수가 더 많고 비트당 비용은 더 적은 값을 갖는다. 멀티 레벨 셀(MLC)과 멀티 비트 셀(MBC) 메모리의 개념들은 플로팅 게이트와 전하 트랩 셀에 기반을 둔 플래시 메모리들을 위하여 도입되었다. 이에 부가적으로 필요하게 되는 설계(센싱 회로)와 알고리즘은 멀티 비트/셀 메모리들이 복잡한 구조를 갖게 되는

데 가장 먼저 영향을 끼쳤다.

메모리 성능과 비용에 대한 변수뿐만 아니라 플래시 메모리의 신뢰성과 내구성을 나타내는 변수 또한 도입되어 두 가지 주요 메모리 어레이 구조에 MLC, MBC 기술과 결합하여 적용되고 있다. 휘발성, 비휘발성 메모리에 대한 성능과 내구성을 나타내는 변수는 다음 장에서 소개될 것이다.

참고문헌

1. K. Kahng, S. Sze, A floating gate and its application to Memory devices. IEEE Trans. ElectronDev. Bd. 46, 629 (1967)
2. F. Masuoka, M. Asano, H. Iwahashi, T. Komuro, S. Tanaka, A new Flash E2PROM cell using triple polysilicon technology, in IEEE IEDM Techn Digest, pp. 464–467, Washington, 1984.
3. M. Bauer, R. Alexis, G. Atwood, B. Baltar, A. Fazio, K. Frary, M. Hensel, M. Ishac, J. Javanifard, M. Landgraf, D. Leak, K. Loe, D. Mills, P. Ruby, R. Rozman, S. Sweha, S. Talreja, K. Wojciechowski, A multilevel-cell 32Mb Flash Memory, in ISSCC Digest of Technical Papers, pp. 132–133, San Francisco, 1995.
4. K.-D. Suh, B.-H. Suh, Y.-H. Um, J.-K. Kim, Y.-J. Choi, Y.-N. Koh, S.-S. Lee, S.-C. Kwon, B.-S. Choi, J.-S. Yum, J.-H. Choi, J.-R. Kim, H.-K. Lim, A 3.3V 32Mb NAND Flash Memory with incremental step pulse programming scheme, in ISSCC Digest of Technical Papers, pp. 128–129, San Francisco, 1995.
5. P. Xuan, M. She, B. Harteneck, A. Liddle, J. Bokor, T.-J. King, FinFET SONOS Flash Memory for embedded applications, in IEDM Technical Digest, pp. 609–612, Washington, 2003.
6. M. Stadele, R. Luyken, M. Roosz, M. Specht, W. Rosner, L. Dreeskornfeld, J. Hartwich, F. Hofmann, J. Kretz, E. Landgraf, L. Risch, A comprehensive study of corner effects in tri-gate transistors, in Solid-State Device Research conference, Procedings ESSDERC, pp. 165–168,2004.
7. G.E. Moore, Cramming more components onto integrated circuits. Electron. Bd. 38(8), 114–117 (1965)
8. S. Mukherjee, T. Chang, R. Pang, M. Knecht, D. Hu, A single transistor EEPROM cell and its implementation in a 512 K CMOS EEPROM, in IEDM Technical Digest, pp. 616–619, Washington, 1985.
9. J. Lee,V. Dham, Design considerations for scaling FLOTOXE2PROMcell, in IEDM Technical Digest, pp. 589–592, Washington, 1983.
10. J.E. Brewer, G. Manzur, Nonvolatile Memory Technologies with Emphasis on Flash: a

Comprehensive Guide to Understanding and Using NVM Devices, Auflage, 1st edn. (Wiley, Hoboken,2008)
11. R.J. Baker, in Memory circuits-pheripheral circuits. CMOS Circuit Design, Layout, and Simulation (IEEE Press, Wiley Interscience, Piscataway, 2005), pp. 448–456.
12. B. Prince, Semiconductor Memories: A Handbook of Design, Manufacture, and Application, 2nd edn. (Wiley, New York, 1991)
13. E. Snow, Fowler-Nordheim tunneling in SiO2 films. Solid State Commun. 5, 813–815 (1967)
14. C. Friederich, Multi level programming scheme with reduced cross coupling, in Control of harmful effects in program operation of NAND flash (Aachen, Shaker, 2011), pp. 62–66
15. R. Bez, D. Cantarelli und S. S. The channel hot electron programming of a floating gate MOSFET: an analytical study, in 12th Nonvolatile Semiconductor memory Workshop, Monterey,California, 1992.
16. M.-S. Liang, memory cell having hot-hole injection erase mode, USA Patent 4472491, 1985.
17. T. Chan, J. Chen, P. Ko, C. Hu, The impact of gate-induced drain leakage current on MOSFET scaling, in IEDM Technical Digist, pp. 718–721, Washington, 1987.
18. P. Cappelletti, C. Golla, P. Olivio, E. Zanoni, Physical aspects of cell operation and reliability, in Flash Memories (Kluwer-Academic Publisher, Dordrecht, 1999), p. 171
19. S. Sze, Physics of Semiconductor Devices (Wiley, New York, 1981)
20. H.Wegener, A. Lincoln, H. Pao, M. O'Connell, R. Oleksiak, H. Lawrence, The variable threshold transistor, a new electrically-alterable, non-destructive read-only storage device, in IEDM, Technical Digest, vol. 13, pp. 70–70, Washington, 1967.
21. P. Chen, Threshold-alterable Si-gate MOS devices, transactions on electron devices. IEEE 24(5), 584–586 (1977)
22. F. MIENO, SANOS Memory Cell Structure, United States Patent US 2010/0001353 A1, 07 Jan 2010.
23. Y. Park, J. Choi, C. Kang, C. Lee, Y. Shin, B. Choi, J. Kim, S. Jeon, J. Sel, J. Park, K. Choi, T. Yoo, J. Sim, K. Kim, Highly manufacturable 32Gb multi-level NAND Flash Memory
24. with 0.0098 μm2 Cell size using TANOS(Si-Oxide- Al2O3-TaN) cell technology, in IEDM, Technical Digest, pp. 1–4, Washington, 2006.
25. C. Kang, J. Choi, J. Sim, C. Lee, Y. Shin, J. Park, J. Sel, S. Jeon, Y. Park, K. Kim, Effects of lateral charge spreading on the reliability of TANOS (TaN/AlO/SiN/Oxide/Si) NAND Flash Memory, in IEEE Reliability physics symposium, proceedings. 45th, pp. 167–170, Phoenix, AZ, 2007.
26. C. Friederich, M. Specht, T. Lutz, F. Hofinann, L. Dreeskornfeld,W.Weber, J. Kretz, T. Melde, W. Rosner, E. Landgraf, J. Hartwich, M. Stadele, L. Risch, D. Richter, Multi-level p+ tri-gate SONOS NAND string Arrays, in IEDM Technical Digest, pp. 1–4, Washington, 2006.
27. M. Specht, U. Dorda, L. Dreeskornfeld, J. Kretz, F. Hofinann, M. Stadele, R. Luyken,W. Rosner, H. Reisinger, E. Landgraf, T. Schulz, J. Hartwich, R. Kommling, L. Risch, 20 nm tri-gate SONOS memory cells with multi-level operation, in IEDM Technical Digest, pp. 1083–1085, Washington, 2004.
28. Y.-H. Shih, H.-T. Lue, K.-Y. Hsieh, R. Liu, C.-Y. Lu, A novel 2-bit/cell nitride storage Flash Memory with greater than 1M P/E-cycle endurance, in IEDM Technical Digest, pp. 881–884, Washington,

13–15 Dec 2004.
29. E. Stein, V. Kamienski, M. Isler, T. Mikolajick, C. Ludwig, N. Schulze, N. Nagel, S. Riedel, J. Wilier, K.-H. Kusters, An Overview on Twin Flash Technology, in Non-Volatile Memory Technology Symposium, Dallas, 2005.
30. A. Shappir, E. Lusky, G. Cohen, B. Eitan, NROM Window Sensing for 2 and 4-bits per cell Products, in NVSMWS (Monterey, CA, 2006)
31. M. Janai, Threshold voltage fluctuations in localized charge-trapping nonvolatile memory devices. IEEE Trans. Electron Dev. 59, 596–601 (2012)
32. J.-G. Yun, I.H. Park, S. Cho, J.H. Lee, D.-H. Kim, G.S. Lee, Y. Kim, J.D. Lee, B.-G. Par, A 2-bit recessed channel nonvolatile memory device with a lifted charge-trapping node. IEEE Trans. Nanotechnol. 8, 111–115 (2009)
33. L. Hai, M. Takahashi, S. Sakai, Downsizing of ferroelectric-gate-field-effect-transistors for ferroelectric-NAND Flash Memory, in 3rd IEEE International Memory Workshop (IMW), pp. 1–4, Monterey, CA, June 2011.
34. J. Müller, E. Yurchuk, T. Schlosser, J. Paul, R. Hoffmann, S. Muller, D. Martin, S. Slesazeck, P. Polakowski, J. Sundqvist, M. Czernohorsky, K. Seidel, P.Kucher, R. Boschke, M. Trentzsch, K. Gebauer, U. Schroder, T. Mikolajick, Ferroelectricity in HfO2 enables nonvolatile data storage in 28 nm HKMG," in Symposium on VLSI Technology (VLSIT), 2012, Honolulu, 2012.
35. M. Durlam, P.J. Naji, A. Omair, M. DeHerrera, J. Calder, J.M. Slaughter, B.N. Engel, A 1-Mbit MRAM based on 1T1MTJ bit cell integrated with copper interconnects. IEEE J. Solid-State Circuits 38, 769–773 (2003)
36. Y. Huai, Y. Zhou, I. Tudosa, R. Malmhall, R. Ranjan, J. Zhang, Progress and outlook for STT-MRAM, in International Conference on Computer-Aided Design (ICCAD), IEEE/ACM, pp. 235, San Jose, 2011.
37. S. Lai, Current status of the phase change memory and its future, in IEDM Technical Digest, pp. 10.1.1-10.1.4, Washington, 2003.
38. K. Byeungchul, S. Yoonjong, A. Sujin, K. Younseon, J. Hoon, A. Dongho, N. Seokwoo, J. Gitae, C. Chilhee, Current status and future prospect of Phase Change Memory, in IEEE 9th International Conference on ASIC (ASICON), 2011, pp. 279–282, Xiamen, 2011.
39. F. Bedeschi, R. Fackenthal, C. Resta, E. Donze, M. Jagasivamani, E. Buda, F. Pellizzer, D. Chow, A. Cabrini, G. Calvi, R. Faravelli, A. Fantini, G. Torelli, D. Mills, R. Gastaldi, G. Casagrande, A Bipolar-selected Phase Change Memory featuring Multi-Level Cell Storage. IEEE J. Solid-State Circuits Bd. 1(1, Jan 2001), 217–227 (2009).
40. M. Specht, R. Kommling, F. Hofmann, V. Klandzievski, L. Dreeskornfeld,W.Weber, J. Kretz, E. Landgraf, T. Schulz, J. Hartwich, W. Rosner, M. Stadele, R. Luyken, H. Reisinger, A. Graham, E. Hartmann, L. Risch, Novel dual bit tri-gate charge trapping memory devices. IEEE Electron Device Lett. 25, 810–812 (2004)
41. A. Fazio, Non-volatile memory technology: present and future trends, in ISSCC, Tutorial F1, San Francisco, 2007.

42. J. Javanifard, T. Tanadi, H. Giduturi, K. Loe, R. Melcher, S. Khabiri, N. Hendrickson, A. Proescholdt, D.Ward, M. Taylor, A 45 nm Self-Aligned-Contact Process 1 Gb NOR Flash with 5 MB/s program Speed, in ISSCC Digest of Technical Papers, pp. 424–426, San Francisco, 2008.
43. B. Le, M. Achter, C. G. Chng, X. Guo, L. Cleveland, P.-L. Chen, M. Van Buskirk, R. Dutton, Virtual-ground sensing techniqus for a 49ns/200MHz access time 1.8V 256Mb 2-bit-per-cell Flash Memory. IEEE J. Solid-State Circuits 2014–2023 (2004).
44. R. Koval, V. Bhachawat, C. Chang, M. Hajra, D. Kencke, Y. Kim, C. Kuo, T. Parent, M. Wei, B.Woo, A. Fazio, Flash ETOX(TM) virtual ground architecture: a future scaling directions, in VLSI Technology, Digest of Technical Papers, pp. 204–205, Kyoto, 2005.
45. C.Yeh,W. Tsai, T. Lu,Y. Liao, N. Zous, H. Chen, T.Wang,W. Ting, J.Ku, C.-Y. Lu, Reliability and device scaling challenges of trapping charge flash Mmemories, in Proceedings of 11th IPFA, pp. 247–250, Taiwan, 2004.
46. N. Ito,Y.Yamauchi, N. Ueda, K.Yamamoto,Y. Sugita, T. Mineyama, A. Ishihama, K. Moritani, A novel Program and read architecture for contact-less virtual ground NOR Flash Memory for high density Application, in Symposium on VLSI Circuits Digist of Technical Paper, pp. 116– 117, Honolulu, 2006.
47. K.-R. Han, H.-A.-R. Jung, J.-H.L. Lee, Band-to-Band Hot-hole Erase Characterisitcs of 2-Bit/cell-NORtypeSONOS Flash Memory cell with spacer-type storage node on recessed channel structure. Japan. J. Appl. Phys. 33, 798–800 (2007)
48. Y. Sofer, NROM Memory Design, in ISSCC 2007-Non-Volatile Memory Circuit Design and Technology, San Francisco, 2007.
49. M. Momodomi,Y. Itoh, R. Shirota,Y. Iwata, R. Nakayama, R. Kirisawa, T. Tanaka, S. Aritome, T. Endoh, K. Ohuchi, F. Masuoka, An experimenatal 4-Mbit CMOS EEPROM with a NANDstructured cell. IEEE J. Solid-State Circuits 24, 1238–1243 (1989)
50. D. Richter, Vorlesung Halbleiter Bauelemente–Nichtflüchtige Speicher Titel: NVM Shrink Roadmap 3–4bit/cell NAND–Key Performance Indicator, München: TUM (Lehrstuhl für Technische Elektronik, Fakultät für Elektro- und Informationstechnik, 2008)
51. T.-S. Jung, Y.-J. Choi, K.-D. Suh, B.-H. Suh, J.-K. Kim, Y.-H. Lim, Y.-N. Koh, J.-W. Park, K.-J. Lee, J.-H. Park, K.-T. Park, J.-R. Kim, J.-H. Yi, H.-K. Lim, A 117-mm2 3,3V only 128 Mb multilevel NAND Flash Memory for mass storage application. IEEE J. Solid-State Circuits 31, 1575–1583 (1996)
52. T. Tanzawa, T. Tanaka, K. Takeuchi, H. Nakamura, Circuit techniques for a 1,8V only NAND Flash Memory. IEEE J. Solid-State Circuits 37, 84–89 (2002)
53. N. Fujita, N. Tokiwa,Y. Shindo, T. Edahiro, T. Kamei, H. Nasu, M. Iwai, K. Kato,Y. Fukuda, N. Kanagawa, N. Abiko, M. Matsumoto, T. Himeno, T. Hashimoto, Y.-C. Liu, H. Chibvongodze, T. Hori, M. Sakai,A113mm2 32Gb 3b/cellNAND Flash Memory, in ISSCC-Digest of Technical Papers, pp. 242–233, San Francisco, 2009.
54. E. Harari, NAND at center stage, in Flash Memory Summit, Santa Clara, 8 August 2007.
55. M. Bauer, NOR Flash Memory design-non-volatile memories technology and design, in ISSCC 2004 Memory Circuit Design Forum, San Francisico, 2004.

56. K. Tedrow, NOR Flash Memory design, in ISSCC 2007-Non-Volatile Memory Design Forum, San Francisco, 2007.
57. C. Friederich, in Program and erase of NAND Memory Arrays, eds. by R. Micheloni, L. Crippa, A. Marelli, Inside NAND Flash Memories (Springer, Dordrecht, 2010), pp. 75–76.
58. T. Tanaka, A quick Intelligent Page-programming Architecture and a shileded bitline sensing method for 3 V only NAND Flash Memory. IEEE J. Solid-State Circuits 29, 1366–1373 (1994)
59. F.Koichi,Y.Watanabe, E. Makino, K. Kawakami, J. Sato, T. Takagiwa, N. Kanagawa, H. Shiga, N. Tokiwa, Y. Shindo, T. Edahiro, T. Ogawa, M. Iwai, O. Nagao, J. Musha, T. Minamoto, K. Yanagidaira, Y. Suzuki, D. Nakamura, Y. Hosomura, A 151mm2 64Gb MLC NAND Flash Memory in 24 nm CMOS technology, in ISSCC, Digest of Technical Papers, pp. 198–199, San Francisco, 2011.
60. M. Bauer, Multi-level Cell Design for Flash Memory, in ISCC 2006 Tutorial T5: MLC Design for Flash Memory (Feb, San Francisco, 2006).
61. J. Lee, S.-S. Lee, O.-S. Kwon, K.-H. Lee, D.-S. Byeon, I.-Y. Kim, K.-H. Lee, Y.-H. Lim, B.-S. Choi, J.-S. Lee, W.-C. Shin, J.-H. Choi, K.-D. Suh, A 90-nm CMOS 1.8V 2Gb NAND Flash Memory for Mass storage application. IEEE J Solid-State Circuits 38(11), 1934–1942 2003 (Bde. %1 von %2).
62. T. Tanaka, NAND flash design, in ISSCC, Non-Volatile Memory Circuit and Technology Tutorial F1, San Francisco, 2007.
63. T. Hara, K. Fukuda, K. Kanazawa, N. Shibata, K. Hosono, H. Maejima, M. Nakagawa, T. Abe, M.Kojima, M. Fujiu,Y. Takeuchi, K. Amemiya, M. Morooka, T. Kamei, H. Nasu, C.-M.Wang, K. Sakurai, N. Tokiwa, H. Waki, T. Maruyama, S. Yoshikawa, A 146-mm2 8-Gb Multi-level NAND Flash Memory with 70-nm CMOS technology. IEEE J. Solid-State Circuits 41, 161–169 (2006)
64. R. Cernea, D. Lee, M. Mofidi, E. Chang,W.Y. Chien, L. Goh,Y. Fong, J.Yuan, G. Samachisa,D. Guterman, S. Mehrotra, K. Sato, H. Onishi, K. Ueda, F. Noro, K. Mijamoto, M. Morita, K. Umeda, K. Kubo, A 34Mb 3.3V Serial Flash EEPROM for solid-state disk applications, in *ISSCC Digest of Tech Papers*, pp. 126–127, San Francisco, 1995.
65. R. Cernea, o. Pham, F. Moogat, S. Chan, B. Le, Y. Li, S. Tsao, T.-Y. Tseng, K. Nguyen, J. Li, J. Hu, J. Park, C. Hsu, F. Zhang, T. Kamei, H. Nasu, P. Kliza, K. Htoo, J. Lutze, und Y. Dong, A 34MB/s-Program-throughput 16Gb MLC NAND with all-bitline architecture in 56nm, in *ISSCC Digest of technical Papers*, pp. 420–424, San Francisco, 2008.
66. J.F. Dickson, On-chip high-voltage generation in NMOS integrated circuits using an improved voltage multiplier technique. IEEE J. Solid-State Circuits 11, 374–378 (1976)
67. C.-C. Wang, J.-C. Wu, Efficiency improvement in charge pump circuits. IEEE J. Solid-State Circuits 32(6), 852–860 (1998)
68. T. Tanzawa, T. Tanaka, A stable programming pulse generator for single power supply flash memories. IEEE J. Solid-State Circuits 32(6), 845–851 (1997)
69. F. Pan, T. Samaddar, Charge pump circuit design, 1st edn. (Mcgraw-Hill Professional, New York, 2006).
70. K. Kim, G. Jeong, memory technologies in the nano-era: challenges and opportunities, in *ISSCC Digest of Technical Papers*, pp. 576–578, San Francsico, 2005.

71. K. Kim, J. Coi, Future outlook of NAND flash technology for 40 nm node and beyond, in *IEEE NVSMW*, pp. 9–11, Monterey, CA, 2006.
72. T. Tanaka, A quick intelligent page-programming architecture and a shielded bitline sensing method for 3 V-Only NAND Flash Memory. IEEE JSSC Bd. 29(11), 1366 (1994)
73. C. Kim, J. Ryu, T. Lee, H. Kim, J. Lim, J. Jeong, S. Seo, H. Jeon, B. Kim, I. Lee, D. Lee, P. Kwak, S. Cho, Y. Yim, C. Cho, W. Jeong, K. Park, J.-M. Han, D. Song, K. Kyung, A 21nm High Performance 64 Gb MLC NAND Flash MemoryWith 400 MB/s asynchronous toggle DDR interface. IEEE J. Solid-State Circuits 47, 981–989 (2012)
74. J. Han, B. Lee, J. Han,W. Kwon, C. Chang, S. Sim, C. Park, K. Kim, A critical failure source in 65nm-MLC NOR Flash Memory incorporating co-salicidation process, in Integrated Reliability Workshop Final Report, pp. 80–82, South Lake Tahoe, CA, Sep 2006.
75. A. Bergemont, M.-H. Chi, H. Haggag, Low voltage NVGTM: a new high performance 3 V/5 V flash technology for portable computing and telecommunications applications. IEEE Trans. Electron Devices 43(9), 1510–1517 (1996)
76. N. Ito,Y.Yamauchi, N. Ueda, K.Yamamoto,Y. Sugita, T. Mineyama, A. Ishihama, K. Moritani, A novel Program and read architecture for contact-less virtual ground NOR Flash Memory for high density application, in *Symposium on VLSI Circuits, Digest of Technical Papers*, pp. 116–117, Honolul, HI, 2006.
77. N. Zous, M. Lee, W. Tsai, A. Kuo, L. Huang, T. Lu, C. Liu, T. Wang, W. Lu, W. Ting, J. Ku, C.-Y. Lu, Lateral migration of trapped holes in a nitride storage Flash Memory cell and its qualification methodology. IEEE Electron Device Lett. 25, 649–651 (2004)
78. Y. Roizin, Extending endurance of NROM memories to over 1 million Program/erase cycles, in Proceedings of 21st Non-Volatile Semiconductor Memory, Workshop, pp. 74–75, Feb 2006.
79. T. Kuo, N. Yang, N. Leong, E. Wang, F. Lai, A. Lee, H. Chen, S. Chandra, Y. Wu, T. Akaogi, A. Melik-Martirosian, A. Pourkeramati, J. Thomas, M. VanBuskirk, Design of 90nm 1Gb ORNAND(TM) Flash Memory with mirrorBit(TM) technology, in *Symposium on VLSI Circuits Digest of Technical Papers*, pp. 114–115, Honolulu, HI, 2006.
80. N. Shibata, H. Maejima, K. Isobe, K. Iwasa, M. Nakagawa, M. Fujiu, T. Shimizu, M. Honma, S. Hoshi, T. Kawaai, K. Kanebako, S. Yoshikawa, H. Tabata, A. Inoue, T. Takahashi, T. Shano, Y. Komatsu, K. Nagaba, M. Kosakai, N. Motohashi, A 70 nm 16 Gb 16-level-cell NAND Flash Memory. IEEE J. Solid-State Circuits 43, 929–937 (April 2008)
81. Y. Li, S. Lee, Y. Fong, F. Pan, T.-C. Kuo, P. J., T. Samaddar, H. T. Nguyen, M. Mui, K. Htoo, T. Kamei, M. Higashitani, E. Yero, G. Kwon, P. Kliza, J. Wan, T. Kaneko, H. Maejima, H. Shiga, M. Hamada und N. Fujita, A 16 Gb 3-bit per cell (X3) NAND Flash Memory on 56 nm technology with 8 MB/s write rate. IEEE J. Solid-State Circuits 44(1), 195–207 (2009) (Bd. 44).
82. B.T. Park, J.H. Song, E.S. Cho, S.W. Hong, J.Y. Kim, Y.J. Choi, Y.S. Kim, S.J. Lee, C.K. Lee, D.W. Kang, D.J. Lee, B.T. Kim, Y.J. Choi, W.K. Lee, J.-H. Choi, K.-D. Su, 32nm 3-bit 32Gb NAND Flash Memory with DPT (double patterning technology) process for mass production, in *VLSI Technology (VLSIT)*, pp. 125–126, 2010.

83. N. Giovanni,A3bit/Cell 32GbNAND Flash Memory at 34nm with 6MB/s Program Throughput and with Dynamic 2b/Cell Blocks Configuration Mode for a Program Throughput Increase up to 13MB/s, San Francisco, 2010.

Flash Memory

CHAPTER 03

비휘발성 메모리의 성능 계수

시스템 개발 과정 중에 메모리 구조의 선정은 비트당 비용, scalability, 전력 효율, 성능을 근거로 이루어진다.

플래시 메모리의 성능 변수들은 전형적인 값들을 갖는다. 변수들은 미리 정의된 범위 내에서 명시된다. 플래시 셀 특성들과 그 셀들의 통계적인 특징들은 반드시 고려되어야 한다. 비휘발성 메모리들의 비결정적인(Non-deterministic) 특징은 이번 단원 내의 하나의 주제이다.

- 휘발성, 비휘발성 메모리들에 대해 명백한 차이점과 감춰진 차이점들을 강조하기 위해 Latency, cycle time과 read와 write 데이터 대역폭의 정의가 소개된다.
- 비휘발성 메모리의 Write 오퍼레이션은 물리적으로 하나의 write 시퀀스이거나 두 오퍼레이션(erase 후에 프로그램)의 조합으로 볼 수 있다.

두 개의 성능 변수들을 메모리 성능의 개요에 적용했다. 시간대비 성능 증가를 설명하기 위해, 프로그램과 write의 데이터 대역폭/throughput이 그림 3.1에 나타나 있다.

시스템 성능 측면에서 플래시 성능 변수의 영향이 분석되었다. 성능과 내구성 사이의 의존성이 소개되고 예를 들어 계산되었다. 내구성 최적화 전략들도 소개되었다.

비휘발성 메모리 셀은 시간이 지남에 따라 성능이 변한다. 이 때문에 모든 플래시 성능 변수들은 신뢰성 스트레스 변수들에 의해 변할 수 있다. 시간이 지남에 따른 성능 감쇄 혹은 개선은 신뢰성을 다루는 단원에서 논의될 것이다.

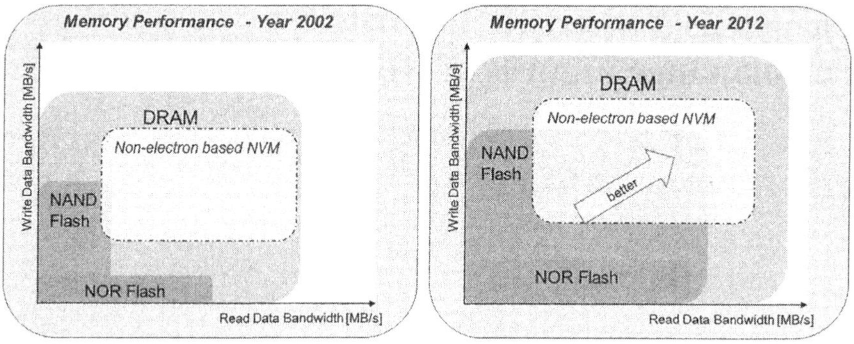

그림 3.1_ 메모리 성능 개요

3.1 메모리 성능 변수 정의

성능 변수의 정의는 일반적으로 랜덤 액세스 메모리(RAM)를 위해 개발되었다. 시스템의 성능 평가는 SRAM과 DRAM과 같은 휘발성 메모리들로부터 얻어진 변수들에 기반을 둔다. 적절한 성능 변수들 이면의 상세한 부분들은 이 책에서 개발된 성능 지표 방법론을 위한 기본이 된다. 적절한 메모리 성능 변수들이 이번 단원 에서 소개되고 구체적인 플래시 메모리의 동작이 설명될 것이다.

3.1.1 Read Performance 변수: 휘발성 메모리들을 위한 정의

랜덤 액세스 메모리들은 모든 타이밍과 어드레스 변수들을 포함하는 read와 write 오퍼레이션의 두 가지 주요 오퍼레이션에 의해 특성이 분석된다. Read 오퍼레이션은 메모리 어레이 내에 있는 타겟 어드레스로부터 데이터 출력 핀까지 데이터 비트들을 전송한다. 메모리 설계는 논리 어드레스를 로우(x)와 칼럼(y)에 해당하는 물리적인 위치정보로 바꾼다. 액세스된 로우의 물리적 상태에 따라 액세스 시간이 결정된다. 두 개의 read 액세스 변수들이 정의되었다.

• Random Read Access Latency – 로우와 칼럼 액세스 시간
  – 첫 번째 변수 RAS(Row Access Strobe)는 새로운 로우를 액세스하는 시간이다.
  DRAM 액세스에 대한 타이밍도가 그림 3.2에 나타나 있다.
    로우 액세스 시간은 50~70ns 범위 안에 있다.

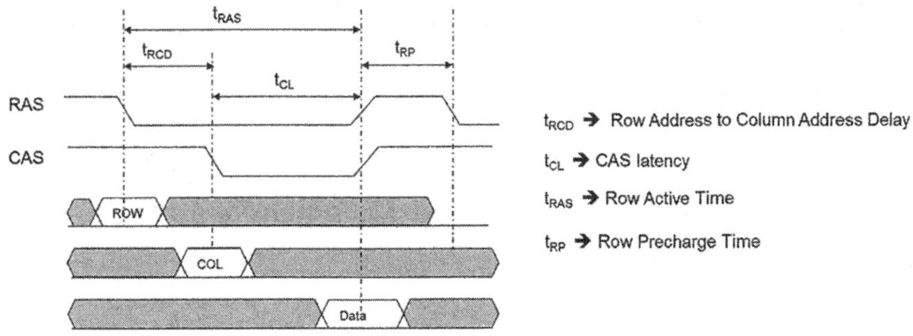

그림 3.2_ DRAM READ 액세스 타이밍 사이클 - Random read access latency

DRAM에 대한 로우 액세스 시간은 다음의 식과 같다.

$$\text{Row Access Time [ns]: } t_{RAS} = t_{RCD} + t_{CL}$$

- Sequential Read Access Latency - 칼럼 액세스 시간
  - 두 번째 변수 CAS(Column Access Strobe)는 이미 액세스된 로우 내에서 새 칼럼 어드레스로의 액세스 시간이다.
    순차 버스트(Sequential burst) 액세스는 5~10ns 범위 안에 있다.
    변수는 또한 Column Access Strobe Latency (CAS Latency 또는 CL)라 불린다.

$$\text{Column Access Time [ns]: } t_{CAS} = t_{CL}$$

- Read **데이터 대역폭**은 연속적인 어드레스들에 순차 버스트 액세스를 위해 정의된다.
  - 데이터 대역폭 또는 데이터 throughput 또는 DR(Data rate)은 인터페이스의 버스 폭과 일반적으로 MB/s(초당 10^6 바이트)로 정의되는 clock rate에 의존한다. 칼럼 액세스를 위한 Burst data rate는 아래 변수들과 관련 있다.

$$\text{Burst data rate [MB/s]: } DR_{RD\_Burst} = \frac{\text{Bus\_Width}_{Data}}{t_{CL}}$$

  - 로우 액세스 타이밍을 포함한 read 데이터 대역폭은 다음과 같이 계산된다.

$$\text{Read 데이터 대역폭 [MB/s]: } BW_{RD\_DRAM} = \frac{N*\text{Bus\_Width}_{Data}}{(t_{RCD} + [N*t_{CL}] + t_{RP})}$$

만약 내부 캐쉬 또는 메모리 뱅크 구조가 데이터를 보내는 시간 동안 다음 로우 어드레스에 로우 액세스 시간을 숨길 수 있다면, burst data rate는 계속해서 유지될 수 있다.

DRAM read 오퍼레이션을 위한 타이밍 변수 t_{CL}, t_{RCD}, t_{RP} and t_{RAS}가 그림 3.2에 나와 있다. 모든 휘발성 메모리들(DRAM과 SRAM)에 대해 이 변수들 값은 바뀌지 않고 결정된(deterministic) 값이다. 메모리 내용을 읽는 처음 시점에서나 혹은 수백만의 read 오퍼레이션 후에도 이 변수들 값에 차이는 없다.

3.1.2 Write 성능 변수 - 휘발성 메모리에 대한 정의

Write 오퍼레이션은 어레이 안의 목표 로우(x)와 칼럼(y) 어드레스에 물리적으로 데이터를 쓴다. 데이터와 해당하는 어드레스들은 입력 핀들로부터 어드레스 디코더와 write 증폭기로 전송된다.

논리 write 커맨드는 메모리 내의 이미 열린 페이지(write burst 모드) 또는 어드레스되지 않은 페이지를 어드레스할 수 있다. Write 오퍼레이션은 메모리 셀에 데이터를 저장하고(물리적으로 DRAM 커패시터에 전하를 넣어주거나 SRAM 셀을 뒤집음(flipping)) 해당하는 페이지를 닫는다(해당하는 로우 어드레스에서 write 오퍼레이션을 마친다). Write cycle은 write 데이터가 그림 3.3에 보이는 어드레스들과 함께 적용되야 한다는 점을 제외하고는 read cycle과 비교했을 때 유사한 타이밍을 가진다.

랜덤 데이터와 어드레스들에 대해 하나의 write 액세스 변수만 정의된다.

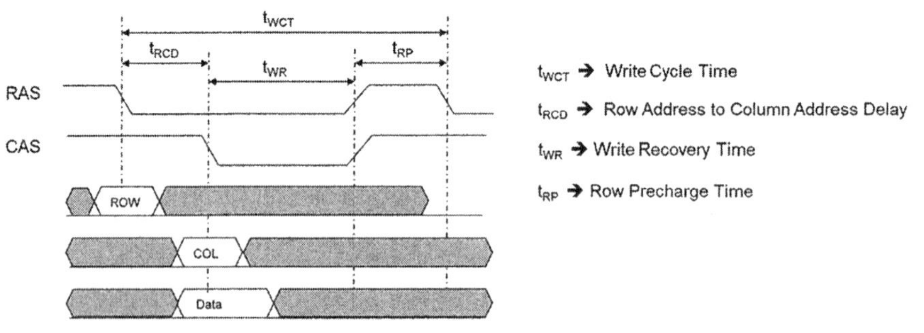

그림 3.3_ DRAM Write 타이밍 사이클 - Write cycle time

- Write cycle time – 로우와 칼럼 액세스 시간과 셀 내용을 바꾸는 데 걸리는 시간
  - 랜덤 어드레스로의 로우와 칼럼 액세스 시간은 write cycle의 일부이다. 올바른 로우 어드레스가 선택되고 나서 칼럼 어드레스는 올바른 비트 라인을 선택하기 위해 사용되고 데이터는 해당하는 로컬 센스/write 앰프로 전송된다. Write recovery 시간(t_{WR}) 동안 local 비트 라인들은 해당 write 데이터와 연관된 올바른 전압 값으로 변한다. 로우의 pre-chrage 사이클(t_{RP})은 write 오퍼레이션을 마무리 짓고 메모리를 초기상태로 둔다.
  - 셀 내용의 물리적 변화는 write recovery와 pre–charge 동안 끝난다.
  - Write cycle time은 다음과 같이 계산된다:

$$\text{Write cycle time [ns]: } t_{WCT} = t_{RCD} + t_{WR} + t_{RP}$$

- Write 데이터 대역폭은 연속적인 칼럼 어드레스들로 write 오퍼레이션 데이터 전송률(transfer rate)로 정의된다.
  - Write 데이터는 내부 S/A 래치들로 전송되고 이 S/A가 선택된 비트 라인 쌍의 전압을 원하는 낮거나 높은 전압 상태로 만든다.
  - Write burst 오퍼레이션은 데이터를 complete 로우에 연속적으로 쓴다.
  - Write 데이터 대역폭은 버스 데이터 폭과 write cycle 중에 보이는 특정한 타이밍을 기반으로 계산될 수 있다:

$$\text{Write 데이터 대역폭 [MB/s]: } BW_{WR\_DRAM} = \frac{N*Bus\_Width_{Data}}{(t_{RCD} + [N*t_{CL}] + t_{RP})}$$

Write 데이터 대역폭은 첫 비동기 로우 액세스와 로우 pre-charge 시간을 숨기기 위해서 멀티–뱅크 메모리 어레이 구조를 사용함으로써 계속해서 페이지 모드 동작을 유지할 수 있다.

모든 휘발성 메모리들(DRAM과 SRAM)에 대해 write 변수들은 결정된 값을 갖는다. 메모리에 데이터를 처음 쓸 때나 수백만 번 쓰고 난 뒤에나 차이가 없다.

3.1.3 순차(Sequential) 데이터 Throughput: Read와 Write 대역폭

데이터 throughput은 데이터 채널에서 초당 전달된 데이터 비트들의 평균 비율로 정의된다. 데이터 스토리지 시스템들에 대해 데이터 throughput은 또한 데이터 transfer rate로 불린다.

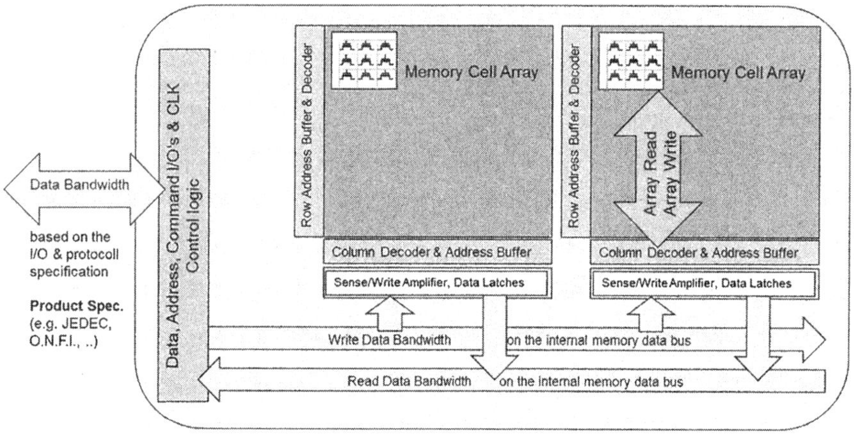

그림 3.4_ 일반적인 메모리에 대한 다양한 채널의 데이터 대역폭과 데이터 전송률(Transfer rate)

반도체 메모리를 위한 데이터 throughput은 아래 사항을 기반으로 하거나 의존한다.

- 메모리 구조의 read와 write 데이터 대역폭
- 데이터 패키지 크기
- Read와 write 커맨드들의 순서들(sequence)

데이터 throughput은 주어진 시간 안에서 얼마나 많은 데이터 패키지들이 쓰이고 읽힐 수 있느냐를 말한다. Read와 write 오퍼레이션 간의 스위칭 중에 생기는 시간적인 불이익(time penalty)은 중요한 변수이다. 데이터 throughput 또는 데이터 대역폭은 다양한 메모리 구조들을 심층적으로 분석하기 위해 사용되는 핵심 성능 변수이다. 그러므로 휘발성 메모리를 위한 개요를 이 책에서 다루고 있고 비휘발성 메모리들을 위한 정의와 비교하는 데 사용할 수 있다.

Sequential throughput은 read 또는 write 방향으로 데이터 패키지들을 지속적으로 전달할 수 있는 메모리 구조의 능력을 알아보기 위한 척도로 정의된다.

Read 데이터 대역폭은 조사된 read 채널에서의 transfer rate를 의미하고 write 채널에서는 **write 데이터 대역폭**을 사용한다. Read와 write 채널은 그림 3.4와 같이 한 번 더 나뉘어야 한다.

많은 S/A들이 병렬로 있는 메모리 구조들을 위해 우리는 아래 두 데이터 전송 채널들을 구별한다.

- 메모리 어레이 데이터 전송 채널 – 데이터가 셀로부터 이동한다.
- 내부 메모리 데이터 버스 전송 채널 – 데이터가 데이터 래치로부터 이동한다.

휘발성 랜덤 메모리들을 위한 성능 변수들은 다음과 같이 특징 지을 수 있다.

- 순차 read와 write data throughput은 대략 비슷한 값들을 가진다.
- Read나 write가 동일한 메모리 어레이(메모리 뱅크)를 액세스하는 경우에 한해서 read와 write 간의 스위칭은 마지막 read 오퍼레이션의 데이터 latency에 의해서만 제한된다.
- 계속적인 write 오퍼레이션(Write data throughput)이 허용되고 저장된 데이터를 자동으로 덮어쓴다.

RAM들은 데이터 throughput과 read latency를 위해 최적화된다. Read latency는 핵심 성능 변수들 중의 하나이다. 또한, read latency는 랜덤 데이터가 얼마나 빠르게 액세스될 수 있는지를 결정하고 read와 write 오퍼레이션 간의 스위칭이 얼마나 빠르게 이루어질 수 있느냐를 결정한다.

3.1.4 랜덤 데이터 Throughput

랜덤 데이터 throughput은 read와 write의 혼합 양방향으로 전송된 무작위로 분포된 데이터 패키지들이 얻을 수 있는 랜덤 데이터 전송률이다. 이 변수는 대부분의 애플리케이션을 위한 이상적인 애플리케이션 요구 사항에 대해 말해준다.

Read modify write와 같은 특정한 커맨드로 read와 write 오퍼레이션의 지능적인 혼합을 지원하는 메모리가 선호될 것이다. 휘발성 메모리들을 위한 랜덤 데이터 throughput은 설계 개념(특히 read latency와 write 캐쉬 용량을 위한), 메모리 어레이 분할(Segmentation)과 인터페이스 구조에 의해 제한된다. 플래시 메모리의 랜덤 데이터 throughput에 대한 최악의 경우는 3.2장에서 계산되었다.

3.1.5 메모리 리프레쉬: 첫 번째 Non-Deterministic Behaviour

트랜지스터에 의해 제어되는 커패시터 기억 소자의(DRAM 어레이 아키텍처) 한 비트의 저장은 비용 효율이 높지만 커패시터 내에 저장된 데이터의 주기적인 리프레쉬를 필요로 한다.

리프레쉬 로직은 애플리케이션에 의해 접근되지 않은 메모리 어레이 내의 모든 데이터를 주기적으로 다시 쓴다. 로우별로 어드레스되고 열린다. 로컬 S/A가 비트 라인들의 신호를 센싱하고 증폭한다. 그 후 이 로우에 속해 있는 각 셀들에 다시 데이터 값들을 쓴다. 이 동작은 일반적으로 한 DRAM 안의 각 로우에 대해 매 60ms마다 반복되어야만 한다.

- 만약 시간이 동등하게 분배된다면, 8,096개의 로우를 가진 DRAM은 매 7.905μs마다 하나의 로우에 리프레쉬를 수행하려고 시스템 액세스의 인터럽트를 요구할 것이다.
- DRAM 리프레쉬는 일반적으로 메모리 내부 리프레쉬 카운터의 도움을 받는다.

DRAM 리프레쉬는 결함이 없는 DRAM 리프레쉬를 수행할 수 있도록 충분한 여분의 시간을 확보하기 위해 숨겨진 비결정성 시스템 작업(hidden non-deterministic system task)을 요구한다. DRAM을 사용하는 큰 메모리 시스템들은 리프레쉬를 위해 많은 전력을 소모하고 이는 비휘발성 메모리를 이용해 해결될 수 있다.

> 리프레쉬 동작은 데이터 보존에 대해서 DRAM을 신뢰성 있는 메모리로 만든다. 각 DRAM 셀의 보존은 2배에서 4배의 guard band로 테스트될 수 있다. 대량 생산에서의 최악의 환경 조건에서 guard band를 이용한 손색이 없는 보존 테스트는 SRAM 설계에는 적용할 수 없다. 비휘발성 메모리들은 높은 온도 조건에서 테스트 된다. 몇몇 물리적 실패 모드들이 다뤄지지만 그 범위는 통계적인 가정을 바탕으로 하고 있다(모든 개개의 결함이 가속화되고 검출될 수는 없다)[1].

3.1.6 비휘발성 메모리를 위한 Read Performance 변수

이 책에서 비휘발성 메모리들은 전자 기반(플래시 메모리)과 비전자 기반(FeRAM과 MRAM)의 비휘발성 랜덤 액세스 메모리로 구분할 수 있다. 비휘발성 랜덤 액세스 메모리는 휘발성 메모리와 좀 더 유사하다. 그러므로 이 책에서는 플래시 메모리들만 다루도록 한다.

Read performance 변수들은 휘발성 메모리들과 같다. 특정 논리 어드레스들로의 액세스는 액세스된 로우의 물리적 상태에 따라 달라진다. Read 액세스는 데이터가 타겟 로우 어드레스에 속한 S/A에 이미 래치된 경우에 더 빨리 수행될 수 있다. 비휘발성 메모리를 위한 두 read 액세스 변수들이 정의된다.

- Random Read Access Latency – 로우와 칼럼 액세스 시간과 센싱 시간
  - 첫 랜덤 read 액세스 시간은 어레이와 센싱 구조에 의해 결정되고 MLC의 경우에는 코딩 방식에 따라 결정된다.
  - 첫 read 액세스는 read 정확도를 개선하거나 read V_{th}(threshold voltage) 윈도우를 찾기 위해 타이밍 변수를 조정하기 위해 활용된다.
  - 첫 랜덤 read latency는 오퍼레이션 이력에 근거해서 변할 수 있다.

- Sequential Read Access Latency – 칼럼 액세스 시간
  - Sequential Read Access Latency는 이미 열려 있는 로우 내의 어드레스로의 액세스 시간으로 정의된다.

- Read data throughput은 병렬로 읽힐 수 있는 S/A의 수와 관련된 내부 메모리 버스 데이터 대역폭과 얼마나 많은 데이터 패키지들이 전송될 수 있는지에 관한 인터페이스 성능과 너비로 정의된다.

만약 내부 캐시 또는 메모리 뱅크 구조가 로우 액세스를 숨기는 데 사용된다면 Read 대역폭은 계속해서 유지될 수 있다. 다음의 read performance 변수 요약은 비휘발성 메모리를 위해 마련했다.

- Read 액세스는 일반적으로 특정 값을 가진다.
- 멀티-레벨 메모리에 대해, 어드레스와 코딩 방식에 따라서 다양한 조건에서 다른 Random Read Access Latency를 갖게 된다.
- 비휘발성 메모리는 read 데이터의 이용 가능성을 나타내기 위해 ready/busy 신호를 사용하고 센싱된 데이터가 변질되지 않고 정확한지 여부를 알려주는 flag를 생성한다.

비휘발성 메모리의 read 오퍼레이션은 일반적으로 오류 센싱과 수정을 포함한다. 그러므로 read 액세스 시간은 오류 센싱과 수정을 필요로 하고 평균 데이터 throughput에 영향을 주므로 몇 배씩 변할 수 있다.

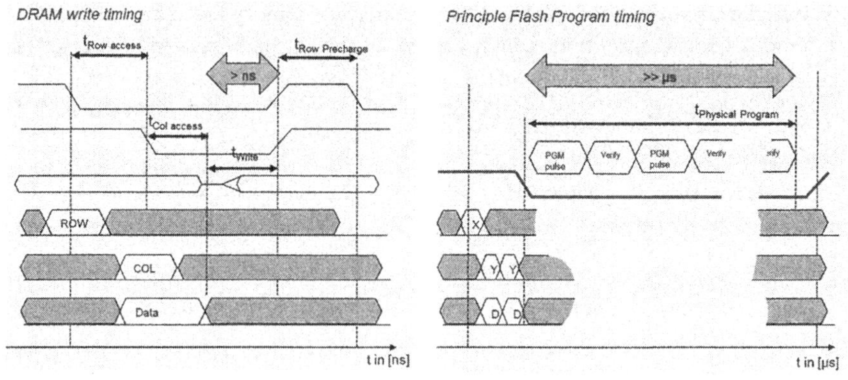

그림 3.5_ Write 성능 – 휘발성과 비휘발성 메모리에 대한 물리적인 write 사이클

3.1.7 비휘발성 메모리를 위한 write 성능 변수

Write 오퍼레이션은 공급된 데이터를 메모리 어레이 내의 타겟 로우와 칼럼 어드레스에 있는 비휘발성 저장 소자에 저장한다.

- 휘발성 메모리의 Write는 스토리지 커패시터의 논리 전압 레벨 변화(DRAM과 같은 동적인 스토리지) 또는 논리 상태의 변화(SRAM과 같은 정적인 스토리지)이다.
- 비휘발성 메모리의 write는 기억소자의 물리적 변화이다. 따라서 시간이 소요 되고 기억소자의 물리적인 변화와 그 값을 나중에 검증하는 verify 오퍼레이션을 결합하는 알고리즘을 필요로 한다.

그림 3.5는 휘발성 메모리와 비휘발성 메모리 사이의 write 차이를 보여준다. 왼쪽 그림에서 보듯이 논리 write는 휘발성 메모리의 write cycle의 작은 일부분이다. Write 성능 변수 정의는 두 부문으로 나뉘어 기술되는데, 물리적인 저장 원리를 포함하는 전형적인 성능 변수에 대해 먼저 설명하고 논리 '1'과 논리 '0'을 쓰고 데이터를 다시 쓰기 위한 데이터 크기와 시간에 대해서는 뒷부분에서 논의한다.

Write 성능 변수를 정의하면 다음과 같다.

Write cycle time – 데이터 입력(t_{DI})과 기억 소자의 물리적인 변화를 위한 시간

- 논리 Write 데이터에 해당하는 기억 소자의 상태 변화는 아래에 따라 달라진다.

– 물리적인 ‘0’과 ‘1’을 저장하기 위한 시간

두 동작을 위한 동일한 시간(대칭적인(symmetric) 동작) 또는 다른 시간

– 물리적 동작을 위한 구체적 단위(granularity)

비트, 바이트, 페이지 또는 블록(예, 플래시 블록 erase)

• 대칭적인 메모리에 대한 write cycle time은 비휘발성 물리적 변화에 대한 저장 시간($t_{NV\_Storage}$)으로 정의되고 다음과 같이 계산된다.

$$\text{Write cycle time [ns]: } t_{WCT} = t_{DI} + t_{NV\_storage}$$

• 다양한 granularity를 갖는($S_{Granularity}$) 비대칭적인 메모리의 write cycle time은 0과 1의 다른 값을 쓰며 두 오퍼레이션이 다른 시간을 가질 때 전형적인 또는 최악의 경우를 가정한 계산 공식으로부터 유도된다.

$$\text{Write cycle time [ns]: } t_{WCT} = t_{DI} + t_{NV\_storage\_``0"} + (t_{NVstorage1} * \frac{S_{Granularity0})}{S_{Granularity1}}$$

Write 데이터 대역폭은 병렬로 쓰여질 수 있는 S/A의 수와 관련된 내부 메모리 버스 데이터 대역폭과 얼마나 많은 데이터 패키지들이 전송될 수 있는지에 관한 인터페이스 성능과 너비로 정의된다.

• Write 데이터 대역폭은 다음과 같이 계산된다.

$$\text{Write 데이터 대역폭 [MB/s]: } BW_{WR\_NVM} = \frac{N*Bus\_Width_{Data}}{(t_{DI} + [N*t_{NV\_storage}])}$$

이 공식은 대칭적인 비휘발성 메모리에 대한 아무 제한 없이 유효하다. 그때 write 성능은 다음과 같은 하나의 성능 변수를 기반으로 한다

FeRAM 메모리는 두 방향 사이의 강유전체 쌍극자가 뒤집어진다.

MRAM 메모리는 전자의 스핀들을 뒤집으며 자기 방향을 변화시킨다.

불균형 데이터 오퍼레이션들을 갖는 비휘발성 메모리를 위한 write 데이터 대역폭 계산은 무작위로 분배된 데이터 크기와 변화의 방향에 관한 정보를 통합해야만 한다. 한 비트 ‘1’의 write는 비트, 바이트 또는 페이지 단위의 write 오퍼레이션을 필요로 하고 한 비트 ‘0’의 write를 위한 물리적 데이터 변화에 대해서도 같은 평가가 이루어져야 한다. 셀과 블록 동

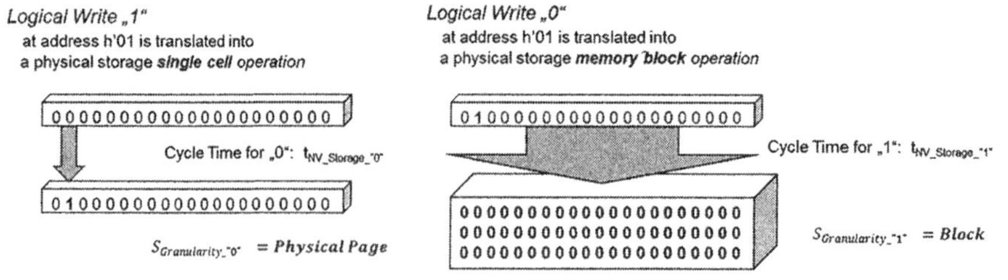

그림 3.6_ Write 성능 - 비대칭 NVM - 셀 vs 블록 오퍼레이션

작의 결과가 그림 3.6에 설명되었고 NAND 플래시 메모리를 위해 3.2절과 3.3절에서 상세히 계산될 것이다. Write 데이터 대역폭은 무작위로 분배된 데이터 패키지들에 대해(다른 크기에 대한 명시가 없을 경우 4KB로 가정) 무작위로 분배된 어드레스들로 계속해서 write를 하기 위해 모든 오퍼레이션들을 포함한다.

3.2 플래시 메모리를 위한 성능 변수

제품 사양과 셀, 어레이 구조와 알고리즘 사이의 연관성이 논의되고 플래시 메모리의 성능을 설명하기 위해 중요 성능 변수들을 유도했다. 제품 사양과 애플리케이션 노트의 이용 가능성이 최적화 과정 및 시스템 개발에서 이 문서들을 초기 참고자료로 삼고 활용할 수 있도록 해주었다.

3.2.1 플래시 메모리 제품 사양

제품의 수명이 다할 때까지 셀, 어레이, 센싱과 기술 간의 간섭은 알고리즘 사양에 내장되어 있지만 소비자들에게는 숨겨져 있다. 이런 간섭을 줄이기 위해서는 구현된 해결책에 대해 제품 사양과 메모리의 특성을 기반으로 자세히 이해해야 한다. 이번 장에서는 이러한 주제에 대해서 다룰 것이다.

시스템 공학자들은 자주 제품 사양과 사용 가능한 애플리케이션 노트를 기반으로 결정을 내린다. 시스템 개발을 위한 플래시 메모리의 숨겨진 특성을 이해하기 위해서 제품 사양, 애플리케이션 노트, 활용할 수 있는 리버스 공학 데이터 간의 연관성을 파악하는 것이 필요하다. 제품 사양에 표기된 NAND와 NOR 플래시의 변수들은 2장에서 확인된 핵심 변

표 3.1_ NOR와 NAND 플래시 제품 사양 비교

Specification	Parameter (generic)	NAND (spec)	VG NOR (spec)
Memory	Density [Gbit]	16 Gbit	1 Gbit
	Bits per cell	2 (Multi-level cell)	2 (MirrorBit)
Voltage	Core voltage [V]	3.3 V	3.3 V
	I/O voltage [V]	1.8 V or 3.3 V	3.3 V
Interface	Asynchronous/syn.	Asynchr.	
	SDR/DDR	SDR/DDR	SDR
Array organization	Read unit size	4 kByte	64 word
	Write unit size	4 kByte	64 word
	Page unit size	4 kByte	
	Physical WL unit size	8 kByte	
	Erase Block unit size	512 kByte	64 k word
	ECC unit size per page	224 byte per page	
Performance	Random read	Typ. 50 μs	120 ns
	Data output cycle	25 ns	25 ns
	Data input cycle	25 ns	
	Program (write unit)	Typ. 800 μs	60 μs (single word PGM)
	Program page	Typ. 800 μs	
	Erase time (smallest)	Typ. 2 ms	Typ. 500 ms
	Block erase time	Typ. 2 ms	Typ. 500 ms
Reliability	Endurance	10 k cycles	typ. 100 k cycles per sec
	Data retention	10 years	20 years
Package	Package type	TSOP1-48	56-pin TSOP
	Multi-die package	2x, 4x	MCP

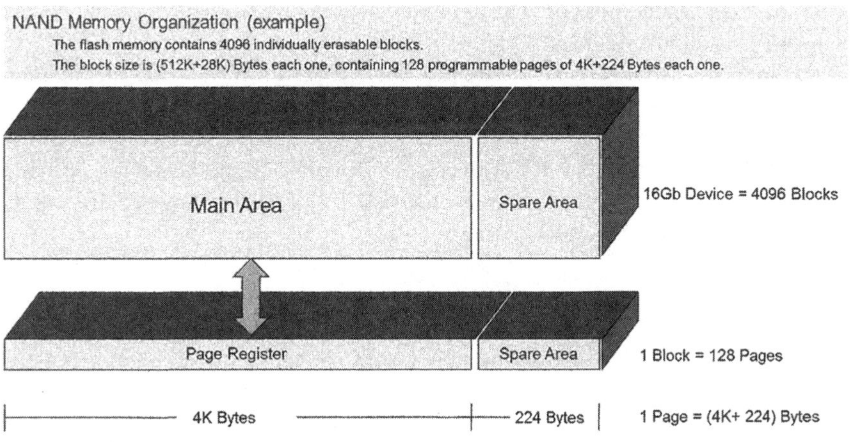

그림 3.7_ 16Gbit MLC NAND 메모리 구성 예제

수들과는 조금 다르다. 예시로 NAND와 VG NOR 플래시 메모리의 전형적인 변수들을 표 3.1에 나열하여 비교하였다.

표 3.2_ 벤더와 벤더 간 NAND 제품 사양 성능 차이 비교

NAND specification	Page program time (t_{PROG}) (μs)			Block erase time (t_{BERS}) (ms)		
	Min. (μs)	Typ. (μs)	Max. (μs)	Min. (μs)	Typ. (μs)	Max. (μs)
Vendor 1	150	800	1400	1200	2000	6000
Vendor 2	200	600	1250	1800	2000	3800

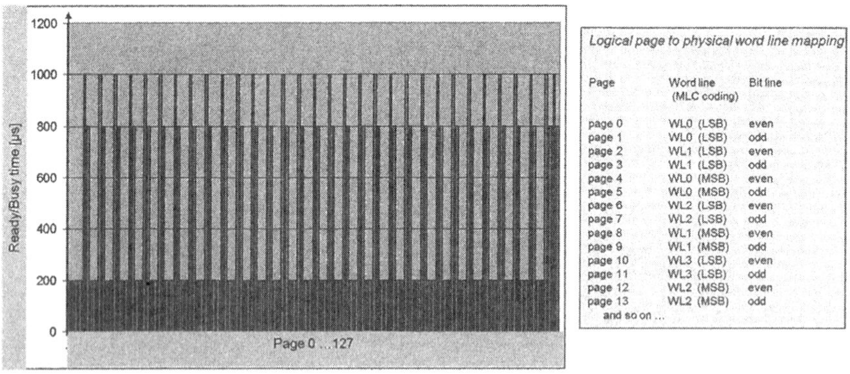

그림 3.8_ 하나의 Erase 블록에 속한 128 페이지들 간 시스템 페이지 프로그램 시간의 편차

논리 메모리 어드레스 구성은 그림 3.7에 설명되어 있다. 하지만 이는 32셀 NAND 스트링에 속한 32워드 라인과는 다르다는 것을 확인할 수 있다. 차이점은 MLC NAND 페이지의 논리적/물리적 매핑과 홀수 및 짝수 shielding 비트 라인 구조이다.

플래시 메모리 사양은 프로그램과 erase 변수를 최솟값, 대푯값(Typical), 최댓값의 세 가지 속성으로 정의한다. 다수의 셀을 프로그램하거나 erase하기 위해 필요한 알고리즘 지속 시간은 통계적 수치에 기반하고 이력, 이웃 데이터, 공정 변화에 따라 변한다. 좀 더 포괄적인 사양서는 대푯값, 최솟값, 최댓값들을 항상 포함하고 있어야 한다. 대부분의 제품 사양서는 표 3.2에서 명시된 최소와 최댓값들이 어떤 조건에서 나타나는지 설명하고 있지 않다. 시스템 설계를 할 때에는 대푯값을 기준으로 설계를 하면 위험하다. 왜냐하면 시스템 테스트 과정에서 결함이 발견될 가능성이 크기 때문이다.

페이지 프로그램 시간(tPROG)은 시스템의 write 성능을 정의하기 위한 핵심 변수이다. 제품 사양에서 나와 있는 600~800μs의 전형적인 값은 평균적인 시스템 write 성능 계산에는 사용하기 좋다. 시스템 아키텍처 설계는 그림 2.86과 2.92에서 소개된 MLC NAND

메모리의 어레이와 알고리즘 지식을 사용해야 한다. LSB(첫 레벨 프로그램)에 해당되는 논리 페이지에는 짧은 프로그램 시간이 예상되고, MSBMSB(두 번째와 세 번째 레벨 프로그래밍)에는 더욱 긴 페이지 프로그램 시간이 예상된다. 이런 차이는 바뀌지 않으며(deterministic) 시스템 레벨에서 데이터 throughput을 최적화하기 위해 사용될 수 있다.

그림 3.8은 논리적 페이지를 오른쪽의 물리적 워드 라인으로 매핑한 것을 보여주고 각 페이지의 하나의 erase block에 대해 예상되는 프로그램 시간을 보여준다. 성능의 차이는 사용된 알고리즘에 대해 신뢰도 마진이 균형을 잘 잡고 있음을 나타낸다. 같은 알고리즘이 적용된 동질의 프로그램 시간은 첫 번째와 두 번째 프로그램된 MSB 페이지에 대해 신뢰성 마진의 차이를 나타낸다.

플래시 메모리의 성능 수치는 제품의 수명 동안 전체적인 성능을 도출하기 위해 필요한 모든 변수를 고려해야 한다. 특정한 플래시 오퍼레이션의 타이밍 특성은 제품 사양에 명시된 최소와 최댓값 사이에서 다양한 값을 가지고 있다. 예상된 변화폭(전형적 R/B 시간, ECC 구현, 적응형 기술)을 정확한 순서대로 시스템 성능 시뮬레이션에 적용해야 한다.

3.2.2 플래시 성능에 대한 어레이 구조의 영향

성능 변수에 큰 영향을 주는 어레이 구조는 2장에서 소개했다. 모든 성능 수치에 영향을 주는 주된 차이는 그림 3.9에 요약되어 있다.

DRAM은 Folded 어레이 아키텍처[2]에서 빠른 localized full page sensing과 고속의 이차 S/A를 결합하여 칩을 가로질러 데이터를 전송한다. 이 어레이 구조는 read와 write를 위해 고속 액세스와 고속 데이터 throughput의 조합을 가능하게 한다. FeRAM은 같은 어레이 구조를 기반으로 하고 있어 같은 우수한 성능을 갖도록 한다.

짧은 로컬 비트 라인을 가진 NOR 어레이는 셀당 고속 read와 고속 프로그램 오퍼레이션을 지원한다. 병렬 액세스는 128~256 글로벌 S/A로 제한된다. 따라서 DRAM과 비교해 보았을 때 real page mode 오퍼레이션이 없기 때문에 프로그램 데이터 throughput은 한계가 있다.

매우 긴 비트 라인을 가진 NAND 어레이는 cycle time에 관련되어 저속 read와 프로그램 오퍼레이션을 지원한다. 각 오퍼레이션은 32,000개나 그 이상의 S/A(NAND 설계 용어로는 페이지 버퍼)에서 병렬로 실행된다. 이 때문에 상당히 우수한 read 데이터 throughput

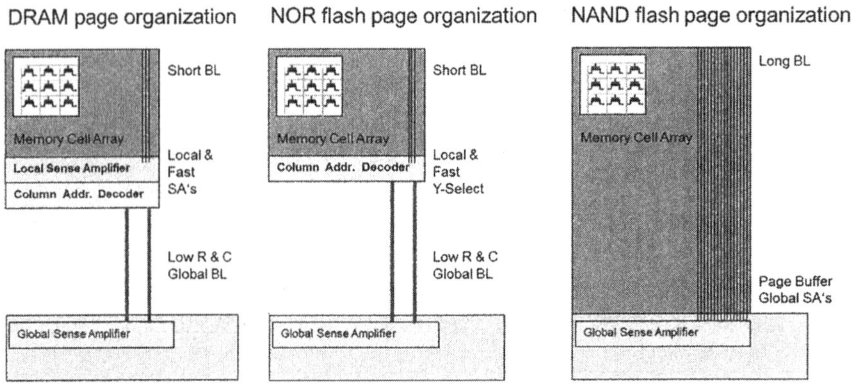

그림 3.9_ 시간과 성능에 대한 페이지 어레이 구성 효과

과 우수한 프로그램 데이터 throughput을 갖는다.

성능 수치에 영향을 미치는 다음 단계의 어레이 구조는 비트와 워드 라인의 저항과 커패시턴스 값에 기반을 둔다. 시간상수 타우(τ)는 비트 라인의 어떤 위치에서 비트 라인 전압이 드라이버 출력 전압으로 변화하는 응답시간을 특징짓는 상승 시간을 의미한다.

$$\text{tau [s]} = \tau = RC$$

위에서 R은 옴 단위의 저항이고 C는 패럿(farad) 단위의 커패시턴스이다.

셀을 액세스하고 센싱하는 cycle time은 비트 라인의 타우(τ) 값에 의해 결정된다. 그림 3.10은 비트 라인에 가해진 전압의 정확도가 대기 시간(타우(τ)의 배수로 이 오퍼레이션의 cycle time의 주요 부분)에 대한 의존도를 보여준다.

워드 라인 전압의 정확도는 플래시 메모리의 센싱 정확도에 영향을 주는 중요한 변수이다. 성능, 정확도, 다이 크기가 서로 좋은 균형을 갖도록 설계된 cycle time은 워드/비트 라인의 타우(τ)값 사이에서 잘 균형 잡혀 있다.

그림 3.10은 타우(τ) 값과 인가된 전압으로 얻어진 전압 값에 대한 관련성을 보여준다. 이는 달성할 수 있는 정확도와 부합한다. 3.0τ 대신에 2.5τ의 짧은 상승시간은 신뢰할 수 있는 메모리 동작 마진을 5% 줄인다. 동작 마진의 계산된 오차는 몇 개월 혹은 몇 년 후에 눈에 띄게 드러난다.

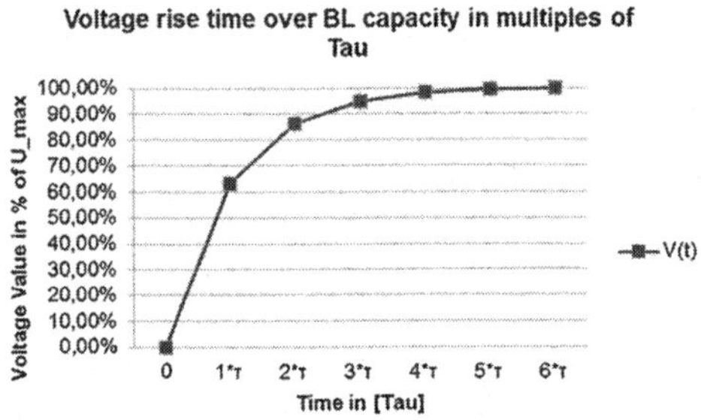

Time [tau]	Voltage Values during BL capacity charging [%]
1 * tau	63,21
2 * tau	86,47
3 * tau	95,02
4 * tau	98,17
5 * tau	99,33

그림 3.10_ 드라이버 동작 후 비트 라인 capacity의 전압 증가 – 에 대한 상승과 오동작 시간의 의존도

Pin Names	NAND flash signal name
$\overline{CE}$	Chip enable
CLE	Command latch enable
ALE	Address latch enable
$\overline{WE}$	Write enable
$\overline{RE}$	Read enable
R/$\overline{B}$	Ready/Busy
I/O	Data Input/Outputs

Symbol	NAND timing parameter
t_{WB}	$\overline{WE}$ high to busy
t_R	Array read access to data register
t_{RC}	Read cycle time
t_{RHZ}	$\overline{RE}$ High to Output high impedance

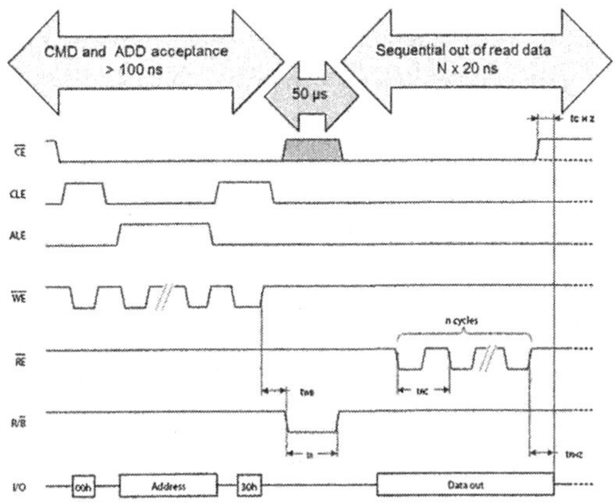

그림 3.11_ NAND 플래시 read 타이밍 – 페이지 read 타이밍 – Asynchronous 표준 NAND

전압 값과 전류 값은 cycle time에 직접적으로 영향을 미치지는 않는다. 메모리 어레이에 흐르는 전류가 최대 허용치보다 클 경우에 전류 사양이 cycle time을 정의하고 메모리 성능의 증가를 제한한다.

3.2.3 Read 사이클 Time, Ready/Busy Time, 데이터 Throughput

이 장에서는 NAND 플래시 메모리를 위한 플래시 read 오퍼레이션에 대해서 더욱 세부적으로 정의한다. NOR 플래시 메모리는 DRAM 메모리와 비슷한 read 성능을 가지고 있고 몇 가지 코멘트만 남긴다. Read 타이밍 사이클은 그림 3.11에서 볼 수 있듯이 3개의 영역으로 나눠진다.

- Command Accepting Phase: read 커맨드와 해당 read 어드레스를 받아들임
- Array Read Access: ready busy 신호에 의해 sign된 어레이로 asynchronous read access
- 데이터 출력: 감지된 read 데이터를 n사이클 내 출력 핀에 전송

3.2.3.1 NAND 플래시 메모리의 Read 사이클

NAND 인터페이스 타이밍은 커맨드와 어드레스 cycle time을 정의한다. 첫 5개의 사이클(5*t_{RC})과 write enable high to busy time(t_{WB})은 **커맨드 입력 구간**(Command Accepting Phase)을 정의한다.

Array Read Access latency는 로우와 칼럼 액세스 시간과 센싱 시간을 포함한다.

- NAND 플래시의 이 read access cycle time(t_R)은 20~50μs 사이에 있고 '플래시 어레이에서 데이터 레지스터로의 데이터 전송'[3]으로 부른다.

데이터 레지스터 내의 위치한 모든 read 데이터를 핀으로 순차 전송하는 것이 read 사이클을 끝내기 위한 마지막 단계이다–**데이터 출력 구간**(Data Output Phase).

- 순차적 read access는 오픈 페이지 내에 어드레스로의 액세스 시간으로 정의된다.
- 이 액세스 시간은 외부 데이터 인터페이스의 read cycle time(t_{RC})과 동기화된다.
  - NAND 순차 read access는 10~20ns 사이에 있다.

한 개의 데이터 패키지의 Read Access Cycle Time은 타우(τ) 값을 기반으로 계산할 수 있다.

$$\text{Read Access Cycle Time [μs]: } t_{RACT} = 5 * t_{RC} + t_{WB} + t_R + 2 * t_{RC}$$

플래시 메모리의 read access 시간은 시스템의 오퍼레이션 이력(history)에 따라 달라진다.

- Erase 오퍼레이션은 read access를 특정한 메모리 뱅크로 명시된 erase 시간 동안(수 밀리초까지) 막을 수 있다. erase suspend 같은 기능은 erase를 인터럽트하고 read access 시간에 해당하는 대기 시간을 줄일 수 있다.
- 셀 내용의 첫 번째 read 오퍼레이션은 ECC 및 적응형 기술과 결합될 수 있다. 추가적 논리 오퍼레이션은 read access 동안 수행되고 따라서 첫 번째 액세스 시간은 2~3배로 달라질 수 있다.

주목: NOR 메모리는 RAM 메모리처럼 동작한다.

- NOR 플래시 메모리의 전형적인 random read access 값은 30에서 90ns 사이에 있다.

3.2.3.2 NAND 플래시 메모리의 read 데이터 throughput

NAND 플래시의 read 데이터 throughput은 페이지 버퍼 내에 센싱 후 저장된 모든 데이터는 인터페이스 핀으로 전송된다는 점을 고려해 계산된다.

$$\text{Read Data Throughput [MB/s]: } DT_{RD} = \frac{\text{Page size(2048 Byte)}}{10 * t_{RC} + t_R + 2048 * t_{RC}}$$

표 3.3은 다른 인터페이스 cycle time(t_{RC})과 페이지 크기의 read 데이터 throughput의 향상 가능성을 보여준다. 페이지 크기는 여분 면적을 포함하고 있지 않다. 이는 여분 면적이 제품마다 다를 수 있으며 사용자 데이터 throughput에 영향을 미치지 않기 때문이다.

큰 페이지 크기와 고속 인터페이스 사양에 따라 저속 read access 변수의 중요성은 줄어든다. Read 데이터 throughput은 독립된 플레인을 사용한 병렬 read 오퍼레이션을 통해 더욱 더 향상시킬 수 있다. 듀얼 플레인(dual plane) 개념은 3.2.5.2에서 다룰 것이다.

전통적인 asynchronous NAND 데이터 인터페이스는 클락(t_{CLK})을 포함한 소스 동기식 데

표 3.3_ NAND 페이지 크기와 인터페이스 cycle time에 대한 read 데이터 throughput(MB/s)의 의존도

Interface cycle time (t_{RC}) and interface frequency ($f_{IF} = 1/t_{RC}$)	Page size (without spare area) 2048 Byte (MB/s)	4096 Byte (MB/s)	8192 Byte (MB/s)
25 ns (40 MHz)	28.76	33.46	36.44
20 ns (50 MHz)	33.60	40.19	44.56
15 ns (66 MHz)	40.38	50.29	57.33
10 ns (100 MHz)	50.59	67.19	80.38

표 3.4_ 싱글과 듀얼 플레인 NAND와 DDR cycle time에 대한 read 데이터 throughput(MB/s)

Page size(without spare area) / Interface cycle time (t_{CLK})	4096 Byte single plane (MB/s)	4096 Byte dual plane configuration (MB/s)	Comments
10 ns (100 MHz) DDR	101.19	200	ONFI 2.1
5 ns (200 MHz) DDR	135.45	400	ONFI 3.0

이터 인터페이스를 통해 상당히 향상시킬 수 있다. ONFI(Open NAND Flash Interface) 워킹 그룹은 NAND 메모리를 위한 double data 속도 인터페이스를 오픈 스탠다드로 소개했다. 표 3.4는 달성할 수 있는 read 데이터 속도를 싱글과 듀얼 플레인 구성으로 보여준다. 듀얼 플레인 구성은 데이터 아웃 시간을 완전히 감추고 있다.

3.2.4 Write Cycle Time, Ready/Busy Time, 그리고 Data Throughput

플래시 메모리의 write 성능은 데이터를 데이터 레지스터로 전송하는 시간과 플래시 셀을 프로그램하는 시간의 합이다. 프로그램 오퍼레이션은 incremental step pulse 알고리즘으로 제어되는데 이 방식은 일정 수의 프로그램 펄스를 내보낸다.

프로그램 시간은 프로그램 펄스와 verify duration 시간을 프로그램 펄스와 곱하여 계산한다. 프로그램의 펄스는 이론적으로 V_{th_LL}과 V_{th_LH} 사이에서 정의된 erase 분포 폭을 이용하여 추정할 수 있다.

$$\text{Number of PGM pulses: NTheoretical} = \frac{V_{th\_LH} - V_{th\_LL}}{\Delta V_{PP}}$$

첫 번째 프로그램 펄스 분포 폭과 온도 오프셋과 타겟 프로그램 분포 폭을 증가시키는 모든 영향들에 대한 가드 밴딩으로 프로그램 펄스 수를 정확하게 계산할 수 있다. 그림 3.12에서 이론적으로 계산된 프로그램 펄스 3개와 필요한 프로그램 펄스 5개의 차이를 볼 수 있다.

선택된 페이지이거나 그림 3.6에서처럼 전체 블록이 사전에 지워졌으면 write 오퍼레이션 프로그래밍은 오류 없이 수행될 수 있다. 이에 대해 두 가지 오퍼레이션 전략이 가능하며 write 성능에 상당한 영향을 미친다.

- Erase 오퍼레이션은 디폴트로 프로그램 오퍼레이션 전에 수행되어야 한다.
  - 이 전략은 erase 블록 크기가 전형적인 프로그램 단위만큼 작을 때 사용한다.

- Erase 오퍼레이션은 background에서 수행된다. 따라서 프로그램 오퍼레이션은 여분 블록 내의 비어 있는 페이지에서 항상 시작될 수 있다.
  - 이 전략은 어떤 논리 블록이 물리적으로 지워졌는지를 기억해두는 전용 소프트웨어를 필요로 한다. 프로그램이 특정 논리 페이지 어드레스에 시작된 경우에 물리적, 논리적 블록과 혹은 페이지 어드레스 리매핑이 필요하다.

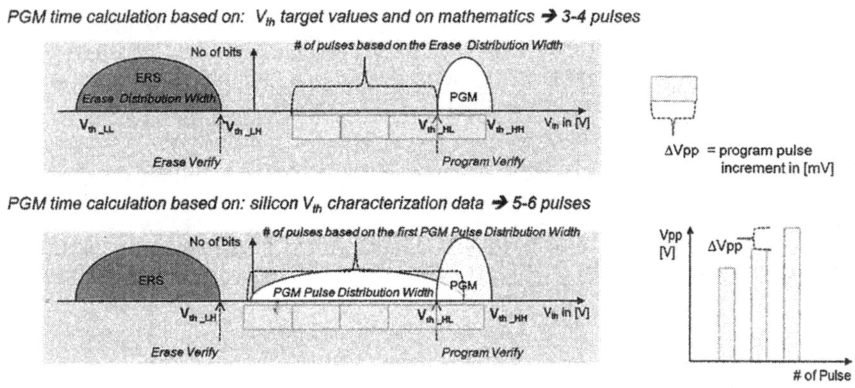

그림 3.12_ 비 휘발성 메모리 – 단순화된 프로그램 시간 계산

이것은 차선책으로 시스템 레벨에서 erase 시간을 감추기 위해 적용된다.

3.2.4.1 NAND 플래시 메모리의 Write Cycle Time

플래시 메모리의 write cycle time은 랜덤 어드레스로 페이지와 블록 크기보다 작은 논리 데이터 크기의 완전한 write 오퍼레이션을 위해 필요한 평균 cycle time으로 정의된다.

- 데이터 레지스터로 write 데이터의 순차적 전송(NAND 페이지 버퍼 데이터 래치)
- 프로그램 오퍼레이션의 수행 – ready/busy time에 의해 플래시 메모리는 막힌다.
- 한 페이지의 erase 타임을 위해 virtual time adder를 추가한다(물리적 erase 시간을 erase 블록당 페이지 수로 나눔).

$$\text{Write Cycle } [\mu s]\ t_{WCT} = t_{DI} + t_{PROG} + \frac{t_{BERS}}{\#pages}$$

3.2.4.2 NAND 플래시 메모리의 write 데이터 throughput

NAND 플래시의 write 데이터 throughput은 모든 데이터 레지스터가 write 데이터로 채워지고 나서 프로그램 오퍼레이션이 시작하는 방식으로 정의된다.

표 3.5_ NAND 페이지 크기와 인터페이스 cycle time에 대한 write 데이터 throughput(MB/s)의 의존도

Interface cycle time (t_{WC}) and interface frequency ($f_{IF} = 1/t_{WC}$)	Page size (without spare area)		
	2048 Byte (MB/s)	4096 Byte (MB/s)	8192 Byte (MB/s)
25 ns (40 MHz)	6.77	11.58	17.96
20 ns (50 MHz)	7.01	12.29	19.74
15 ns (66 MHz)	7.26	13.10	21.90
10 ns (100 MHz)	7.54	14.02	24.59

$$\text{Write Date Throughput [WB/s]}\ \ DT_{WR} = \frac{\text{Page size(2048 Byte)}}{(2048 * t_{WC}) + t_{PROG} + \dfrac{t_{BERS}}{\#\text{pages}}}$$

표 3.5는 서로 다른 인터페이스 cycle time과 위에서 설명한 방정식 t_{PROG}=220μs과 t_{BERS}=2ms를 기반으로 하는 페이지 크기에 따라 write 데이터 throughput이 달라짐을 보여준다.

적절한 최악의 시나리오를 가정하고 write date throughput이 분석되었다. 프로그램과 erase를 위해 설계된 다른 크기의 플래시 어레이 세그먼트는 write 데이터 throughput에 크게 영향을 미친다.

- 최악의 경우의 erase 시나리오 1(WCE_I)
  - 모든 프로그램 오퍼레이션에 모든 erase 시간이 추가된다. 첫 번째 프로그램 이전에 최악 시나리오 조건하에서 오퍼레이션이 수행되어야 하기 때문이다. erase될 블록의 모든 데이터는 invalid하기 때문에 erase는 바로 시작될 수 있다.
- 최악의 경우의 Erase 시나리오 2(WCE_II)
  - 적정한 수의 페이지가 이동되어야만 하고(최대 블록당 페이지 수의 절반으로 가정) 타겟 블록에 erase 오퍼레이션이 시작하기 전에 새로운 장소로 복사되어야 한다. 이후에 논리적 데이터 write가 시작될 수 있다.
- 최악의 경우의 Erase 시나리오 3(WCE_III)
  - 적정한 수의 페이지가 복사된 이후에 플래시 셀의 신뢰성 문제 때문에 타겟 블록에 대한 erase 오퍼레이션은 실패한다. 두 번째 erase 오퍼레이션은 다른 블록에서 시작되어야 하며 이후에 논리적 데이터 write가 시작된다.

표 3.6_ 최악의 erase 시나리오 대한 write 데이터 throughput (MB/s)의 의존도

Scenario and interface frequency (f_{IF})	Page size (without spare area)			Comments
	2048 Byte (MB/s)	4096 Byte (MB/s)	8192 Byte (MB/s)	
Default (100 MHz)	7.54	14.02	24.59	Distributed average erase time
WCE_I (100 MHz)	0.91	1.81	3.56	Full erase time in front
WCE_II (100 MHz)	0.22	0.44	0.88	50% move data and full erase
WCE_III (100 MHz)	0.15	0.31	0.61	50% move data, erase fails—marking—erase on next block

표 3.6은 4가지 시나리오를 위해 계산된 write 데이터 throughput–평균 erase 시간을 가진 디폴트 시나리오와 세 가지 최악 시나리오(WCE_I, WCE_II, WCE_III)를 보여준다. Write 오퍼레이션에서 최악의 경우의 시나리오가 실제로 일어난다면 write 성능은 수십 배의 차이가 난다. Read 오퍼레이션이 현재 erase를 수행하는 메모리 뱅크에서 일어난다면 read 데이터 throughput이 크게 감소하는 것을 볼 수 있다.

Read와 write 데이터 throughput에 대한 erase 오퍼레이션의 영향은 플래시 메모리의 큰 장애물이며 다음 절에서 다룰 것이다. 표 3.6에서 보인 의존도는 해결되어야 할 적절한 애플리케이션 케이스를 위해 시스템 소프트웨어 레벨에서 해석되어야 한다.

최악의 성능 평가는 사용 중인 비휘발성 메모리의 특정한 성능의 일부로 해당되는 복구 전략(recovery strategy)을 활성화시키기 위해 실패하는 프로그램과 erase 오퍼레이션에 대해 이루어져야 한다.

3.2.5 프로그램 데이터 throughput

플래시 메모리의 프로그래밍 성능과 V_{th} 오퍼레이션 윈도우가 이 절에서 다루는 두 가지 주요 사항이다. 플래시 메모리에는 프로그램과 erase 오퍼레이션을 위해 두 가지 어레이 크기가 사용된다(프로그램은 페이지 단위로 수행되고, erase는 여러 개의 페이지로 구성된 블록 단위로 수행됨). 결과적으로 아래의 두 변수가 데이터 throughput을 나타내기 위해 사용된다.

- **프로그램 데이터 throughput**: 메모리 어레이 구조(S/A의 개수가 얼마나 많은 프로그램을 병렬로 처리할 수 있는지 결정함)와 프로그램 알고리즘(프로그램 오퍼레이션을 마치기

위한 verify 오퍼레이션과 펄스의 수)에 의해 결정된다.

- Write 데이터 throughput: 최소 단위 블록의 erase 시간과 일정 데이터에 대한 프로그램 데이터 throughput과 erase 시간을 숨겨 성능을 보장하려는 전략까지 더해져 정의된다.

3.2.5.1 NAND 플래시 메모리의 프로그램 데이터 throughput

NAND 플래시의 프로그램 데이터 throughput은 erase가 없을 경우의 write 데이터 throughput과 동일하게 계산할 수 있다.

$$\text{프로그램 데이터 Throughput [MB/s]} \quad DT_{PGM} = \frac{\text{page size}}{t_{PROG} + t_{DI}}$$

위 수식은 간단한 가정을 통해 잘 이해할 수 있다.

PGM시간은 PGM 펄스의 개수에 read 오퍼레이션에 필요한 시간의 두 배를 곱함으로써 계산할 수 있다(처음엔 필요한 정확도를 갖는 프로그램 펄스를 수행하고, 그 이후에 verify 오퍼레이션을 수행함).

$$\text{프로그램 데이터 Throughput [MB/s]} = \frac{\text{page size(2048 Byte)}}{\text{PGM pulses} * (9 * (\tau_{BL} + \tau_{WL})) + (2048 * t_{WC})}$$

표 3.7에는 위 식을 통해 구해진 다른 인터페이스 주기와 페이지 크기에 따른 프로그램 데이터 throughput이 정리되어 있다. 표에서는 t_{PROG} = 5pulses * (9 * (2μs + 3μs)) = 225μs를 가정하였다.

데이터 인터페이스 시간은 인터리브드(interleaved) 모드의 한 칩에서 두 플래시 메모리가 I/O 채널을 공유하여 숨길 수 있다[4].

표 3.7_ NAND 페이지 크기와 인터페이스 주기에 따른 프로그램 데이터 속도

Interface cycle time(t_{WC}) and	Page size(without spare area)		
interface frequency(f_{IF})	2048 Byte(MB/s)	4096 Byte(MB/s)	8192 Byte(MB/s)
25ns(40MHz)	7.41	12.51	19.06
20ns(50MHz)	7.70	13.35	21.07
15ns(66MHz)	8.01	14.30	23.55
10ns(100MHz)	8.34	15.40	26.69

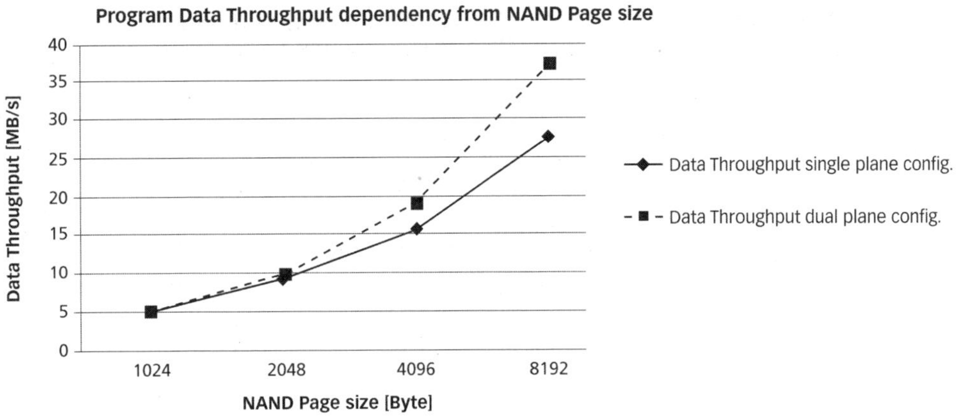

그림 3.13_ 페이지 크기에 따른 NAND 프로그램 데이터 throughput

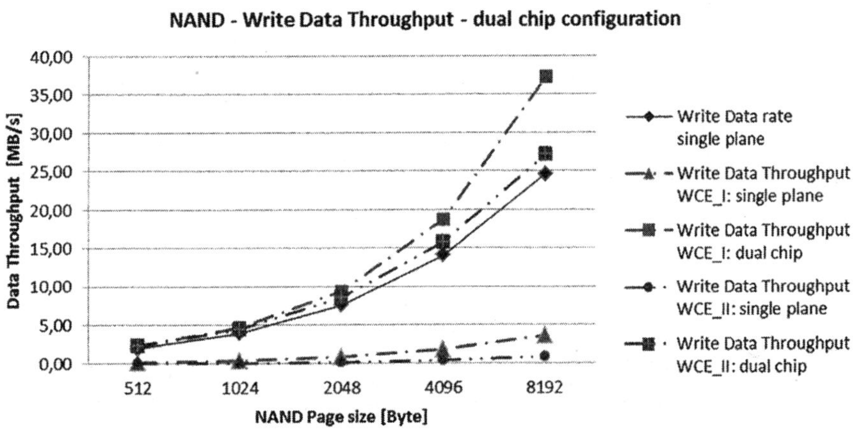

그림 3.14_ 듀얼 칩 구성에서 NAND write 데이터 throughput–싱글 플레인/칩과 비교해 최악의 경우

그림 3.13에는 페이지 크기에 따른 프로그램 데이터 throughput을 그래프로 나타내었다. 페이지 크기를 늘리면 프로그램 데이터 throughput이 크게 증가하는 것을 볼 수 있다. 그림 3.14로부터 듀얼 칩 혹은 듀얼 플레인 방식이 지속 가능한 데이터 속도를 향상시킬 수 있는 한 방법이라는 것을 알 수 있다.

3.2.5.2 Write 데이터 throughput: 듀얼 칩과 듀얼 플레인의 영향

두 개의 NAND 메모리를 사용하는 시스템에 대해 최악의 시나리오 계산을 해보면 듀얼

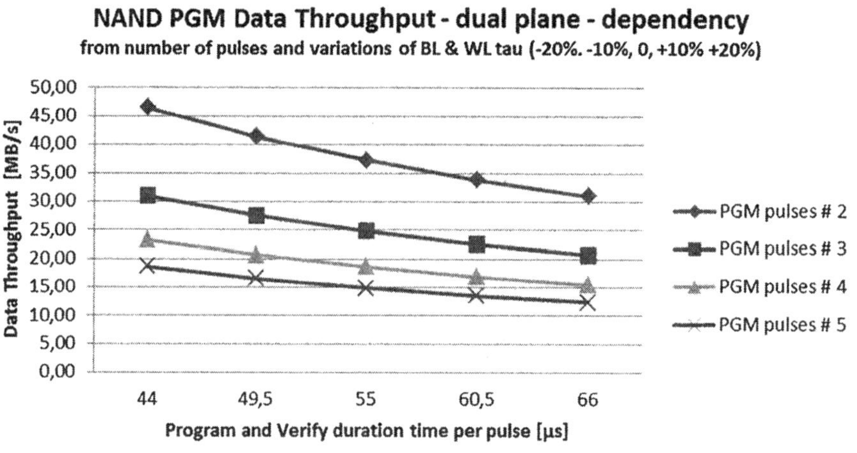

그림 3.15_ PGM 숫자와 BL & WL Tau변화에 따른 NAND PGM 데이터 Throughput의 의존성

칩과 듀얼 플레인의 장점을 확인할 수 있다. 듀얼 칩과 듀얼 플레인을 통해 첫 번째와 두 번째 최악의 경우는 완전히 숨겨진다. 최악의 경우 write 데이터 속도는 단일 칩 듀얼 플레인 구성의 최상의 프로그램 데이터 속도와 동일하다. 한 번에 한 플레인에만 프로그램한다고 가정하였고, 두 번째 플레인은 시간 내에 데이터를 숨기는 데에만 사용된다.

시스템 레벨로 보았을 때 두 개의 NAND 칩을 병렬로 이용한 메모리 구성을 통해 erase 오퍼레이션과 몇 가지 최악의 경우의 write 성능 시나리오를 숨길 수 있는 유연성을 제공한다. 두 개의 NAND 다이를 쌓아 구성된 두 개의 패키지를 기반으로 한 메모리는 단일 다이의 프로그램 데이터 throughput 수치보다 절대 나쁠 수 없는 write 성능을 지속적으로 유지할 수 있게 해준다.

메모리 어레이의 프로그램 데이터 throughput은 비휘발성 메모리 제품 평가에 주요한 성능 변수이고 성능 지표 방법의 기본이 된다. 그림 3.15는 PGM 데이터 throughput 공식에서 소개된 변수들의 영향을 나타낸다(프로그램 펄스의 개수와 메모리 어레이의 비트 라인과 워드 라인의 R과 C에 의해 결정되는 상승시간의 영향).

공정 미세화(shrink) 로드맵에 따른 공정 변화는 필요한 펄스의 수를 증가시키고, 더 작은 크기와 거리는 자동으로 시간 상수()를 증가시킬 것이다. 공정과 알고리즘 혁신은 매 공정 노드마다 필요하다. 이 혁신의 기여도는 메모리 어레이의 성능 지표인 프로그램 데이터 throughput에 의해 확인될 수 있다.

표 3.8_ NOR 워드 크기와 인터페이스 주기에 따른 프로그램 데이터 Throughput(MB/s)

Interface cycle time (t_{IF}) and Interface frequency (f_{IF})	Program parallelism—word size (Bits)				Comments
	64 Bit (MB/s)	128 Bit (MB/s)	256 Bit (MB/s)	512 Bit (MB/s)	
15 ns (66 MHz)	0.31	0.59	1.11	1.96	for 25 μs PGM time
10 ns (100 MHz)	0.31	0.61	1.16	2.12	for 25 μs PGM time
5 ns (200 MHz)	0.32	0.62	1.22	2.32	for 25 μs PGM time
3,75 ns (266 MHz)	0.32	0.63	1.23	2.38	for 25 μs PGM time

3.2.5.3 NOR 플래시 메모리의 프로그램 데이터 Throughput

NOR 플래시 메모리의 프로그램 데이터 throughput은 NAND 플래시와 같은 방법으로 계산된다. NOR 어레이와 센싱 제한 때문에 병렬적으로 수행되는 프로그램 오퍼레이션의 양이 NAND보다 작다. 병렬로 프로그램되는 비트 수는 64~512이고 이를 워드 크기(word size)라 부른다.

$$\text{프로그램 데이터 throughput[MB/s] } DT_{PGM} = \frac{\text{Word size}}{\text{PGM time} + \frac{\text{Word size}}{\text{Bus\_width}_{\text{Data}} * t_{1F}}}$$

프로그램 시간의 가정은 앞의 NAND 플래시 메모리와 같다. 설계를 위해서 로컬과 글로벌 비트 라인 및 로컬 Y-select의 조합은 자세한 계산들을 필요로 한다. 따라서 NOR와 VG-NOR 플래시 메모리를 포괄하는 공식은 없다. 표 3.8은 인터페이스 주기와 워드 크기(NOR 오퍼레이션의 병렬성)에 따른 프로그램 데이터 throughput을 보여준다.

NOR 플래시 메모리의 프로그램 원리는 물리적으로 병렬 처리에 한계가 있고, 따라서 프로그램 데이터 throughput을 제한한다. Write 데이터 throughput 또한 상대적으로 긴 erase 시간 때문에 낮아진다. 이에 대해서는 다음 절에서 다룰 것이다.

3.2.6 Erase 성능과 Erase Suspend 명령

표 3.9에 플래시 메모리의 erase 성능을 다른 비휘발성 메모리들과 비교하였다. 표에서 같은 크기의 블록에 대한 erase와 프로그램의 비율은 시스템 레벨에서 erase 사이클 시간의 영향을 숨길 수 있는 확률을 나타낸다.

표 3.9_ Erase 성능–프로그램, Erase 시간의 절대값과 비율

Memory	Erase time per ERS block (ms)	Program time per page/word (μs)	Program time per ERS block (ms)	Ratio ERS/PGM per ERS block
Non-volatile flash memories (electron-based)				
SLC NOR	600	30	30	20
VG NOR	30	30	30	1
SLC NAND	2	200	12.8	0.15
MLC NAND	2	800	102	0.02
Non-volatile emerging memories (non-electron-based)				
FeRAM	Not applicable	100 ns	Not applicable	Not applicable
PCM	Not applicable	100 ns	Not applicable	Not applicable

NAND의 경우 2ms, NOR의 경우 600ms까지 이르는 erase 시간은 시스템 레벨에서는 대기 시간이다. 애플리케이션 레벨의 평가에서 erase 대기시간을 수용할 수 있는지 결정해야 한다.

- Erase 대기시간이 수용 가능한 애플리케이션
  - 단일 다이 제품
  - Erase 오퍼레이션을 sleep 모드 혹은 power up/down 시간으로 옮긴 경우
- Erase 대기시간이 수용 불가능한 시스템과 애플리케이션
  - 필요한 경우 erase를 정지하여야 하는 경우 → Erase suspend 명령
  - Erase가 background로 오퍼레이션하는 경우

플래시 메모리 기반 시스템의 write 성능이 지속적으로 유지되려면 erase와 프로그램 비율이 10% 이하여야 하고 5% 이하이면 좋다. Durability(내구성) 단원에서 ERS/PGM ratio에 대한 평가와 비율이 맞지 않을 경우에 대한 대책에서 자세히 소개될 것이다.

NOR 플래시 메모리에는 플래시 다이 위에서 작동 중인 erase 오퍼레이션을 정지시키는 erase suspend 명령이 있다. 고전압 오퍼레이션에 대한 정지 오퍼레이션은 수 s가 걸리고, 대기시간을 크게 줄여준다. Erase 오퍼레이션은 시스템 성능에 직접적인 영향을 끼칠 뿐 아니라 erase 분포의 위치와 폭을 결정한다. 이러한 변수들도 시스템 성능에 간접적인 영향을 미친다.

- 잘 설계된 erase 알고리즘은 오류가 난 비트들을 줄이고(EDC와 ECC를 줄여 에너지 소비를 감소시킴) 오퍼레이션 시간을 늘려 준다(플래시 메모리의 내구성 변수를 향상시킴).

표 3.10_ 비휘발성 메모리의 성능 지표 정리

Memory	Read access cycle time	Read data throughput	Program cycle time	Program data throughput	Write data throughput
Non-Volatile Flash Memories (electron-based)					
SLC NOR	Fast	High	Medium	Medium	Slow
FG 1-bit/cell	25 ns	>100 MB/s	10–20 μs	1–10 MB/s	0,1–1 MB/s
VG NOR	Fast	High	Medium (μs)	Medium	Slow
CT 2-bit/cell	25–50 ns	>100 MB/s	60 μs	2–8 MB/s	1–4 MB/s
SLC NAND	Slow	High	Slow	High	High
FG 1-bit/cell	25 μs	>100 MB/s	>200 μs	>100 MB/s	>80 MB/s
MLC NAND	Slow	High	Slow	Medium	Medium
FG 2-bit/cell	50 μs	>100 MB/s	>700 μs	>25 MB/s	>20 MB/s
Non-Volatile Emerging Memories (non-electron-based)					
FeRAM	Fast	High	Fast	High	Not applicable
	25–50 ns	>100 MB/s	100 ns	>100 MB/s	
PCM	Fast	High	Fast	Medium	Not applicable
	25–50 ns	>100 MB/s	100 ns		

- 작은 erase 분포는 프로그램 오퍼레이션을 끝마치는 데 필요한 프로그램 펄스가 한 두 개 감소한다. NAND 플래시에 대한 이 효과는 그림 3.15에 나타나 있다.

Erase 오퍼레이션은 write (프로그램)성능을 제품의 수명이 다할 때까지 지속적으로 향상, 유지시킨다.

3.2.7 핵심 성능 변수 식별하기

이 절에서는 어레이와 공정 변수 및 그 변화의 영향을 포함하여 앞에서의 플래시 메모리들에 대한 성능 변수들을 분석한다. 여러 구성들에 대해서 얻을 수 있는 read와 write 시스템 성능 수치들에 대하여 독립적인 변수들에 대한 영향 분석이 이루어질 것이다.

여러 종류의 플래시 메모리가 표 3.10에 정리되어 있다. 메모리의 개요를 완성시키고 확실한 비교를 위하여 두 가지의 이머징(emerging) 비휘발성 메모리(non–electron based)가 추가되었다.

플래시 메모리들에 대하여 정리해보면 다음과 같다.

- 어레이 오퍼레이션 사이클 시간과 데이터 throughput은 상관이 없다.
- NAND 페이지 크기에서 증가된 비트 집적도는 데이터 throughput 증가로 이어진다.

- NOR에서 S/A 집적도가 증가하면 read 데이터 throughput이 증가하지만, 전류 제한 때문에 프로그램 throughput은 많이 증가하지 못한다.
- 지속 가능한 프로그램 데이터 throughput은 메모리 시스템 구조에 의하여 결정된다.
  - 멀티 플레인, 멀티 다이 메모리 서브 시스템의 NAND erase 사이클 시간은 숨겨질 수 있고 프로그램 데이터 throughput도 감소된다.

셀, 어레이 그리고 알고리즘을 함께 고려한 메모리 성능을 분석할 때 지금까지의 여러 핵심 성능변수 중 '**프로그램** 데이터 Throughput'이 가장 중요한 변수이다. 그 다음 중요한 변수는 'Read Access Cycle Time'이다. Erase와 프로그램 사이의 비율이 10%가 넘을 경우 'Write 데이터 Throughput'이 '**프로그램** 데이터 Throughput' 대신 가장 중요한 성능 지표로 사용되어야 한다.

플래시 메모리의 한정된 사이클로 인한 write와 read 성능의 추가적인 영향과 프로그램과 erase array segment 간에 다른 크기를 다루는 데 드는 노력 등은 다음 장에서 다룰 것이다.

두 가지 이머징 비휘발성 메모리의 성능상의 장점들이 표 3.9와 3.10에 표시되어 있다. 표에서 보듯이 두 메모리의 성능은 다른 메모리보다 뛰어나다. NAND 플래시의 시장에서의 성공은 메모리 서브 시스템에서 개선 가능성을 포함하여 가격과 성능 모두 중요하다는 것을 알 수 있다.

3.3 성능과 내구성

앞의 성능 변수 분석들은 비휘발성 메모리의 내구성과 함께 논의할 수 있다. 우리는 여기에서 성능과 필요한 내구성 및 둘 간의 간섭에 대해 논의하기 위해, 휘발성 메모리에서 다루었던 '내구성'이란 용어를 소개한다. 이번 절에서는 대부분의 비휘발성 메모리에서 제한된 내구성과 관련된 모든 기술적 어려움들을 소개할 것이다.

3.3.1 Combined 메모리 오퍼레이션에 대한 내구성 정의

메모리 오퍼레이션의 내구성은 예상되는 오퍼레이션 수명에 기반하여 계산할 수 있다. Cycle Time을 100ns라고 하고, 일정한 온도범위 내에서 10년 동안 가능한 read와 write 오퍼레이션의 횟수를 계산한다.

• 휘발성 메모리는 한 셀당 10^{15}번의 오퍼레이션을 에러 없이 할 수 있다.
– 게이트에 전압 스트레스를 가해주지 않는 범위의 duty cycle을 가정

• 가능한 read와 write의 모든 조합에서 내구성이 보장되어야 한다.
– 9×10^{14}번의 write와, 1×10^{14}번의 read 조합, 혹은 그 반대

비휘발성 메모리의 경우에도 같은 기간의 수명을 가진다. 그러나, write 사이클의 수(사이클 내구성이라고도 불림)는 대부분 10^{15}번으로 제한된다. 시간이 지날수록 read disturbance가 심해지기 때문에 read 사이클의 경우에도 주로 10^7번으로 제한된다. 앞에서와 같은 계산 방법을 사용하고 read와 write 사이클을 조합하면,

• 제품의 수명이 다할 때까지 read와 write 오퍼레이션이 정확하다면 한 셀은 10^{12}번의 오퍼레이션을 에러없이 수행할 수 있어야 한다.
– 4장에서 자세하게 다루지만, 신뢰성에 따른 효과가 에러 없이 가능한 오퍼레이션의 수를 줄일 수 있다.

• 휘발성 메모리에 적용한 것과 같은 계산 방법에 따르면, 위에서 언급한 조건에서의 비휘발성 셀은 각 셀마다 최소 1시간의 오류 없는 작동을 보장한다. 이를 토대로 전체 메모리 장치의 집적도(저장 용량)를 곱하고 disturbance와 사이클 스트레스에 중요한 요소인 각 어레이의 병렬 어레이 접근 수로 나눔으로써 내구성을 계산할 수 있다.
• 예를 들어, 4GBit보다 큰 비휘발성 메모리는 10년 동안 연속적으로 오류 없는 작동이 가능해야 한다.

이 내구성 분석의 중요성을 그림 3.16에 보였다. 이 그림에서는 10^{10}의 오퍼레이션 사이클

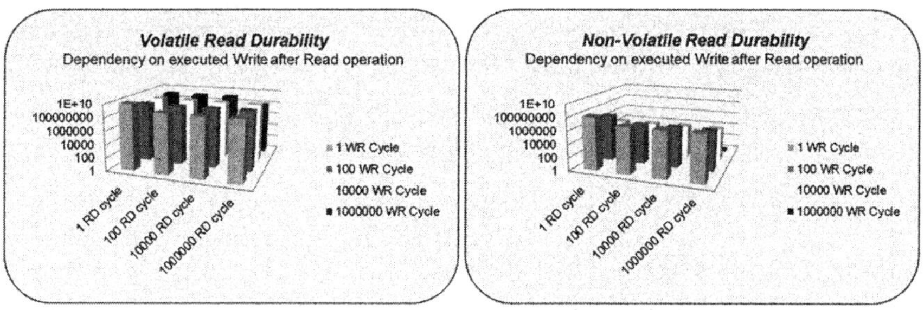

그림 3.16_ 휘발성 메모리와 비휘발성 메모리의 Read 오퍼레이션 내구성

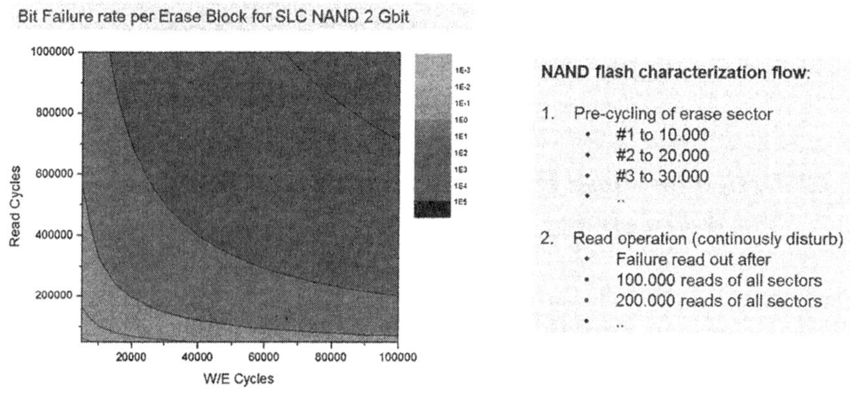

그림 3.17_ Read와 Write 내구성 확인을 위한 NAND erase 블록당 비트 불량률

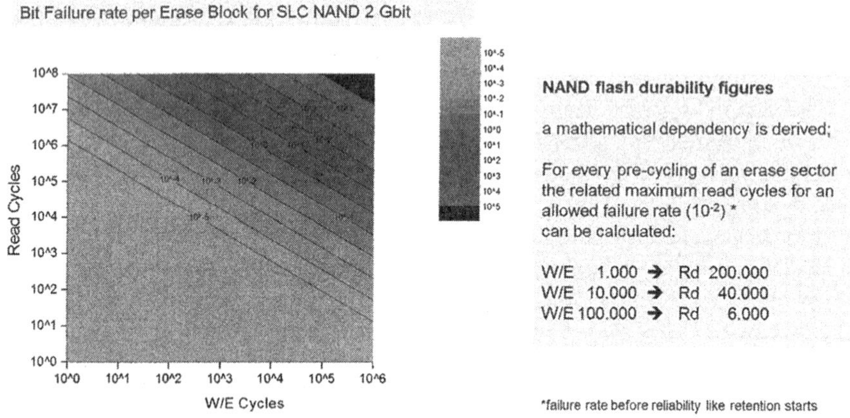

그림 3.18_ Read 와 Write 내구성 예측을 위한 비트 불량률(로그 단위)

범위에서 휘발성 메모리와 비휘발성 메모리의 내구성 요구사항을 비교하였다. 오른쪽 그림은 대부분의 비휘발성 메모리 셀들의 내재된 약점을 나타내었다. 비휘발성 저장 소자의 변화는 물리적인 스트레스를 만들고 신뢰성의 변화를 일으킨다. read 오퍼레이션 동안 비트 불량률(bit failure rate)을 확인하면 이러한 영향을 효과적으로 확인할 수 있다.

70nm 노드부터 신뢰성 높은 SLC NAND 플래시 디바이스를 앞서 설명한 NAND 플래시 특성들을 측정하기 위한 흐름대로 상온에서 bench 테스터를 사용해 측정하였다. 그림 3.16에 나타난 비휘발성 메모리의 약점은 SLC NAND를 통해 측정되었다. 그림 3.17에 보인대로 NAND 기능들이 read와 write의 모든 조합으로 보여졌고 페이지당 비트 불량률만 증가한다. 앞에서 설명된 NAND의 특성 분석 과정은 다른 많은 메모리들에도 적용 가능

하다. 나중에 시스템 엔지니어링 팀에서 정확한 내구성 사양을 만드는 데 도움을 주기 위해 그림 3.18에서 보여진 스트레스 의존도를 포함한 모델을 만들 수 있다. 각각의 비휘발성 메모리마다 다른 특성을 보인다. 또한 변수들의 수학적 관계가 공정 노드마다 또 반도체 제작 과정 동안 변화할 것이다. 설계, 알고리즘, 그리고 애플리케이션의 개선을 통해 특정한 데이터 크기에 따라 내구성을 크게 향상시킬 수 있다.

이번 절에서 정확히 내구성을 정의하는 방법에 대해 알아보았는데, 그 결과들은 플래시 메모리의 성능변수를 기반으로 한 시스템 구조의 성능에 의존한다.

3.3.2 Read 내구성을 위한 설계: 작은 크기의 데이터를 위한 확장된 값

Read와 write 오퍼레이션에 대하여 플래시 메모리들은 제한된 내구성을 가지고 있다. 내구성을 위한 설계에는 여러 접근 방법들이 있다. 다음은 NAND 플래시의 내구성을 위한 두 가지 방법의 예이다.

- 최적화된 read cycle(10^7)과 rewrite cycle(10^5)은 read 내구성을 10^{12}까지 증가시킬 수 있다. 이 개념은 허용된 read의 최대 주기 이후에 write 오퍼레이션으로 교란된 read 데이터를 리프레시하는 것이다. NAND 플래시의 에러 검출은 허용 가능한 불량률의 문턱을 정하기 위해 이용될 수 있고, 이 에러가 문턱을 넘을 경우 rewrite가 실행된다.
  - 이 방법은 큰 추가 비용이 발생되며 한 가지 문제를 해결하지 못한다. 즉, 이 시퀀스가 5년간 데이터를 유지한 후에 인터럽트가 걸리면 불량률은 어떻게 될 것인가 하는 문제이다.
  - 견고성과 신뢰성 사이의 간섭은 6장에서 자세하게 다룬다.

- NAND 플래시 어레이의 read 오퍼레이션은 워드 라인의 셀들에 read pass 오버드라이브 전압(V_{RD_PASS})을 통하여 충격을 준다. 반복적으로 read되는 타겟 워드 라인의 경우에는 영향을 받지 않는다. 한 erase 블록의 32개의 워드 라인 중 단 하나만이 이 방법에서 이용된다. 이 워드 라인은 휘발성 메모리와 비교해 read 내구성을 가진다.
  - 플래시 메모리의 MLC 알고리즘의 경우에는 read 오퍼레이션에 덜 민감해지기 위해서 상보적인 데이터를 사용하고, 따라서 32개의 워드 라인 모두 향상될 수 있다.

NAND의 read 내구성을 향상시키기 위해서는 데이터의 크기는 영향을 받지만 read 성능에는 영향을 미치지 않는다.

3.3.3 플래시 내구성을 위한 설계: 플래시 변환 레이어(Flash Translation Layer)와 Wear Leveling

플래시의 내구성을 제한하는 요소는 10^4~10^5번의 write 내구성 주기보다 감소한 값이 아니다. 이 수치는 하나의 셀에 해당하고, 요즘의 플래시에는 수십억 개 정도의 셀들이 들어있다. 플래시 셀들은 한쪽 방향으로만 프로그램될 수 있고, 오퍼레이션이 수행되는 단위는 한 개 페이지 크기이다. 이 플래시 셀에 이전 값에 반대되는 로직 데이터를 다시 쓰려면 NAND 플래시의 경우 보통 1~4Mbit 정도 크기의 erase 블록에 대해 erase 오퍼레이션이 필요하다.

- 플래시 내구성을 위한 설계(Design for Flash Durabilits,DfFD)는 하나 또는 여러 개의 erase 블록의 크기 단위의 데이터 묶음들을 물리적으로 쓰는 시스템과 애플리케이션이 필요하다. 예를 들어, 메모리 서브 시스템은 많은 오퍼레이션들을 캐시 메모리에 저장해놓아야 하고, 1, 2, 또는 4Mbit 정도 크기로 물리적 프로그램 오퍼레이션을 시작한다.

우리는 다음을 아주 명확히 하기 위해 이 점을 다시 한 번 짚고 넘어가야 한다. '플래시 내구성을 위한 설계(DfFD)–**셀 내구성 수치를 전부 사용하는**–' 시스템은 전체 erase 섹터 크기의 물리적인 프로그래밍을 지원해야 한다. 이 기간 동안 전원 전압은 전압 스파이크나 변화 없이 까다로운 사양에 맞추어 잘 유지되어야 한다.

하드웨어와 소프트웨어로 이루어진 시스템은 플래시 메모리 주변에 둘러싸이는데, 플래시 변환 레이어(Flash Transition Layer, FTL)라고 한다. 이 레이어의 주요 기능들은 다음과 같다.

- 데이터의 논리적 변화는 논리적 어드레스에서 물리적 어드레스로 매핑에 의해 분리된다(decoupled).
- 논리적 페이지 내의 한 바이트의 변화는 erase 섹터 전부가 아닌, 하나 혹은 그 이상의 물리적 페이지들에 물리적 write 오퍼레이션이 이루어지게 한다.
- 어드레스 매핑은 유효하지 않은 페이지들과 함께 물리적 어드레스 공간을 조각 낼 것이다 – 그것은 erase 섹터가 여전히 유효한 물리적 페이지들을 포함하고 있기 때문에 사용될 수 없다.

어떤 특정한 트리거 레벨에서 (플래시 메모리의 부가적인 여분 공간에 따라서)여전히 유효한 페이지들은 erase 오퍼레이션을 위해 현재 오퍼레이션을 멈추려면 다른 erase 블록에 복사되어야 한다. 이 개념은 '쓰레기 수집(garbage collection)'이라고 불리는데, 이러한 부가적인 write 오퍼레이션들은 데이터 throughput과 내구성 및 성능 계산을 위한 값들을 줄이고 있다.

3.3.3.1 wear leveling의 개념

Wear leveling은 블록을 erase할 수 있는 플래시 메모리들의 사용 가능한 수명을 연장시키기 위한 방법이다. 플래시 메모리들의 유한한 사이클링 능력 때문에 wear leveling은 물리적으로 수행되는 erase 오퍼레이션을 전체 메모리에 대해서는 균등하게, 또는 더 좋게는 메모리 서브 시스템으로 분배한다.

Wear leveling이 없는 경우를 고려해보자. 플래시 기반의 시스템은 매 10ms마다 새 측정값으로 256바이트의 데이터 파일이 바뀐다. 마지막 값은 이전 값을 덮어쓴다. 24시간 동안 동작시킨다면, 이 특정한 논리 어드레스를 8,640,000번 덮어써야 한다.

- SRAM과 버퍼 배터리로 구성된 시스템은 256×8개의 메모리 셀들에 정확히 8,640,000번 접근하고 바꾼다.
- NAND 플래시로 구성된 시스템은 수명이 다할 때까지 100,000번 이상 erase 블록을 순환한다(cycle). 멈추거나 실패할 때까지 다음 순서의 erase 섹터를 순환한다.

Wear leveling[5] 전략과 특별한 파일 시스템은 플래시 메모리의 사용 가능한 수명을 연장하고자 개발되었다. 우리는 두 개의 NAND 플래시 메모리를 가진 시스템에 대하여 두 가지의 전략을 비교할 것이다. 표 3.11은 동일한 어드레스에 256Byte를 8,640,000번 write 오

표 3.11_ 내구성 - wear level 전략들

8192 erase blocks [EB] in total 8.640.000 times write of 256 byte in 24h run time	Start condition 4000 empty erase blocks	Start condition 200 empty erase blocks
Static wear leveling – Select the next empty EB and mark the last one as non-valid → empty	2160 P/E cycles *for each empty EB*	43200 P/E cycles *for each empty EB*
Dynamic wear leveling – Distribute the cycling over all EB's	1054 P/E cycles *for each empty EB add 1054 P/E cycles to all EB's*	1054 P/E cycles *for each empty EB add 1054 P/E cycles to all EB's*

퍼레이션한 결과를 보여준다.

- 전략 1: 모든 빈 블록들에 대해 P/E 사이클링 스트레스를 분배한다 – 정적(static) wear level
- 전략 2: 모든 섹터들에 대해 사이클링을 분배한다(데이터를 옮긴다) – 동적(dynamic) wear level

이러한 두 wear leveling 전략의 효과는 실망스럽다. 256Byte 데이터를 write한 erase 블록의 0.48%만 바뀔 것이다. 블록 크기와 페이지 안에서 생기는 차이 때문에 256Byte의 논리적 변화는 524,288Byte의 erase 오퍼레이션을 요구한다

Wear level 전략은 어드레스가 할당된 블록이 닳아 없어지는 위험을 줄여준다. Wear level과 쓰레기 수집(garbage collection) 기법은 시스템 성능에 영향을 끼칠 것이다. 이 영향력은 논리적인 write 오퍼레이션을 시키기 위해 추가적으로 실행된 프로그램 오퍼레이션들로 측정할 수 있다. 이러한 요소는 'write 증폭'[6]이라고 불리며, 하나의 요청된 논리적 write에 대한 수행된 물리적 write 수로 정의된다.

2년 동안의 선택된 응용 사례의 연속적인 오퍼레이션은 erase 블록 레벨의 플래시 변환 레이어(FTL) 단위에 기초하여 각각 정적 wear leveling은 2주 내로, 동적 wear leveling은 두어 달 이내로 NAND 플래시 디바이스를 모두 물리적으로 파괴할 것이다. 이러한 전략들은 저가의 이동식 저장 장치에 보편적으로 사용된다.

3.3.3.2 데이터 분석과 어드레스 매핑의 개념

플래시 메모리를 사용하는 시스템은 물리적 페이지 어드레스로부터 논리적 페이지를 분리해야 한다. 그렇지 않으면 논리적 어드레스에 연결된 erase 블록이 수백만 번 프로그램되었다가 erase될 것이다.

- 전략 3: 논리적 페이지 어드레스를 재매핑(remapping)한다.
  - 256byte의 데이터를 다음 물리적 페이지 어드레스에 write하고, 올바른 논리적 어드레스에 재매핑한다.
    - (a) 정적 wear leveling과 결합하여 4,000개의 '비어 있는' 블록들을 위한 2번의 P/E 사이클

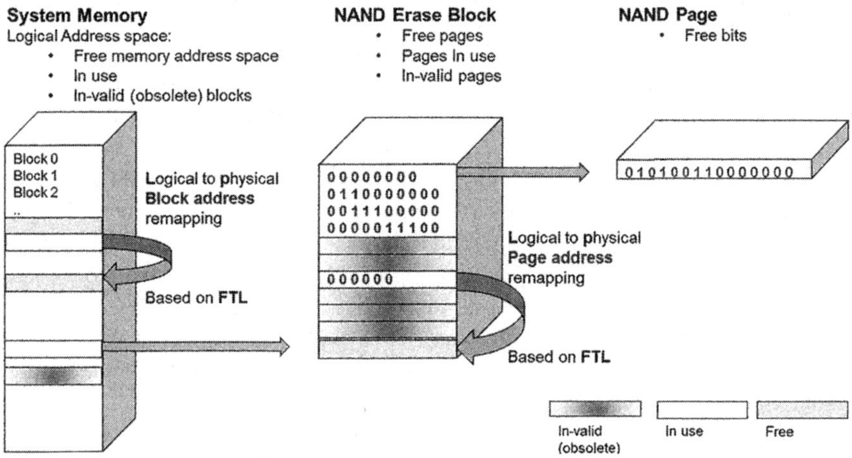

그림 3.19_ 플래시 내구성을 위한 설계 – 어드레스 매핑과 쓰레기 수집

(b) 정적 wear leveling과 결합하여 200개의 '비어 있는' 블록들을 위한 43번의 P/E 사이클

• 전략 4: 데이터 분석
  – 먼저 컨트롤러 레벨의 논리적 오퍼레이션에 의해 이미 저장된 데이터를 새로운 데이터와 비교하라. 작은 수의 비트만 바뀌었을 경우,
  요청된 write 크기와는 무관하게 변화한 부분과 비트 위치만 저장한다.
  변화한 부분은 캐시에 저장되고 물리적 NAND write에는 전달되지 않는다.

그림 3.19에서 보듯이 논리적 어드레스에서 물리적 어드레스로의 매핑과 동적 wear leveling과 결합된 데이터 분석은 플래시 메모리의 물리적인 스트레스 양을 매우 크게 줄여준다. 프로그램 오퍼레이션과 erase 오퍼레이션 간의 최소 단위의 차이는 메모리의 데이터 조각화를 유발하는 논리적 어드레스에서 물리적 어드레스로의 매핑을 요구한다. 쓰레기 수집은 일정한 수의 사용하지 못하는 페이지로 erase 가능한 블록들을 사용 못하도록 막아두기 위해 필요하다. 남아 있는 사용 가능한 페이지들은 비어 있는 erase 블록들에 복사된다. 이러한 물리적 어드레스 공간의 정리(cleaning)는 시스템 유지 계산을 위한 리프레시 오퍼레이션으로 여겨질 수 있다.

플래시의 수명을 개선하기 위한 여러 가지의 다른 전략들과 알고리즘들이 성능에 끼치는 영향력은 다음의 세 가지 성능 변수들에 의해 결정된다. (1) write 증폭, (2) 추가적인 물리적 메모리 공간, 그리고 (3) 시스템 레벨에서 사용 가능한 캐시 크기.

3.3.3.3 확장된 내구성의 개념

보편적인 시스템 응용 사례는 명시된 플래시 내구성 수치에 근거하여 설계할 수 있다. 내구성은 read disturbance와 사이클 내구성 사양을 이용하여 구할 수 있다.

1TB 용량에 500MB/s의 read 데이터 대역폭을 갖는 solid-state 스토리지 시스템이 있다. 제품 수명은 각기 다른 write(WR)와 read(RD) 비율을 갖는 네 가지의 경우에 대한 수치들을 토대로 계산할 수 있다. 실질적인 write 대역폭은 250MB/s로 설정하였다. Write 증폭은 대단히 진취적으로 설정한 목표를 위해서는 2.5로, 비용과 메모리 크기의 최적화 시스템을 위해서는 10으로 설정하면 된다.

표 3.12_ SLC NAND 플래시에 기반한 시스템의 연속적인 동작을 위한 내구성 수치

1 TByte SLC NAND Flash 500 MB/s data throughput	WR and RD 90%/10%	WR and RD 50%/50%	WR and RD 25%/75%	WR and RD 1%/99%
Complete capacity Fill (min)	77.7 min	140 min	280 min	6990 min
Effective write bandwidth 250 MB/s	1.3 h	2.33 h	4.66 h	116 h
Write amplification of 2.5	5.9 years	10.6 years	21.2 years	500 years
20% additional physical space				
Ensures 40.000 cycles for application				
Write amplification of 10	1.4 years	2.6 years	5.3 years	133 years
Less than 10% additional space				
Ensures 10000 cycles for application				

표 3.13_ MLC NAND 플래시에 기반한 시스템의 연속적인 동작을 위한 내구성 수치

1 TByte MLC NAND Flash 500 MB/s data throughput	WR and RD 90%/10%	WR and RD 50%/50%	WR and RD 25%/75%	WR & RD 1%/99%
Complete capacity Fill (min)	155,3 min	280 min	560 min	13981 min
Effective write bandwidth 125 MB/s	2.6 h	4.66 h	9.32 h	233 h
Write amplification of 2.5	1.18 years	2.12 years	4.25 years	106 years
20% additional physical space				
Ensures 4.000 cycles for application				
Write amplification of 10	0.29 years	0.53 years	1.0 years	26.6 years
Less than 10% additional space				
Ensures 1000 cycles for application				

위의 메모리 크기는 78분 내에 완전히 덮어 쓰여진다. 표 3.12에서 볼 수 있듯이, 수명을 다할 때까지 100,000번의 P/E 사이클의 성능을 갖는 보편적인 SLC NAND의 경우 적어도 1.4년의 스토리지 시스템 사용이 보장된다.

이제 MLC NAND 플래시로 구성된 시스템의 제품 수명을 위와 동일하게 각기 다른 write(WR)와 read(RD) 비율을 갖는 네 가지의 경우에 대해 계산해보자. 실질적인 write 대역폭은 125MB/s 로 설정하였다. 이때의 메모리 크기는 155분만에 완전히 덮어 쓰여진다. 표 3.13에 따르면, 수명을 다할 때까지 10,000번의 P/E 사이클의 성능을 갖는 MLC NAND의 경우 3개월의 스토리지 시스템 사용을 보장한다.

추가적인 물리적 어드레스 공간을 더하는 것은 SLC와 MLC의 내구성을 향상시킨다. 각 표의 오른쪽에는 보장하는 내구성 수치가 표시되어 있다. 올바른 시스템 응용 사례를 선택하는 것은 플래시 기반의 시스템의 신뢰성과 비용에 본질적인 영향을 끼친다. 몇몇 고객의 특정한 요구들은 앞에서 추정한 응용 사례의 수치들을 넘어설 수 있다. 그러므로 플래시 기반의 스토리지 시스템 구조에는 가드 대역 전략이 필요하다. 심지어 추정한 write와 read 오퍼레이션 사이의 비율 이상으로 스토리지 시스템의 기능을 유지하기 위해 늘어난 내구성 범위는 대책들(줄어든 유지 수치, 증가된 ECC 범위, 적응형 read 알고리즘)을 포함하여 정의된다.

늘어난 내구성(P/E 사이클)은 오버런(over run)이 검출될 경우엔 허용 가능하며, 급격히 줄어든 유지 시간은 응용 레벨에서 받아들여지거나 동적 wear leveling에 의해서 보장된다. P/E 사이클과 유지 수치 사이의 상관관계에 대해서는 신뢰성 단원에서 자세히 분석할 것이다.

3.3.4 플래시 내구성을 위한 설계: 플래시 고유의 변수 사용

논리적 어드레스에서 물리적 어드레스로의 매핑에 기반한 시스템 소프트웨어 구조와 wear leveling 알고리즘은 작동 수명 동안에 걸쳐 내구성 사양을 보장하기 위해 물리적 NAND 플래시 장치 주변을 둘러싼다. 논리적 혹은 수학적인 최적화는 소프트웨어와 스토리지 분야의 논문 발표에 심도 있게 초점이 맞추어져 있다[6]. 더 좋은 알고리즘은 더 많은 간접비용과 모든 재매핑과 추가적인 사이클 카운트 정보를 저장할 더 큰 크기의 테이블을 필요로 한다.

셀의 성능 퇴화와 프로그램 또는 erase 변수 퇴화 사이의 관련성은 신뢰성 장에서 다루고자 한다. 이 둘 사이의 관련성은 고유한 플래시 변수들의 사용에 대한 기초 개념이다.

사용 가능한 플래시 변수들을 이용하는 방법으로 시스템을 설계할 수 있다. 블록 단위의 erase 오퍼레이션은 추가적인 FTL 노력(비용과 특히 제품의 수명 동안의 유지비 측면에서의 중요한 간접 비용)을 요구하지만 각 erase 블록의 품질을 나타내는 매우 강력한 고유의 지표를 제공한다. 숨겨진 변수들이 시스템의 동작을 제어하는 것을 가능케 하는 플래시 장치들과 소프트웨어 구조와 많은 채널로 이루어진 시스템 구조 간의 연결성은 신뢰성 효과에 대한 부족한 이해와 이러한 NAND 장치 데이터로의 접근이 결여되었기 때문에 주로 깊이 분석하지는 않는다.

스토리지 시스템 내의 erase 블록들 사이에는 수 십 혹은 수 백 배 차이가 발생할 수 있다.

- 내구성 제어, 특히 erase 섹터의 상응하는 튼튼한 정도의 제어는 앞 절의 표 3.12와 표 3.13에 있는 계산된 내구성 수치를 사용 가능케 하는 중요한 성능 변수다.
- 오퍼레이션 변수의 특정 문턱을 소모해가는 물리적 erase 블록과 물리적 페이지는 특별한 처리가 필요하다.
  - 고유한 플래시 알고리즘 변수들은 페이지와 섹터의 품질을 관찰하는 가장 좋은 방법이다.
  - 비트 불량률은 EDC/ECC 하드웨어와 소프트웨어를 실행시켜 이용 가능하게 만들 수 있으며, erase 섹터의 품질을 위한 보조 진단법이 된다.

FTL 내에서 수집된 논리적 변수들과 물리적 변수들 사이의 관계는 통계학적인 상대적 특성 데이터와 플래시 메모리의 동작 수명에 영향을 미치는 모든 신뢰성 효과에 대한 뛰어난 이해를 기반으로 구축할 수 있다. 그림 3.20은 이 관계를 설명한다.

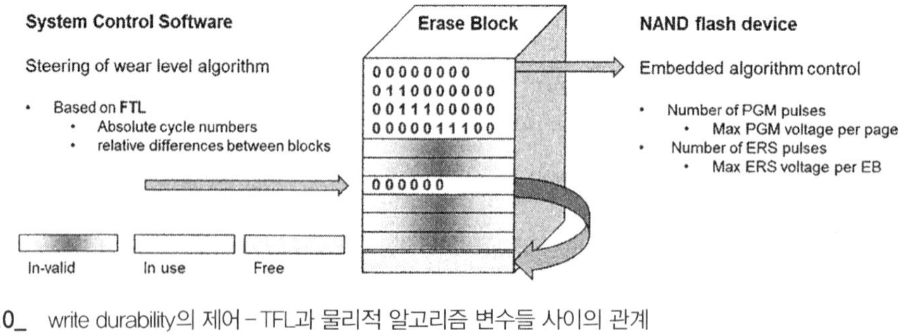

그림 3.20_ write durability의 제어 – TFL과 물리적 알고리즘 변수들 사이의 관계

3.4 성능 변수와 지속성 요약

휘발성과 비휘발성 메모리를 위해 성능 변수가 정의된다. 플래시 메모리는 비결정적 성능 작용을 논하는 데에 사용된다. 셀과 어레이 변수들은 플래시 메모리의 데이터 throughput과 사이클 시간의 관련성을 계산하기 위해 선택된다. NAND 페이지 크기는 성능 변수의 어레이 동작 병렬화의 영향을 가늠하는 데에 사용된다. 이러한 접근은 6장에서 다뤄질 메모리 어레이 모델을 위한 기본이 되고 있다. 비휘발성 메모리의 성능과 내구성 평가는 다음의 추가적인 변수나 특성들에 중점을 둔다.

- 물리적 write 오퍼레이션마다의 cycle time 조사
  - Write 오퍼레이션은 '0'과 '1'을 쓰는 것에 대하여 동일한 물리적 원리를 기초로 한다.
  - Write 오퍼레이션은 다른 물리적 오퍼레이션과 시간에 일어남을 기초로 한다.
    플래시에서 write 오퍼레이션은 '0'을 쓰는 것(PGM)과 '1'을 쓰는 것(ERS)으로 나뉜다.
- Write 오퍼레이션마다의 물리적 데이터 크기 조사
  - Write 오퍼레이션은 '0'과 '1'을 쓸 때 같은 단위의 데이터 크기를 사용하는 것을 원칙으로 한다.
  - Write 오퍼레이션은 다른 단위의 데이터 크기를 가질 수 있다.
    '0'(PGM)과 '1'(ERS)을 쓰는 데 드는 단위 데이터 크기가 비대칭적인 경우 두 오퍼레이션 간의 시간과 크기에 대한 비례 상수가 필요하다.
- 단위 PGM 조사 내의 데이터의 반복적 write와 re-write(over-write)
- 비결정적 오퍼레이션 작용의 조사
  - 오퍼레이션은 평균적으로 결정되어 있고, 그 값은 어드레스 오프셋에 따라 다르다.
  - 오퍼레이션 시간은 물리적 비트(NOR flash)의 값에 따라 다르다.
    숨겨진 논리 스크램블은 비트의 변화에 따른 성능에 영향을 끼친다.
  - Read 액세스 타임은 이전 동작에 강하게 영향을 받는다.
    프로그램과 erase suspend 모드는 erase 오퍼레이션을 이미 수행하고 있는 메모리에 read 오퍼레이션이 전달된 경우에 최악의 조건에서의 접근 시간을 감소시킨다

비대칭적 비휘발성 메모리들의 성능 평가는 시스템 레벨의 플래시 내구성을 위한 설계 개념과 응용 사례를 포함하여야 한다. 두 변수들은 시스템 설계의 성능과 비용, 그리고 신뢰성 목표에 큰 영향을 끼친다.

표 3.14_ 성능 변수 분류 – 비대칭, 비결정적, 그리고 내구성의 영향

Memory performance	PGM data throughput	Ratio per EB between ERS/PGM	Non-determin. performance	Durability: write amplification	Classification
Non-volatile flash memories (electron-based)					
NOR FG	Fast	10	Erase and PGM	Less important	Asymmetric
VG NOR	Fast	1	Erase and PGM	Less important	Asymmetric
SLC NAND	Fast	0.15	All operations	Yes	Asymmetric
MLC NAND	Fast	0.02	All operations	Yes	Asymmetric
Non-volatile emerging memories (non-electron-based)					
FeRAM	Fast	Not applicable	Deterministic	No	Symmetric
PCM	Fast	Not applicable	Deterministic	No	Asymmetric

비대칭 플래시 메모리로 만든 전자 시스템은 추가적인 성능 변수들이 요구되며, 이 변수들은 시스템 구조 설계 단계에서 고려되어야 한다.

- Write 증폭 계수
- 추가적인 물리 어드레스 공간–플래시 메모리 또는 플래시 블록들
- 논리적 내구성을 조정하는 변수와 물리적 감퇴(degradation) 변수 사이의 관계
- 추가적인 캐시 크기 또는 상응하는 데이터 분석 능력 (HW와 SW)

이 네 가지의 주요한 성능 변수들은 표 3.14에 소개된 속성에 따라 분류되어 있다. SLC와 MLC NAND 플래시는 내구성 최적화와 시스템 성능을 수행하도록 많은 부가적인 노력을 요하는 메모리 종류이다.

참고문헌

1. Z. Al-Ars, A. van de Goor, J. Braun, D. Richter, Optimizing stresses for testing DRAM cell defects using electrical simulation, in *Design Automation and Test in Europe Conference and Exhibition*, Munich, 2003
2. R.J. Baker, Memory circuits—the folded array, in *CMOS CircuitDesign, Layout, and Simulation* (Wiley-IEEE Press, Piscataway, 2005), pp. 441–446

3. I. Micron Technologies, NAND Flash Memory Specification MT29F16G08FAA, p. 63 (2006)
4. E. Gal, S. Toledo, Algorithms and data structures for flashmemories. ACMComput. Surv. 37(2), 138–163 (2005)
5. A. Jagmohan, M. Franceschini, L. Lastras, Write amplification reduction in NAND flash through multi-write coding, in *2010 IEEE 26th Symposium on Mass Storage Systems and Technologies (MSST)*, pp. 1–6 (2010)
6. S. Choudhuri, T. Givargis, Deterministic service guarantees for NAND flash using partial block cleaning. J. Softw. 4(7), 728–737 (2009)

Flash Memory

CHAPTER 04

플래시 메모리에서의 신뢰성의 기본 원칙들

이 장은 플래시의 신뢰성 변수와 수명이 다할 때까지의 플래시 동작 사이의 관계에 주안점을 둔다. V_{th} 오퍼레이션 윈도우는 신뢰성 이해를 도입하기 위한 도구이며, 응용 작용과 제품 품질인증 절차 간의 차이를 설명해준다.

시스템 최적화는 선택한 메모리 종류의 신뢰성에 대한 모든 지식을 필요로 한다. 신뢰성 작용은 심지어 같은 종류의 플래시 메모리라고 하더라도 회사마다의 설계 혹은 공정 노드에 따라 다르다. 따라서 신뢰성 변수 평가와 최적화는 시스템 개발과 최적화의 중요한 부분이다.

제품의 성능은 크게 두 가지의 중요한 신뢰성 변수를 정의한다.

- 데이터 무결성 [데이터 유지]
- Write 오퍼레이션 횟수 [P/E 사이클, 내구성]

신뢰성 변수들은 보다 심도 있게 설명되고 분류된다. V_{th} 윈도우 마진 분석은 신뢰성 효과 및 셀과 어레이 노이즈 효과의 차이를 시각화하기 위해 사용된다.

신뢰성 요소들은 핵심 성능 지표 설정을 만들고자 도입된다.

4.1 V_{th} 윈도우 마진 분석에 기초한 신뢰성 변수

신뢰성 변수 단원은 데이터 유지와 사이클 내구성의 내용부터 시작하지는 않는다. 신뢰성 효과에 대한 소개는 데이터를 읽는 메모리에 대한 보편적인 사용 사례부터 다룰 것이다.

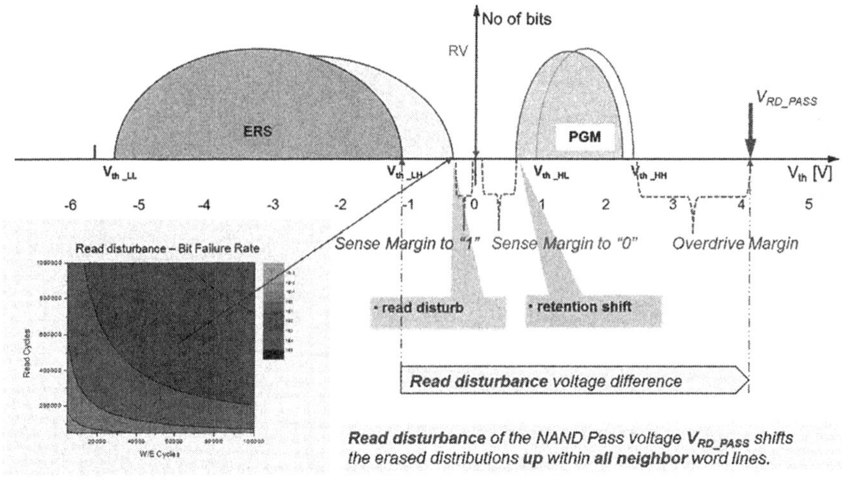

그림 4.1_ NAND read disturbance 신뢰성 – Vth 마진 read disturbance와 유지

Read disturbance (soft 프로그래밍)와 NAND 플래시 메모리에 대한 어레이 노이즈 효과 그리고 정상 동작에 대한 영향력 사이의 상호작용이 이 단원의 핵심이다.

4.1.1 NAND Read Disturbance: V_{th} 윈도우 마진 영향

NAND 페이지로부터 데이터를 끊임없이 읽는 것은 모든 이웃한 워드 라인의 동작을 방해한다. 인가된 통과(pass) 전압은 선택되지 않은 이웃한 워드 라인들에 소프트 프로그래밍을 가하게 되고, 셀들의 V_{th}가 erase 분포에 해당하는 값으로 높아질 것이다. Read 장애 신뢰성 마진은 명시된 장애 한계 범위 이내의 오류 없는 동작을 위한 충분한 센스 마진을 '1'에 보장할 것이다. 이와 동시에, 프로그램된 분포는 데이터 유지 때문에 아래로 움직이려는 경향이 있다.

방해받은 비트들의 V_{th} 이동의 정도는 read NAND 통과 전압값, read disturbance 오퍼레이션 횟수, 그리고 erase 블록의 내구성 스트레스 레벨의 상태(프리-사이클링 횟수)에 영향을 받는다. NAND 통과 전압은 그림 4.1에서 보듯이 erase 분포를 위한 소프트 프로그래밍의 종류이다.

Read disturbance는 비휘발성 기억 소자 안에 저장된 전자들의 수를 증가시킨다. 기억 소자의 물리적 변화는 신뢰성 효과로 나타낼 수 있다.

4.1.2 NAND 어레이 노이즈 효과: V_{th} 윈도우 마진 영향

NAND 어레이 노이즈 효과는 V_{th}의 변화는 있지만 기억 소자 안에 저장된 전자의 수는 변함이 없는 셀 트랜지스터의 V_{th}에 영향을 끼치고 있다. 중요한 NAND 노이즈 효과들은 아래와 같으며 논문에서 자세하게 다뤄진다[1, 2].

- 백 패턴 노이즈, 소스라인 노이즈, 웰 노이즈,
- 비트 라인 크로스 커플링, 워드 라인 크로스 커플링,
- 랜덤 텔레그라프 노이즈와 플로팅 게이트 크로스 커플링.

NAND 어레이 안에 셀의 센스 전류는 그림 2.50에서 소개하고 다뤄진 것처럼 스트링 저항 성분에 의해 변경된다. 이른바 배경 패턴 의존성(background pattern dependency: BPD)은 스트링 전류가 데이터 패턴에 의해 영향을 받는 현상을 설명하며, 그것은 스트링의 직렬 저항 성분에 영향을 끼친다. 다음의 페이지들(워드 라인)을 프로그램하는 것은 스트링 저항을 증가시키고 스트링의 전류 수용력을 감소시킨다. 줄어든 전류 수용력은 첫 번째 워드 라인에 프로그램된 셀들의 V_{th}를 증가시킨다.

그림 4.2에 나타낸 것처럼 배경 패턴 의존성은 모든 셀들의 V_{th}를 증가시킨다. 일반적인 응용 사용 사례는 페이지 프로그래밍과 연속적인 read 오퍼레이션(연속적인 read 오퍼레이션은 read disturbance를 일으킴)의 결합이다. 만약 페이지 프로그래밍이 긴 read disturbance

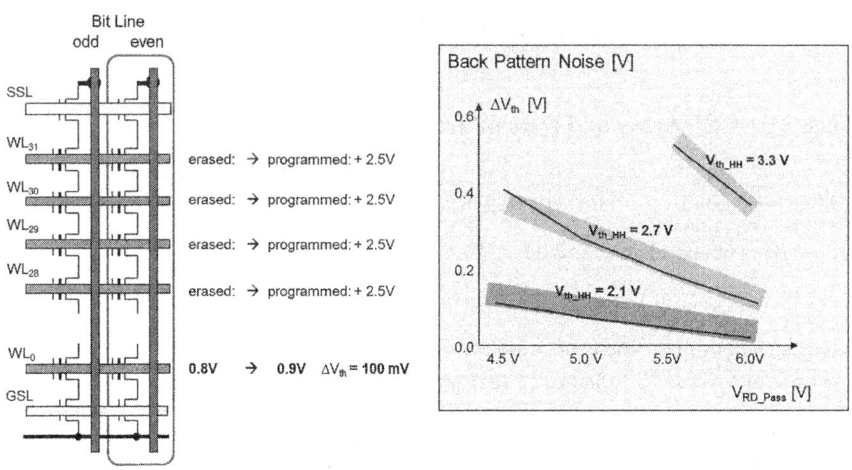

그림 4.2_ 백 패턴 노이즈 – read 통과 전압과 오퍼레이션 윈도우가 ΔV_{th} 변화량에 끼치는 영향

time 이후에 실행되었다면, 두 V_{th} shift 값이 더해져야 한다.

신뢰성 평가와 최적화는 셀의 V_{th}를 물리적으로 바꾸는 신뢰성 효과 및 같은 셀들의 V_{th}를 변화시키는 어레이 노이즈에 항상 기초를 둔다. 두 효과 모두 실행 명령과 데이터 패턴에 따라 달라진다. 다음 절에서는 시스템 응용에서 실행되는 플래시 메모리의 신뢰성에 영향을 미치는 모든 필요한 변수들을 분류해 놓았다.

4.1.3 신뢰성 변수 정의

이 장에서의 신뢰성 평가는 V_{th} 윈도우 마진에 영향을 끼치는 모든 변수들을 포함한다. 신뢰성 변수들은 셀과 어레이와 노이즈 효과를 구분하여 분류된다.

클래스 I – 셀 기반 신뢰성 변수

- 데이터 무결성 [데이터 유지]
- Write 오퍼레이션 횟수 [P/E 사이클, 내구성]
- Read 오퍼레이션 횟수 [read 셀 상태에 따른 read disturbance]

클래스 II – 어레이와 셀 신뢰성 변수

- PGM disturbances [Soft 프로그래밍, leakages]
- ERASE disturbances [VG-NOR 어레이 내부의 이웃한 블록들]
- Read disturbances [NAND 어레이 내부의 이웃한 워드 라인들]

클래스 III – 어레이 노이즈와 셀 노이즈 변수

- Line과 well 노이즈 효과 [소스 라인 노이즈, Well 노이즈]
- line과 셀의 커플링 효과 [FG-FG 간, BL-BL 간, WL-WL 간의 커플링]
- 통계적 노이즈 효과 [랜덤 텔레그라프 노이즈, 불규칙한 비트]

클래스 IV – 셀, 어레이 그리고 데이터 패턴에 따라 변하는 노이즈 변수

- 패턴 의존도 [배경 패턴 의존도]
- 명령과 반복
- 동작의 시간 이력

결합된 모든 영향들과 특히 시간에 따라 다른 신뢰도와 노이즈 효과를 갖는 명령은 센스 윈도우와 V_{th} 오퍼레이션에 영향을 주며, 다른 대책을 찾아야 한다.

4.2 데이터 무결성 - 데이터 유지 변수

4.2.1 플래시 유지 변수 - 셀 유지 작용

데이터 유지는 품질 인증 과정과 플래시 제품 사양표에 제시된 V_{th} 윈도우 마진과 셀 개념에 의해 결정되는 **클래스 I 신뢰성 변수**다. 보통은 25℃와 55℃ 사이의 온도에서 미리 정해놓은 데이터 패턴에 의해 10년 이상 데이터가 유지되어야 한다.

물리적 한계점은 셀의 하단(터널) 산화물 두께에 의해 결정된다. 프로그램과 erase에 의해 야기된 물리적 스트레스를 받은 물질과 두께는 유지 시간에 영향을 미친다.

플래시 메모리의 데이터 유지 시간은 통계적 수치이며, 플래시 메모리에 수행된 erase 오퍼레이션의 횟수에 따라 달라진다.

- 온도: 데이터 손실의 가속화는 온도에 상당히 영향을 받는다.
- P/E 사이클: 전압 값들과 램프 타이밍과 같은 사이클링 조건들이 주입된 스트레스에 영향을 끼친다.

장치의 특성 분석으로부터 유도된 MLC 유지 모델은 그림 4.3에 나와 있는 연속적인 P/E 사이클링 때문에 생기는 원시 비트 불량률(raw bit failure rate)을 설명하기 위해 사용된다. 이 유지 모델은 모든 셀에 영향을 끼치는 내부적인 유지 동작에 기초하고, 물질 특성과 관

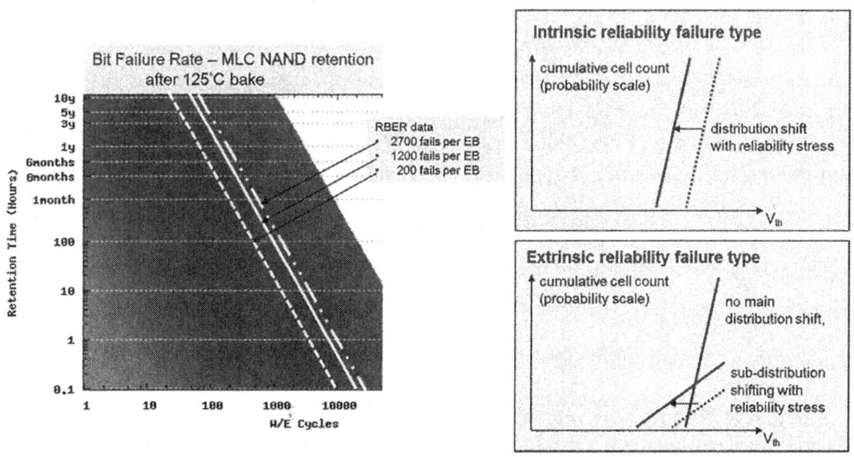

그림 4.3_ 프로그램/erase 사이클이 유지 시간(BFR) 사이에 끼치는 영향 – 내부적 vs 외부적 요소

련되며, 작은 셀 단위에서 볼 수 있다.

데이터 무결성은 내부적 그리고 외부적인 신뢰성 불량들에 대해 보장되어야 한다. 외부적 불량은 보편적으로 1MByte당 10^{-6}의 불량률을 가지며 외부적인 결함들(단일 혹은 무리 결함(point or cluster defects))과 연관이 있다.

4.2.2 셀 유지와 어레이 노이즈 효과의 중첩

플래시 인증 절차는 가능한 가장 많은 수의 셀을 테스트하고 스트레스를 주어 검증하기 위해 모든 셀들이 충전된 상태의 데이터 패턴(모든 '0' 패턴)이 필요하다. V_{th} 윈도우 분석은 그림 4.4에 나온 'CKBD(checker board)패턴'(low FG-FG 커플링)과 '전체 0 패턴'(full FG-FG 커플링)의 실질적인 데이터 유지 V_{th} 마진의 크기가 다름을 설명한다.

이 그림은 플래시 신뢰성의 특성을 결정짓는 작업 동안 자주 보이는 효과들을 설명한다. 예상되는 최악의 조건에서의 신뢰도 스트레스는 다른 어레이와 패턴 노이즈 효과의 중첩 때문에 V_{th} 윈도우 마진 분석에 치명적인 조건은 아니다.

특정 제품의 프로그램 알고리즘 구현방법에 따라, 신뢰도 마진은 패턴에 영향을 받는다. 두번째 차이는 프리-사이클링이다. 랜덤하게 분포한 응용 패턴은 균형 잡힌 내구성 패턴과 비교되는 다른 스트레스를 강요한다.

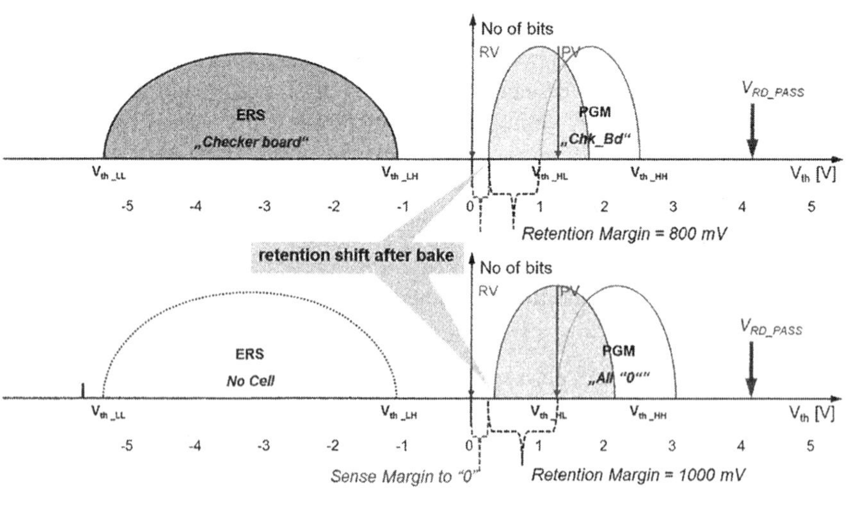

그림 4.4_ FG-FG 간의 커플링 노이즈 효과가 데이터 유지 마진에 끼치는 영향

좀 더 애플리케이션 같은 유지 테스트는 retention bake 이후에 read disturbance가 뒤따르는 순서이다. 유지 shift는 이미 그림 4.1에서 나타낸 것처럼 read disturbance에 의해 부분적으로 보상되었다. 테스트 특성화 실험은 retention bake 이후의 원시 비트 불량률(RBFR)과 read disturbance 테스트 이후의 두 번째 비트 불량률을 측정하는 방식으로 계획할 수 있다.

셀 물리학에 의한 전하 손실과 애플리케이션에 의한 효과들(사이클에 따라 달라지는 노이즈 효과와 소프트 프로그래밍) 사이의 확고한 구분은 물리적인 효과들만을 위하여 이용 가능한 플래시 마진 윈도우를 넓히기 위한 전략들을 적용하기 위해 필요하다.

4.2.3 데이터 유지와 대책

제품의 데이터 유지 특성은 모든 주변 환경들의 상태들과 모든 데이터 패턴 범위를 포함해야 한다. 제품 레벨에서의 데이터 유지에 관한 대책은 V_{th} 마진 정의에 관한 설계 품질과 물리적 셀 작용에 초점을 맞추어야 한다.

(1) ECC 코딩 방식의 능력과 영향력을 키운다[3].
- 5k/85℃ MLC 유지 스트레스에 대해 ECC 능력이 두 배만큼 늘어나면 데이터 유지 시간은 예를 들어 반 년에서 5년으로 증가한다.

(2) Erase 섹터마다 최대 사이클링 횟수의 정확한 제어를 보장한다
- 타당성 측정할 수 있는 도구를 개발한다. - 각 erase 섹터의 유지 품질을 보증하기 위하여 erase 전압 또는 erase 펄스의 개수를 이용한다.

(3) 애플리케이션 사례를 많이 적용하여 V_{th} 오퍼레이션 윈도우 마진을 설계한다.
- 그림 4.5와 같이 데이터 무결성을 보증하고 V_{th} shift를 따라가는 적응형 read 기법들을 설계해야 한다.

센스 윈도우는 만약 NAND 플래시가 이 기능을 제공한다면 직접적으로 영향을 받거나 증가된 read 패스 전압에 의해서 간접적으로 영향을 받을 수 있다. 시스템 최적화 전략은 충분한 유지 마진을 보장하거나 read 회복 기법들을 설립해야 한다–다른 read 변수들을 상응하는 ECC 알고리즘과 결합한다. 전하 트랩 플래시 메모리들은 윈도우 위치를 위한 알고리즘을 찾으면서 적응형 읽기 기법들을 성공적으로 구현했다.

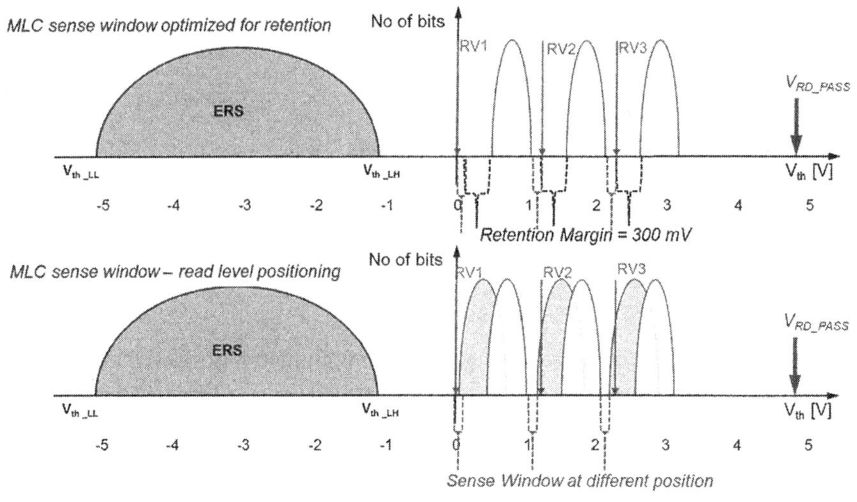

그림 4.5_ MLC NAND V_{th} 윈도우 마진 – 유지 이동과 read 윈도우

하단 산화물의 상태는 데이터 유지 변수에 영향을 끼치는 핵심적인 물질 변수다.

기억 소자(플로팅 게이트 vs 전하 트랩핑)의 선택은 데이터 유지에 영향을 미친다:

- 하단 산화물의 트랩 밀도는 모든 플래시 셀에게 중요한 변수다[4].
- 전하 트랩 셀 개념에 사용되는 하단 산화물이 얇을수록 더욱 민감하다[5].

4.3 신뢰성 변수 내구성: Write 횟수

4.3.1 Write 오퍼레이션의 횟수: 반도체 신뢰성 변수

휘발성 메모리 셀은 무한 번 쓰고 읽을 수 있으며, 이 메모리의 동작은 완전히 변함이 없고 또 절대적으로 결정론적(deterministic)이다. 반도체의 신뢰성 불량은 기능의 상실이나 기기의 사양표마다 있는 변수적 차원의 결함이라고 정의한다.

신뢰성 불량은 동작 수명 동안 불량들이 일어나는 시기에 따라서 세 가지 범주로 분류할 수 있다.

- 초기 불량률 – 초기 사용 불가
- 일정한 불량률 – 유용한 수명
- 낡아서 생기는 불량들

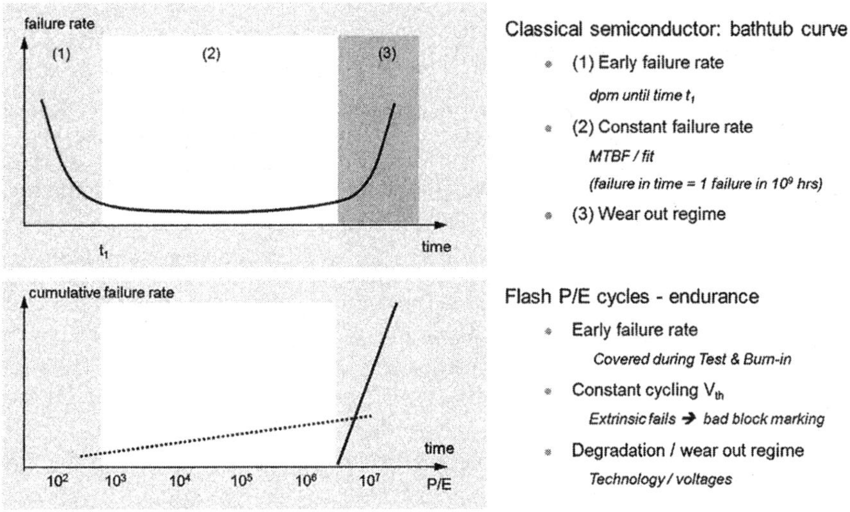

그림 4.6_ 동작 수명 동안의 불량률 - RAM과 플래시의 bathtub curve

그림 4.6은 비휘발성 메모리들의 전통적인 반도체 불량과 수명 동안에 걸쳐 축적된 불량률을 나타낸다. 모든 write 사이클은 비휘발성 메모리에 hot electron이 통과하거나 전자가 터널링을 하는 장벽에 특정한 물리적인 스트레스를 유발하거나, 저항이나 다른 magnetic 또는 ferro-electric 변수들을 바꾸기 위하여 물질의 변화를 야기한다.

4.3.2 프로그램/Erase 사이클: 오퍼레이션 수명 제한자

물리적인 write와 re-write 오퍼레이션은 비휘발성 셀의 일부분을 손상시킬 것이다. 그러므로 이 책에서는 무한 번 적용될 수 있는 물리적 write 오퍼레이션을 하는 비휘발성 셀들에 초점을 둔다.

전자 기반의 비휘발성 셀들은 터널링(Band to Band와 Fowler-Nordheim) 혹은 hot electron 혹은 hot hole injection 과정들의 물리적 효과들을 기초로 삼는다. 전자들은 산화막 장벽(oxide barrier)을 건너야 하며, 장벽을 건너가면서 전자들은 그 장벽에 약간의 손상을 준다. FN 터널링 오퍼레이션은 높은 전압과 높은 전기장을 바탕으로 하며, 하단 산화물에 생긴 손상은 복구가 불가능하다. Hot electron과 hot hole injection 과정은 낮은 전압을 이용하며, 유발된 손상은 전압 혹은 온도 스트레스 동작들에 의해 부분적으로 복구될 수 있다.

그림 4.7은 일정한 전압 사이클링(동일한 프로그램과 동일한 erase 전압이 100,000번 가

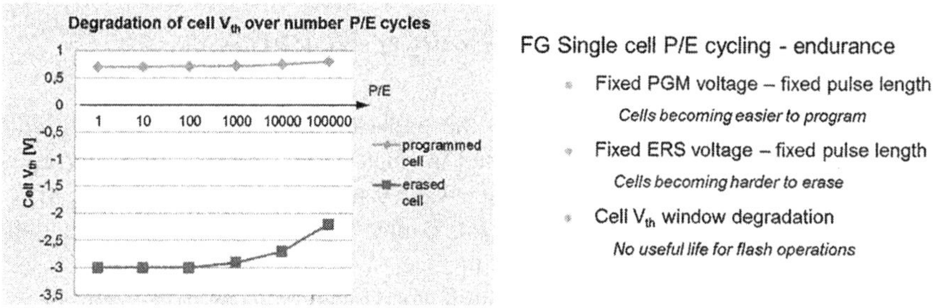

그림 4.7_ 프로그램과 Erase할 때 플래시 셀 사이클링의 효과 – V_{th} 의존성

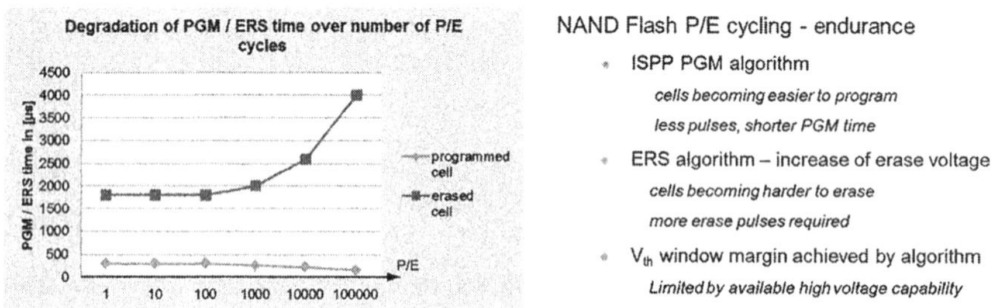

그림 4.8_ 프로그램과 Erase할 때 플래시 셀 사이클링의 효과 – PGM/ERS 시간 의존성

해진 경우)의 조건에서, 프로그램/erase 사이클의 횟수에 따른 일반적인 플래시 셀의 성능 저하 현상을 보여준다. 플래시 셀은 사이클 횟수에 비례적으로 성능이 저하된다. Operational V_{th} 윈도우는 좁아지고 위로 이동할 것이다.

V_{th} 오퍼레이션 윈도우의 감소는 플래시 제품 레벨에서 간접적으로만 관찰할 수 있다. 프로그램과 erase 알고리즘은 프로그램되고 erase된 분포의 정확한 위치를 보장한다. NAND 플래시 제품의 일반적인 프로그램과 erase 시간의 분석은 그림 4.8에서 보인 것과 명백하게 같은 효과를 보인다.

표 4.1에 단일 또는 결합된 플래시 오퍼레이션들과 연결된 NAND 플래시 신뢰성의 불량 모드를 정리해두었다. 내구성은 신뢰성 스트레스들과 결부되어 있고, 내부적과 외부적 불량의 구분은 각각의 플래시 오퍼레이션과 불량 모드의 조합을 위해 추가되었다.

표 4.1_ 플래시 신뢰성 불량 모드 – 내부적/외부적으로 분류

Flash operation	Failure description	Physical failure	Classification
Endurance	End of life regime	Oxide defect; wear out	Intrinsic
Endurance	Bad Block Management	Oxide defect	Extrinsic
Endurance and read	Erratic programming	Fast tunneling enhanced by hole cluster	Extrinsic
Endurance and read	Erratic disturbance	Pre-stage of erratic programming	Extrinsic
Endurance combined with data retention	High temperature cell V_{th} shift	De-trapping from oxide	Intrinsic
Endurance combined with data retention	Room temperature cell V_{th} shift	Trap assisted tunneling	Extrinsic
Endurance and read disturb	Read disturbance	Soft programming	"Extrinsic"
Endurance and read	Random telegraph noise	V_{th} fluctuation by trap	"In between"

4.3.3 내구성 – 대책

플래시 메모리 안의 플래시 블록들의 프로그램/erase 사이클(내구성)의 횟수는 기술된 내부적 불량 모드들에 의해 제한된다. 보통 테스트 시스템에서 모든 플래시 erase 섹터는 제품 사양에 나와 있는 것보다 2~5배 사이클 더 오래 동작할 수 있다.

외부적 불량률과 프리-사이클링에 대한 유지 의존성, 두 가지 요소가 유용한 사이클 횟수를 제한하고 있다.

외부적 불량률은 모든 종류의 어레이 disturbances에 의해 커다란 영향을 받는다. 어레이 구조는 전체 섹터의 프로그램 오퍼레이션 동안 모든 셀들이 겪는 게이트와 드레인 disturbances의 횟수를 정의한다.

- 큰 블록 크기의 가상 접지 노어 어레이는 disturbance 평가의 최악의 경우의 예시이다. 셀에 모든 프로그램 펄스는 비트 라인을 타고 전체 셀들에 드레인 disturbance와 워드 라인을 타고 모든 셀들에 게이트 distrubance를 나타낸다.
- FN-tunnel 프로그래밍을 적용한 NAND 어레이는 게이트 disturb를 해당 워드 라인을 프로그램하기 위해 필요한 프로그램 펄스들의 개수만큼으로 줄인다.

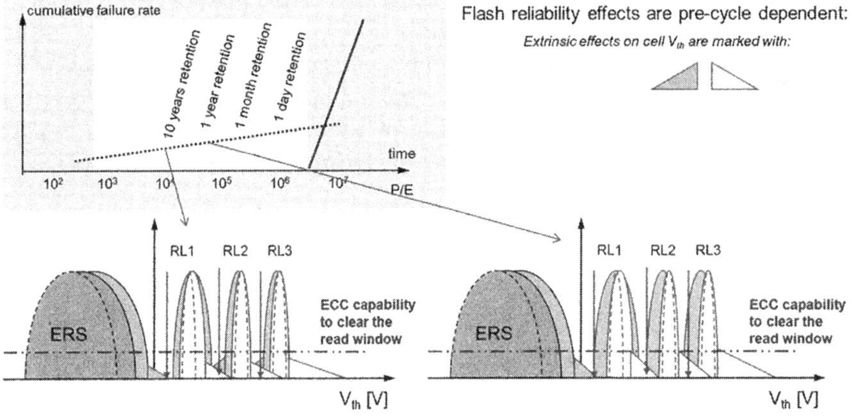

그림 4.9_ 내부적, 외부적 신뢰성 효과를 포함한 프리-사이클링에 대한 NAND 유지 의존성

비휘발성 메모리의 또 다른 측면은 제품 수명 동안 프로그램과 erase 불량의 **결함 전파**(defect propagation) 확률과 이것이 다른 섹터들에 미치는 영향력이다. NAND 사양은 수십 억 개의 셀이 있는 그런 큰 메모리들에 미치는 통계적인 영향을 포함한다. Erase 섹터 내에서의 프로그램과 erase 실패는 보편적으로 해당 섹터에만 영향을 끼칠 것이며, 내부적 알고리즘 명령을 통해 그 섹터를 찾아내어 메모리의 바깥에 **불량 블록**(bad block)이라고 표시할 수 있다. 불량 블록들을 찾아내어 남아 있는 데이터를 복원하고 다른 블록에 옮기는 이러한 기술을 불량 블록 관리(BBM)라고 한다.

프리-사이클링에 대한 유지 의존성은 이미 다루었으며 그림 4.3에 그 내용이 설명되어있다. 다음의 개요는 그림 4.9에 나와 있는 것처럼 보통의 내구성이 보장되는 동작 시간 사이의 두 지점의 내부적/외부적 신뢰성 효과들을 포함한다.

더 많은 사이클링 횟수는 더 큰 retention shift(그리고 분포폭의 확대)를 유발하고 높은 외부적 불량률의 결과를 초래한다.

4.4 제품 레벨에서의 신뢰성 마진 최적화

플래시 신뢰성 마진 최적화는 플래시 설계와 공정 기술을 개발하면서 이루어졌다. 어레이 구조는 셀 개념 물리학으로부터 도출된 실현 가능한 제품 신뢰성 변수에 중대한 영향을 끼친다. 신뢰성 변수와 노이즈 효과에 영향을 주는 알려진 어레이의 약점들은 이상적으로

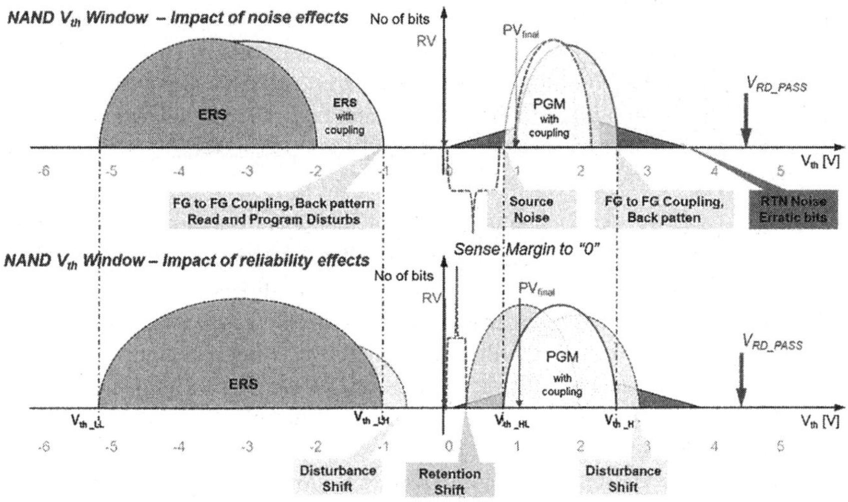

그림 4.10_ SLC NAND V_{th} 윈도우 마진 – 노이즈와 그 이후 신뢰성 효과의 영향

이러한 문제들 때문에 견고한 셀 개념에 의해 보상되어야 한다.

4.4.1 신뢰성 변수와 마진 최적화

이상적인 프로그램된 분포는 이론적으로 프로그램 전압 증가만큼 작다. 어레이와 셀의 노이즈 효과는 이미 프로그래밍이 끝마쳐진 이후에 프로그램과 erase된 분포들을 확장한다. 이웃한 셀이나 전체 erase 블록의 프로그래밍은 셀을 더 disturb한다. 그림 4.10은 분포 폭에 대해 모든 조합된 노이즈 효과가 미치는 영향을 보여주고 있다. 각각의 효과는 최종 분포를 넓어지게 만든다.

4.4.2 SLC, MLC, XLC NAND를 위한 신뢰성 변수 정의

신뢰성 변수의 예제는 같은 플로팅 게이트 셀 구조와 모든 contact과 stitching 레이아웃 세부사항을 포함하는 같은 NAND 어레이 구조임을 전제로 하고 있다. 모든 사이클링과 관련된 효과와 노이즈는 프로그래밍 동안 최대 V_{th} 변화에 큰 연관이 있다.

$$\text{delta}V_{th\_max} = V_{th\_HH} - V_{th\_LL}.$$

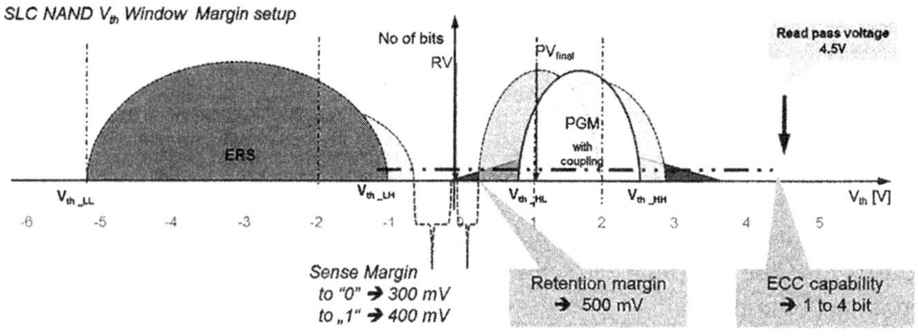

그림 4.11_ SLC NAND V_{th} 윈도우 마진 설정 – 유지 마진(retention margin)

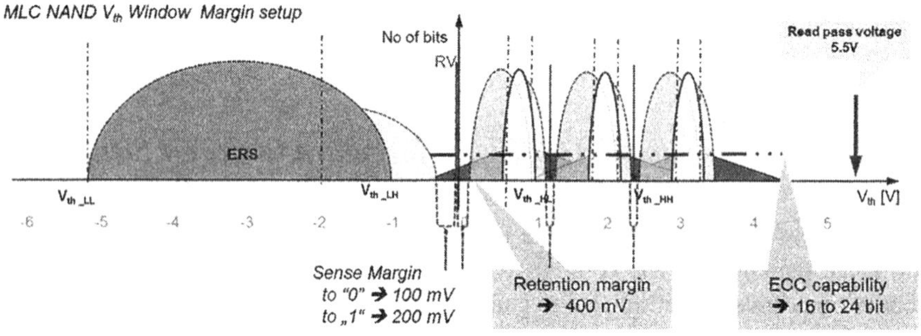

그림 4.12_ MLC NAND V_{th} 윈도우 마진 설정 – 유지 마진(retention margin)

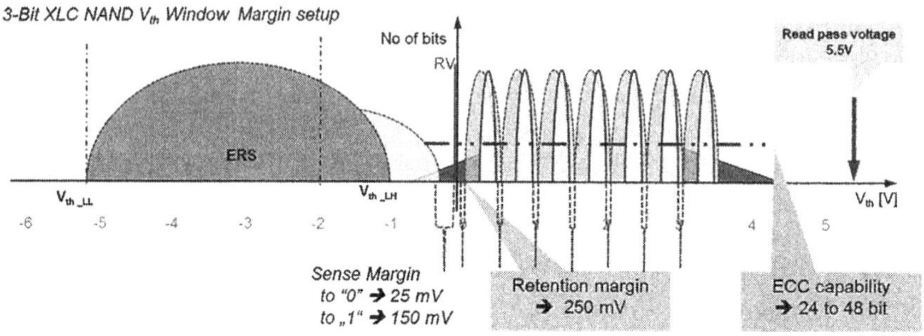

그림 4.13_ 3비트 XLC NAND V_{th} 윈도우 마진 설정 – 유지 마진(retention margin)

주어진 delta V_{th_max}=8.5V와 2만 번의 프리–사이클링에 대하여 핵심 성능 변수를 유도해내기 위하여 다른 마진 설정들을 분석한다.

그림 4.11에 있는 SLC NAND 마진 설정은 모든 효과들을 다루며, 여전히 충분한 센스 마

표 4.2_ 신뢰성 변수와 어레이 노이즈 효과 – V_{th} 윈도우 마진 설정

	SLC NAND 1Bit/cell	MLC NAND 2Bit/cell	XLC NAND 3Bit/cell
Target program distribution width	950	300 mV	100 mV
Program step	900 mV	250 mV	75 mV
FG to FG coupling (for last V_{th} shift)	850 mV	250 mV	25 mV
Random telegraph noise	150 mV	100 mV	50 mV
Back pattern effect	150 mV	50 mV	25 mV
Retention loss => Retention margin	**500 mV**	**400 mV**	**250 mV**
Read pass voltage level	4.5 V	5.3 V	5.5 V
Positive operation window (Read Pass overdrive voltage ~1,8 V)	2700 mV	**3500 mV**	**3700 mV**
– Target width + noise and reliability	2600 mV	**3300 mV**	**3150 mV**
– Sense window margin	100 mV	**<75 mV**	**<75 mV**

진을 보장한다. 다른 신뢰성 효과들에 대해서는 다루지 않을 예정이며 필요하지도 않다. 그림 4.12에 있는 MLC NAND 마진 설정은 400mV retention shift에 대해 작은 센스 마진을 보장한다. 어레이 노이즈 효과는 설계, 센싱, 그리고 알고리즘 측정에 의해 제거되어야 한다.

그림 4.13에 나온 것처럼, 250mV의 retention shift 이후의 XLC NAND sense 윈도우는 이미 외부적인 신뢰성 불량(failure) 모드들과 어레이 노이즈의 중첩이다. 신뢰성 마진 최적화는 대규모 실리콘 특성 분석에 기반한 반복적인 작업이며, 프로그램과 read verify 위치를 정의하고, 프로그램 펄스 전압의 증가를 줄이며, 프로그래밍 중에 최대 V_{th} shift를 줄이거나 유지한다.

표 4.2는 모든 노이즈 효과의 부분집합을 포함하고 있으며, 모든 NAND 종류들의 결과는 작은 센스 윈도우를 보인다. 또 모든 신뢰성과 노이즈 효과의 중첩은 센스 윈도우의 음의 마진을 보여줄 수 있다. 이러한 경우에 설계와 공정은 노이즈 효과를 더 많이 제거해야 한다. 알고리즘과 센스 기술이 노이즈 효과를 제거하는 데 기본이 된다. 이 부가적인 설계 노력은 프로그램 수행능력의 저하라는 비용이 따른다.

플래시 V_{th} 윈도우 마진 지식은 독립된 하드웨어 채널들과 플래시 변환 레이어 안의 threshold 레벨에 대한 시스템 레벨에 올바른 균형을 제공한다. 그렇지 않다면 숨은 신뢰성 효과들은 시스템의 전반적인 데이터 무결성을 수십 배 줄일 수 있다.

4.4.3 핵심 성능 지표 설정을 위한 신뢰성 지수

이 절에서는 중요 플래시 메모리 성능 변수를 위한 목표 방향을 설정한다. 신뢰성 스트레스, 노이즈 효과, 플래시 V_{th} 오퍼레이션 윈도우 설정 그리고 활용 사례 간의 상호작용을 이해하기 위해 신뢰성 동작의 복잡성과 요구 대책을 소개한다.

성능지표 방법론은 메모리 어레이 구조물을 비교하기 위해 기본 정량적 값들을 필요로 한다. 그러므로 우리는 먼저 일반적인 내구성 사양 값을 위해 신뢰성 변수 내구성과 서로 다른 멀티 레벨 또는 멀티 비트 셀 플래시 종류의 집적도를 함께 고려한다.

- SLC 지수=100,000*1Gbit/100,000=1 → RF 내구성 밀도(endurance density)=25
- MLC 지수=10,000*2Gbit/100,000=0.2 → RF 내구성 밀도(endurance density)=5
- XLC 지수=1,000*4Gbit/100,000=0.04 → RF 내구성 밀도(endurance density)=1

다음 신뢰성 지수(Reliability Factor: RF)는 자세한 V_{th} 마진 분석과 두 개의 서로 다른 기술 노드의 플래시 메모리에 대한 철저한 신뢰성과 노이즈 특성 분석을 통해 유도되었다. 모든 신뢰성 지수는 $1F^2$의 비트 크기로 정규화된다.

- 프로그램 throughput 차이에 기반을 둔 신뢰성 지수는 그림 4.19에 나타나 있는 줄어든 유지 값을 가진 마진 분석에 의해 결정된다.
- 내구성과 밀도의 결합에 기반을 둔 신뢰성 지수는 1,000, 10,000, 100,000회 이상의 내구성 사이클 동안 그에 상응하는 밀도로 계산되었다.
- 데이터 throughput에 기반을 둔 신뢰성 지수는 신뢰성 마진 분석을 위해 통계적으로 75%의 read와 25%의 write 오퍼레이션이 순차적으로 분포한다고 가정한다.

표 4.3_ NAND 신뢰성 지수–$1F^2$ 비트 크기로 정규화

	SLC NAND 1Bit/cell	MLC NAND 2Bit/cell	XLC NAND 4Bit/cell
NAND Endurance specification ratio	100	10	1
NAND Reliability Factor—$RF_{ProgramThroughput}$	49	7	1
⇨ *The application relevant endurance behaviour is the relevant reliability parameter*—$RF_{ProgramThroughput}$			
NAND Reliability Factor—$RF_{EnduranceDensity}$	25	5	1
NAND Reliability Factor—$RF_{DataThroughput}$	16	4	1

표 4.3은 NAND 내구성 사양 비율과 소개된 NAND 플래시 메모리의 신뢰성 지수를 비교하여 관련 있는 활용 사례에 적용 가능한 성능 지표 분석을 위한 가장 적합한 구성을 결정한다.

4.5 플래시 메모리 신뢰성 요약

비휘발성 메모리의 신뢰성 최적화는 결국 V_{th} 윈도우 마진 최적화에 대한 것이다. 플래시 메모리는 한 가지의 큰 장점이 있는데, 뛰어난 on/off 비율을 가진 비휘발성 기억 소자가 MOS 트랜지스터에 내장되는 것이다.

NAND 플래시 메모리의 신뢰성 변수는 다음과 같이 분류된다.

- 클래스 I–셀 기반의 신뢰성 변수–셀 V_{th}의 물리적 변화
- 클래스 II–어레이와 셀 신뢰성 변수–셀 V_{th}의 물리적 변화
- 클래스 III – 어레이 노이즈와 셀 노이즈 변수–셀 V_{th}의 shift나 불규칙한 변화
- 클래스 IV–셀, 어레이 그리고 데이터 패턴에 따른 노이즈 변수.

신뢰성 스트레스와 노이즈 효과는 비슷한 크기의 범주에 있고 오퍼레이션 중에는 각 신뢰성 클래스에 맞는 대책의 정적 또는 동적 선택이 신뢰성 동작을 최적화할 유일한 방법이다. 모든 신뢰성 스트레스와 노이즈 효과는 플래시 메모리 설계 개발의 초기에 알려져야(정확히 예측되어야) 한다.

ECC와 적응형 read 기법들은 매우 강력한 대책이지만 오직 클래스에 맞는 신뢰성 불량에 한해서이다. 신뢰성 최적화는 스트레스와 노이즈 효과의 중첩에 대한 이해와 실시간 예상이 전부이다. 지금까지의 짧은 개요로 플래시 신뢰성의 기초에 관한 사항을 마친다. 더 자세한 내용은 각 회사와 제품 사양에 맡긴다.

- 데이터 무결성(데이터 유지)
  - 응용/사용 사례에 따라 많이 달라진다.
  - 시스템 단계에서의 Wear Leveling이나 데이터 재배치는 리프레시처럼 동작할 수 있다.
  - 셀 물리학과 구조가 물리적 신뢰성의 한계를 결정한다 — 예로 플로팅 게이트 셀은 disturbance 없이도 V_{th}가 움직이는 분포를 가지는 전하 트랩 셀에 비해 시간 지나도 안정한 V_{th}를 가진다.

• Write 오퍼레이션 횟수 (P/E 사이클, 내구성)
  - 동작 기능성의 종료를 정의한다 – 셀의 물리적 손상에 의한 셀 V_{th} 윈도우 폐쇄
  - Wear Leveling 전략과 유지 감소 전략

• Read 오퍼레이션 횟수(Read Disturbance, 이웃 효과, 누설)
  - 확장된 내구성과 대규모의 Read Disturbance의 조합은 공정 미세화(shrink)로 인해 노드가 내려갈수록 문제가 심각해 지지만 제대로 된 응용 프로그램으로 제어될 수 있다.

• 셀과 어레이 간섭(프로그램 disturbance, 커플링 효과)
  - 어레이 노이즈 효과는 메모리 어레이에 많은 영향을 받는다.
  - 물리적으로 세분화된 어레이는 disturbance 관점에서 큰 장점을 가지고 있다.
  - Block write 오퍼레이션 원리는 노이즈 효과를 크게 줄여 하나 또는 연결된 오퍼레이션에서 전체 erase 블록을 write할 수 있다.

• 통계적 비트 효과(랜덤 노이즈, 불규칙 비트)
  - 결함(defect)과 랜덤에 의한 실패(failure) 현상은 통계나 생산량당 실패 밀도에 의해 도출될 수 있다.
  - 셀과 기술 발전은 이러한 값들을 충분히 낮게 만들어 오류 수정(error correction)에 의해 조절될 수 있도록 해야 한다.

선택한 메모리의 신뢰성 평가는 가장 어려운 작업이다. 신뢰성 변수에 대해 가정된 신기술의 효과는 대량 생산된 메모리의 특성 분석에 의해서만 결정될 수 있다. Emerging 메모리의 처음 만들어 진 신뢰성 값들은 테스트 칩 특성 분석이나 소규모 생산된 샘플에 의해 결정된다. 몇 년 후 양산이 보장된 제품의 사양 값들은 처음 만들어 진 값들에 비해 수십 배에서 수백 배 작다.

따라서 플래시 메모리의 검증 절차는 앞서 설명한 복잡한 신뢰성과 노이즈 작용의 일부분만 포함한다. 더 자세한 신뢰성은 대량 생산에 기반을 둔 통계적 데이터와 생산품 품질을 지속적으로 관찰하는 신뢰성 시험 절차를 통해서만 이루어질 수 있다.

메모리 서브–시스템 구조의 최적화는 현재 가지고 있는 사양에 기반을 둔 보수적인 가정으로 시작한다. 깊이 있고 자세한 분석은 특정 재료, 설계나 알고리즘 신기술 개발의 가능성에 확신을 심어 준다. 신뢰성 향상은 시스템 최적화 개념의 한 부분이 되어야 한다.

플래시 내구성 시스템 설계 개념은 낮은 단계의 플래시 알고리즘 변수의 도움으로 소프트웨어 솔루션을 발전시킨다. 페이지당 실질적 마진 손실과 플래시 erase 블록의 물리적 성능 저하는 이 책에서 소개된 V_{th} 윈도우 마진에 의해 유도될 수 있다. 신뢰성 guard band 전략은 각 사례마다 내구성 값을 증가시키기보다 전체적인 성능과 시스템의 신뢰성을 최적화하기 위해 개발되어야 한다.

신뢰성 변수는 핵심 성능 지표 방법론에 기반을 둔 비휘발성 메모리 평가의 신뢰성 지수에 근거해 포함될 것이다.

참고문헌

1. T. Tanaka,NAND flash design, in ISSCC, Non-Volatile Memory Circuit and Technology Tutorial F1, San Francisco, (2007)
2. C. Friederich, Multi level programming scheme with reduced cross coupling, in Control of harmful effects in program operation of NAND flash. (Shaker, Aachen, 2011)
3. F. Sun, S. Devarajan, K. Rose und T. Zhang, Design of on-chip error correction systems for multilevel NOR and NAND flash memories, *Circuits, Devices & Systems, IET*, 241–249 June 2007
4. S. Shuto, M. Tanaka, M. Sonoda, T. Idaka, K. Sasaki, S. Mori, Impact of passivation film deposition and post-annealing on the reliability of flash memories, in *35th Annual Proceedings, IEEE, Int. Reliab. Phys. Symp*. (1997)
5. T.-H. Hsu, H.-T. Lue, S.-C. Lai, Y.-C. King, K.-Y. Hsieh, R. Liu, C.-Y. Lu, Reliability of planar and FinFET SONOS devices for NAND flash applications—Field enhancement vs. barrier engineering, in *VLSI Technology, Systems, and Applications, VLSI-TSA*, pp. 154–155. (Hsinchu, 2009)
6. N. Mielke, H. Belgal, I. Kalastirsky, P. Kalavade, A. Kurtz, Q. Meng, N. Righos, J. Wu, Flash EEPROM threshold instabilities due to charge trapping during program/erase cycling. IEEE Trans. Device Mater. Reliab. 4, 335–344 (2004)
7. R. Degraeve, F. Schuler, B. Kaczer, M. Lorenzini, D. Wellekens, P. Hendrickx, M. van Duuren, G. Dormans, J. Van Houdt, L. Haspeslagh, G. Groeseneken, G. Tempel, Analytical percolation model for predicting anomalous charge loss in flash memories. IEEE Trans. Electron Dev. 51, 1392–1400 (2004)

Flash Memory

CHAPTER 05

메모리 기반의 시스템 개발과 최적화

어떠한 멀티-코어 프로세서가 사용되는가, 어떠한 내장형의 빠른 RAM 그리고 넓은 데이터 대역폭을 가진 대용량 비휘발성 반도체 기억 장치 등을 사용하는지가 시스템 구조에 영향을 준다. 고성능 마이크로 프로세서와 전자 시스템의 최적화 원리는 문헌[1~3]에 자세히 설명되어 있다. 개발된 하드웨어-소프트웨어 통합 설계는 시스템과 애플리케이션 사양 그리고 소프트웨어의 병행적인 설계 접근으로 개선되어야 한다[4].

프로세서의 GHz 경쟁의 끝은 멀티-코어 프로세스 구조를 고착화시켰다. 에너지 최적화된 시스템의 필요성이 프로세서 구조가 임베디드 메모리에 둘러 쌓이고 분포된 전력 소모를 가지도록 만들었다. 전력 소모는 멀티-코어 프로세서의 구조에 힘입어 세대를 거듭할 때마다 증가되어 왔다.

반도체 메모리는 과거에 시스템의 요구 사양을 맞추기 위한 부품으로 개발되었다. 비휘발성 반도체 기억 소자의 전체 시스템 최적화 가능성은 멀티-코어 프로세서를 포함한 시스템 구조가 플래시 메모리에 최상의 조건을 제안할 수 있다면 활용될 수 있다. 문제는 시스템 구조 레벨에 대해 정량적으로 가격, 내구성 그리고 성능에 대한 최적화를 이끌어 낼 수 있도록 플래시 기반 메모리 서브-시스템의 복잡성을 어떻게 줄이는 가이다.

이 단원의 주제는 비휘발성 메모리와 메모리 중심 시스템의 성능, 가격 그리고 신뢰성 최적화를 위한 모델 기반의 정량적 성능 지표 방법론 소개이다. 이 절에서는 현재의 분리된 개발 프로세스를 설명하고 효율적인 변수와 비휘발성 복잡성 딜레마를 소개한다.

5.1 메모리 중심의 시스템 사양

반도체 산업은 수십 년간 CMOS 공정 미세화 로드맵을 지켜오고 있다. 트랜지스터의 스위칭 속도 증가는 그동안 시스템 구조의 성능을 자동적으로 향상시켜 왔다. 프로세서의 전력 소모와 메모리 액세스 시간 그리고 대역폭 간의 격차는 특히 비휘발성 메모리 서브-시스템(예, 하드디스크 드라이브)에서 해마다 커져왔다. 메모리 중심의 모바일 애플리케이션의 성장에 따라 시스템 성능과 에너지 소비 최적화가 새로운 목표로 생겨났다.

해마다 새로 나오는 애플리케이션은 지속적인 시스템 성능의 향상을 요구한다. 시스템 구조는 점점 더 데이터 중심적이 되고 프로세서 구조는 병렬적 구조로 적응하고 있다. 멀티-코어 프로세서 구조는 데이터 경로 최적화와 메모리 분할의 개념 단계를 재시작하였다. 넓은 데이터 대역폭을 가진 비휘발성 메모리는 더 나은 에너지 소모 측면에서 DRAM과 같은 큰 휘발성 메모리를 대체하기에 적합하다.

메모리 서브-시스템은 1) 단일 메모리를 사용하거나 2) 두세 개의 메모리 종류가 하나의 패키지에 패키징되거나 3) 전용 메모리 컨트롤러를 갖거나 보드 위에 다른 종류의 메모리로 이루어진 시스템을 기반으로 개발될 수 있다. 데이터 경로 최적화를 위해서는 빠른 read 액세스와 가장 높은 데이터 대역폭과 결합할 필요가 있다. 하지만 모든 가격 경쟁적인 메모리를 고려하여 최적화를 하다 보면 메모리 구조 최적화가 상반되는 방향으로 이루어질 수 있다. 멀티-코어 프로세서 구조는 이런 상반되는 요구에 더해서 분산된 데이터 공간(distributed data space)의 필요성을 추가한다.

필요조건을 바탕으로 하는 메모리 서브-시스템 개발 프로세스를 단계적으로 소개할 예정이다.

5.1.1 시스템 성능 값: 메모리 서브-시스템 필요조건

5.1.1.1 시스템 필요조건 사양: 성능 값

시스템 구조와 개념 결정은 필요조건에 따른 개발 프로세스에 기반을 둔다. 메모리 서브-시스템의 필요조건 사양은 메모리 사양과 메모리 제품 로드맵 데이터에 기반을 둔 성능 모델링으로부터 도출된다.

필요조건 사양은 메모리 서브-시스템에 대한 5개 그룹으로 나누어 진 변수들로 정의된다.

- Volume당(패키지당) 메모리 집적도
  - 시스템 규모는 고정된다. 메모리 서브-시스템을 위해 가능한 공간이 메모리 종류를 선택하는 데 핵심 기준이 된다.
  - 메모리 집적도 증가 로드맵은 다음과 같이 예상되었다.
    로드맵: 패키지 당 2012: 4GB; 2013: 8GB; 2014: 16GB; 2015: 24GB

- 기가비트당 가격/비트당 가격
  - 메모리 서브-시스템의 재료표(Bill of Material: BOM)가 메모리 크기와 종류를 결정한다. 프로세서와 전자 부품에 의해 결정되는 컴퓨터 애플리케이션에 반해 모바일 애플리케이션의 재료표는 메모리 가격으로 결정된다.
  - 메모리 가격 감소 로드맵은 다음과 같이 예상되었다.
    로드맵: 2012: 2$/Gbit; 2013: 1,3$/Gbit; 2014: 0,88$/Gbit

- 데이터 throughput
  - Read Data Rate/ Read data throughput 100 .. X00 MB/s
  - Write Data Rate/ Write data throughput 100 .. X00 MB/s
  - 액세스 사이클 시간 10 .. X00 ns
  - 일반적으로 이 값들은 대칭성과 결정론적 메모리 서브-시스템 동작을 가정한 높은 단계의 시스템 시뮬레이션으로부터 도출된다.

- 내구성과 신뢰성 값
  - 성공적인 Read Access 오퍼레이션 실행 10^{12}
  - 성공적인 Write Access 오퍼레이션 실행 10^{9}
  - 오퍼레이션 수명 동안 100% 데이터 무결성 5... 10년
  - 전력 소모 없이 비휘발성이 유지되는 시간 2... 10년
    전형적인 경우와 최악 애플리케이션 경우가 명시되었다.

- 에너지 소모
  - 데이터 오퍼레이션/전류의 평균 RMS 값 25... 50mA
    각 오퍼레이션에 필요한 에너지;
  - 대기/대기 전류(stand by current) 100... μA
    메모리에 액세스가 실행되지 않는 시간 동안 데이터 정보를 유지하기 위해 필요한 에너지(예, Wear Leveling을 위해 필요한 에너지)

모든 값들은 신중히 계산되었고 전체적인 시스템 가격과 성능의 밸런싱이 이루어졌다. 그 후에 필요조건 사양이 확정되고 검토가 끝나면 메모리 결정 프로세스가 시작된다.

메모리 서브-시스템의 이상적 목표 형태는 다음의 **메모리 성능 변수**를 만족하는 하나의 메모리 종류에 기반을 둔다.

- 짧은 read 액세스 시간 – 5~10 프로세서 클록 사이클 이내
- 높은 데이터 대역폭 – 프로세서 하나의 필요조건을 만족 가능한 대역폭
- Bit wise read, write 그리고 re-write
- 비휘발성 – 모바일과 서버 마켓의 애플리케이션 목표를 만족 가능

메모리 서브-시스템의 제품 수명 동안의 에너지 소비는 핵심 결정 변수가 되고 있다. 이는 모바일 애플리케이션에서 에너지 소비가 배터리 수명과 직결되어 있기 때문이다. 또한 데이터 서버의 에너지 소비가 오퍼레이션의 가격을 증가시키고 비트당 가격 변수보다 더 큰 가격 요인이 되고 있다. 많은 에너지가 큰 DRAM 캐시나 초고속 HDD에서 많은 데이터를 유지하기 위해 낭비된다[5].

5.1.1.2 플래시 메모리 사양: 성능 값

플래시 메모리 사양은 메모리 로드맵 프로세스, 표준으로부터 입력(JEDEC), 소비자 피드백 그리고 인터페이스, 커맨드와 패키지 관점에서 일상용품에 가장 중요한 호환성에 기반을 두고 개발되어 왔다. NOR와 NAND 플래시 사양 값들은 성능 단원에서 더 자세히 다룬다. 플래시 메모리 성능 변수는 시스템 필요조건 사양과 비슷하게 그룹으로 묶인다.

- 패키지당 메모리 Density
  - 주어진 메모리 종류 (TSOP or BGA)에 따른 메모리 Density가 모바일 시스템 세대의 최대 용량을 결정한다.
  - 다이 크기 [mm^2]

- 비트당 가격
  - 셀당 비트 – SLC, MLC 그리고 XLC 제품 로드맵은 비트 당 가격을 감소시킨다.
  - 기술 노드 [nm]
  - 정규화된 셀 효율 [%]

    여분의 부가적 면적과 관련된 ECC 용량

• 데이터 throughput(일반적인 값들이 명시됨)

– Read data throughput	100 .. X00 MB/s
– 프로그램 data throughput	40 .. X00 MB/s
프로그램 페이지 크기	4KB; 8KB; ..
– Write data throughput	20 .. X00 MB/s
Erase 블록 크기	512KB; 1MB; ..
– 랜덤 액세스 사이클 시간	10 .. X00 μs

• 에너지 소비량

데이터 오퍼레이션/전류 평균 RMS 값	20 ..mA
대기/대기 전류	20 ..μA

• 신뢰성 값

P/E 사이클/내구성	10^4 (MLC); 10^5 (SLC)
100% 데이터 무결성/유지	5 .. 10년

셀, 어레이 그리고 bit efficiency 변수와 공정 미세화(shrink) 로드맵과 메모리 생산 설계의 연관성은 5.2 절에 자세히 소개되어 있다.

최종 메모리 사양이 검토되었다. 가격, 성능 그리고 신기술 밸런싱이 생산 설계당 평가되었고 경쟁 소자와 비교되었다. 그 후에 목표 사양이 발표되고 메모리 개발 프로세스가 시작된다.

5.1.1.3 내구성 있는 플래시 설계: 애플리케이션과 플래시의 연관성

시스템 성능과 집적도, 비용, 에너지 요구 조건은 플래시 메모리의 사양과 매핑이 되고, 시스템 구조는 이와 관련되어 개발된다. 시스템 내구성 변수는 플래시 메모리와 연관이 없다. 3장과 4장에서는 신뢰성과 노이즈의 영향뿐만 아니라 시스템과 플래시 메모리의 변수를 잘 매치시키기 위한 wrapper 솔루션 기반 하드웨어 및 소프트웨어에 대해서 살펴보았다. 이는 반복적인 과정으로, 메모리 어레이를 포함하는 시스템 구조의 모든 요소들에 영향을 미친다.

플래시 메모리 내구성 설계를 위한 변수는 다음으로 요약된다.

- 메모리 집적도 증가 - 숨겨진 물리적 어드레스 공간
  - 전체 집적도의 5~20%에 해당하는 추가 메모리 집적도
    Write 증폭 지수(factor)는 추가 여유 공간에 매우 의존적임

- 시스템 메모리 크기와 write 증폭 지수(factor)에 기반한 내구성 목표
  - 연결된(concatenated) read 및 write의 허용된 조합과 제한된 조합
  - 확장된 내구성 개념
  - 애플리케이션 데이터 전송 및 wear level 데이터 전송의 병렬 처리
    신뢰성 향상을 위한 에너지 등가성

- 신뢰성 향상 특성과 연관된 데이터 유지
- 추가적인 휘발성 및 비휘발성 캐시 크기 향상

다음에 플래시 기반 메모리 서브-시스템의 신뢰성과 에너지 평가 변수 세트가 결합된 일례를 제시한다.

평균 write 에너지 - 전형적인 블록 크기(512kByte 또는 1MByte) - wear leveling 포함
평균 read 에너지 - 전형적인 블록 크기(512kByte 또는 1MByte) - wear leveling 포함
Read와 write 오퍼레이션의 연결 시간(concatenated duration)의 제한된 조합
데이터를 유지하기 위한 리프레시 시간 간격 - 전형적인 중간 크기 4GByte

데이터 유지와 어레이 disturbance를 위한 탐지/지속 시간 간격은 애플리케이션 환경 조건을 이용하여 신중하게 개발되어야 한다. 언급한 메모리 서브 시스템 데이터 크기와 간격의 의존도는 중요한 변수다. 제품의 수명이 다 할 동안 메모리 서브시스템의 에너지 소모는 신뢰성 향상을 위한 노력을 포함해야 한다.

Read와 write의 통계학적인 오퍼레이션 시간 그리고 read/write 연속(concatenation) 오퍼레이션의 신뢰도 및 내구성 값의 영향은 신뢰도 중심의 중요한 시스템 최적화 변수이다.

5.1.2 애플리케이션에 따른 요구사항: 멀티-코어 마이크로 프로세서의 영향

멀티-코어 기반 시스템은 서로 다른 시스템 태스크를 병렬적으로 처리하기 위해 설계된다. 각각의 태스크는 메모리 서브-시스템에서 서로 다른 조건, 예를 들어, 접근(access) 주파수와 read/write 오퍼레이션의 순서 등을 다르게 요구한다. 시스템 구조는 코어가 전용

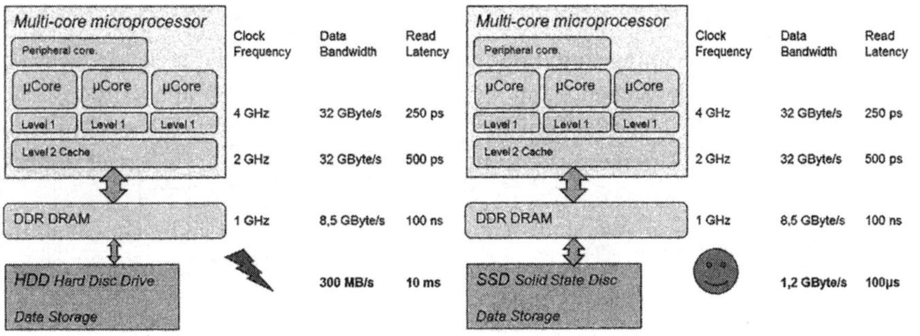

그림 5.1_ 멀티-코어 마이크로프로세서 기반 시스템을 위해 최적화된 메모리 계층 구조

으로 사용하는 메모리 크기와 모든 코어가 공유하는 메모리 크기를 정의한다. 일반적으로 멀티-코어 마이크로 프로세서의 캐시 크기는 대량 및 저비용 생산을 위하여 표준화되어 있다.

마이크로 프로세서 주변의 메모리 서브 시스템의 정의와 개발은 애플리케이션에 따른 태스크이다. 이 태스크는 애플리케이션의 전반적인 성능을 결정한다. 그림 5.1은 8.5GByte/s 데이터 대역폭을 가지는 외부 휘발성 메모리와 멀티 코어 멀티프로세서 기반의 애플리케이션 내부의 두 개의 저장 시스템(왼쪽 HDD, 오른쪽 SSD) 사이의 성능 차이를 나타내었다.

시스템 사양은 마이크로 프로세서 내부 캐시 페이지 크기와 짧은 latency를 갖는 비휘발성 메모리의 페이지 크기를 정렬할 수 있다. 이 페이지 크기 정렬은 두 번째 레벨 캐시와 짧은 latency의 빠른 비휘발성 메모리 솔루션 사이에 빠른 직접 채널을 가능하게 한다.

짧은 latency solid-state 기반 고속 NAND 또는 enhanced VG NOR 플래시는 전반적인 성능과 에너지 효율을 동시에 향상시킬 수 있다. 시스템은 요구되는 데이터를 항상 DRAM과 캐시 메모리 계층을 통해서 전달하는 방법 대신에, 그림 5.3과 같이 애플리케이션에 따른 분산 데이터 저장 구조를 활용할 수 있다.

메모리 서브 시스템의 페이지 크기는 프로세서 캐시 페이지 크기와 동일하거나, 배수의 형태로 결정되어야 한다. SSD(Solid-State Disk)는 64개 이상의 NAND 메모리 장치로 구성되어 있다. 이 복수 디바이스 구조는 병렬로 연결된 128 NAND 페이지에서 예측되는 다음 페이지 어드레스를 speculative hidden read할 수 있는 능력을 제공한다. 결과적으로 모

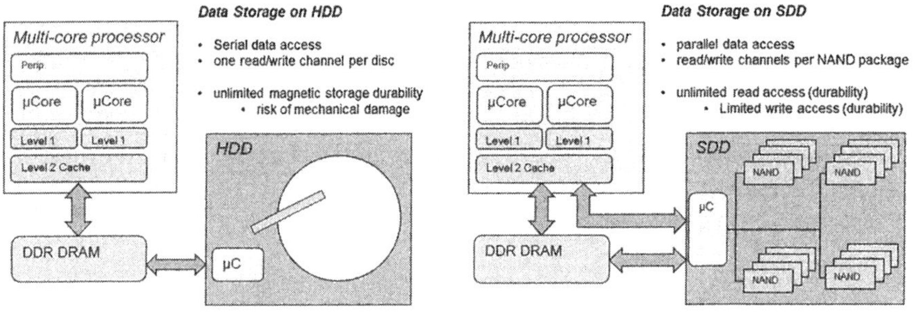

그림 5.2_ 병렬 접근 SSD 기반의 메모리 계층구조 VS 직렬 접근 HDD 기반의 메모리 계층 구조

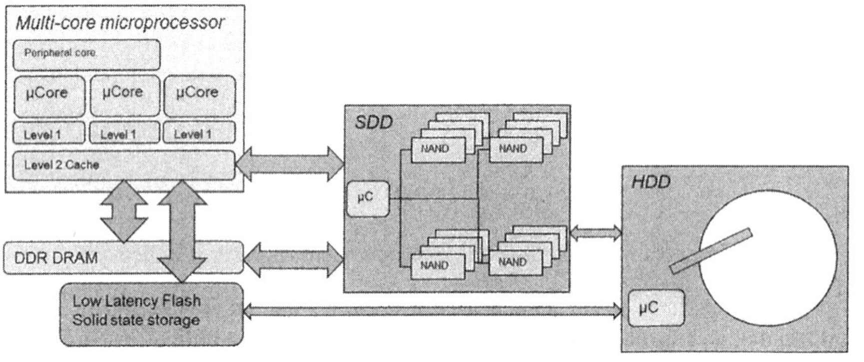

그림 5.3_ 멀티-코어 애플리케이션용 최적화된 메모리 서브-시스템

든 NAND 플래시 디바이스의 페이지 버퍼 회로 내에서 512KByte에서 1MByte 정도의 캐시된 데이터를 얻게 된다.

NAND에서 순차적 페이지 액세스 시간은 DRAM의 동기된(synchronous) read 사이클과 유사하다. 이를 통해 항상 HDD에서 DRAM의 방향으로 예상되는 데이터를 복사하는 데 소모되는 에너지를 절약할 수 있다. 그림 5.2는 DRAM을 건너뛰고(bypass), NAND 플래시로부터 바로 데이터를 로드(load)하는 예시를 설명하였다.

일반적인 다목적 멀티 코어 시스템은 비휘발성 저장 장소로 빠른 read 액세스와 빠른 read throughput을 요구한다. DRAM 메모리 크기의 증가 요구는 서서히 약화되고, 플래시 기반 메모리 서브 시스템의 크기는 MLC NAND 플래시 메모리 로드맵의 단일 비트당 가격의 감소로 세대를 거듭하면서 증가할 것이다.

멀티 코어 프로세서 구조에서 전용으로 사용하는 비휘발성 메모리 시스템은 분산 메모리로의 빠른 접근을 가능하게 하며, 이는 그림 5.3과 같이 다른 애플리케이션에 적응된 비휘발성 메모리 구성에 기반한다.

그림 5.3에 표시된 애플리케이션 예는 가격, 에너지, 신뢰성 및 성능 최적화된 비휘발성 저장 시스템에 맞는 애플리케이션에 따른 요구사항을 표기하였다. 짧은 latency를 갖는 플래시 SSD 서브 시스템은 데이터 rate와 read 액세스 사이클 시간을 비휘발성 메모리와 경쟁해야 한다 (DR > 8GB/s과 $t_{RACT} < 1\mu s$). SSD 메모리 서브 시스템은 뛰어난 데이터 throughput을 제공하며, (현재 고성능 SSD는 DTRD > 2GB/s와 DTWR > 1GB)[6] HDD가 기계적인 한계로 가질 수 없는 월등한 액세스 시간을 가진다.

NAND 플래시 설계 로드맵은 다음 절에서 설명하듯이 동일한 셀과 어레이 구조를 가지고 애플리케이션 고유의 설계 차별성을 제공할 수 있다.

5.1.3 메모리 기술 로드맵: 시스템 요구사항에 미치는 영향

기술 로드맵은 설계 및 기술을 지원하는 모든 툴 공급자와 나란한 전자 부품의 구조적인 개발 과정을 가능하게 하기 위하여 필수적이다. 대량 생산 메모리 개발 프로젝트를 시작하기 위한 사업 구상을 위해서는 다음 항목을 고려해야 한다.

- 접근 가능한 모든 시장(Total addressable market, TAM)
- 공정, 리소그래피(lithography) 테스트 칩 그리고 제품 설계로 구분된 자세한 개발 시간
- 공정, 선 제품 및 후속 제품에 대한 개발 비용

그림 5.4는 메모리 프로젝트 비용, 프로젝트 시간표, 핵심 성능 변수인 애플리케이션 및 시장 요구사항과 기술 로드맵을 포함하는 시스템 개발에 필요한 것들의 종속성을 설명한다.

제품 개발 라이프 사이클은 앞에서 언급한 영역에서 균형을 잡을 필요가 있다. 다만, 시스템 개발은 제품 및 기술 로드맵에 근거한 시장의 요구를 충족 시켜야 한다. 이 책에서는 미리 선택된 기술 로드맵에 의해 유도된 그림 5.4의 key enabler feature 들에 대해 집중해서 다룬다.

전통적인 시스템 개발에서는 구조 정의를 메모리 개념의 선택과 같이 시작한다. 이 개발 방법은 메모리 최적화에 대한 혁신적인 잠재력을 모두 활용하지 못한다.

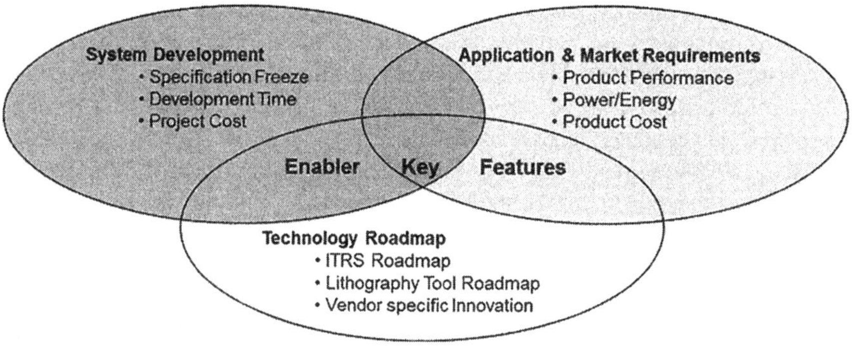

그림 5.4_ 시스템 개발 - 기술 로드맵과 시장 시장 요구조건 매칭

선택된 메모리와 예측 기술 및 혁신 로드맵에 기반한 시스템 정의 및 최적화 과정은 차후에 사용되어야 한다. 시스템 개발은 과거에 비해 메모리 중심적으로 되고 있으며, 기술 혁신은 다음 인용과 같이 애플리케이션의 성공을 이끌고 있다.

"새롭고 혁신적인 모든 기술의 주요 애플리케이션은 항상 그리고 앞으로도 그 기술로 제작된 애플리케이션이다." - Herbert Kroemer[7]

개발 기간과 제품의 라이프 타임은 수 년의 범위 내에서 이뤄지기 때문에, 구조 정의 및 최적화 과정에서의 결정은 5년 혹은 그 이상에 대한 제품 경쟁력에 영향을 미친다. 그렇기에, 이 책의 목표는 비휘발성 메모리 구조의 핵심 이점을 신속하면서도 구조화된 인증 과정을 지원하기 위한 툴과 방법론을 개발하는 것이다.

5.2 경쟁력 있는 메모리 효율 변수

메모리 설계와 기술 개발은 구조적 개발 핸드북에 따라 제한된 과정이다. 기술 및 구조는 목표 시간 안에 경쟁력 있는 제품이 되기 위한 방향으로 결정되어야 한다. 현재 많은 노력이 메모리 설계와 기술 혁신을 하기 위해서 투자되고 있다. 이러한 혁신을 사용하기 위한 결정은 달성 가능한 제품 경쟁력 및 메모리 제품 개발 타임 라인에 미치는 영향에 근거하고 있다.

메모리 개발은 몇 가지 중요한 효율 변수에 근거하고 있다. 다음 절에서는 이러한 메모리의 특정 효율 변수를 다루도록 하겠다.

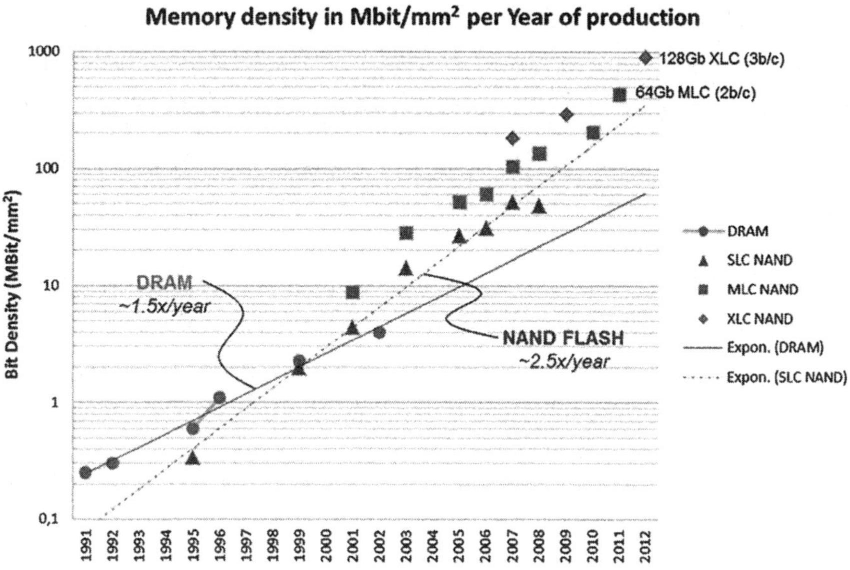

그림 5.5_ 시간에 따른 대량 메모리–DRAM과 NAND–의 비트 집적도 개요 [8]

5.2.1 메모리 집적도(density) 변수

메모리의 달성 가능한 집적도는 일반적으로 핵심 변수다. 공정 노드를 선택하는 기준은 선택된 패키지 형태에 잘 맞는 허용 가능한 최대 다이 크기이다. 일반적으로 대량 생산 메모리를 위한 패키지 타입은 표준화 워킹 그룹에 의해서 정의된다. 예를 들어, JEDEC은 DRAM 표준화 소유권을 가지고 있으며, ONFI는 NAND 표준화를 이끌고 있다.

혁신과 새로운 구조를 다루는 메모리 출판물들은 MB당 단위 다이 크기 또는 cm^2당 비트 집적도(density)를 나타내는 다이어그램과 연관되어 있다. 그림 5.5에서 일례를 나타내었다.

차세대 설계 개념을 위한 메모리 개발 과정은 일반적으로 한정된 횟수의 반복을 단계적으로 수행하는 다음의 규칙을 따른다.

- 표준화되고 필요한 패키지 형태에 맞는 다이 크기를 가진 특정 메모리 집적도 달성(예, 들면 64GBit)을 위하여 nm 단위의 공정 기술 중 가장 큰 노드 선택
- 중요한 리소그래피(lithography) 스페이스를 위한 확실한 피드백을 생성한다. 그리고 툴 공급 업체의 협력을 포함하여 요구되는 시간 안에서 가능한 리소그래피(lithography)로

제작 가능한 최종 공정 노드 선택을 지원한다.

– 성공적으로 적용된 큰 공정 노드와 큰 다이 크기에 기반한 접근 방법은 비 경제적이지만, 이는 공정 램프 경험으로 보상될 수 있다. 새로운 기술의 빈번한 도입은 설계 혁신을 위한 모든 공정의 효과와 빠른 피드백을 커버할 수 있는 고속 학습 사이클을 결과로 얻는다.

- 메모리 오퍼레이션에 영향을 미치고, 마진 손실을 야기하는 모든 효과들 때문에 차세대 리소그래피(lithography)의 통상적으로 알려진 심각한 문제를 해결하기 위해 설계 및 공정 개선 등의 혁신 로드맵을 지원한다.
- 다이 크기에서 충분한 공정 마진을 통해 메모리 집적도를 달성한다. 이를 통해, MCP 패키지에서 이 패키지 제작 공정 덕분에 큰 수율 저하 없이 4× 또는 8×stacking이 가능하다.

회사 고유의 설계 결정은 단위 면적당 비트 집적도로 연결된다. 이 변수는 모든 메모리 제품과 집적도에 따라 상이하다. 메모리 공정과 설계 경쟁력의 직접적인 평가는 단위 면적당 비트 집적도로 할 수 없다. 그러므로, 서로 다른 네 개의 효율 변수가 다음 절에서 정의된다.

5.2.2 어레이, 셀 그리고 비트 효율 변수

메모리 제품은 구조화된 설계와 워드 라인/비트 라인 디코더와 read/write 증폭 회로로 구성된 셀 어레이를 특징으로 한다. 성능 값을 제외하고, mm^2당 비트 집적도로 메모리 제품을 특징 지을 수 있다. 어레이, 어레이 세그먼테이션, 공간 센싱 및 모든 로직의 오버헤드의 관점에서 NOR와 NAND 칩 레이아웃은 다를 수 있다. 그렇기 때문에, 설계와 공정의 품질은 효율 변수로 측정되어야 한다.

설계 효율의 정의는 사용한 전체 다이 크기와 셀에 의해 소모된 다이 크기의 비율로 결정된다. 그림 5.6은 NOR와 NAND 제품에서 메모리 공간의 차이를 시각적으로 확실히 보여준다. 두 설계 모두 60%의 셀 효율을 달성하였다.

효율 변수는 메모리 공정, 설계, 어레이 및 셀 구조가 메모리 제품의 가격에 미치는 영향과 차별화를 위해 도입되었다.

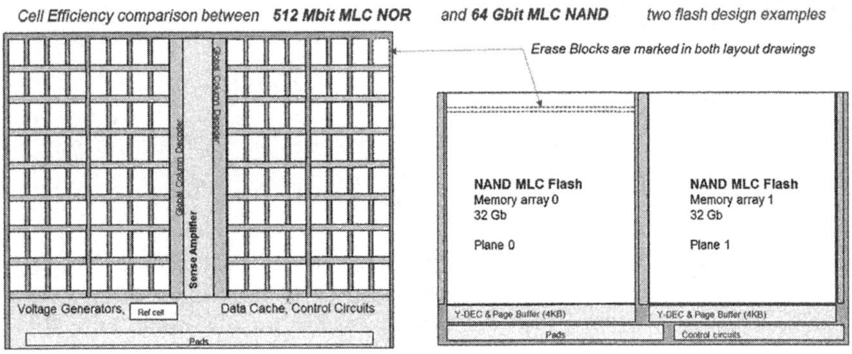

그림 5.6_ 셀 효율 비교를 위한 MLC NOR와 MLC NAND의 레이아웃

5.2.2.1 F^2으로 나타내는 유효 셀 크기

첫 번째 변수는 기본 셀의 크기이다. 크기는 선택된 기술에 근거한 구조에 의해 결정되고, 일반적으로 NxF^2로 표현된다. 여기에서 F는 선택된 공정의 최소 feature size이다.

- 플로팅 게이트에 전자를 저장하는 셀 원리는 NOR와 NAND 메모리에 동일하게 적용된다. 셀 구조, 프로그램 및 erase 원리, 어레이와 공정의 조합으로 정의되는 유효 셀 면적은 개념에 따라 달라진다.
- 일반적인 NOR 셀 크기는 8~10F^2 이며, NAND 플래시는 4~5F^2이다.
- 유효 셀 크기는 메모리 어레이의 셀 크기를 특징 짓는 공정 효율 변수이므로, 비트 수는 이 변수에 초점이 맞춰져 있지 않다.

컨택(contact)이 없는 기본 어레이는 그림 5.7에서 보여지듯이 VG-NOR와 NAND에서 작은 셀 크기를 가진다. 평면(planar) NOR형 셀은 100nm 이하에서 채널 길이 감소가 CHE 프로그래밍 때문에 물리적으로 제한이 있다.

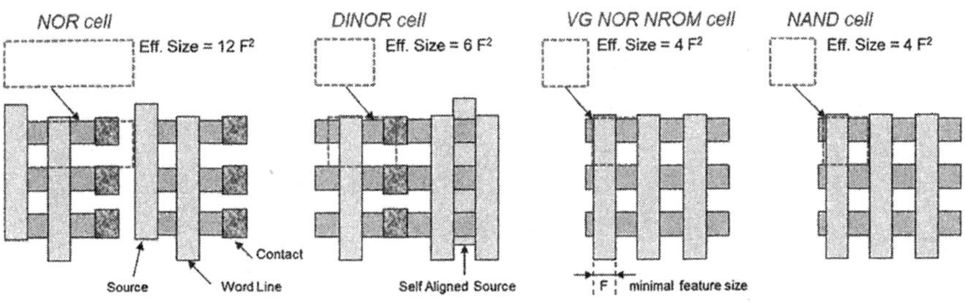

그림 5.7_ F^2으로 나타내는 유효 플래시 셀 크기(채널 length 미세화 능력이 제한된 평면 MBC NROM)

5.2.2.2 어레이 효율 변수

(특정한 유효 셀 크기로 특징 분석이 되는)메모리 어레이 기술의 구현은 모든 셀, 모든 select gate 및 어레이의 well과 연결(to contact)하기 위한 모든 오버헤드를 정의한다. Well과 select line의 접지 및 switching 개념은 추가적인 다이 크기에 큰 부분을 차지한다.

어레이 효율 변수(Array Efficiency Parameter, AE)는 메모리 어레이 구현 방법의 품질을 평가하기 위해 도입되었다.

$$\text{Array Efficency} = AE_{\text{Array}} = \frac{\text{Cell Area}_{(\text{die size consumed by all cells})}}{\text{Cell Area} + \text{Contacts} + \text{Select Gate} + \text{Well Contacts}}$$

어레이 효율은 셀 자체 크기와 마찬가지로 중요하고, 경쟁력 있는 제품 설계를 위한 중요한 변수이다. 어레이 효율은 정확히 같은 어레이 구조의 특정 공정에서 구현한 품질을 특징짓는다. 어레이 효율은 buried 비트 라인, select gate 크기 및 NAND 스티링당 셀의 수 등의 어레이 구조를 결정하는 데 도움을 주는 변수이다. 어레이 효율은 설계 팀에 전달하는 기본 수치이며, 이는 제품 개발 과정의 뒷 단계의 설계 혁신으로 향상될 수 없다.

5.2.2.3 셀 효율 변수

셀 효율은 종종 메모리 설계를 비교하기 위한 목표 변수로 사용되고 있다. 메모리 어레이를 둘러싸고 있는 로직 블록의 최소화와 분할(segmentation), 기준, 센싱 구조에 요구되는 오버헤드는 특정 메모리 기능을 개발하기 위한 설계 오버헤드를 정의한다.

동일한 어레이 효율 가정하에, 셀 효율 변수(Cell Efficiency Parameter, CE)는 구현된 설계의 품질을 결정한다.

$$\text{Cell Efficency} = CE_{\text{Die}} = \frac{\text{Cell Area}_{(\text{all cells})}}{\text{Total Die Size}} = \frac{\text{Cell Area}_{(\text{all cells})}}{\text{Cell Area}_{(\text{all cells})} + \text{Area}_{(\text{logic blocks})}}$$

셀 효율 변수는 60% 등의 고정된 목표로 정해질 수 없다. 왜냐하면, 로직 빌딩 블록은 메모리 분할과 고전압 구현에 따른 전형적인 칩 크기가 존재하기 때문이다. 그러므로, 정의된 메모리 집적도의 셀 효율은 두 개의 변수에 의존한다.

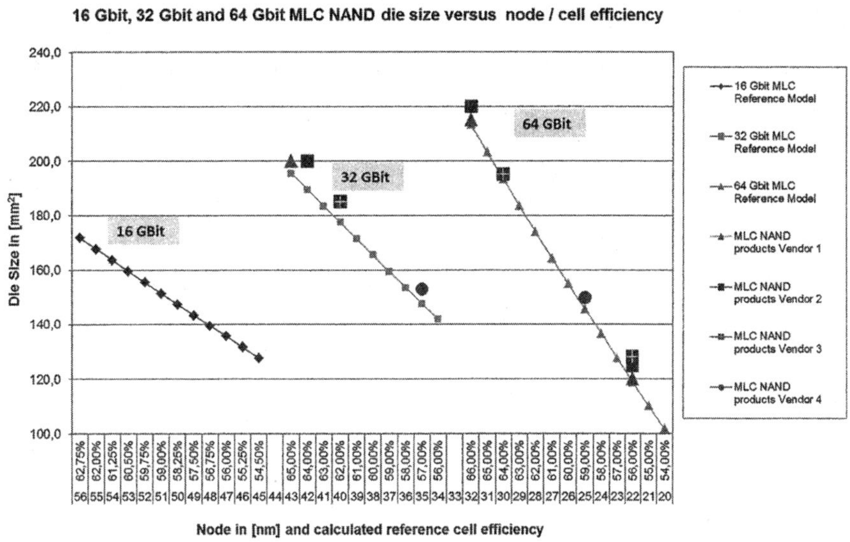

그림 5.8_ 다이 크기와 공정에 따른 셀 효율의 의존성

- 메모리 집적도 목표를 위해 선택된 공정[nm]
- 위에서 선택한 공정으로 구현한 어레이 효율

mm²당 로직 블록에 대한 설계 오버헤드는 미세 공정이더라도 대략 비슷하다. 주어진 메모리 집적도에서, 큰 셀 면적과 큰 다이 크기는 좋은 셀 효율을 얻는다. 그림 5.8은 이를 증명하기 위해 16GBit, 32GBit 그리고 64GBit MLC NAND 플래시 설계 모델의 다이 크기 계산을 보여준다.

모델 기반의 셀 효율 추세선(trend line)은 모델 가정을 증명하기 위해 4개의 NAND 플래시 공급업체의 실제 실리콘 숫자와 비교하였다. 셀 효율 변수는 동일한 어레이와 공정 개념 사이에서 경쟁력을 비교할 수 있는 중요한 변수다. 이 변수는 다른 어레이 효율과 공정이 평가에서 혼합할 경우, 오해의 소지가 있을 수 있다.

5.2.2.4 비트 효율 변수

어레이 효율과 셀 효율은 서로 다른 경쟁 제품의 어레이 구현을 비교하거나 효율 목표에 대한 서로 다른 공정 설계 품질을 결정하는 변수이다. 이 목표는 기본 변수로 셀 크기에 기반한다. 애플리케이션은 비트, 바이트 및 각 비트/바이트당 가격에 관심이 있다.

그래서 비트 효율 변수가 도입되었다. 비트 효율이 광범위하게 사용되지 않는 이유는 정규화 계수와 낮은 기대치 값 때문이다. 비트 효율 변수는 백분율로 지정되어 있으며, 100%를 넘어갈 수는 없다. 그러므로, 2D 반도체 비휘발성 메모리에서 $1F^2$에서 1비트가 예상되는 비트 집적도라는 가정하에 정규화 계수를 도입한다.

비트 효율 변수(Bit Efficiency Parameter, BE)는 메모리 제품의 가격 경쟁력을 특징으로 나타낸다. 이 효율 변수는 셀당 비트 수와 F^2당 셀의 크기 변수를 모두 포함한다. N은 유효 셀 크기에서 몇 개의 F^2이 쓰였는지에 대한 숫자를 의미한다.

$$\text{Bit Efficency} = BE_{Die} = \frac{\text{Bits}_{(\text{per cell})} * \text{Cell\_Area}_{(\text{Consumed by all cells})}}{N_{\text{Cell size in } F^2} * \text{Total Die Size}}$$

비트 효율 변수는 모든 종류의 멀티-비트 및 멀티-레벨 셀을 포함하는 다양한 셀 구조를 효율적으로 평가하기 위해 도입되었다.

5.2.3 메모리 기술과 제품 로드맵

대용량 메모리 제품은 일련의 생산 전략에 의해서 개발된다. 이 생산 전략은 기술 및 제품 혁신을 위한 단기, 중기 그리고 장기적인 프로젝트를 포함한다. Garcia와 Bray[9]는 "기술 로드맵은 단기적인 목표와 장기적인 목표 모두를 달성하기 위해 특정 기술 솔루션을 이용, 두 목표를 합치하는 계획이다"라고 정의했다.

반도체 산업에서 ITRS와 같이 구조화된 로드맵의 장점은 기술 혁신을 위한 의사결정에 있어서 정리된 정보를 제공받을 수 있다는 점이다. 로드맵을 통해 핵심 기술을 확인할 수 있으며 특히 리소그래피 분야에서는 회사와 연구 기관이 연구 개발에 필요한 막대한 비용의 투자를 할 때 도움을 받을 수 있다.

5.2.3.1 ITRS 로드맵

설계 규칙(메탈 라인들과 컨택들 사이의 제작 가능한 최소 거리)을 미세화(shrink)해서 제작 비용을 절감할 수 있는데, 이를 위해서는 더 작은 리소그래피 노드들이 필요하다. ITRS roadmap(The International Technology Roadmap for Semiconductors)는 특정 리소그래피 노드들의 모든 주요 공정 변수들을 정의했다.

표 5.1_ ITRS 로드맵 예시 — 리소그래피 기술 요구사항

Year of Production	2005	2006	2007	2008	2009	2010	2011	2012	2013
DRAM 1/2 pitch [nm]	80	70	65	57	50	45	40	36	32
DRAM & Flash									
DRAM 1/2 pitch [nm]	80	70	65	57	50	45	40	36	32
Flash 1/2 pitch [nm]	76	64	57	51	45	40	36	32	28

Manufacturable solutions exist and are being optimized
Manufacturable solutions are known
Manufacturable solutions are not known

표 5.2_ ITRC 데이터 예측의 부 정확성 — 로드맵 데이터와 ISSCC에 발표된 실제 실리콘 데이터 비교

Year of production	Source	2007	2008	2009	2010
Flash ITRS roadmap data					
Flash 1/2 pitch (nm)	ITRS 2005	57	51	45	40
Flash 1/2 pitch (nm)	ITRS 2007	51	45	40	38
NAND Flash silicon data					
Vendor A (nm)	ISSCC publ.	56	43	32	22
Vendor B (nm)	ISSCC publ.	51	42	34	22
Vendor C (nm)	ISSCC publ.	50	34		24
Comparison					
Delta flash silicon data vs. ITRS (nm)	ITRS 2005	7	15	13	18
Delta flash silicon data vs. ITRS (nm)	ITRS 2007	1	9	8	16

표 5.1에 2005년에 정의된 리소그래피 기술 요구사항이 요약되어 있다. 리소그래피 노드들과 각 제품 군의 half pitch를 생산 가능 여부와 함께 나타내었다. 로드맵에서 확인할 수 있듯이, 플래시 메모리의 pitch 기준은 ITRS 로드맵에서 가장 공격적인 지표 중 하나로 DRAM 메모리의 pitch 기준에 비해 항상 10% 정도 작게 잡혀 있다.

ITRS 로드맵은 반도체 회사들에 의해서 구조적인 일련의 과정을 통해 정해진다. 이는 무어의 법칙을 만족시키기 위해서 필요한 단계를 예측함과 동시에 반도체 회사들 간의 공통적인 합의를 얻기 위함이다. 표 5.2는 ITRS 로드맵의 2005년도부터 2007년도까지의 예측과 실제 시장의 제품들을 비교한 결과이다.

비휘발성 반도체 산업은 ITRS 로드맵이 제시하는 수치보다 더 빠르게 발전한다. 국제반도체회로학회(International Solid State Circuit Conference, ISSCC)에 따르면 70nm 이하의 공정에서 ITRS 로드맵에서 예상된 것보다 1, 2nm 작거나, 그보다 더 작은 기술이 발표되었다. 따라서 ITRS 로드맵은 실제보다 좀 더 보수적으로 예측을 하며 이에 따라 시스템 구조 개발 과정에 개략적인 방향을 제시한다고 할 수 있다.

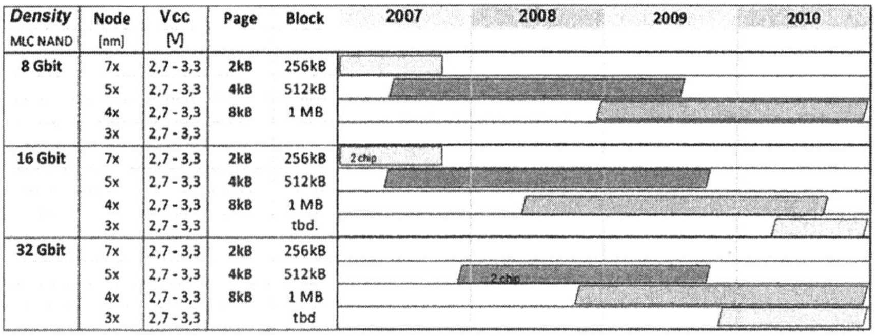

Density MLC NAND	Node [nm]	Vcc [V]	Page	Block
8 Gbit	7x	2,7 - 3,3	2kB	256kB
	5x	2,7 - 3,3	4kB	512kB
	4x	2,7 - 3,3	8kB	1 MB
	3x	2,7 - 3,3		
16 Gbit	7x	2,7 - 3,3	2kB	256kB
	5x	2,7 - 3,3	4kB	512kB
	4x	2,7 - 3,3	8kB	1 MB
	3x	2,7 - 3,3		tbd.
32 Gbit	7x	2,7 - 3,3	2kB	256kB
	5x	2,7 - 3,3	4kB	512kB
	4x	2,7 - 3,3	8kB	1 MB
	3x	2,7 - 3,3		tbd

그림 5.9_ 메모리 제품 로드맵 — MLC NAND 플래시 제품 로드맵

5.2.3.2 메모리 회사 관점에서의 메모리 제품 로드맵

여러 메모리 회사들은 메모리 워크샵과 학회에서 저마다의 제품 로드맵을 발표하고 있다. MLC NAND 플래시 메모리 로드맵을 그 한 예로 들 수 있다(그림 5.9).

MLC NAND 플래시 메모리를 분석하기 위해서 NAND 플래시의 사양을 나타내는 변수 중 '페이지 크기'와 '블록 크기'를 살펴보자. 물리적인 다이 크기는 학회자료에 따르면 일반적으로 각 공정 노드마다 알려져 있다. 비트 라인 어레이 구조(shielded 비트 라인 혹은 모든 비트 라인)와 물리적인 워드 라인의 길이를 조합하면 logical 페이지 크기가 된다. 한편, 이 페이지의 수와 크기를 NAND 스트링의 길이와 조합하면 erase 블록 크기가 된다.

회사 관점에서의 메모리 제품 로드맵의 예시가 그림 5.9에 나타나 있다. 이 로드맵 예시는 한 NAND 스트링당 32개의 셀을 가진 shielded 비트 라인 어레이 구조에 대한 것이다.

공정 노드 및 시간에 따른 NAND 페이지 크기 개발 분석이 그림 5.10에 나타나 있다. 160nm 까지는 시스템 레벨에서의 logical 페이지 크기와 (예. 512Byte) NAND 페이지 크기의 연관성을 확인 할 수 있다. 또한, 공정 미세화(shrink)가 이루어지면서 물리적 페이지(physical page) 크기가 논리적 페이지(logical page) 크기 증가보다 더 빨라진다.

Logical page 크기는 시스템 표준과 관련이 있으며 512Byte, 2kByte, 4kByte와 같이 단계적으로 천천히 증가한다. 이러한 page 크기 증가에 따라 자동적으로 erase block 크기도 증가한다.

- System 레벨에서의 logical data 크기와 physical erase block 크기 간의 부정합(mismatch)

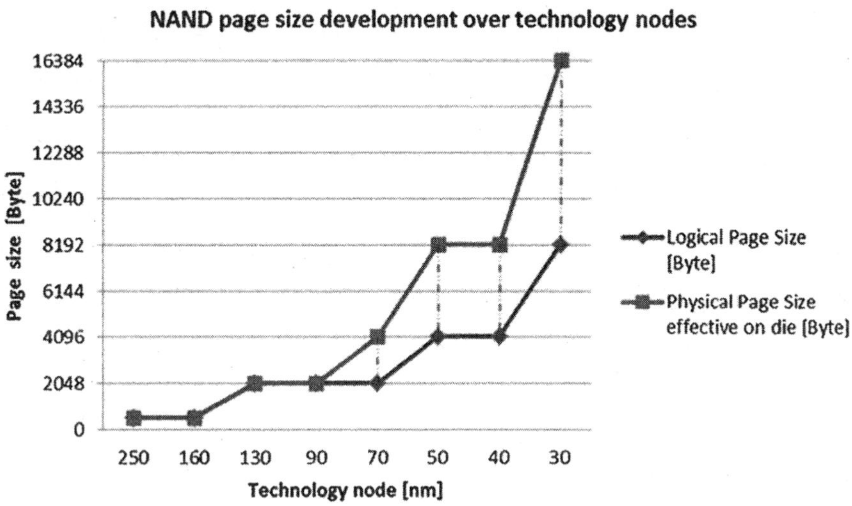

그림 5.10_ 공정 노드에 따른 NAND page 크기의 추이 분석

은 점점 커지고 있다.

NAND plane 개념 [11]은 logical page 크기와 physical page 크기를 효율적으로 분리해주는데, 이 기술은 70nm 노드에서 2kByte page 크기에 처음 적용되었다. 어레이를 세분화하면 physical page 크기가 logical page 크기를 따라 정렬되며 (그림 5.10의 파란선) 모든 plane을 병렬로 동작시킴으로써 프로그램과 read의 최대 성능을 얻을 수 있다.

시스템 설계자는 이러한 제품 로드맵을 가지고 메모리 최적화 가능성과 숨겨진 혁신적인 기능들에 대한 정보를 항상 얻을 수 있는 것은 아니다. 다음 절에서는 플래시 메모리의 설계, 공정, 시스템 레벨에서 기술의 최적화 및 혁신에 대한 잠재성에 대해 소개한다.

5.3 메모리 시스템 최적화

메모리 개발은 회사마다 정해진 개발 과정에 따라 몇 가지 단계로 이루어져 있다. 이러한 반도체 개발 과정은 대부분 폭포수(waterfall) 모델과 V-모델의 조합으로 제품 정의, 컨셉 정의, 제품 개발, 테스트 및 최적화 그리고 이어지는 제품 인증 및 애플리케이션 테스트로 이루어져 있다.

이들 중 메모리 개발은 컨셉 정의 단계부터 시작된다고 할 수 있다. 공정과 리소그래피 데이터를 기초로 하여 여러 메모리 어레이 구조, 센싱과 알고리즘 중 어떤 것을 선택할지 이 단계에서 결정된다. 이 단계에서 결정된 컨셉은 설계, 회로 시뮬레이션 그리고 테스트 칩 특성 데이터를 통해 검증한다.

플래시 메모리의 장기간 사용으로 인한 열화를 미리 분석하기는 쉽지 않다. 어느 정도 한정된 시간 동안 모든 조합과 코너에서 확률적으로 일정 이상의 신뢰도를 가지는 테스트 데이터를 얻기가 힘들다. 따라서 이러한 상황에서 제품 혁신이 미리 깊이 있게 검증되어야 한다.

메모리 제품 최적화는 각 셀, 어레이, 패턴 노이즈, 신뢰성 영향 등에 대해 탁월하고 철저한 이해를 기반으로 한다. 제품 개발 컨셉 결정 단계에서 각 요소에 대한 시스템 측면에서의 깊이 있는 특성 분석과 시뮬레이션을 통해 새로운 혁신을 예측하고 증명할 수 있다.

이 절에서는 메모리 성능 지표들을 향상시키기 위해 각 요소들을 어떻게 최적화할 수 있는지에 대해서 다룰 것이다. 이를 통해 최적화 과정이 얼마나 복잡한지, 또한 이러한 최적화 과정이 시스템 개발 로드맵에 미치는 영향 또한 다룰 것이다.

5.3.1 셀 주도의 최적화

셀 구조, 특히 셀에 사용된 재료와 셀의 오퍼레이션 환경은 메모리의 내구성과 신뢰도 등 메모리 성능에 큰 영향을 미친다.

5.3.1.1 Read 오퍼레이션: Disturbance, 정확도 그리고 액세스 타임

같은 어드레스에 대한 반복적인 read 액세스를 하는 시스템은 메모리 서브 시스템에 특별한 요구를 한다. Read 내구성이나 read 캐시 구조에 아무 제약이 없이 비휘발성 메모리를 사용하면 무제한의 read 액세스가 가능하다. 캐시 크기를 결정할 때 두 가지 요소가 고려된다. 이 중 첫 번째는 캐시 메모리의 비용이고 두 번째는 예상 사용처의 데이터 액세스 분포에 대한 확률 모델을 기초로 한 성능과 신뢰도 향상이다.

Read 액세스가 빠르고 read 장애에 대한 안정성이 높은 플래시 메모리가 비용이 최적화된 솔루션이다. 한편 read disturbance에 대한 안정성은 셀 물리학, read 오퍼레이션 전압과 시간 조건에 따라 결정된다.

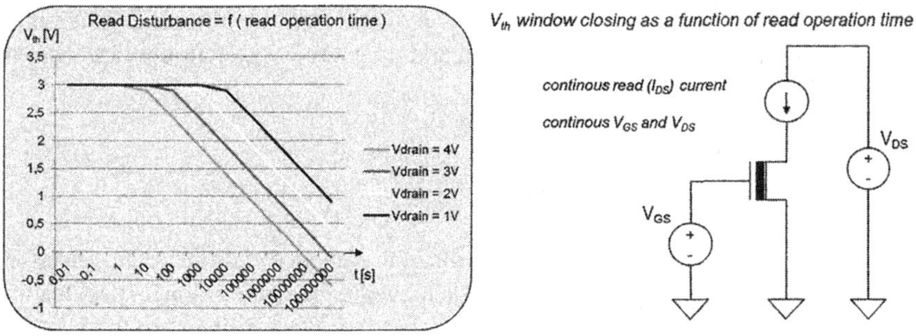

그림 5.11_ Read disturbance – 셀 전압 조건이 미치는 영향

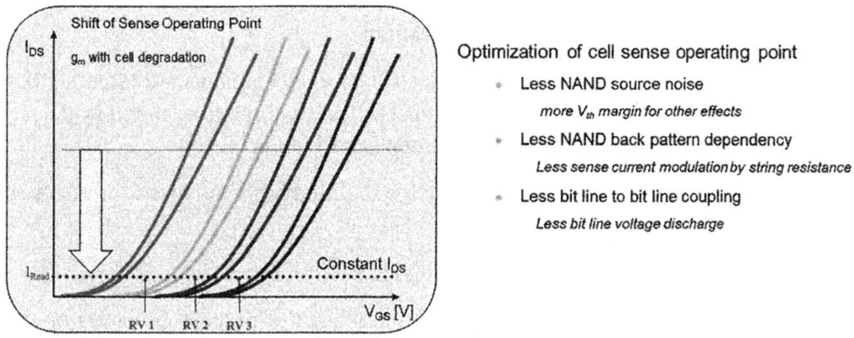

그림 5.12_ V_{th} shift와 g_m 변화를 보상하기 위한 센스 오퍼레이팅 포인트 최적화

NOR 플래시 셀에서 이슈는 양의 저전압 게이트 스트레스와 read 오퍼레이션 중 드레인 전압 조건에 따른 원하지 않은 CHE injection이다. 이 문제와 해결 방법이 그림 5.11에 나타나 있다. 드레인 전압을 감소시킴으로써 센스 오퍼레이션 조건이 최적화된다. 게이트 전압(V_{GS}) V_{th} 오퍼레이션 윈도우를 따라 움직여야 한다.

각 셀의 V_{th}는 시간에 따라 바뀌며(프로그래밍은 전하의 확률적인 injection이다) 그 트랜스컨덕턴스(g_m, V_{GS} vs. I_{DS} 곡선의 기울기) 역시 시간에 따라 열화된다. 그림 5.12에는 수백만 개의 셀들의 I/V 곡선의 변화와 이 열화를 해결할 수 있는 한 가지 방법에 대해서 나타나 있다.

센스 오퍼레이팅 포인트를 낮은 센스 전류로 옮기면 센스 윈도우의 안정성은 향상된다. 한편, 이 센스 최적화 방식은 read 오퍼레이션에 대한 latency를 줄여야 하는 요구와 상충된다.

지속적인 read 액세스가 필요한 시스템의 경우 적응형 read 기법들이 해결 방법이 될 수 있다. 정해진 순서에 따라 센스 오퍼레이팅 포인트가 바뀌는 read 오퍼레이션이 개발될 수 있다. 하지만 이를 통해 read disturbance는 줄어들지만 read latency는 늘어난다.

최적화 과정에서 아래 질문들에 대해 주의를 기울이면 도움이 된다.

- Logical 어드레스에 대한 반복적인 read 액세스가 어떻게 어레이 read 오퍼레이션으로 변환되는가?
- 비휘발성 메모리의 물리적 어레이(셀)에 대한 최악의 액세스 타임은 얼마인가?

시스템 레벨에서 빠른 속도의 비동기 read 오퍼레이션이 필요하다면 차동 S/A가 요구되며 이를 이용해 메모리 선택 과정이 이루어져야 한다.

5.3.1.2 프로그램 오퍼레이션과 erase 오퍼레이션

비휘발성 셀의 개발 목표 중에 하나는 내구성 향상이다. 그 첫 번째 목표는 공정이 미세화(shrink)되어도 기존의 내구성 사양을 유지하는 것이다. 셀 크기는 계속해서 작아지지만 셀이 받는 스트레스는 프로그램과 erase 오퍼레이션에 적용되는 물리 법칙과 관련이 있다.

셀 레벨에서 내구성 최적화는 다음 방향으로 이루어진다.

- 적은 스트레스의 write 오퍼레이션 개발
  - 비 전자 기억 소자를 기반으로 한 emerging 메모리는 우수한 내구성을 목표로 한다. 대량 생산 중인 NAND 플래시에 비해 경쟁력 있는 메모리 집적도를 가질 수 있는 개념에 대한 검증은 아직 이루어지지 않았다.

- 플래시 동작을 위해 필요한 높은 전압 레벨을 낮추어 줄 새로운 물질 개발
  - Tunnel barrier engineering[12]이 한 예이다.

- Process deviation이 셀 동작에 미치는 영향을 줄이기 위한 셀 구조 최적화
  - 셀의 기하학적 구조는 관련된 모든 확률적인 요소들을 고려하여 최적화되어야 한다. 셀과 시스템 상호작용에 대한 stochastic 모델(Model for Cell-System Interaction, MCSI)[13][FHK+08]을 통해 프로그램 알고리즘과 프로그램 성능 변수에 따른 셀의 기하학적인 변화를 정확하게 예측할 수 있다.

NAND 셀 프로그램과 erase 오퍼레이션은 FN 터널링에 의한 물리적인 스트레스를 일으키고 터널 oxide를 열화시킬 것이다. 이러한 열화는 되돌릴 수 없으며, 이 때문에 플래시 내구성에 제약이 발생한다. 메모리 서브 시스템은 셀, 페이지, 블록 등이 이러한 물리적 스트레스의 한계에 도달했는지에 대한 징후를 미리 센싱할 필요가 있다.

Hot electron 프로그래밍과 hot hole erase 플래시 셀 오퍼레이션은 다른 스트레스 레벨을 만들어낸다. Bottom oxide는 이런 낮은 전압의 오퍼레이션들에도 영향을 받고 타격을 입는다. Charge trapping 셀의 lateral multi-bit charge storage의 내구성에는 한계가 있는데, 이 한계는 inject된 전하의 공간적인 분리(spatial separation) 때문이다. 이때 프로그램과 erase 효율은 cycling count에 따라 달라진다. 한편 셀을 더 잘 리프레시하거나 storage layer를 더 잘 비워내기 위해서 NROM과 같은 멀티 비트 전하 기억(multi-bit charge storage) 셀 기술이 발표되었다[14], [15]. Charge trapping 기반의 플래시 셀의 라이프 타임은 수백만 사이클로 확장될 수 있다.

시스템 구조의 측면에서 성능과 내구성이 요구되며 이는 이미 몇 개의 비휘발성 메모리가 달성하였다. 현재 사용 가능한 설계와 공정 데이터를 통해 장기적인 메모리 개발 로드맵에 대해 대략적인 예측을 할 수 있다.

- 셀 크기와 내구성의 균형을 어떻게 맞출 수 있는가?
- Recovery, 리프레시 방법과 안정적이고 간단한 셀 구조 사이의 관계는 어떻게 판단할 수 있는가?

5.3.1.3 셀당 비트 수와 V_{th} 윈도우 마진

셀 주도 최적화는 V_{th} 오퍼레이션 윈도우의 크기를 조정하는 것이 목표이다. 셀당 비트 수와 셀 크기 (F^2)는 비용 최적화 측면에서 핵심 변수이다.

최적화 전략이 불분명하고 간접적이라면, 가능한 Vth 전압 윈도우를 다 사용하지 않은 상태에서 read 와 write durability를 향상시키는 데 중점을 두게 된다. Vth 오퍼레이션 윈도우를 가능한 작게 두라. 또한 SLC 장치의 전반적인 스트레스를 줄이기 위해 MLC 오퍼레이팅 환경을 적용하라.

신뢰도를 다룬 단원에서 살펴보았듯이, MLC NAND 제품과 비교했을 때 SLC NAND 제

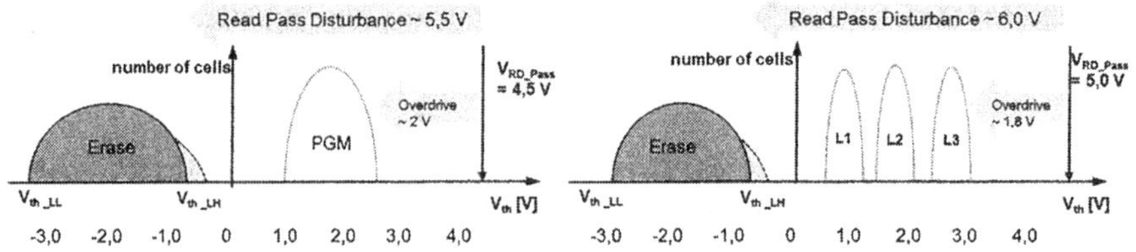

그림 5.13_ 플래시 셀 마진—SLC와 MLC 셀에 대해 read 장애가 미치는 영향

품 성능은 endurance와 retention 측면에서 한 단계 높다. 그림 5.13은 단지 500mV의 read 통과 전압(pass voltage)을 더 얻기 위한 최적화 방향을 나타낸 그림이다. 아울러 erase된 비트의 read disturbance를 제한하기 위해 read 오버드라이브 전압을 줄여준다.

이 최적화 예시는 신뢰도 스트레스와 어레이 노이즈 사이에 균형을 맞추는 과정이 나타나 있다. 싱글 레벨의 셀 플래시가 분포된 폭이 넓어지면 프로그래밍이 빨라지는 반면에 유효 read 마진이 작아진다. 최적의 셀 기하구조에 기초한 플래시 설계 V_{th} 윈도우 마진과 알고리즘 설정을 통해 달성 가능한 성능 변수들이 정의된다.

셀 최적화 평가 결과는 강한 물리적 스트레스 때문에 FN 터널링을 적용하지 않은 단일 레벨 셀이 가장 최적화되어 있다고 평가된다. Disturbance에 둔감한 것을 원한다면 멀티 레벨 셀 구조보다는 멀티 비트 구조를 선택해야 한다.

- 셀 주도 최적화는 대부분의 상용 비휘발성 메모리 구조와 다르게 FN 터널링에 기초한 멀티 레벨 셀 NAND 플래시를 추천한다.

5.3.2 메모리 어레이 주도의 최적화

어레이 타입이 메모리 설계의 성능에 큰 영향을 미친다. 공정의 어레이 효율과 메모리 설계의 셀 효율을 합하면 비휘발성 메모리 설계의 최종 생산 비용이 정해진다.

5.3.2.1 어레이 선택 과정

어떤 어레이를 사용할 것인지 선택하기 위하여, 다음의 핵심 성능 변수들을 고려해야 한다.

고려해야 할 요소 중 첫 번째는 랜덤 read 액세스 액세스이다.

- NOR 플래시 메모리는 30~90ns의 read 액세스 타입을 가진다.
- NAND 플래시는 NAND 스트링 안에 어떤 셀이 선택되었는지 센싱하기 위해서 20~50μs의 read 액세스 타입을 가져야 한다.
- 비전자(Non-electron) 기반의 메모리는 보통 빠른 read 액세스 타입을 가진다.

장단점을 분석할 두 번째 변수는 지속 가능한 read 데이터 throughput이다.

- NAND 플래시 메모리의 경우, 한 세대마다 read 데이터 throughput이 두 배가 된다. 일반적으로 40MB/s 혹은 80MB/s의 read 데이터 throughput을 갖는다. 최근에는 더블 데이터 rate NAND 플래시가 200~400MB/s의 read throughput을 달성하였다.
- NOR와 같은 메모리의 경우, throughput은 병렬로 활성화된 S/A의 수에 의해서 결정된다. 이러한 S/A의 수는 어레이 컨셉 혹은 셀 효율 측면에서 최적화된 어레이나 S/A 컨셉에 의해서 결정된다. 달성 가능한 read throughput은 50MB/s에서 100MB/s이다.
- 비전자 메모리의 경우, 그 read 데이터 throughput의 범위는 플래시 기반의 메모리의 그것과 같다(ISSCC, ASSCC [16]).

Read 성능 지표는 어떤 어레이를 사용하느냐에 따라 다르다. 최초의 랜덤 액세스 NAND 메모리의 read 데이터 throughput이 NOR나 비전자 기반 메모리의 3배 정도로 느렸다면, 오늘날 NAND 메모리가 가장 빠른 throughput을 보인다.

어레이 구조를 구분 지을 세 번째 요소는 write 데이터 throughput이다.

- FeRAM과 MRAM과 같은 비전자 기반의 메모리의 경우, 100MB/s 이상의 프로그램 데이터 throughput 영역에서 SLC NAND 플래시에 필적할 만한 성능을 보인다.
- PRAM은 10MB/s에 가까운 빠른 write 데이터 throughput을 달성했으며 이는 NOR 기반의 플래시 메모리의 그것과 필적할 만한 성능이다.

NOR(직접 셀 액세스) 어레이 타입은 빠른 액세스가 요구될 때나, 임의로 read와 write 동작의 순서가 혼합되었을 때 선호된다. NAND(간접 셀 액세스) 어레이 타입은 그 생산 비용이 작으며 높은 데이터 throughput을 얻을 수 있다.

5.3.2.2 어레이 최적화: 분할

어레이와 셀 타입에 의해 write 데이터 throughput이 결정된다. 또한 달성 가능한 프로그램 성능은 어레이 분할에 의해서 결정된다. 분할을 함으로써 비트 라인과 워드 라인을 짧게 할 수 있다. 비트 라인 길이를 줄이면 rise 시간이 좋아지기 때문에 비트 라인의 길이를 반으로 줄이면 잠재적인 프로그램 성능은 네 배 향상된다.

$$tau[sec] = \tau = \frac{1}{2}R * \frac{1}{2}C = \frac{1}{4}RC$$

R(Ohms)은 저항, C(Farads)는 커패시턴스이다.

어레이 분할을 함으로써 작아진 세그먼트 내의 플래시 동작이 빨라진다. 또한 더 많은 세그먼트를 병렬로 동작시킴으로써 칩의 성능을 향상시킨다. 동시에 동작하는 세그먼트의 수는 셀 동작에서 에너지 소비와 모든 세그먼트가 충전되고 방전되는 필요한 총 어레이 용량과 관련이 있다.

그림 5.14에 NAND 메모리의 여러 종류의 어레이 분할이 나타나 있다.

- 긴 비트 라인으로 구성된 하나의 어레이는 512Byte 페이지 크기의 전형적인 90nm NAND 다이를 나타낸 것이다.
- 길이가 절반인 비트 라인을 이용해 다이당 두 개의 어레이를 구성하였고 이에 따라 두 plane의 NAND 다이가 생산된다.
- 네 배로 짧은 비트 라인과 두 배로 짧은 워드 라인을 통해 네 개의 어레이를 구성, NAND 다이를 최적화하였다.

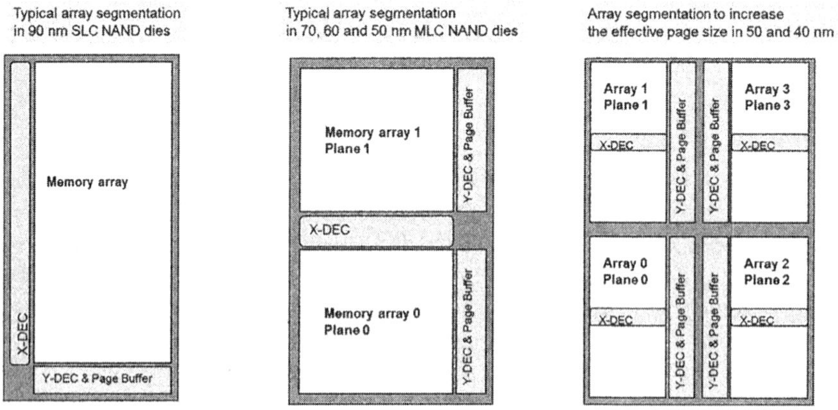

그림 5.14_ 여러 종류의 NAND 어레이 분할

어레이 분할을 통해 향상시킬 수 있는 지표는 다음과 같다.

- 프로그램 사이클 타임과 read 사이클 타임−rise 타임(tau)과 관련된 모든 성능 지표
- 프로그램 parallelism−한 오퍼레이션당 셀의 최대 개수
- 비트당 에너지 소비량−비트 라인과 워드 라인의 길이를 줄이면 라인을 충/방전하는데 필요한 에너지 소비량이 줄어든다.
- 선택된 워드, 페이지 그리고 블록당 어레이 에너지 소비량

프로그램 오퍼레이션과 erase 오퍼레이션에서 어레이 주도의 에너지 계산을 통해 FN 터널링과 같은 전압 기반의 오퍼레이션을 선택해야 함을 명확히 할 수 있다. 비트 라인 방향의 전류량은 프로그램 오퍼레이션과 erase 오퍼레이션의 parallelism을 제한하며, 작은 크기의 메모리 세그먼트와 함께 비트 라인에서 낮은 저항을 갖는 물질 사용을 요구한다.

메모리 어레이의 구조뿐 아니라 가능한 낮은 저항과 커패시턴스를 갖고 공정 노드별 최적화된 크기로 세분화하는 것은 최대 데이터 대역폭과 first access time과 같은 제품 성능을 결정한다.

5.3.2.3 어레이 최적화: 설계 및 기술 혁신

설계 및 기술 혁신은 외부에서 예측하기가 힘들다. 메모리 회사들은 적시적소에 필요한 혁신을 위해 메모리 어레이와 관련된 연구를 활발히 진행 중이다. 이 책에서 개발된 성능 지표 방법론을 통해 다가올 혁신을 엿볼 수 있다. 어레이 최적화를 통해 셀 효율과 어레이 성능 사이 균형을 맞출 수 있다. 회로적인 선택사항(single sided driver와 double sided driver 등)과 디코더는 혁신적인 센싱 및 charge 컨셉과 결합된다.

어레이의 동적 동작은 self-boosting 컨셉을 통해 최적화될 수 있다. 수백 번 충/방전하는 대신에 전하를 재사용함으로써 대용량 NAND 플래시 어레이를 계속해서 사용할 수 있다. 어레이 동작을 위해 필요한 에너지를 단열적으로 재사용하는 것이 하나의 연구 주제이다.

재료, 컨택 설계 그리고 메탈 공정에 관련된 기술 혁신은 성능과 효율에 영향을 미친다. 라인 저항 감소, 차폐 용량 증가 그리고 최적화된 커플링 커패시턴스는 어레이 동작의 안정성에 큰 영향을 끼치며, 성능과 신뢰도를 보장한다.

5.3.3 메모리 효율에 관한 변수: 단가 중심의 최적화

CMOS 공정 미세화(shrink) 로드맵은 더 작은 리소그래피(lithography) 노드를 보장하고, 같은 웨이퍼 가격으로 다이 크기당 더 많은 메모리 비트 수가 가능하게 한다. 하지만, 메모리 제품 개발 시에 짧은 프로젝트 기간은 혁신적인 가치를 적용할 수 있는 유연성을 제한한다. 또한 차세대의 제품은 기존 개념들을 광범위하게 재사용하여 만들어진다. 이머징 메모리 제품은 이전 애플리케이션에 호환 가능하면서도 향상된 성능과 두 배로 늘어난 메모리 크기를 가져야 한다. 다른 추가적인 방법으로, 비휘발성 메모리의 비트 효율은 셀당 저장된 비트 수를 증가시켜 높일 수 있다.

- 셀당 멀티플 비트에 근거한 메모리 효율 변수 최적화 방법은 빠르게 차세대 제품은 개발하는 일정 목표와 상충된다.
- 추가적인 설계 부담이 있는 SLC와 MLC를 지원하는 메모리 구조는 SLC 상품을 먼저 빠르게 개발하게 하고, 뒤이어 두 번째 단계로 가격 경쟁력 있는 MLC 상품의 대량 생산을 이끈다.

이러한 셀당 비트 증가는 메모리 집적도를 공정 미세화(shrink) 로드맵에서 예상한 것보다 빠르게 증가시킨다. 효율 최적화를 위한 목표는 $1F^2$로 정해진 메모리 비트 크기이다. NAND와 VG NOR 어레이 구조는 $4F^2$ 셀 크기를 가지며, 단가 측면에서 경쟁력 있는 메모리 집적도를 달성하게 한다.

셀당 4 비트 효율을 갖는 목표는 최적화 프로세스를 보여주는 데 사용된다. 프로그램 데이터 throughput은 다음에 뒤따르는 시스템 구조 결정 예제에서 주안점이 아니다. 한 비트 크기를 $1F^2$으로 보여주는 두 개의 어레이와 셀 개념이 선택되었다.

- 셀당 4-비트 MLC NAND
- 셀당 4-비트 MBC와 MLC VG NOR

일반적인 책에서의 플래시 구조 비교가 표 5.3에 있다. 그림 5.15는 어레이 구조와 프로그램된 레벨을 위한 V_{th} 오퍼레이션 윈도우를 비교하고 있다. 플로팅 셀 기반의 100% 전압으로 제어되는 고집적화된 NAND 메모리 어레이 형태는 빠른 액세스 NOR 메모리 형태와 비교된다. 이 빠른 액세스 NOR 메모리는 전하 트래핑 멀티-비트 셀에 기반한 전압으로 제어되는 어레이 타입으로 셀 오퍼레이션 시에 전류를 소모한다.

표 5.3_ MLC NAND와 MBC VG NOR 셀당 4-비트 비교표

	4-bit per cell MLC NAND based on floating gate cell	4-bit per cell MLC and MBC VG NOR based on charge trapping cell
Array architecture	NAND strings with 32 or 64 cells	VG-NOR direct cell access
	In-Y-direction isolation with string select gates (SSG)	In X-direction STI slice isolation;In Y-direction isolation with select gates
Array and cell	PGM Inhibit & Pass voltage disturb	Sharing of phys. WL and phys. BL
Disturbance	Read Pass voltage disturb	Weak ERS and PGM Gate disturbance
		Weak ERS and PGM Drain disturbance
Sense concept	Slow serial high parallel sensing	Fast parallel AC sensing in time domain
	• No reference cells	• Global reference cells
Program algorithm	Incremental step pulse program	Incremental step pulse program
	• Fowler-Nordheim Tunnelling	• Channel Hot Electron Injection
Erase algorithm	FN Pulse 1–2 ms with PAE	PBE, Erase and PAE sequence
	Fowler-Nordheim Tunnelling	Hot Hole Injection
Read algorithm	Parallel sensing of	Adaptive read window search of a pre-defined chunk of data
	• all bit lines—ABL concept	
	• half bit lines—shielded BL	Read latency varies

셀당 4-비트 MBC & MLC VG NOR는 read와 프로그램의 사이클 시간이 짧고 매우 경쟁력 있지만, 전하 트랩 기반 셀들로 인하여 신뢰성은 개발 난제이다.

셀당 4-비트 MLC NAND는 NAND 어레이 구조의 높은 병렬화를 기반으로 합리적으로 높은 데이터 throughput을 갖고 있다. 하지만 15개의 다른 레벨들은 하나의 V_{th} 윈도우 안에 프로그램되어야 하며, 프로그램된 V_{th} 분포들의 겹쳐진 구간은 신뢰성 있는 센싱과 오류 복구 기술이 필요하다.

성능 변수 비교는 표 5.4에 나타나 있는 두 가지 개념들의 장점을 알려준다. 하지만, 한두 가지의 공정 노드에 대한 데이터의 일면만으로 중요한 결정을 내리기에는 어려움이 있다.

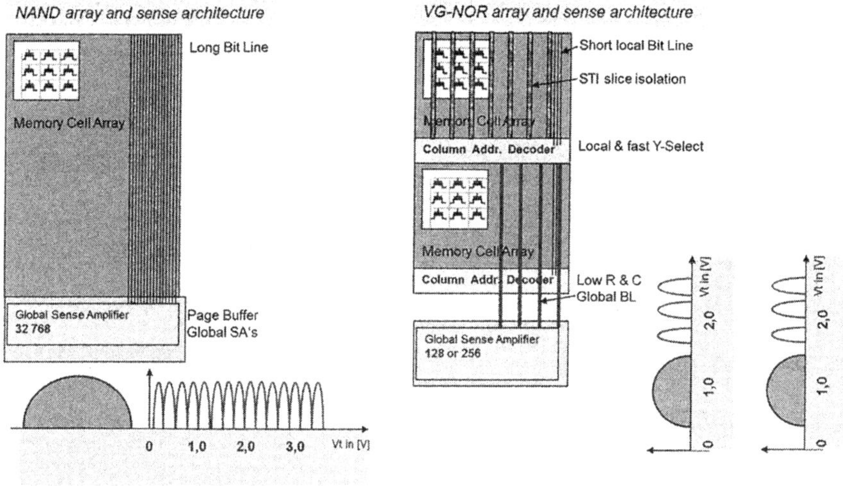

그림 5.15_ MLC기반 MLC NAND와 MBC VG NOR 구조의 셀당 4-비트 비교

표 5.4_ 셀당 4-비트 - 50nm와 60nm 공정 기술 노드들에 근거한 성능 변수 비교

	4-bit per cell XLC NAND	4-Bit per cell MLC and MBC VG NOR	Comments
Read Access Cycle time	100 μs	50 μs	(+) for VG NOR
Page (4 kB) PGM time	>2500 μs	>950 μs	(+) for MBC VG NOR
PGM Data Throughput	2–4 MB/s	8–10 MB/s	(+) for VG NOR
Write Data Throughput	2–4 MB/s	2–3 MB/s	(+) for XLC NAND
• System durability behavior is modulated by ERS/PGM size factor and ERS/PGM time ratio			
ERS/PGM size factor	256	16	(+) for VG NOR
Ratio ERS/PGM time per EB	0.01	0.35	(++) for XLC NAND
Write Durability (endurance)	<1000	<100	(++) for XLC NAND
Write Energy μJoule	<75	>175	(++) for XLC NAND

추가적으로, 플래시 상품들의 셀당 멀티플-비트에서 주목할 만한 점들은 아래에 요약되었다.

- 셀당 멀티플 비트 개념들은 일정 시간 동안 셀 V_{th} 전압의 안정성과 밀접하게 연관되어 있다. 일반적인 V_{th} 분포의 이동은 특별한 에러 교정 기술과 데이터 스크램블링을 통하여 보상될 수 있으나, 빠른 분포의 확대는 제어하기 어렵다.
- 셀당 멀티플 비트 개념들은 더 긴 프로그램 시간과 프로그램 순서들을 요구하며, 그 프

로그램 순서에는 임프린트(imprint)와 대략적인 프로그래밍 구간, 정밀한 프로그래밍 구간들이 포함된다. 적정한 자리에 저장되어 있으면서 주기적으로 필요한 데이터 때문에, 많은 S/A로 구성된 어레이 구조들이 선호된다.

- 더 높은 프로그램 병렬화는 에너지 소모의 증가 없이 얻어져야만 하며, 이것은 비휘발성 기억 소자가 전압에 의해 변화되어야 하고 (플래시에서 FN 기반 프로그래밍 동작을 위한)요구되는 전압 레벨들을 만족하기 위한 캐패시티브 커플링(capacitive coupling) 기반의 어레이 개념을 요구한다.
- 프로그램 순서에서 셀 V_{th} 전압의 더 높은 정확도를 얻기 위해서는 실시간 알고리즘이 필요하다. 이 실시간 알고리즘은 모든 공정과 간섭 영향을 보상할 수 있다. 이는 모든 셀이 목표 위치로 함께 이동할 때만 이론적으로 가능하다.

성능 변수 방법론은 다음의 의문들에 대한 답을 구하는 데 적용된다.

- 어레이 효율(셀당 4비트)의 증가는 상품 가격 절감을 가능하게 하는가? 그리고 이로 인해 설계 부담과 시간, 다이 크기 증가로 인하여 그 효율과 가치가 크게 떨어지지는 않았는가?
- 예상되는 신뢰성 감소는 시장에서 받아 들여질 만한가?
- 어떤 성능 감소가 시장에서 받아 들여질 만한가?

셀당 2-비트와 3-비트, 4-비트 MLC NAND에 기반한 메모리 효율 최적화는 6.4.3절의 신뢰성과 가격의 상관관계에 초점이 맞춰진 성능 변수 동향을 적용하여 논의될 것이다. 셀당 4-비트에 대해서 계산된 성능 변수는 정량적인 척도이며, 이는 이전에 언급되었던 의문을 포함하는 의사 결정 과정에서 도움을 준다.

5.3.4 신뢰성 중심의 최적화

신뢰성 중심의 최적화는 신뢰성 비용과 연관이 있으며, 이 신뢰성은 그림 5.16에 나와 있는 것과 같이 셀과 어레이 레벨의 **물리학**, 메모리 설계 레벨의 **설계**, 메모리 하위 시스템 레벨의 <u>소프트웨어</u>에 의해서 확보될 수 있다.

과거의 연구 초점은 DRAM과 SRAM만큼의 빠른 속도를 가지면서도 훌륭한 신뢰성과 내구성을 갖는 보편적인 메모리를 만드는 것이었다. 비휘발성 셀을 만들기 위해 새로운 셀 재료들과 셀 구조들이 연구되어 왔으며, 이는 모든 신뢰성과 내구성 변수를 상당히 향상시켰다.

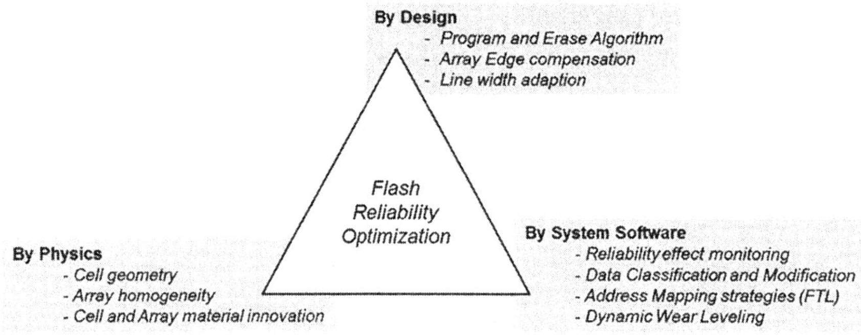

그림 5.16_ 플래시 신뢰성 최적화를 위한 삼각형

최근 10년 이상 전자를 바탕으로 하지 않는 비휘발성 메모리들은 성능과 비용, 신뢰성을 향상시키기 위한 차세대 메모리로 보고되어 왔다. 사이클 동작이 수십 배 향상된 FeRAM, MRAM 또는 PCM 셀들이 표 2.3에 보듯이 발표되었다. 256Mbit 이상의 집적도를 갖는 이머징 메모리들의 대량생산을 위한 상품 신뢰성 데이터는 기존의 높은 신뢰도를 갖는 플래시 제품들의 값들과 비슷하다. 하지만, NAND와 NOR 플래시를 대체하는 하나의 메모리는 DRAM과 SRAM의 경우처럼 없다[17]. 새로운 비휘발성 메모리 개념의 평가는 높은 집적도를 가지고 대량생산 중인 메모리로부터 나온 변수들을 이용해야만 한다. 이 역할은 비휘발성 제품과 공정 개발을 위해 가장 중요한 것으로 인식돼야 한다.

이머징 메모리들 개발의 기술적인 평가는 아래와 같이 요약된다.

- 플래시에 비해서 이머징 메모리들이 갖는 일부 향상된 신뢰성 변수들은 메모리 시장에 영향을 미치지 못했다. 그 결과 이머징 메모리들은 중요 대형 시장을 형성할 수 없다. 그 것들은 보통 이머징 메모리의 특정한 장점이 필요한 틈새시장에서 사용된다.
- 가격 비교는 모든 대형 시장에서 여전히 중요한 구매 결정 요인이다. 이머징 메모리들은 공정 미세화(shrink) 로드맵을 주도하는 NAND 플래시보다 공정 미세화(shrink) 부분에서 뒤쳐져 있다.
- 멀티-레벨 셀 플래시 상품들의 저하된 신뢰성 값들은 애플리케이션 레벨에 의해 받아들여지며, 신뢰성 목표들은 시스템 레벨의 소프트웨어들의 도움으로 달성된다.

사업성 평가는 하나의 간단한 결론으로 맺어지는데, 신뢰성 최적화가 가장 중요한 가격 중심의 최적화 요인으로 되고 있다. 낮은 신뢰성으로 인해 고객 측에서 발생되는 모든 데이터 손실이 브랜드 네임을 많이 손상시키고 추가 비용을 발생시킨다.

• 조사된 애플리케이션 이슈들의 문제해결을 바탕으로 하는 대량생산의 경험은 플래시 메모리의 신뢰성을 향상시키는 가장 빠른 방법이다.

플래시 신뢰성 최적화 삼각형은 어떻게 신뢰성 중심의 최적화를 특정 메모리 어레이에 구현될 수 있는지에 대한 아이디어를 구체화하는 데 사용된다.

(1) 메모리 어레이의 최적화

매우 균질하고 견고한 메모리 어레이를 달성하라. 이것은 신뢰성 수치가 표준 제품보다 10배 이상의 수준을 얻을 수 있게 한다.

(2) 알고리즘과 설계를 통한 메모리 어레이의 불균질성 보상

특별한 설계(전용 전압 또는 변경된 선폭) 및 알고리즘의 적응을 통하여 모든 불균질한 어레이 파트들을 보상하라. 적절한 보상 방법은 설계 수준에서 구현되어야만 하지만, 신뢰성 부분은 같은 공정에서 표준 제품보다 상당히 증가시킬 수 있다.

(3) 낮은 수준의 시스템 소프트웨어에 의한 메모리 어레이의 활용

논리적 어드레스와 물리적 어드레스가 맵핑되어야 하며, 이는 신뢰성 특성에 따라 분류된다. 가장 안전하게 보관되어야 하는 데이터들은 가장 높은 신뢰성 분류 등급을 가지고 물리적 메모리 영역에만 저장되어야 한다.

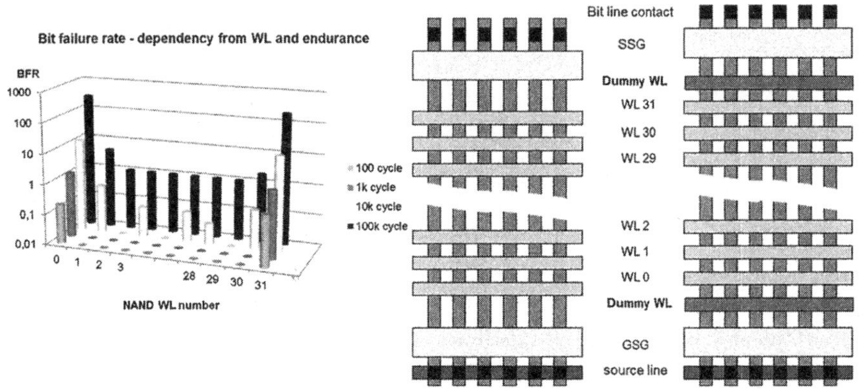

그림 5.17_ NAND 신뢰성 최적화 - 워드 라인 끝부분

워드 라인과 비트 라인의 끝 쪽에는 조금 다른 특성이 있는데, 전용 평가를 필요로 한다. 위에 언급된 방법들은 높은 비트 불량률을 보상하는 데 사용될 수 있다. 비트 불량률은 그림 5.17에서 보듯이 더미(dummy) 워드 라인을 추가하여 상당히 줄일 수 있다.

다른 최적화를 위한 보상 방법들은 개선된 에러 보정 코드(error correction code)나 데이터 크기를 줄여 저장하는 것과 같이 워드 라인 끝부분에 다른 알고리즘을 적용하는 것이다.

개발 시간과 노력, 개발 비용은 셀과 어레이에 물리적 특성이나 어레이와 센싱하는 부분의 설계, 시스템의 소프트웨어나 데이터 밀도와 데이터 스크램블링에 관한 소프트웨어 같이 신뢰성 최적화 전략에 따라 다르다. 개발과 최적화 과정 중에 아래와 같은 질문들은 해결되어야만 한다.

- 최적화 전략들이 독립적으로 달성될 수 있는가?
- 세 가지 전략 모두가 근본적으로 같은 개선을 달성하는가?
- 예상되는 비용 또는 성능의 영향력이 시장에서 받아들여지겠는가?

세가지 방법들이 각각 약점을 갖고 있음을 경험을 통해 알 수 있었고, 신뢰성 최적화 전략은 모든 면들을 고려하여 조합하는 데 초점을 맞춘다.

성공적인 신뢰성 최적화 전략은 아래와 같은 것들을 포함한다.

- 예상되는 모든 공정과 셀, 어레이 불균질성에 가능하면 빠르게 초점을 맞춰야 하며, 항상 가장 좋은 기술적인 해결책을 선택하고 절대 차선책을 선택해서는 안 된다.
- 설계 구조적인 면에서는 적절한 정도의 유연성에 초점을 맞춰라. 유연성은 내장형 소프트웨어에 의해서만 제공되는 것은 아니다. 하드웨어 레벨의 유연성은 충분히 다른 전압 레벨들을 만들어 내고 필요한 워드 라인에서 높은 전압을 제공하는 것과 같은 설계 능력을 의미한다.
- 시스템 소프트웨어 개발에 필요한 확실한 통계적 데이터 생성을 위해서, 메모리 특성 중에서도 가장 최악인 경우에 집중해서 초점을 맞춰라.
- 모든 의존성을 가능하면 간단하고 명료하게 정의해라. 그럼으로써 소프트웨어 개발팀은 최고의 적응방법을 찾을 수 있으며 정확하게 구현할 수 있다.

더 높은 추상화 수준에서 플래시 메모리의 신뢰성 최적화 방법은 다음과 같이 요약된다.

- 주변으로부터의 효과와 간섭 및 disturbance에 가장 높은 안정도를 갖는 셀을 선택하

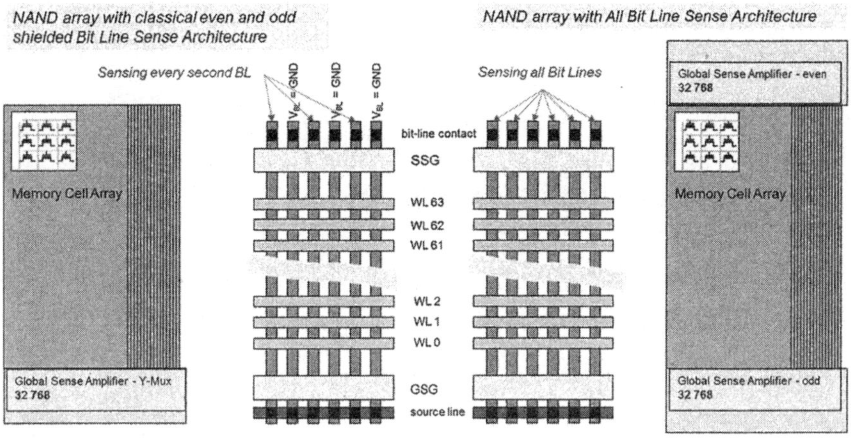

그림 5.18_ NAND 신뢰성 최적화 - 모든 BL 구조

거나,

- 물리적으로 더 멀리 떨어져 있는 셀들을 선택하고 중요 오퍼레이션들을 동시에 실행시켜라. 그렇게 함으로써 모든 기생 효과들을 실시간으로 동시에 상쇄시킬 수 있다

비전자 방식의 이머징 메모리들은 저장 요소 그 자체로 더 높은 안정도를 지향하고 있다. 이러한 발전 방향은 위에서 언급한 첫 번째의 최적화 방법과 일맥상통한다.

NOR 방식의 직접 액세스 플래시 메모리와는 다르게 NAND 방식의 간접적인 액세스를 이용하는 플래시 어레이는 두 번째 방법을 실현한다. NAND 스트링은 NAND 블록을 정의하며 이것은 select gate들에 의해 그림 5.18과 같이 물리적으로 분리된다. 이 블록을 기반으로 하는 어레이 구조는 아직 더 개선해야 하는 부분이 있다. 센싱을 하기 위한 혁신적인 방법들은 All 비트 라인을 프로그램하게 만들고 센싱 구조를 가능하게 한다. 이것은 동시에 모든 셀들로의 이동을 가능하게 하며 워드 라인을 따라 실시간으로 어레이 효과들을 보상한다.

All 비트 라인 NAND 플래시 구조(물리적으로 구분되어 있는 블록의 모든 셀들이 동시에 이동하는 것)는 셀들과 라인들 사이의 간섭으로 발생하는 모든 노이즈 효과들을 보상한다. 셀들 사이의 간섭효과는 공정이 미세화(shrink)되면서 더욱 심각해지고 있으며, imprint 알고리즘과 결합된 All 비트 라인 NAND 어레이는 셀 간섭들의 영향을 줄여주는 방식으로 전체 신뢰성을 높여준다.

신뢰성 중심의 All 비트 라인 NAND 어레이 혁신은 성능과 신뢰성을 동시에 향상시켰으며, 셀당 3- 또는 4-비트의 저장을 가능하게 했다.

5.3.5 시스템 (애플리케이션) 중심의 최적화

신뢰성 중심의 최적화 단원에서 이미 시스템적인 면, 특히 파일 변환 층(file translation layer)과 다른 wear level의 소프트웨어 전략 사이의 상호작용을 설명하였다.

시스템 구조의 가능성은 최적화 과정 중에 심도 있게 분석되어야만 한다. 특정 시스템의 목표 값을 달성하기 위해서 채널들의 수, 같은 I/O를 공유하는 플래시 장치들의 수, 독립적으로 에러를 감지하고 복구하는 회로(EDC와 ECC 각각)의 수는 요구되는 플래시 성능과 신뢰성, 내구성 변수에 큰 영향을 미친다.

시스템 구조는 애플리케이션(특정-허용되거나 추천되는-애플리케이션 경우들)의 구조에 영향을 미치면서 플래시 메모리 변수들을 향상시키는 데에 필요한 일들을 가능하게 한다.

시스템 구조 구성은 달성 가능한 성능을 정의하는데, 더 많은 채널들은 일반적으로 write와 랜덤 IOPS 값, 에너지 소모를 증가시킨다.

병렬로 놓인 채널들을 균형 있게 맞추는 것과 최적화된 플래시 신뢰성 제어 전용 unit(선

System configuration impacts flash parameter requirement

System Optimization	Target	System I	System II
		4 Channel	2 Channel
MLC NAND 200 MHz DDR			
System Bandwidth [MB/s]	500		
Read NAND max. [MB/s]	500	793	471
Read NAND min. [MB/s]	250	198	235
Write NAND max. [MB/s]	500	440	466
Write NAND min. [MB/s]	250	220	233
Read latency [μs]	200		
Read IOPS (4k)	50000	39627	21960
Write IOPS (4k)	10000	4444	2222
System Durability		10^9	10^9
NAND single die endurance		25.000	5.000

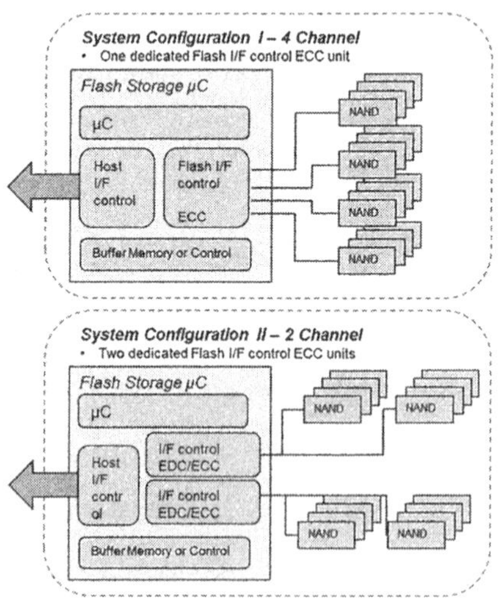

그림 5.19_ 성능과 내구성 그리고 플래시 신뢰성에 미치는 시스템 구성의 영향

진 ECC를 포함하여)은 그림 5.19에서 예시된 것처럼 NAND 플래시 장치의 상당히 낮은 신뢰성 요구조건들을 만족시키며 동시에 성능 면에서도 경쟁력 있는 결과를 얻을 수 있도록 해준다.

시스템 구성 II는 플래시 메모리 기반 시스템의 전체적인 성능과 비용, 신뢰성 최적화를 위한 시스템 구조의 능력을 나타내는 예제로 사용된다. 시스템 구성 I은 싱글 다이의 높은 내구성 요구 조건을 만족하기 위해서 SLC NAND 플래시 타입 구조에서 선호되는 구조이다.

다른 집적도의 플래시 메모리들이 시스템 대량생산 동안에 최적화되어 사용되도록 구성할 수 있게 시스템 구조는 선택되고 설계되어야 한다.

5.4 요약: 플래시 메모리 기반의 시스템 최적화

대량 생산되는 메모리 설계 기술과 공정 개발은 가격 중심의 최적화 전략과 맞물려서 예정된 시간에 마무리되는 프로젝트 실행에 기초한다. 다음 세대 제품의 출시가 지연되면, 메모리 회사에 경제적으로 심각한 영향을 미친다.

모바일 애플리케이션은 비휘발성 메모리 중심의 장치들이다. 플래시 메모리들은 재료표(BOM)에 중요한 부분이며 특정 시스템 설계를 위한 핵심적인 성공 요소이다. 메모리 서브 시스템의 선택 과정과 시스템 구조의 최적화는 고객들에게 맞춘 특성을 갖는 시스템을 만드는 데 중요하다.

메모리 선택 과정은 5.1절에 소개된 시스템 요구조건에 의해 결정된다.

- 메모리 집적도(페이지와 블록, ECC크기를 포함하는 로드맵)를 높이기 위한 목표 집적도와 셀 선택 크기(granularity)
- 메모리 성능 변수(데이터 throughput, 사이클 시간)
- 인터페이스 변수와 인터리브 능력
- 에너지 소모(액티브와 스탠바이)
- 내구성 변수(SLC 또는 MLC 플래시 솔루션들과 관련되어 있는)
- 선택된 구조를 위한 비트당 비용 로드맵(예를 들어 셀당 2-비트 또는 3-비트, 4-비트)

요구되는 시스템 변수들과 사용 가능한 메모리 공정의 매칭은 그림 5.20에 나타나 있는 거

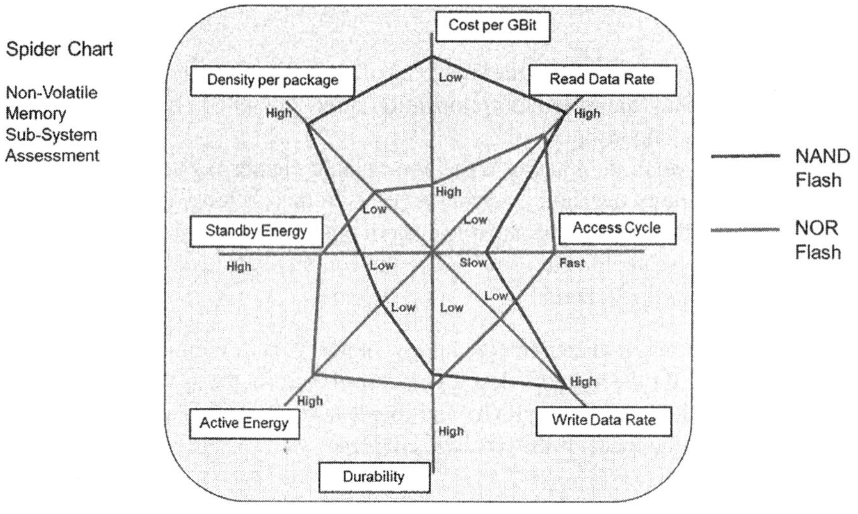

그림 5.20_ 시스템 성능 요구사항들 – NOR와 NAND 플래시 메모리 비교 [18]

미 차트들에 의해서 결정된다. 공정에 대한 개요가 [18]에 잘 설명되어 있는데, 어느 공정을 사용할지는 가장 중요한 성능 변수들에 의해서 결정된다.

공정 미세화(shrink) 로드맵에 따른 메모리 최적화는 성능과 신뢰성 변수 몇 가지를 크게 향상시킨다. 메모리 선택과정은 선평가(pre-assessment)를 기초로 하고 있어서 선택된 셀과 어레이, 공정 특성의 혁신 정도와 최적화 가능성을 평가한 결과를 가지고 선택한다. 혁신 가능성은 메모리 구조 선택을 위한 척도가 될 수 있다.

위의 내용과는 대조적으로 대량생산되는 메모리들의 중점은 기존 블록의 재사용을 많이 하고 개발 위험성을 가능하면 낮게 유지할 수 있도록 해야만 하며, 공정 미세화(shrink) 로드맵에 따라 공격적인 개발의 이정표가 될 수 있다.

거미 차트의 사용으로 개념 결정들의 결과는 경쟁 제품이나 이머징 메모리들과 비교될 수 있다.

- 신뢰도 대비 집적도
- 집적도 대비 성능
- 성능 대비 에너지 소모
- 에너지 모소 대비 신뢰도

애플리케이션에 따른 특별한 분석이 이루어지고 일반적으로 추가적인 표들과 세부적 차트들도 만들어진다. 선택된 메모리의 공정과 상품 로드맵은 심도 있게 분석된다. 회사의 상품 로드맵들은 ITRS 로드맵과 비교되며 최종 결정이 이루어진다. 상품 로드맵에 따른 예상 혁신 가능성은 일반적으로 고려되지 않는다.

각각의 선택된 비휘발성 메모리들의 최적화 가능성은 시스템 성능에 영향을 미친다.

- 셀과 어레이
- 셀당 멀티플 비트
- 알고리즘과 V_{th} 윈도우 마진
- 시스템 구조와 내구성 최적화

플래시 메모리 설계는 요구된 V_{th} 윈도우 마진을 달성하기 위하여 최적화될 수 있다. Wear level 전략과 FTL은 비대칭과 마진 취약을 보상하기 위해서 정의된 플래시 V_{th} 윈도우 마진에 의해서 최적화될 수 있다. 시스템 구조는 신뢰성과 성능의 균형을 위한 어느 정도의 유연성을 확보하기 위해서 가정된 애플리케이션의 경우에 따라 변형될 수 있다.

비휘발성 메모리 최적화의 딜레마는 전체적인 복잡도 관리이다.

- 복잡성의 첫 번째 단계는 셀과 어레이, 설계, 공정, 알고리즘의 다른 최적화 방향을 포함하는 혁신 중심의 메모리 개발이다.
- 복잡도의 두 번째 단계는 비휘발성 메모리 시스템 개발이다. 이것은 셀 레벨부터 시스템 파티셔닝까지를 포함하는 중요한 결정을 요구한다. 전체적인 비휘발성 시스템 최적화는 목표된 메모리 중심의 애플리케이션의 상업적 성공을 위해서 멀티-코어 마이크로프로세서 구조의 사용을 유도해야만 한다.

비휘발성 메모리를 위한 핵심 성능 지표 방법론은 메모리 개발 자체와 시스템 최적화 과정의 지침을 제공하기 위해서 개발되었다. 복잡도의 감소와 로드맵을 나타내는 모델들의 개발은 다음 두 단원에서 중점적으로 소개될 것이다.

참고문헌

1. B. Shriver, B. Smith, The *anatomy of a High-Performance Microprocessor A Systems Perspective* (IEEE Computer Society Press , Loss Alamitos, California, 1998)
2. V. G. Oklobdzija, *High-Performance System Design: Circuits and Logic: Design Methods ans Circuit Techniques* (Wiley IEEE Press, New York, 1999)
3. D. A. Patterson, J. L. Hennessy, *Computer Organization and Design-The Hardware/Software Interface* (Morgan Kauffman, Burlington, 2009)
4. V. Getov, A. Hoise, H. J. Wassermann, *Codesign for Systekms and applications: charting the path to exascale computing.* Computer 44, 19-21 (2011)
5. D. Baral, Life cycle power consumption HDD vs. SSD. http://www.bswd.com/FMS09/FMS09-101-Baral.pdf. Flash Memory Summit, 2009
6. IntelPR, Inter Newsroom, IntelPR, 12 April 2012. http://newsroom.intel.com/community/intel_newsroom/blog/2012/04/12/intel-solid-state-drive-910-series-delivers-high-performance-endurance-and-reliability-for -data-center-tiering-and-caching. [Zugriff am18 November 2012]
7. h. Kroemer, 2000 Nobel Physica Laureate, *in Lex Prix Nobel (2000)*
8. D.S. Byeon, S.S. Lee, Y.H. Lim, D. Kang, W.K. Han, D.H. Kim, K.D. Suh, A comparsion between 63nm 8Gb and 4Gb multi-level cell NAND flash memory for mass storage application, in *Asean Solid-State Circuits*, pp. 13-16, 2005
9. M.L. Garcia, O.H, Bray, *Fundamentals of Technology Roadmapping* (Sandia National Lab, Albuquerque, 1997), PP. 87185-1378
10. L. Wilson, International technology roadmap for semiconductors, 2009. 2010 International Technology Roadmap for Semiconductors. This page was last updated on 21 Jan 2011.
11. T. Hara, K. Fukuda, K. Kanazawa, N. Shibata, K. Hosono, H. Maejima, M. Nakagawa, T. Abe, M. Kojima, M. Fujiu, Y. Takeuchi, K. Amemiya, M. Morooka, T. Kamei, H. Nasu, C.-M. Wang, K. Sakurai, N. Tokiwa, H. Waki, T. Maruyama, S.Yoshikawa, A 146-mm2 8Gb Multi-level NAND flash memory with 70-nm CMOS technology. IEEE J. Solir-State Circuits 41(161-169), 953(2006)
12. S. Verma, *Tunnel Barrier Engineering for flash memory technology*(Stanford University, Stanford, CA, May, 2010)
13. C. Friederich, J. Hayek, A. Kux, T. Muller, N. Chan, G. Kobernik, M. Specht. D. Ritchter, D. Scmitt-Landsiedel, Novel Model for cell-system interaction(MCSI) in NAND Flash, in *IEDM Technology Digest*, pp.1-4, Washington, 2008
14. Y. Roizin, Extending Endurance of NROM Memories to over 1 million program/erase cycles, *Proceedings of 21st Non-Volatile Semiconductor Memory Workshop*, pp. 74-75, Feb 2006.
15. W. von Emden, W. Krautschneider, G. Tempel, R. Hagenbeck, M. Beug, A Modified constant field charge pumping method for sensitive profiling of near-junction charges, in 37th *European Solid-*

State Device Research Conference, ESSDERC, pp. 279-282, Munich, 2007.

16. K.C. Smith, A. Wang, L.C. Fiujino, Through the looking glass-trend trecking for ISSCC 2012. IEEE Solid-State Circuits Mag. 4(1), 4-20(Winter 2012).
17. M. Lapedus, Semiconductor manufacturing & design community, 20 Sep 2012. http://semimd.com/blog/2012/09/20/universal-memories-fall-back-to-earth/. Zugriff am 28 Okt 2012
18. Toshiba America Electronic Components, Inc., NAND vs. NOR Flash Memory Technology Overview, 2006. http://umcs.maine.edu/~cmeadow/courses/cos335/Toshiba%20NAND_vs_NOR_Flash_Memory_Technology_Overview.pdf. Zugriff am 10 2012

Flash Memory

CHAPTER 06

메모리 최적화: 핵심 성능 지표 방법론

이번 장에서는 비휘발성 메모리들의 성능과 가격, 신뢰성 최적화에 적용 가능한 모델 기반의 정량적인 성능 지표 방법론을 소개한다. NAND 플래시 메모리들의 복잡한 예제는 CMOS 공정 미세화(shrink) 로드맵에 따라서 벤치마킹을 기반으로 한 NAND 플래시 제품의 혁신의 방법론 개발을 위해 사용되었다. 성능과 어레이 모델이 소개되었으며, 구조와 가격, 내구성을 특징짓는 성능 변수들이 정의된다.

성능 지표 방법론은 설계와 공정 혁신들을 정량화하기 위해서 NAND 플래시 메모리에 적용되었다. 경향선(trend line)에 기초한 도식적인 표현은 요구 사항에 기초한 상품 개발 과정을 돕기 위해서 소개된다. 높은 집적도의 멀티-레벨 셀 NAND 플래시 설계들의 적용 가능성을 시각화하기 위해서 애플리케이션 경향선들과 성능 지표가 결합되고, 이것으로부터 방법론의 장점들을 설명한다.

성능 지표 방법론은 성공적인 제품과 시스템 개발 로드맵을 위해 널리 알려지지 않은 메모리 변수들의 중요성을 설명하는 데 적용된다.

6.1 성능과 비트당 비용 및 신뢰성 최적화

6.1.1 플래시 메모리 복잡도 수치

비휘발성 메모리들은 대안 솔루션들과 최적화 방향들에 대해 폭 넓게 도움을 주고 있다. 플래시 메모리들에 초점을 맞춘 개요는 소개되었으며, 메모리 설계들의 다른 변수들과 관

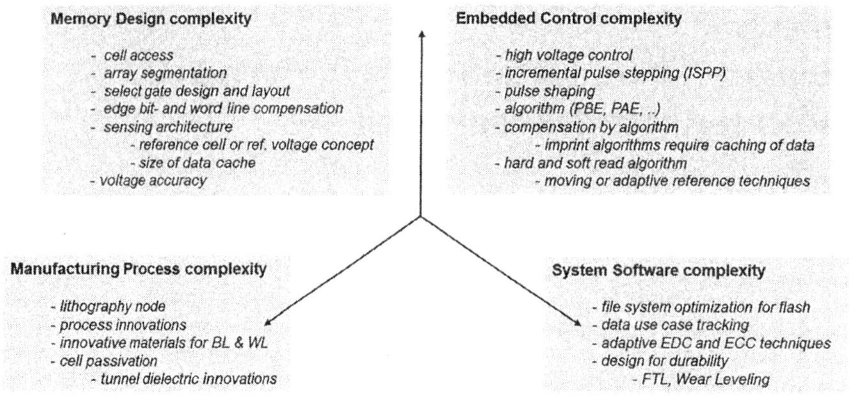

그림 6.1_ 초기 단계의 플래시 복잡도 그림

련된 성능 변수들 사이의 의존성들이 이번에 논의된다. 고체-상태의 메모리들을 기반으로 한 비휘발성 메모리 서브 시스템은 복잡한 시스템을 위한 훌륭한 예제로 보여질 수 있다. 목표는 복잡도를 낮추고 개발 과정에 따른 결정에 도움을 주기 위한 방법론을 얻는 것이다.

특정 메모리 시스템의 최적화와 개발 목표는 가격과 성능, 신뢰성, 에너지, 대량 생산에 적용 가능성을 포함하는 모든 변수들을 고려한 전체적인 효율로 정의될 수 있다. 성공적인 개발 전략은 주요 목표에 집중하기 위해서 전체적인 복잡도 수치를 줄여 나가야만 하는 것이다.

이번 과정은 비휘발성 메모리로 시작할 것이며, 플래시 메모리를 사용한 방법론으로 발전시킬 것이다. 초기 단계의 플래시 복잡도 그림은 플래시 변수 구획을 4개의 복잡도 레벨로 나누는 데 사용되었다. 이것들은 제조와 메모리 설계, 임베디드 제어와 시스템 소프트웨어에 의해서 중요하게 특징지어진다. 가격과 성능, 신뢰성, 에너지는 이 플래시 복잡도 영역 안에서 만들어진 결정의 결과로 간주된다.

그림 6.1은 네 개의 복잡도 레벨들과 각각의 레벨을 좀 더 자세하게 나타내는 특정 변수들을 보여준다. 각각의 변수들(예를 들어 센싱 구조)은 다른 쪽의 변수들과 다시 연결되어 있다. 이 복잡도를 해결하기 위해서 알려진 방법은 결과로부터 시작하거나 더 좋은 방법으로는 애플리케이션 목표에서부터 시작하는 것이다. 비용과 성능, 신뢰성, 에너지와 같은 핵심 변수들은 플래시 복잡도 수치 안에서 찾아가고 요구되는 결과에 부합하기 위한 방법론을 개발하기 위해 사용되었다.

6.1.2 플래시 메모리 변수 선택

이제까지 소개된 성능 변수들은 플래시 메모리들의 성능과 신뢰성, 에너지 소모에 상당한 영향을 미친다. 메모리 제품의 가격은 효율성 변수들과 관련이 있다(셀 효율성은 확실히 자리 잡은 중요 변수이다). 다음에 나오는 분석 과정을 위해서, 플래시의 복잡도는 메모리 성능 변수들의 신중한 변수들 선택에 의해 단순화된다.

플래시 메모리 성능 변수들은 핵심 성능 지표 방법론을 개발하기 위해서 선택되고 우선순위가 매겨진다.

- 프로그램 데이터 throughput – 우선순위 1
  - 의견: 비휘발성 셀의 물리적 특성을 포함하고, 프로그램과 verify 알고리즘(센싱과 알고리즘). 어레이의 병렬화 및 데이터를 캐쉬에 보관할 능력(어레이와 페이지 버퍼 구조)
  - 모든 센싱과 프로그램 과정들이 포함되어 있다.

- Write 데이터 throughput – 우선순위 2
  - 의견: 사용된 데이터 패킷 크기뿐만 아니라 위에 설명된 PGM 데이터 throughput과 erase 성능, 인터페이스 사양, 사이클 시간 또한 포함한다.

- Read 액세스 사이클 시간 – 우선순위 1
  - 의견: 무작위로 선택된 어드레스를 read하기 위해서 랜덤 액세스 시간을 포함한다.

- IOPS – 우선순위 2
  - 의견: Read와 write 사이클 시간과 데이터 패키지 크기가 사이클 시간(프로그램 시간)에 미치는 영향을 포함한다.

플래시 복잡도 수치를 나타내는 플래시 메모리 내구성과 신뢰성 변수들이 선택되고 우선순위가 정해진다.

- Read 내구성 – 우선순위 1[read는 가장 높은 빈도의 오퍼레이션 사용으로 가정된다]
  - 의견: 셀의 비휘발성 특성, read disturbance 및 verify 알고리즘(ECC), 메모리 어레이로의 read 액세스를 숨기기 위해서 read 데이터를 보관(cashe)할 수 있는 능력을 포함한다.

- Write 내구성 – 우선순위 2
  - 의견: 비휘발성 프로그램 특성, 프로그램 disturbance 및 셀들의 수명을 늘리기 위한 알고리즘 효율성을 포함한다.

- 데이터 유지 – 우선순위 2
  - 의견: 셀의 비휘발성 유지 특성, 모든 disturbance 및 마진 효과들을 포함한다.

플래시 복잡도 수치를 나타내는 플래시 메모리 에너지 변수들은 선택되며 우선순위가 정해진다.

- Write 에너지 – 우선순위 1
  - 의견: 해당 어레이 파트들의 충전과 방전뿐만 아니라 프로그램과 erase를 위한 에너지를 포함한다.

- Read 에너지 – 우선순위 2
  - 의견: 해당 비트 라인과 워드 라인의 충전과 방전과 함께 read에 필요한 에너지를 포함한다.

- 대기상태(standby) 에너지 – 우선순위 2
  - 의견: 내구성과 신뢰성 향상을 위해 설계된 백그라운드 오퍼레이션에 필요한 에너지를 포함한다.

6.2 변수 지표들의 정의

복잡도를 줄이고 결정들을 준비하기 위한 알려진 방법은 핵심 성능 지표들을 이용하는 것이다. 이번 절에서는 목표(성능과 신뢰성, 에너지, 비용)당 적어도 하나의 성능 지표를 정의하기 위한 방법들을 보일 것이다. 핵심 성능 지표들은 설계, 공정 및 임베디드 제어를 위해 그림 6.1에 정리된 서로 다른 하위 변수들 사이의 모든 중요 연관성을 포함한다. 특정 성능 지표들은 메모리 구조와 애플리케이션 입력들에 의해 정의된다.

6.2.1 성능 지표: 메모리 구조에 초점을 맞춘

메모리 셀과 어레이의 의존성을 나타내는 부분집합은 비휘발성 메모리들의 사용 가능한 변수의 범위를 줄이기 위해 정의된다.

성능 지표 방법론은 공정 리소그래피(lithography) 노드들에 기초한다. 공정 노드 값의 제곱은 리소그래피(lithography)에 의해 프린트될 수 있는 가장 작은 면적으로 정의되며, 이것은 메모리 셀 크기를 나타내기 위한 소개된 측정 단위(F^2)와 같다.

셀 효율 변수는 어레이 집적도와 메모리 사양에 따른 메모리 기능을 추가하는 데 필요한 오버 헤드를 포함한다. 메모리 성능 변수들은 read와 write 동작들을 포함하여 셀과 어레이 조합의 특성을 나타내는 데이터 throughput에 초점이 맞춰져 있다.

성능 지표의 포괄적인 정의 규칙은 아래 식과 같다.

$$\text{Performance Indicator}_{\text{NVM}} = \frac{\text{Data\_Throughput} * \text{Effciency}_{\text{Design}}}{\text{Technology\_Node}^2}$$

데이터 throughput의 증가와 메모리 효율(셀당 비트들)의 증가는 성능 지표 값의 향상을 가속화한다. 메모리 설계 효율은 공정 노드와 밀접하게 연관되어 있기 때문에 공정 노드의 제곱(1 F^2를 위한 셀 크기)은 기본적인 항으로 포함된다.

Read 데이터 throughput과 read latency(랜덤 read 액세스)는 특정 공정 노드를 위한 셀 효율성에 기초한 정규화된 집적도 수치와 결합된다.

Read 액세스를 목표로 하는 메모리 구조의 특성을 나타내는 성능 지표(PI_A_RA)는 다음 식으로 정의된다.

$$\text{PI\_A\_RA}_{\text{Architecture}} = \frac{\text{RD\_Throughput} * \text{Cell\_Effciency}_{\text{Die}}}{\text{RD\_Cycle} * \text{Technology\_Node}^2}$$

비휘발성 메모리들은 물리적 저장 이론으로 설명된다. 물리적 저장 과정은 셀과 어레이, 데이터를 바꾸거나 프로그램하는 방법을 정의한다. 프로그램 throughput은 셀의 물리적 특성과 프로그램 순서, 분포들 사이의 V_{th} 윈도우 마진을 포함한다. 설계와 어레이 알고리즘 혁신들은 자동적으로 프로그램 throughput 변수 안에 포함되어 있다.

프로그램 throughput을 목표로 하는 메모리 구조의 특성을 나타내는 성능 지표(PI_A_PT)는 다음 식으로 정의된다.

표 6.1_ SLC NAND 디바이스의 공정 노드별 성능 지표 계산

Flash memory product	Density Spec (Gbit)	Litho node (nm)	Die size (mm^2)	Cell Efficiency (%)	Program through-put (MB/s)	Read through-put (MB/s)	Read access cycle time (ns)	PI_A_PT normal-ized	PI_A_RA normal-ized
Vendor 1: SLC NAND	2	90	138	56	10	20	30000	0.89	0.77
Vendor 2: SLC NAND	2	90	144	56	10	20	30000	0.88	0.77
MAM Model	2	90	118	60	10	20	25000	1	1
Vendor 1: SLC NAND	4	70	145.5	58	20	30	30000	3.03	2
Vendor 2: SLC NAND	4	73	156	59	20	30	30000	2.97	1.86
MAM ref_90	4	70	143	60	10	20	25000	1.65	1.65
Vendor 2: SLC NAND	4	63	131	54	20	40	25000	3.65	3.65
MAM ref_90	4	63	116	60	10	20	25000	2.04	2.04
Vendor 2: SLC NAND	8	51	157	58	40	80	25000	12.04	12.04
MAM ref_90	8	51	152	60	10	20	25000	3.11	3.11

$$PI\_A\_RA_{Architecture} = \frac{PGM\_Throughput * Cell\_Effciency_{Die}}{Technology\_Node^2}$$

성능 지표 값들은 두 메모리 공급업체들의 특정한 NAND 플래시 메모리 설계를 가지고 계산되었다. 90nm NAND 플래시를 위한 메모리 구조 모델(MAM)이 기준으로 사용되었다. 예상되는 셀 효율을 계산하기 위해서 MAM은 5.2.2.3절에서 사용된 메모리 설계 기준 모델을 사용했다. 성능 지표 값은 SLC NAND에 대하여 4개의 공정 노드들에서 계산되었다. PI_A 값들은 90nm NAND 성능 값들을 가지고 노드당 한 번씩 계산되었다. 그 결과는 표 6.1에 정리되어 있다. 표에서 새로운 공정 노드마다 바로 밑에 'MAM ref_90'으로 표시된 줄을 추가하였다. 이 추가된 줄은 공정 미세화(shrink)만으로 인한 집적도 증가로 계산된 PI_A 값들과 달성된 셀 효율성을 포함한다. 성능 지표 값들은 SLC NAND를 위해 90nm에서 정규화되었다. 이 정규화 인자는 모든 해당되는 NAND 성능 지표들에 적용되며 그 결과들은 표 6.1에 정리되었다.

아래 결론들은 성능 지표(PI_A_RA와 PI_A_PT) 값들을 사용하여 90, 70, 63, 51nm 공정 노드들을 위한 SLC NAND설계의 평가 결과들이다.

- 메모리 구조의 성능 증가는 프로그램과 read 지표들에서 완벽하게 찾을 수 있다. NAND 플래시의 집적도 증가와 성능 향상 사이의 선형적 의존성은 모든 노드들과 모든 설계에서 찾을 수 없다. 60nm 공정 노드는 70nm와 50nm에서 찾을 수 있는 집적도와 성능의 상관관계가 맞지 않는다.
- 선택된 두 회사의 플래시 메모리 설계들은 그들 각각의 공정 노드와 다이 크기, 성능 값들과는 거의 무관하게 PI_A로 비교하면 비슷하다.

성능 지표들은 메모리 설계를 위한 예상되는 성능과 집적도 수치를 구체화하는 데 사용될 수 있다.

6.2.2 성능 지표: MLC NAND 플래시를 이용한 입증

다음 단계로 성능지표를 기반으로 한 평가를 여러 회사의 MLC NAND 플래시 설계들에 적용해 본다. 표 6.1과는 대조적으로 MLC NAND를 위한 메모리 구조 모델은 표 6.2에 있는 각각의 공정 노드에 적용되었다(예, 60nm 노드를 위한 MAM_ref_60).

성능 지표 값들(MLC NAND를 위한 PI_A_PT와 PI_A_RA)은 동일한 SLC NAND 디바이

표 6.2_ MLC NAND 디바이스의 공정 노드별 성능 지표 계산

Flash memory product	Density spec (Gbit)	Litho node (nm)	Die size (mm^2)	Cell efficiency (%)	Program through-put (MB/s)	Read through-put (MB/s)	Read access cycle time (ns)	PI_A_PT normal-ized	PI_A_RA normal-ized
Vendor 1: MLC NAND	4	90	138	56	3	20	30000	0.28	0.77
Vendor 2: MLC NAND	4	90	154	52	3	20	30000	0.26	0.72
MAM Model	4	90	118	60	3	20	30000	0.3	0.83
Vendor 1: MLC NAND	8	70	145,5	60	6	30	40000	0.993	1.55
Vendor 2: MLC NAND	8	63	133	64	4.6	30	40000	1.002	2.04
Vendor 1: MLC NAND	8	56	99	52	10	40	45000	2.24	2.49
MAM ref_60	8	60	106	60	5	30	40000	1.13	2.11
Vendor 1: MLC NAND	16	56	173	66	10	40	50000	2.84	2.84
Vendor 2: MLC NAND	16	51	157	60	9	40	40000	2.8	3.89
All bit line MLC NAND	16	56	182	59	34	40	50000	8.64	2.54
MAM ref_50	16	51	152	60	10	40	50000	3.12	3.11

스의 경우보다 더 낮을 것이라 예상된다. MLC 프로그램 throughput은 상당히 줄었으며 첫 번째 read 액세스는 증가하였다. 집적도 증가는 구조를 분석하는 이 성능 지표에는 반영되지 않았다. 왜냐하면 셀 효율성은 제품과 설계 및 어레이 효율성 수치로 사용되기 때문이다. 아래에 이어지는 평가들을 위해 표 6.2의 범위를 확장시키기 위해서 8G비트 MLC NAND 설계에 'cut down' 메모리 제품이 더해졌으며, 16G비트 MLC NAND 설계 내 혁신적인 All 비트 라인 MLC NAND가 더해졌다.

90, 70, 60, 51nm 공정 노드를 위한 각각의 다른 MLC NAND 설계들의 평가는 성능 지표 값들을 적용함으로써 좀 더 근본적인 결론을 도출한다.

- 집적도 증가와 함께 이루어지는 MLC NAND의 성능 향상은 평균적으로 최신 SLC NAND 공정 노드의 성능 지표만큼 큰 MLC 성능 지표 값들로 나타난다. 70nm MLC를 위한 두 성능 지표들[PI_A_PT, PI_A_RA]은 90nm SLC NAND 제품 성능 지표 값들보다 큰 값을 갖는다.
- 물리적으로 액세스 가능한 페이지 크기는 PI_A_PT에 근본적인 영향을 미친다. 추가적인 MLC NAND 설계(8비트 cut down과 All 비트 라인 MLC NAND)는 둘 다 같은 집적도를 갖는 제품 중에서 기준 설계보다 두 배 큰 유효 페이지 크기를 갖는다.
- 공정 노드와 다이 크기, 성능 값들과는 무관하게 PI_A에 기초해서 두 다른 회사의 MLC 플래시 메모리 설계를 비교해 보면 다시 비슷한 결과를 얻었다.

프로그램 throughput을 목표로 한 성능 지표들은 방법론과 메모리 어레이 모델 개발을 위해 선정되었다. Read 액세스를 목표로 둔 성능 지표는 메모리 인터페이스의 영향력을 포함한다.

6.2.3 성능과 비용 지표

셀 효율은 멀티-비트와 멀티-레벨 셀들에 의한 집적도 향상을 포함하지 않는다. 정확한 비트-집적도를 포함하는 새로운 성능과 비용 지표들이 필요하다.

셀 효율은 메모리 설계의 효율을 결정하는 중요한 요소이다. DRAM과 플래시 메모리들의 셀 효율은 55%에서 65% 정도의 범위를 가진다. 일반적으로 가정되는 DRAM과 플래시 메모리의 셀 크기는 서로 다른데, DRAM의 경우 $8F^2$ 또는 $6F^2$이고 NOR 플래시 메모리는 $8F^2$, NAND 플래시 메모리는 $4F^2$이다.

표 6.3_ 메모리 어레이 모델 기반의 성능, 비용 지표.

Flash memory product	Density spec (Gbit)	Litho node (nm)	Die size (mm^2)	Cell effi-ciency (%)	Program through. (MB/s)	Read through. (MB/s)	Read acc. cycle time (ns)	Bit effic.(%)	PI_AC_PT normalized	PI_A_PT normalized	PI_A_RA normal-ized
SLC NAND MAM ref 90	2	90	118	60	10	20	25000	15	0.25	1	1
MLC NAND MAM ref_90	4	90	119.5	60	3	20	30000	30	0.15	0.3	0.83
SLC NAND MAM ref 70	4	70	143	60	20	40	25000	15	0.83	3.3	3.3
MLC NAND MAM ref_70	8	70	144.5	60	5	30	40000	30	0.42	0.83	1.55
SLC NAND MAM ref 54	8	54	170	60	36	40	25000	15	2.50	10.01	5.55
MLC NAND MAM ref_54	16	54	172	60	10	40	50000	30	1.39	2.78	2.78

셀 효율을 비트 효율로 대체하기 위해선 PI_A_PT 지표를 성능과 비용 지표로 바꿔야 한다. 이를 통해 실제적인 비용이 포함되고 더 많은 셀당 비트에 의한 Gbit/mm²가 증가가 성능과 비용 지표로 반영된다.

프로그램 Throughput을 목표로 하는 메모리 구조와 비용을 분석하는 성능 지표 PI_AC_PT(Performance Indicator characterizing memory Architecture and Cost targeting the Program Througput)는 아래 식으로 정의된다.

$$PI\_AC\_PT_{\text{Architecture and Cost}} = \frac{PGM\_Throughput * Bit\_Effciency_{Die}}{Technology\_Node^2}$$

구조와 비용을 특징지어 분석하는 성능 지표는 수정된 MAM(Memory Array Mode, SLC와 MLC의 다이 크기는 다르다)을 기반으로 세 가지 기술 공정에 의해 계산되고 SLC와 MLC의 성능 지표가 비교되었다. 그림 5.8에 소개된 자세한 셀과 비트 효율 계산을 MAM에 적용하였다. (3 MAM노드 들에 대한)모든 성능 지표는 표 6.3에 제시되어 있다.

성능과 비용 지표는 비트 집적도에 의해 주로 결정된다. 차세대 공정기술은 비트 집적도를 두 배 향상시키며 이는 메모리 구조보다 성능과 비용에 더 큰 영향을 끼친다. PI_AC 대 PI_A를 살펴보면 매 공정 노드마다 MLC NAND에 대한 SLC NAND의 성능 지표의 이득은 감소된다.

성능지표 PI_A_RA로 작은 결론을 낼 수 있다. Read 성능은 인터페이스의 제한으로 인해 더 이상 개선되기 힘들다 따라서 50nm 공정부터는 DDR–NAND 인터페이스가 필요하다

6.2.4 성능 지표의 결론

집적도, 효율, 성능, 비용을 하나의 지표로 통합하는 솔루션이 제시되었고 총 4개의 공정 노드의 10가지 NAND 구조에 대해 이를 입증하였다.

성능과 비용 지표를 적용함으로써 아래 설명과 같은 결론을 도출한다.

- 각각 다른 회사에 의해 양산에 성공한 플래시 메모리 제품은 제시된 새로운 성능 지표들로 비교하면 매우 비슷하다. 이는 각 제품의 공정 노드 차이(4nm~6nm), 프로그램과 read 성능 차이(10%~25%) 그리고 다이 크기 차이에도 유효하다.

- 성공적인 메모리 제품은 동일한 PI_AC_PT 값을 달성해야 하며 이를 통해 자동적으로 비용과 성능 측면에서 경쟁력 있는 제품이 된다.
- 메모리 설계의 성능 목표는 PI_A_PT 값을 적용하여 가장 잘 평가될 수 있다.
- 부품표(bill of material, BOM)와 소유 총비용(total cost of ownership, TCO)을 목표로 한 비용 결정은 PI_AC_PT 평가를 바탕으로 해야 한다.

다음 결론은 여러 공정 노드를 비교해서 도출하였다.

- 더 작은 공정 노드에서 설계된 같은 집적도의 메모리는 더 많은 물리적인 페이지 크기와 프로그램 throughput의 증가로 인해 그 성능 지표가 크게 증가했다.
- 가장 큰 PI_A_PT와 PI_AC_PT 값을 가지는 메모리 설계는 비용 측면에서 항상 더 나은 선택이다. 이러한 결론은 셀 효율을 60% 이상으로 만드는 것을 목표로 할 때 도출된다.

다른 메모리 집적도를 비교한 평가는 아래와 같은 결론을 도출한다.

- 'n'공정 노드의 MLC NAND는(같은 MAM 노드를 사용한다) n−1 공정 노드의 SLC NAND에 비해 성능과 비용 지표 면에서 더 뛰어난 성능을 가진다.
- 메모리 셀과 어레이 구조의 성능은 하나의 지표(유도된 값)로 요약된다. Read 액세스 PI_A_RA에 대한 성능 지표는 60nm와 50nm 공정 노드에서의 NAND의 read throughput 용량과 제조사에 따른 비동기 NAND 인터페이스의 제한 사이에서 예상되는 차이를 부각시킨다.

5장에서 논의된 모든 주요 성능들에 대한 상호 의존성은 성능과 비용 지표 평가에 포함된다. 애플리케이션의 경쟁력과 유용성을 판단하기 위해서, 현재 사용 가능하거나 개발 중인 모든 메모리 설계는 고유의 성능 지표 값을 통해 특정되어 분석할 수 있다. 5x nm 공정은 7x nm 공정 노드에 비해 두 배의 메모리 집적도와 두 배의 프로그램 throughput를 가지며 이는 PI_A_PT 값을 세 배로 증가시킨다.

지금부터 메모리 어레이 모델을 시작으로 성능 지표 방법론의 개념과 과정을 소개하겠다. 이후, 내구성과 안정성에 초점을 맞춘 성능 지표들에 대한 설명이 추가된다.

6.3 성능지표 모델의 정의

NAND 플래시 메모리들의 복잡한 예시는 성능 지표 방법론의 기초인 성능 지표 모델 개

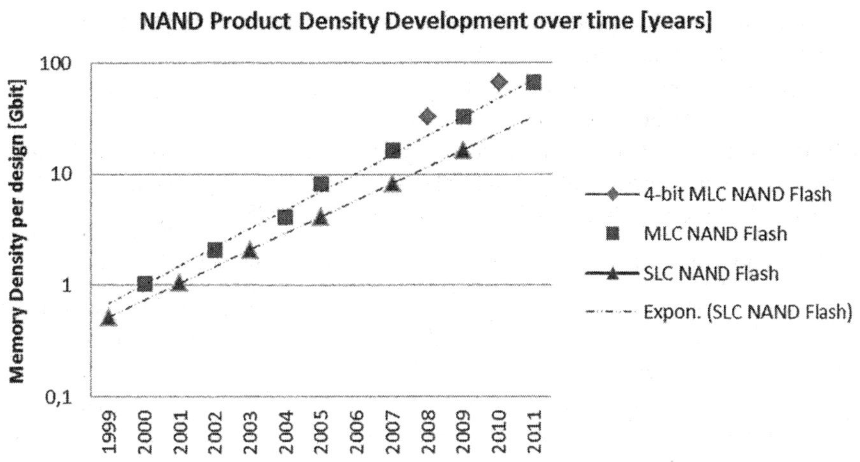

그림 6.2_ NAND 추세 차트: 연도 별 메모리 밀도

발에 사용된다. 셀, 스트링, 어레이에서 NAND 구조의 원리는 180nm 공정 노드에서 20nm 공정 노드에 이르기까지 변하지 않았지만, 같은 기간 동안 상당한 양의 공정, 설계 그리고 알고리즘의 혁신은 익히 알려진 문제들을 해결해 왔다. 이러한 제품 혁신들은 단위 셀당 2개 또는 3개의 비트를 저장하는 MLC NAND 제품을 만들어냈다.

6.3.1 메모리 구조와 애플리케이션의 경향 분석

메모리와 애플리케이션 분야에서 익히 알려진 경향과 로드맵에 관한 평가는 모델 기반의 미래 경향 분석을 정립할 것이다. 그림 6.2는 설계별 메모리 집적도의 추세를 나타낸다. SLC, MLC, 셀당 4개의 비트를 저장하는 MLC NAND의 설계는 ISSCC의 출판물과 발표 자료를 참고하였다. 익히 알려져 있듯이, 새로 발표된 NAND 제품은 매년 두 배씩 집적도가 증가되었다. 그림에 표기된 SLC와 MLC 설계는 황의 법칙을 따르며 발전 속도가 더뎌질 것으로 예상한 ITRS의 로드맵을 상회한다. 셀당 3비트 또는 4비트의 NAND 설계 덕분에 비트 집적도 증가가 예상치를 넘었다.

제품의 집적도는 성능과 안정성 지표를 포함하지 않으며, 셀당 비트 수가 다른 NAND 구조 간의 커다란 차이는 설명되지 않는다. 플래시 메모리들의 성능 변수는 모바일 메모리 중심 애플리케이션의 성공에 대한 주요 부분을 정의한다. 애플리케이션의 유용성에 의해 정의된 성능 요구 사항들은 메모리의 크기만큼이나 중요하다.

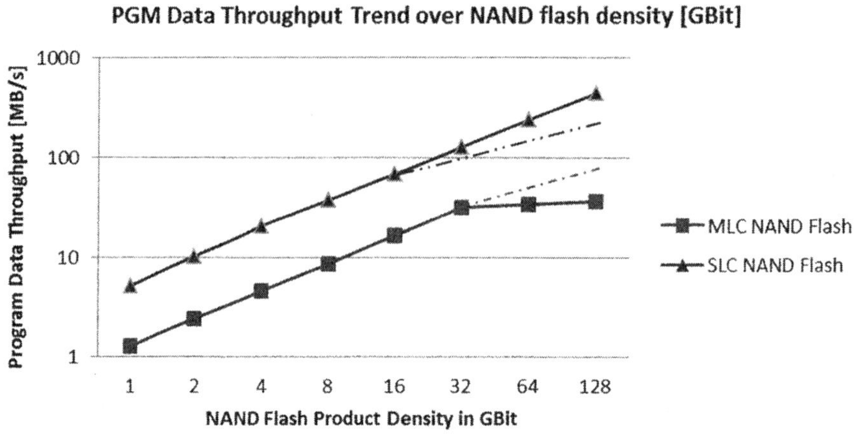

그림 6.3_ 제품 집적도에 따른 NAND 프로그램 throughput

애플리케이션의 경향을 살펴보기 위해서 휴대용 메모리 스틱에 대한 메모리 성능의 중요성이 조사되었다. 512Mbit 플래시 다이에 기반한 64MByte의 USB는 2002년 당시 대략 1MB/s의 프로그램 throughput을 가졌다. 1GByte의 USB의 경우 16MB/s의 발전된 throughput을 보였다. 플래시 메모리의 집적도와 프로그램 성능은 매 세대마다 두 배씩 증가하였다. 오늘날의 16GByte USB의 경우 대략 16MB/s에서 40MB/s의 프로그램 성능을 가진다.

시장에 진입하는 애플리케이션은 집적도와 성능에 의해 분석되었다. 공정 미세화(shrink) 로드맵에 따른 집적도와 성능의 증가는 모든 주요 애플리케이션들을 포괄할 수 있는 성능 값까지 이뤄진다. 그림 6.3에서 32GBit MLC NAND의 프로그램 throughput이 25MB/s에서 35MB/s로 추정 되는 것에서 확인할 수 있듯이 추가적인 성능 증가가 유용성을 향상시키지는 않는다.

그림 6.3에서 SLC NAND의 프로그램 throughput의 추세선은 포화되지 않는 것을 확인할 수 있다. 이러한 예측은 서버용 SSD 시장이 고성능이 요구되는 애플리케이션이기 때문이다.

'두 배의 집적도 증가'와 '두 배의 프로그램 성능 향상', 이 두 가지의 주요한 경향은 그림 6.3에서 보듯이 90, 70, 50nm 공정 노드에서는 잘 맞아 떨어졌다.

• 시장에서 새로운 메모리 중심 애플리케이션의 성공을 위한 첫 번째 성능 요구 사항은

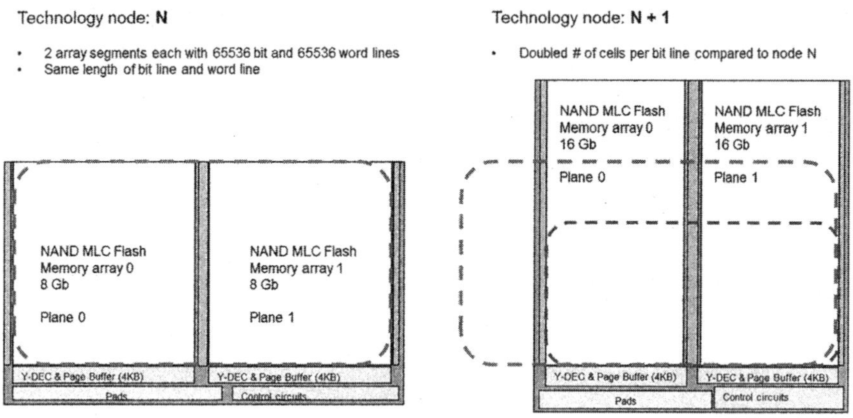

그림 6.4_ 노드 간의 NAND 페이지 크기와 다이 크기의 의존성

다음과 같이 정의된다. "모바일 저장 매개체를 채우기 위한 시간은 매개체의 크기와 상관없이 일정한 범위 내에 있어야 한다."

• 메모리 중심 애플리케이션의 상업적 성장세를 유지하기 위한 두 번째 성능 요구 사항은 다음과 같이 정의된다. "특정 애플리케이션(예상되는 파일 크기)에서 요구되는 데이터 throughput은 충족되어야 한다. 하지만 추가적인 성능 향상은 제품의 가격이나 특정 업체용 메모리 제품의 시장점유율을 올리지는 못한다."

5.2.3.2절의 NAND 제품의 로드맵 분석은 NAND의 집적도가 두 배로 증가할 때, 페이지 크기가 같이 두 배로 증가하거나 증가하지 않는 두 가지 경우가 모두 정리되어 있다. 페이지 크기가 두 배 증가하는 것은 매 공정 노드마다 적용되는 것은 아니고 하나씩 걸러서 된다. 비용 지향적인 개발은 셀 효율에 중점(가능한 최소의 다이 크기)을 둔다. 이는 그림 6.4에서 보듯이 페이지 크기에 대한 의존성을 초래한다.

NAND 플래시 동작 원리는 NAND 어레이에 비해 매우 작은 크기를 가지는(0.048%) erase 블록이 높은 전압에서의 동작을 제한한다. FN 터널링에 기반한 동작 원리는 집적도와 페이지 크기가 둘 다 증가되는 개발 로드맵에서의 성능과 비용의 최적화를 가능하게 한다.

MLC와 XLC NAND 설계는 더 큰 물리적 페이지 크기를 얻는다. 더 길어진 프로그램과 read 사이클 시간은 두 배로 커진 페이지 크기로 과도하게 보상되고 read, 프로그램 throughput 증가는 유지된다.

NAND는 90nm 공정 노드 당시 반도체 메모리 공정 분야를 주도했다. 모델 기반의 접근 방식은 메모리의 집적도와 구조 경향을 분석하면서 구체적인 애플리케이션의 요구 조건들을 통합한다. 비용 최적화된 메모리 어레이 분할 기반에서 실질적으로 사용 가능한 페이지 크기는 MAM을 개발하기 위한 주요 변수로 선택된다.

6.3.2 성능 지표 모델 정의와 개발

성능 지표 모델은 성능, 비용 지표 계산에 필요한 모든 변수 개발의 예상되는 경향을 나타낸다. 이 절에서 유도된 성능 지표 모델은 개발 일정과는 관련이 없다. 분석적인 접근에 기반한 이 모델의 주요 목표는 최적화된 구조의 선택과 공정 미세화(shrink)와 제품의 로드맵에 따른 혁신을 결정하는 것이다.

개발 일정은 프로젝트를 구체화하는 결정에 있어 매우 중요한 요소다. 여기에는 각 결정에 대한 프로젝트의 위험성과 프로젝트에 들어가야 하는 노력을 분석하기 위해 설정된 방법들이 포함되어 있다. 메모리 중심 애플리케이션의 성공을 가능하게 하기 위한 메모리 구조의 결정은 시간적 압박에 의해 처리되면 안 된다. 차선책에 의한 메모리 개념의 결정은 메모리 프로젝트의 개발 일정보다 더 빠르게 수행된다 해도 보완이 불가능하다. 처음 할 때 제대로 수행하는 것이 메모리 개념의 개발과 평가에 있어 매우 중요하다.

6.3.2.1 메모리 어레이 모델 설정

MAM의 설정은 다음 몇 가지의 엄격한 룰을 따른다. 모델은 앞서 제시된 효율변수에 기반한 알려지고 단순화된 메모리 어레이 구조를 위해 가정된 공정 개발을 나타낸다.

메모리 설계의 제약에 대한 자세한 지식과 대량생산되는 공정 노드의 경향 분석은 모델 설정을 정의한다. 애플리케이션과 시장의 요구 사항은 공정 및 설계의 경향과 마찬가지로 모델을 설정하는 데 있어 중요한 요소로 작용하는데, 이는 기존 이력 분석에서 예측할 수 없는 혁신을 포함시키는 원동력이 된다.

MAM은 다음 설정을 바탕으로 한다.

- NAND 플래시의 목표 어레이 효율은 80%이다.
  - 사양에 따라 중복되거나 여분의 블록들

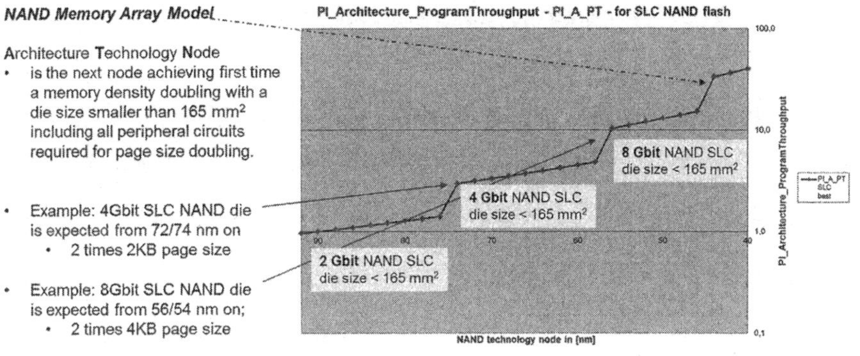

그림 6.5_ NAND 성능 지표 모델: 구조 공정 노드의 정의

– 규칙에 의해 제시된 것 이상의 string 당 셀의 개수
– 고전압용 트렌지스터를 위한 충분한 워드 라인 디코딩 공간

• 5장 에서 소개되었듯이 다이 크기에 따른 50 %에서 65 %의 셀 효율
  – 높은 전압 요구사항과 비트 라인 간격에 대해 그룹화된 S/A 레이아웃 솔루션 등에 의한 페리페럴 회로의 오버헤드가 추가된다.

• 프로그램 사이클 시간은 어떤 메모리 어레이와 셀 구조에 연관된 값으로 설정된다.
  – SLC NAND의 일반적인 평균 페이지 프로그램 시간은 200μs이다. 모델 설정을 예로 들면 250μs이다.

• 데이터 throughput은 다이당 실질적인 사용 가능 페이지 크기에 기반한다.
  – 각각의 새로운 NAND **구조 공정 노드**(Architecture Technology Node)에 대해서 페이지 크기가 두 배 증가될 것으로 가정된다.

NAND 성능 지표 모델은 매 NAND 구조 공정 노드에서의 메모리 집적도와 프로그램 throughput을 각각 두 배 증가시키는 규칙을 기반으로 한다. SLC NAND 플래시를 위한 성능 지표 모델 추세선은 그림 6.5에서 제시된 것과 같이 설계 혁신과 어레이 분할, CMOS 용량의 미세화(shrink)에 의한 다이당 실질적인 NAND 페이지 크기의 두 배 증가가 가정된 가장 공격적인 모델 옵션으로 설정된다.

NAND 어레이 **모델**은 입력 값에 따른 공정 노드의 반복적인 계산이다.

1. 달성할 수 있는 메모리 집적도는 공정 노드, 셀 효율 그리고 허용된 다이 크기(예컨대,

MCP와 같이 패키지 크기와 패키지 타입에 따른)에 따른다.

2. 어레이 효율은 상황에 맞게 변한다.
3. 실질적인 페이지 크기가 PIM 규칙을 만족시킬 때까지 증가된다.
4. 최종 페이지 크기는 계산되며 달성된 셀 효율은 해당 목표를 충족해야 한다.
5. 만약 목표가 충족되면 성능 지표 계산은 끝난다. 만약 충족되지 않으면 적어도 한 가지 변수 이상을 변경하여 본 과정을 반복한다.

두 개의 독립적인 변수와 한 가지의 종속 변수는 NAND 구조 노드를 계산하는 데 사용된다.

- 다이당 셀 측면에서 메모리 집적도를 두 배 증가시킨다.
- MB/s에 따라 프로그램 throughput을 두 배 증가시킨다.
- 위의 두 변수 목표를 한 번에 충족시키고 표준 패키지에 맞는 mm^2의 경쟁력 있는 설계 크기를 달성하는 것은 설계 공정 노드를 정의한다.

NAND용 성능 지표 모델은 관심 있는 플래시 메모리 경향을 분석하기 위한 성능과 비용 지표용 추세 차트를 만드는 데 사용된다. 이것은 다음 절에서 완료된다.

6.3.2.2 모델 기반 성능지표 추세 차트

이전에 소개되었던 PIM은 90nm 이하의 모든 공정 노드에서 예상되는 PI_A_PT 성능 지표 값을 계산하는 데 사용된다. 모델 기반 성능 지표 추세 차트는 그림 6.6에서 '최선(best)'으로 명명된 PI_A_PT 변수에 대해 생성된다. 이것은 CMOS 미세화(shrink) 로드맵에 따른 SLC NAND 설계의 집적도와 성능 로드맵의 특성을 분석한다.

메모리 Architecture Model(MAM)을 정의하기 위한 반복적인 과정은 앞에서 설명되었다. 추세 차트와 함께 성능지표의 개선을 효과적으로 전달하기 위하여 그래픽을 이용한 설명이 소개 된다. 그림 6.6과 6.7에 도시된 성능 지표 추세 차트는 방법론을 적용하거나 설계와 공정의 추세, 혁신을 평가하고 결론을 도출하기 위한 방식이다.

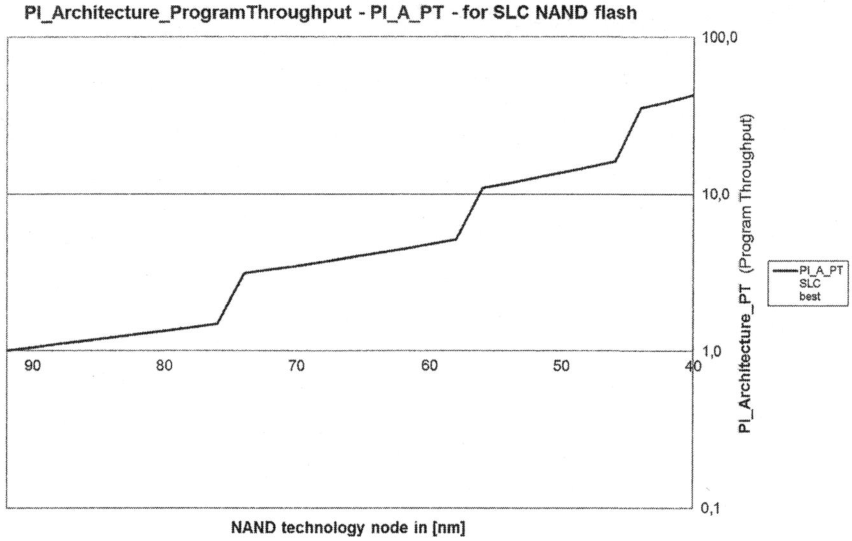

그림 6.6_ 공정 노드에 따른 SLC NAND의 PI_A_PT를 위한 PIM 추세 차트

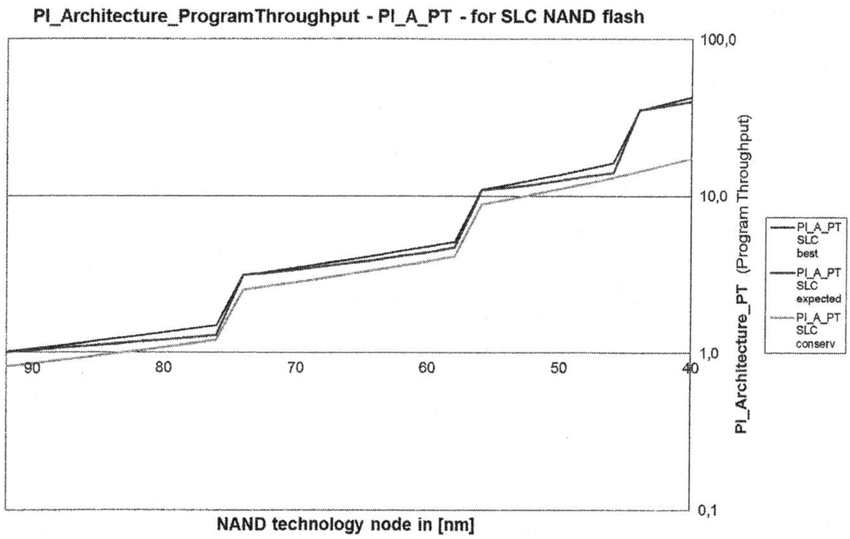

그림 6.7_ 공정 노드에 따른 SLC NAND용 PIM의 신뢰 간격 추세 차트

6.3.2.3 모델 기본 PI 추세 차트의 신뢰 간격

NAND 메모리 구조의 개발 로드맵을 표현하기 위한 PI 추세 차트는 설계 가능한 데이터 평가나 MAM의 예측 수준을 검증하는 데 사용된다. MAM은 두 배의 프로그램 성능이 요구되는 기술 혁신을 포함하지 않은 두 번째로 엄격한 계산 룰에 의해 확장된다. 이 '엄격한(conservative)' 추세 차트는 NAND 공정 로드맵을 위한 하한선으로 정의된다. 세 번째 계산 규칙은 모든 설계와 공정의 구체적인 의존성을 포함한 '예상되는(expected)' 추세 차트를 만든다. 이 추세 차트는 그림 6.7에 도시되어 있다. 셀 효율은 아래의 2nm 단위의 추세 차트가 적용된 다이 크기 의존성 효율 계산 모델(그림 5.8 참고)에 기반한다.

신뢰 간격은 대량 생산되는 SLC NAND 설계에 대해 예상되는 추세 차트의 두 가지 측면(best와 conservative) 모두에 의해 정의된다. 이 목표 설계와 공정의 간격(best와 conservative 추세 차트 사이의 간격)은 모델 기반의 PI 추세 분석에 의해 도출된 신뢰의 정도이다.

NAND 모델 설정에 적용된 이 규칙은 개념을 증명하기 위해서 상당히 많은 수의 대량생산되는 비휘발성 메모리 설계에 의해 입증되어야 한다. 모델의 이러한 증명 과정은 성능 지표 방법론을 적용하기 위해 가장 먼저 학습해야 하는 단계이다. 증명 과정은 각 조사된 NAND 설계의 PI_A_PT 값을 계산하는 것으로 시작하며 이 값을 그래프에 추가한다. SLC NAND 플래시 설계는 그림 6.8에서와 같이 세 개의 공정 노드로부터 선택되어야 한다. 조사된 SLC NAND 설계를 위해 표시된 값들은 모델 기반의 SLC NAND 설계용 'expected' PI 추세 차트 위 또는 아래에 있다.

이 책 안에서 기본적인 차트 기법은 성능 지표당 한 개의 추세선만을 사용한다. 목표는 그림 안에서 명확한 성능 지표 방법론을 도시하는 것이다. 'best' 추세선은 가장 단순한 구성 규칙을 가지며 다음 절에서 주로 이용되는 추세 차트이다. 그래픽을 이용한 기본적인 SLC NAND용 PI의 설명은 그림 6.9에 나와 있다.

PIM 모델은 특히 단일 성능 지표 값에서의 비용과 성능 변수와 같이 집적도, 셀 효율 그리고 칩 크기를 적절하게 병합하는 익히 알려진 방식의 메모리 설계 원리를 시각화한다. 설계와 제조사 고유의 계산된 PI_A_PT 값은 모델 기반의 PIM 추세선에 대한 이 설계의 수준을 알려주며 PIM 추세선은 프로그램 throughput을 목표로 하고 메모리 구조를 특징지어 분석한 성능 지표를 나타낸다. 예측된 모델 기반의 추세선 근처의 신뢰 레벨을 포함한 옵션은 메모리 설계 혁신의 개념을 증명하기 위한 방법론의 사용을 가능하게 한다.

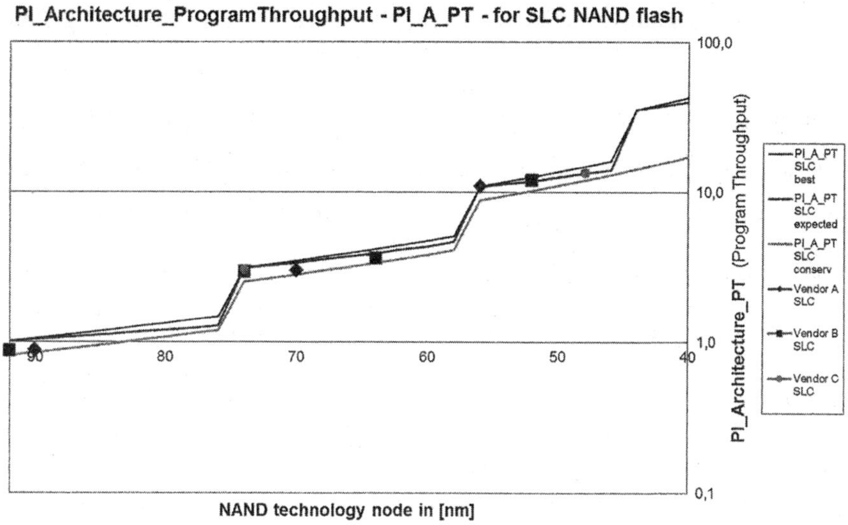

그림 6.8_ 세 제조사의 SLC NAND 설계 데이터를 포함한 PI_A_PT의 PIM 추세 차트

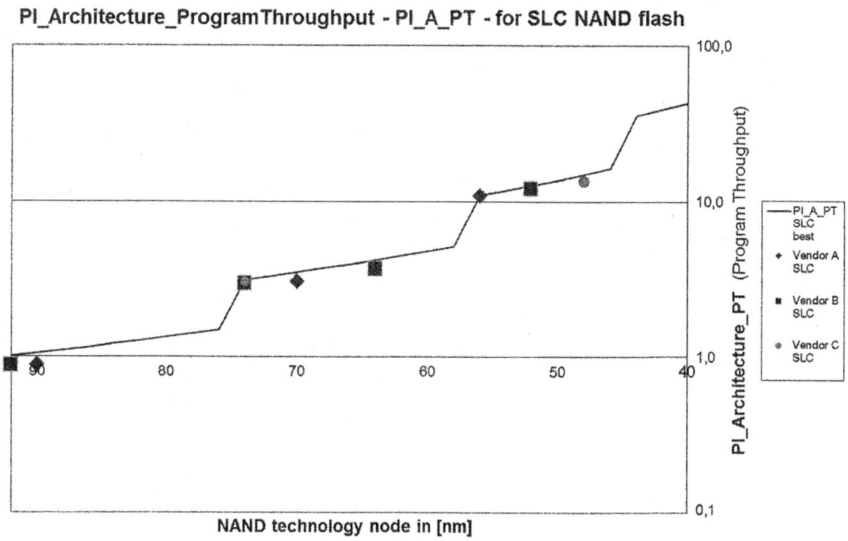

그림 6.9_ SLC 설계 데이터를 포함한 PIM 추세 차트: 하나의 추세선만 표시

6.3.3 PIM: SLC와 MLC NAND의 평가를 위한 애플리케이션

앞서 소개된 성능 지표 모델과 추세선 기반의 그래픽적인 표현은 무어의 법칙에 근거한 비휘발성 메모리 개발을 나타낼 수 있는 또 하나의 기준이 된다.

비용, 에너지 그리고 신뢰성과 같은 성능 지표 변수들의 개선과 서로 다른 종류의 비휘발성 메모리 구조에 대한 추세선에 대한 평가는 메모리 구조의 미래 경향을 나타내고 예측하는 데 질적으로 상당히 도움을 받을 것이다. 구조의 경향성을 나타내고 예측하는 데 상술한 PIM 애플리케이션은 메모리 개발 로드맵을 따라 최고의 메모리 구조를 잘 예측하도록 해 줄 것이다. 이 방법론은 메모리 중심의 애플리케이션에서 요구하는 것들을 만족시키는 비휘발성 메모리 구조의 개발 목표에 대한 증거로 제시할 것이다.

SLC와 MLC NAND 설계는 같은 메모리 어레이 구조를 사용한다. 멀티-레벨 기법은 모든 면에서 더 높은 정확도가 필요하며, 이는 어레이 구조에서 더 높은 균질성을 확보하거나 read와 프로그램 알고리즘 기법들로 불균질성을 보상하는 방식에 의해 확보된다.

프로그램 성능은 싱글-레벨과 멀티-레벨을 비교하기에 아주 좋은 변수이다. 싱글-레벨인 SLC NAND가 페이지 프로그램 시퀀스를 마치는 데 3~5개의 프로그래밍 펄스가 필요한 반면에 멀티-레벨인 MLC NAND는 14~20개의 펄스가 필요하다. MLC를 프로그램하는 데 걸리는 시간은 SLC NAND에 비해 대략 4배 정도 더 길기 때문에 MLC의 프로그램 throughput은 4배 정도 더 낮다.

성능 모델은 SLC와 MLC NAND에 대해 계산되었고 프로그램 Throughput을 위한 메모리 구조를 나타내는 성능 지표 PI_AC_PT(Performance Indicator characterizing memory Architecture and Cost targeting the Program Througput)를 나타내는 두 메모리의 모델 기반 추세선이 그림 6.10에 나와 있다.

두 개의 플래시 제조사로부터 PI_A_PT 값이 추가되었다. 성능 지표 값들은 대량 생산되는 제품에서 얻는다. 대량 생산되는 NAND 메모리들은 흔히 학회에서 발표되는 칩 크기와 비교하면 다르다. 셀 효율도 마찬가지이다. 플래시 제품의 설계는 오직 경쟁사의 셀 효율과 성능변수들을 중심으로 한 세부적인 자료를 근거로 성능 지표 방법론을 적용하여 진행한다.

(A와 B로 표시된)두 대표적 NAND 플래시 공급업체는 SLC와 MLC NAND가 금속 배선 기술 (Metallization)이나 공정 노드와 같은 공정 로드맵 내에서 큰 차이가 나는 것과는 달리 공격적인 PI_A_PT 추세 차트와 항상 거의 같다.

프로그램 성능에서의 차이는 곧 SLC와 MLC의 추세선의 차이가 된다. MLC NAND의 다음 어레이 구조 노드는 SLC NAND가 이전에 사용했던 노드에서 달성한 값들과 같은 범위

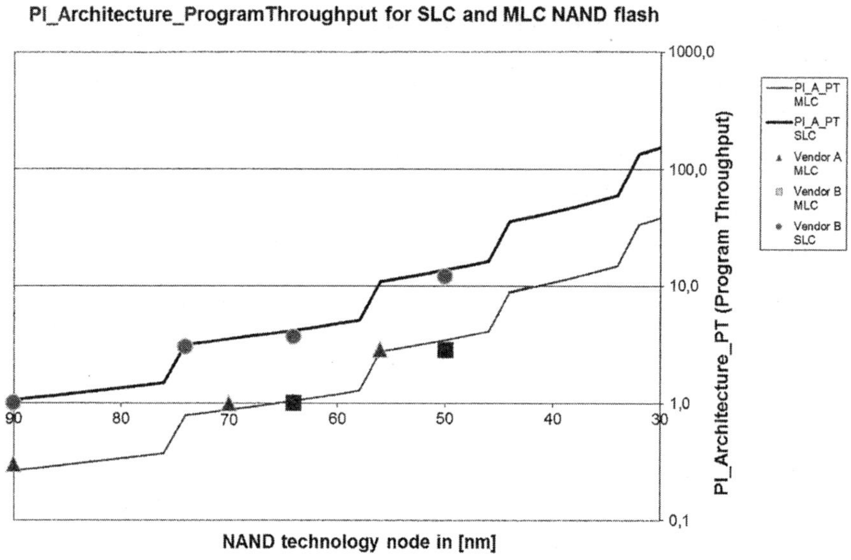

그림 6.10_ NAND 설계 데이터를 포함한 SLC와 MLC NAND의 PI_A_PT로 본 PIM의 추세 차트

내에서 성능 지표 값을 정한다. 다음의 결론들은 그림 6.10에 나와 있는 PI_A_PT 모델 기반의 그래픽적인 해석으로 얻어진 것들이다.

- 정확하게 어레이 구조 노드상에 있는 메모리 설계를 (추세선을 건너 뜀으로)성능과 집적도에서 큰 이점을 가진다.
- (그림 6.10에서의 제조사 A가 개발한 것과 같은)다음 어레이 구조 노드의 MLC NAND 설계는 이전 어레이 구조 노드의 SLC NAND 설계들을 거의 대체할 수 있다.

메모리 사업과 가격은 비트 효율에 근거해서 정해져야만 한다. PI_AC_PT 값들은 셀당 2-bit가 효율을 두 배로 늘리는 것과 같이 좀 더 효율에 근거한 수치들을 비교한다. 구매 고객들은 1-bit SLC NAND와 비교해서 비트당 가격을 두 배로 지불한다.

SLC와 MLC NAND의 차이는 핵심 성능변수인 PI_AC_PT를 기준으로 모델 기반 추세 차트를 봤을 때 오히려 줄어 들고 있다. 서로 다른 PI 값을 사용하고 SLC 및 MLC NAND 구조들 간의 상대적인 차이를 비교하는 PIM 애플리케이션은 메모리 중심의 애플리케이션 개발에 대한 의사결정에 도움을 준다.

MLC 구조가 SLC 구조를 대체할 수 있는 시점과 공정 노드 측면에서의 차이를 주요 성능 변수인 PI_A_PT와 PI_AC_PT로 그림 6.11과 그림 6.12에 각각 나타내었다. SLC와 MLC

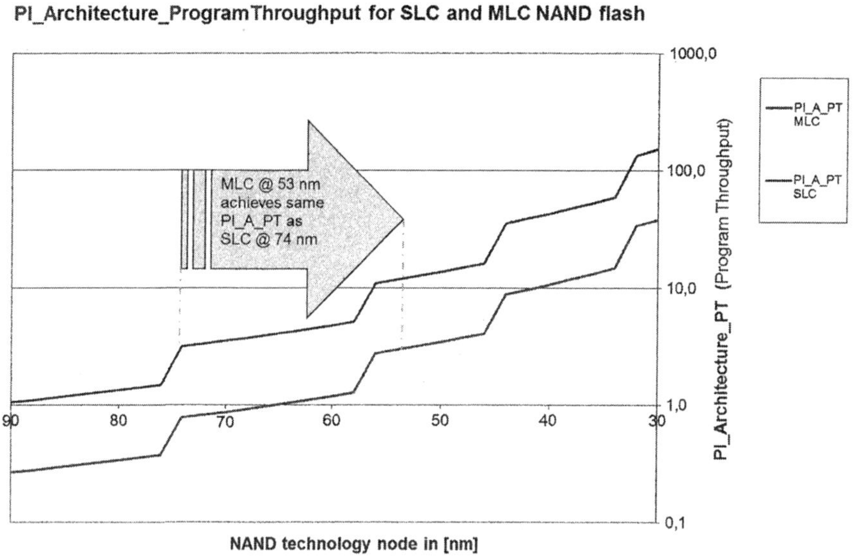

그림 6.11_ SLC와 MLC NAND의 동일한 PI값 사이의 차이를 나타낸 PI_A_PT 추세 차트

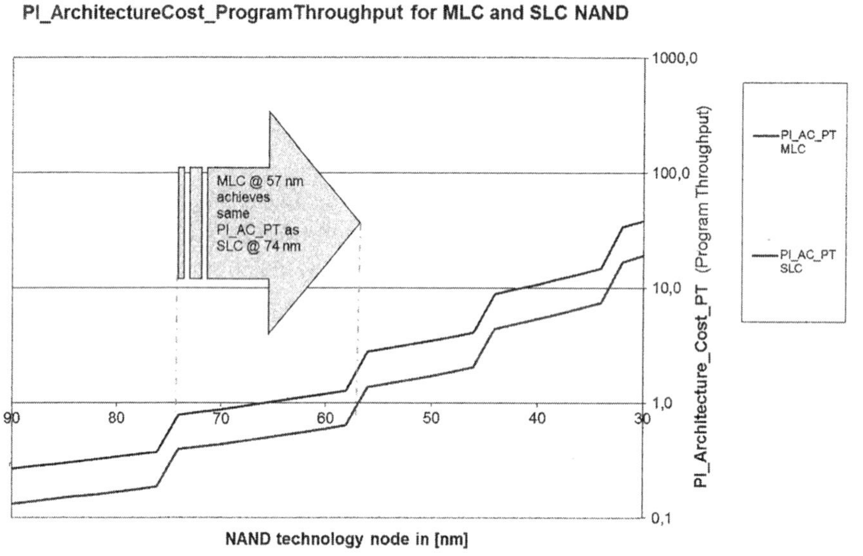

그림 6.12_ SLC와 MLC NAND의 동일한 PI값 사이의 차이를 나타낸 PI_AC_PT 추세 차트

NAND의 차이는 그림 6.12에서 보이듯이 핵심 성능변수인 PI_AC_PT를 기준으로 모델 기반의 추세 차트를 봤을 때 오히려 줄어들고 있다.

MLC NAND는 대부분의 모바일 애플리케이션에서 성능이나 비용 면으로 SLC NAND 구조를 대체해 왔다. 메모리 구조와 프로그램 Throughput을 목표로 메모리 구조와 비용을 반영하는 성능 지표 PI_AC_PT는 NAND 플래시 시장을 아주 효과적으로 특징 짓고 분석해준다. PI_AC_PT로 측정된 성능 이득은 절대값으로 비교했을 때 PI_A_PT 값과 비교해 더 작다. SLC NAND의 성능 향상이 MLC NAND의 비용 이득보다 더 크지 않다.

프로그램 성능과 비용의 차이는 SLC와 MLC 추세선의 차이를 가져오게 된다. 다시 말하지만, MLC NAND의 다음 노드에서의 어레이 구조는 SLC NAND가 이전 노드를 사용했을 때보다 더 높은 성능 지표 값을 만든다. SLC와 MLC NAND를 비교하는 PI_AC_PT 추세 차트로부터 다음과 같은 결론을 도출하였다.

- 어레이 구조 노드에서(추세선을 건너 뛴) 메모리 설계는 성능과 집적도에서 이점을 갖는다.
- MLC NAND는 항상 다음 어레이 구조 노드에서 SLC NAND를 대체할 수 있다.

집적도가 두 배가 되고 프로그램 성능이 두 배가 되는 조합이 성능 지표 값을 평가하여 봤을 때 새로운 구조로 이전 구조를 대체하게 만드는 큰 원동력이 된다.

6.3.4 내구성에 의한 성능 지표 모델 개선

신뢰성 변수를 포함한 성능 지표의 개선과 그에 따라 변화된 SLC와 MLC NAND 플래시 추세선의 평가가 다음에 다룰 내용이다. 방법론적으로는 떨어진 신뢰성이 플래시 메모리 개발 목표들에 영향을 주는지 검토함으로써 가능하다. PIM 방법론은 복잡성을 줄이는 것을 목표로 한다. 플래시 메모리 신뢰성 분석은 표 4.3의 **신뢰성 지수**(Reliability Factors)로 소개되었다. 첫 번째 정규화된 내구성 변수를 만들기 위해 강력하면서 간단한 규칙을 정의한다.

스토리지 메모리로의 평균 액세스는 write와 read 오퍼레이션으로 나뉜다. PI_AC_PT에 이어 다음 성능 지표로 write 내구성이 선택되었고 이를 F^2당 1bit의 bit 집적도를 이용해 정규화하였다. 프로그램 throughput을 목표로 하는 메모리 구조와 비용 그리고 내구성을 나타내는 성능지표 PI_ACD_PT(Performance Indicator characterizing memory Architecture, Cost and Durability targeting the Program Throughput)는 다음과 같이 정의된다.

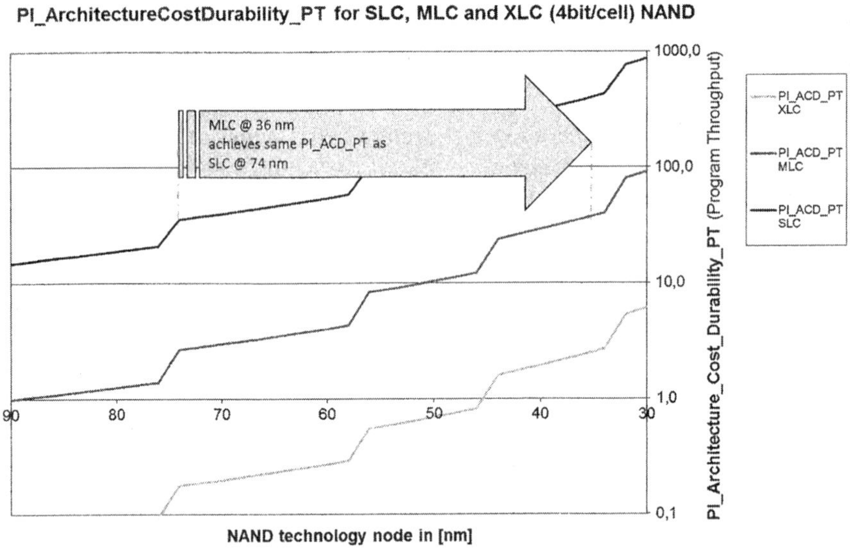

그림 6.13_ SLC와 MLC NAND의 같은 PI 값들 사이의 차이가 포함된 PI_ACD_PT 추세 차트

$$PI\_ACD\_PT_{AC\_Durability} = \frac{PGM\_Throughput * Bit\_Effciency_{Die} * Durability_{WR}}{Technology\_Node^2}$$

이 모델은 공정 기술 로드맵을 따라 한 노드에서 다음 노드로 이동할 때마다 약 10%의 내구성 감소가 나타난다고 가정한다. SLC와 MLC 간의 차이는 각각의 내구성 수치가 다르기 때문에 크게 증가했다. 그림 6.13은 SLC, MLC 그리고 XLC NAND 각각의 PIM 추세선들을 계산하여 나타내었다. 프로그램 성능, 비용 그리고 내구성의 차이는 NAND 플래시의 내구성을 포함하는 추세선들 간의 차이로 변환된다. SLC NAND와 비교해서 MLC가 가지는 큰 폭의 내구성 감소를 집적도와 성능의 향상을 통해 그 이상으로 보상해야만 한다.

SLC와 MLC NAND를 비교한 PI_ACD_PT 추세 차트로부터 다른 결론을 도출하였다.

- 신뢰성은 집적도와 성능 향상을 통해 보상이 가능하다.
- 내구성 변수는 애플리케이션에 따라 다르게 정의된다.

PI_ACD_PT 성능 지표 값은 플래시 메모리의 총 비용, 성능과 수치화된 내구성에 특정 신뢰성 변수를 포함시킨다. 대부분의 애플리케이션들에서의 이 평가와는 대조적으로 시장에

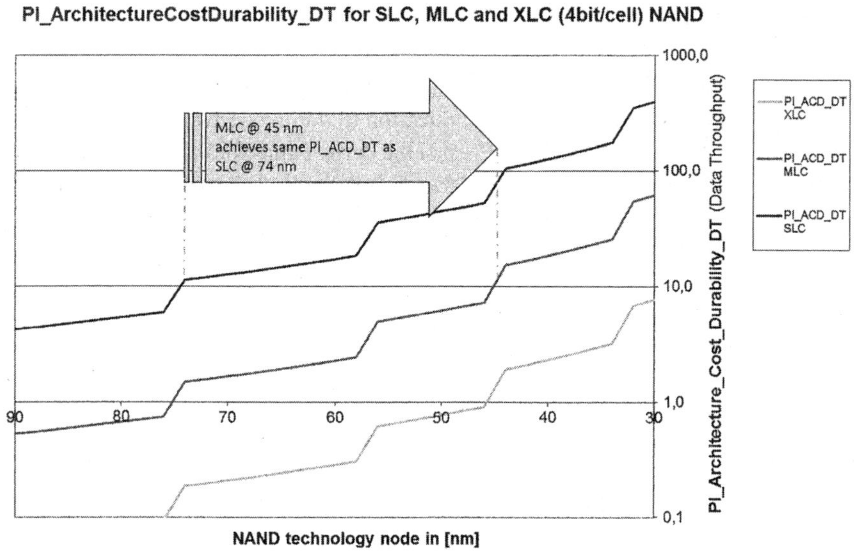

그림 6.14_ SLC와 MLC NAND의 같은 PI 값 사이의 차이가 포함된 PI_ACD_DT 추세 차트

서의 실제 데이터를 기반으로 MLC NAND에 더 빨리 적용한다.

스토리지 메모리로의 평균 액세스는 write와 read 오퍼레이션으로 나뉜다. 다음의 성능 지표는 가중치가 더해지고 조합된 read와 write의 내구성 변수가 사용되었다. 표 4.3에는 다른 신뢰성 지수가 요약되어 있다. 데이터 throughput은 기본적으로 25%의 write, 그리고 75%의 read 오퍼레이션으로 나뉜다. 이 조합은 플래시 내구성 변수를 향상시키는 동시에 read 오퍼레이션 시에 disturbance로부터 견디는 정도를 포함한다. 프로그램 throughput을 (read와 write를 합친)데이터 throughput으로 변환함으로써 마지막에 DT로 표시했다.

데이터 Throughput을 목표로 하는 메모리 **구조와 비용 그리고 내구성**(Architecture, Cost and Durability)을 나타내는 성능 지표 PI_ACD_DT(Performance Indicator characterizing memory Architecture, Cost and Durability targeting the Data Throughput)는 다음과 같이 정의한다.

$$PI\_ACD\_PT_{AC\_Durability} = \frac{PGM\_Throughput * Bit\_Effciency_{Die} * Durability_{WR\_3RD}}{Technology\_Node^2}$$

내구성을 포함하는 두 번째 성능 지표 PI_ACD_DT는 플래시 메모리를 특징 짓는 아주 특별한 값을 만들어 낸다. 그림 6.14에 나와 있는 PI_ACD_DT 추세 차트의 분석으로 다음과 같은 결론을 도출할 수 있다.

- MLC NAND 어레이 구조 (n+2)노드는 SLC NAND 어레이 구조 (n)노드와 같은 프로그램 성능을 얻을 수 있고 집적도는 8배가 된다. 이미 정의된 애플리케이션들에서 집적도를 증가시키는 것은 줄어든 내구성을 보상하는 해결책이 된다.
- PI_ACD_DT를 통해서 MLC NAND 플래시의 어레이 구조 (n+2)노드는 SLC NAND와 대체 가능하다는 것을 알 수 있다. 이는 모든 설계에서 새로운 NAND 구조 기술 노드에서 모든 설계가 성능과 집적도를 두 배로 만든다면 계속 유효하다.

만약 내구성 감소가 메모리 집적도에 의해 보상될 수 있다면 PI_ACD_DT를 기반으로 한 성능 지표가 선호되는 PIM(Performance Indicator Model)이다. 만약 내구성 감소가 오직 메모리 집적도 증가와 성능 향상을 동시에 달성해야만 보상될 수 있다면 PI_ACD_PT를 기반으로 한 성능 지표가 선호되는 PIM이다. 두 가지 PI_ACD 성능 지표들은 전형적인 read/write 내구성과 disturbance 필요 요소들을 커버한다. 상술한 방법론에 근거해 애플리케이션을 반영하는 추가적인 신뢰성 문제들을 포함할 수 있다.

이제부터 다음 두 가지 주요 주제들에 집중할 것이다.

- 집적도와 성능을 두 배로 만들어주는 경향을 얼마나 오랫동안 유지하고 있어야 하는가?
- 애플리케이션의 요구 조건들과 메모리 구조 솔루션들 간의 상호 의존성

6.3.5 PIM: 엔트리 레벨 성능 추세선

성능 지표 방법론의 다음 순서는 애플리케이션의 성능 요구 조건들로부터 도출된 애플리케이션의 추세선과 예측된 NAND 플래시 개발 추세선을 나타내는 성능 지표 모델의 조합이다.

획기적인 멀티-비트와 멀티-레벨 셀 메모리 기술들의 가능성이 정확하게 기술되어야만 한다. 이러한 애플리케이션의 가능성을 정하기 위하여 장단점이 엄격하게 평가되어야 한다. 셀당 3bit와 4bit NAND 플래시 메모리들의 대량 생산은 적응된(adapted) 마이크로컨트롤러와 향상된 소프트웨어 솔루션을 포함한 완벽한 하나의 생태계를 필요로 한다. 엄청난 개발 기간과 노력이 목표한 애플리케이션을 개발하는 데 필요하다.

6.3.5.1 MLC와 XLC의 엔트리 레벨 성능

성능 지표와 애플리케이션의 추세선을 조합하는 기본 아이디어는 방법론의 장점을 강조하고 멀티-레벨 셀의 NAND 플래시 애플리케이션의 가능성을 보여주는 것이다.

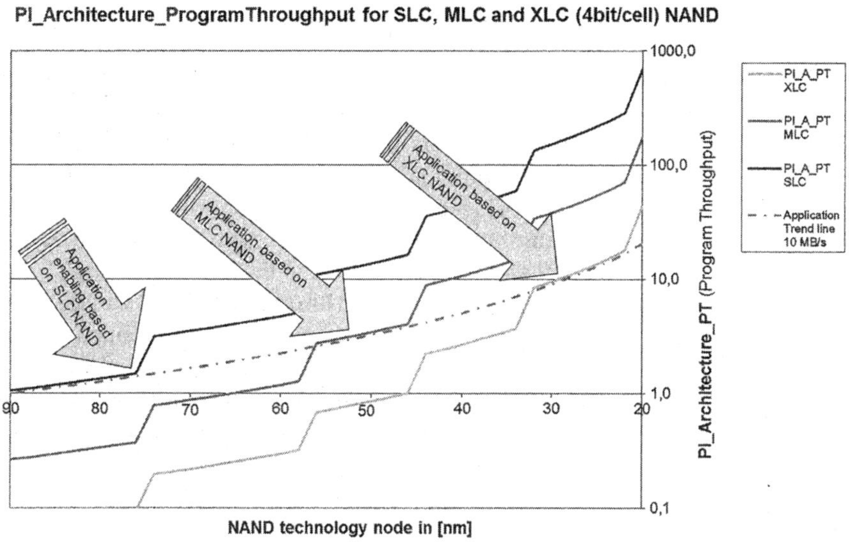

그림 6.15_ SLC, MLC와 XLC NAND의 애플리케이션 추세선과 PI_A_PT 추세 차트

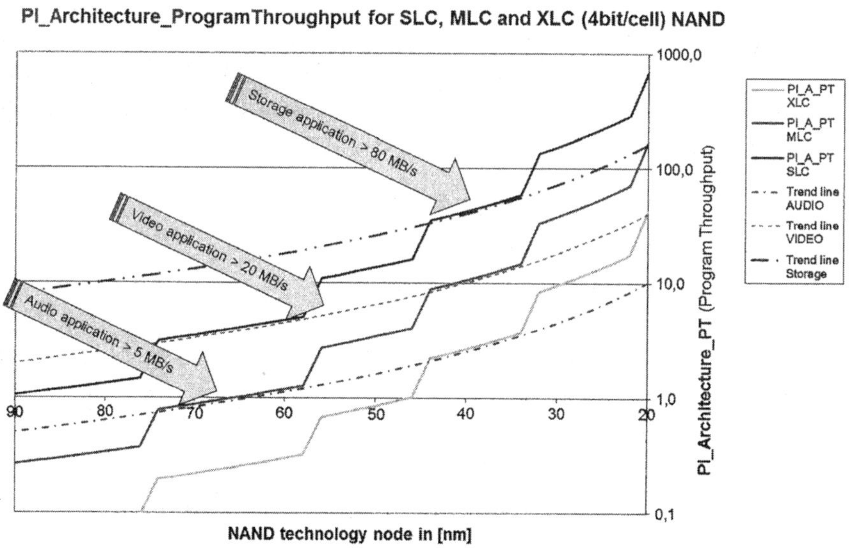

그림 6.16_ 세 가지 애플리케이션들에 대한 성능 추세선과 SLC, MLC와 XLC NAND 각각의 PI_A_PT 추세 차트

두 추세선들의 조합으로 목표한 애플리케이션 성능 변수를 벤치마크하여 메모리 구조의 성능을 추출한다. 애플리케이션 추세선은 싱글 NAND 플래시 성능 지표 값의 시장 진입 레벨이다. 두 추세선들은 공정 노드(애플리케이션 레벨에서는 세대로 해석된다)에서 예상되는 증가를 반영한다. 그림 6.15와 같이 성능 지표 PI_A_PT는 이를 평가하기 위해 선택되었다. 그림 6.15는 시간 축에서 애플리케이션의 개발을 도식화한 것이다. SLC NAND의 성능은 90nm부터는 시장 진입이 가능할 만큼 충분히 높다. MLC와 XLC 성능 지표 추세선들은 NAND 구조 공정 노드(Architecture Technology Node: ATN)를 몇 세대(56과 32nm) 지나면 애플리케이션 추세선과 교차한다. 애플리케이션 추세선을 넘어선 성능 지표는 MLC와 XLC NAND 플래시 기반의 애플리케이션 솔루션이 시장에 진입할 수 있는 진입 레벨을 의미한다.

성능 지표 모델(PIM) 기반의 추세 차트 평가는 MLC와 XLC NAND 공정과 설계 솔루션의 수요를 의미한다. 두 가지 NAND 구조 공정 노드(ATN)로 이룬 성능 개선은 그림 6.16에서 보듯이 오디오 애플리케이션 제품들의 시장이 MLC에서 XLC NAND로 이동하고 두 공정 노드 후에는 비디오 애플리케이션의 경우도 마찬가지로 이동하게 된다.

NAND 설계 개발 팀은 기본적인 메모리 솔루션으로 특정 MLC 또는 XLC 공정을 확립하기 위해 필요한 혁신의 정도를 유도해낼 수 있다. 계산된 설계 관련 성능 지표 값은 애플리케이션 성능 추세선보다 더 높아야 한다.

성능 지표 모델(PIM)을 바탕으로 한 모든 결론들은 싱글 다이 성능 평가로 도출되었다. MCP 패키지에서 병렬로 여러 플래시 다이를 동작시켜 시스템의 성능을 향상하는 잘 알려진 원리들은 다루지 않았다. 모바일 애플리케이션 시장에서 필요한 성능 레벨을 얻을 수 있는 하나의 플래시 다이에 대해 에너지 최적화된 솔루션은 기본적으로 고려되어야 한다.

6.3.5.2 시장 진입 레벨 이상에서의 성능 포화

예상되는 메모리 집적도의 증가는 실리콘과 산화막(SiO_2) 기반의 MOSFET의 최소 배선폭(feature size)의 지속적인 감소를 가정한 CMOS shrink 로드맵에 기인한다. MOSFET의 물리적인 전압의 한계들이 나타날 때까지(따라서 플래시 트랜지스터들의 물리적 전압 한계도 수반되어 발생할 때까지) 리소그래피 장비 지원이 가능하다면 shrink 로드맵은 계속될 것이고 메모리 집적도도 계속 증가할 것이다[4, 5].

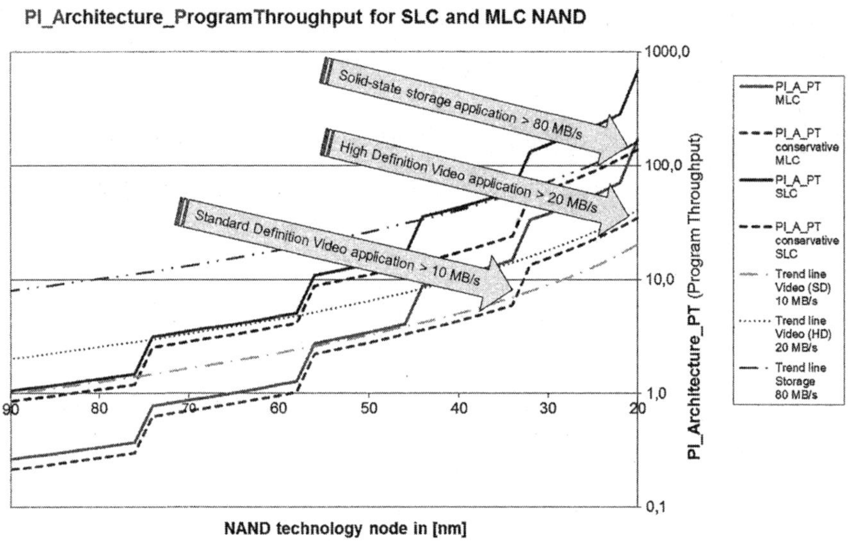

그림 6.17_ 보수적인 모델 환경에서 SLC와 MLC NAND의 PI_A_PT 추세 차트

NAND 어레이 구조는 CMOS shrink 로드맵을 따라 비트 라인 숫자를 두 배로 함으로써 병렬로 선택되도록 하여 성능 향상이 가능하게 하였다. 워드 라인과 비트 라인들의 저항이 물리적 한계에 다다르고 있어 공정 shrink 로드맵을 따라 같은 양으로 줄이지는 못한다. 긴 워드 라인과 비트 라인들에 달린 전기적 저항과 커패시터의 기하학적 한계 때문에 프로그램 성능 향상은 포화되기 시작한다. 커패시터 값은 오히려 더 증가하더라도 저항 크기를 유지하도록 메탈 라인 단면의 가로 세로의 비율(aspect ratio)을 조정해 세로 길이를 늘리는 추세이다. 고급 알고리즘 솔루션이나 저전류(low current) 센싱과 단열 충전(adiabatic charging) 기술로 라인 저항의 증가를 부분적으로 보상할 수 있지만 추세를 뒤집어 감소시킬 수는 없다.

보수적인 모델-기반의 추세선은 특정 퍼센티지의 라인 저항 증가를 포함하고, 성능 향상의 하한선을 검토하는 데 적용 가능하다. 그림 6.17에서 보듯이 점선으로 된 보수적인 SLC NAND의 모델 라인은 20nm까지 내려갔지만 애플리케이션 스토리지 추세선이 80MB/s를 넘지 못하고 MLC NAND는 비디오 애플리케이션 추세선에서 20MB/s를 넘지 못한다.

NAND 플래시 어레이 구조는 공정 shrink 로드맵을 따라 더 높은 집적도와 에너지 소비를 유지하면서 성능 향상을 가지는 유일한 조합이다. 고전압 오퍼레이션은 큰 NAND 어레이의 작은 다이 면적(0.025%)에서만 이루어지고 큰 커패시터 평판(erase 블록)을 충/방전하는 에너지는 1차적으로 공정 노드와는 무관하다.

모든 NAND 어레이 구조 노드는 성능 지표 모델 추세선을 따르고 NAND 플래시 기반의 메모리 중심 시스템을 위한 새로운 애플리케이션을 가능하게 하려면 설계와 공정의 혁신이 필요하다.

시스템 성능 사양 값들은 NAND 플래시 디바이스를 병렬로 더 많이 동작시키고 독립적인 플래시 액세스 채널을 추가함으로써 증가시킬 수 있다. 성능 지표 모델은 가장 에너지 효율적인 솔루션인 싱글 플래시 디바이스의 성능에 집중한다. 추가적인 NAND 디바이스는 erase 오퍼레이션시간을 안 보이게 하는 용도로 사용될 수 있다. 플래시 메모리들의 프로그램과 erase의 데이터 패키지 크기 사이의 비대칭적인 세그먼트 크기로 인한 write amplification 영향에 대한 제어는 병렬로 더 많은 플래시 디바이스들을 이용하여 점점 더 복잡해지고 있다. 가장 안 좋은 데이터 throughput의 경우가 싱글 NAND 플래시 데이터 전송률 값까지 증가할 수 있는지를 증명하기 위해 3.2.5.2절에서 성능 영향 계산을 수행했다.

6.3.6 성능 지표 모델: 요약

성능 지표는 공정 노드로 정규화된(최소 feature 크기의 제곱) 메모리 성능 변수와 효율성 변수로 계산된다. 예측된 메모리 성능과 효율성 값들은 단순화시킨 메모리 어레이 모델에 의해 만들어진다. 이 접근법은 셀과 어레이 성능에 집중한다. 구조화된 메모리 어레이 모델은 미리 정의된 효율성 변수에 근거해서 정의된다. Read와 프로그램 성능 값은 비트 라인과 워드 라인 충/방전 시퀀스를 바탕으로 한다.

성능 지표는 변수들의 부분 집합을 기반으로 하고 비휘발성 메모리의 삼각형 변수를 싱글 변수(성능 지표 PI 값)로 바꿔서 복잡도를 낮춘다. 제한된 수의 성능 지표들이 소개되었는데, 어레이와 성능을 목표로 하는 PI_A_xx, 어레이, 비용과 성능을 목표로 하는 PI_AC_xx와 어레이, 비용, 내구성 그리고 성능을 목표로 하는 PI_ACD_xx 등이 있다.

모델 기반의 성능 지표 방법론은 공정 shrink 로드맵을 따른 성능 지표의 그래픽적인 해석이다. 플래시 메모리 설계 값들과 조합하여 성능 지표 추세선은 여러 메모리 제조사의 수정과 혁신에 대한 판단을 할 수 있게 해준다.

성능 지표 방법론은 다음 질문에 대한 답을 준다: 정량적인 면에서 "새로운 플래시 설계의 경쟁력 측면에서 혁신에 영향을 주는 것은 무엇인가?" 혁신적인 설계와 혁신 없는 설계 사이의 두 성능 지표 차이가 명백하고 유일한 제품 혁신들의 효율성 척도가 된다.

시스템 애플리케이션 요구조건과 메모리 구조의 매칭은 메모리 중심의 애플리케이션에서 중요한 포인트가 된다. Shrink 로드맵 상에서 선택된 어레이 구조의 성능 지표 추세 차트는 목표 시스템의 경쟁력을 알려준다. 모델의 개발과 모델 기반의 성능 지표 방법론의 사용으로 시장의 이해도를 높이고 혁신의 가능성을 예측할 수 있다. 모델의 개발은 (이미 소개되었던 어레이 구조 노드처럼)최고의 비휘발성 메모리를 (애플리케이션의 성능 추세선 같은)애플리케이션의 요구 조건과 매칭시키기 위한 세부적인 이해도를 자동적으로 높여준다.

이 방법의 장점은 메모리의 '개선'을 정량적인 '성능 지표 값'으로 변환할 수 있다는 것이며 이는 혁신적인 변화와 점진적인 구조의 개선을 판단할 수 있는 기준이 된다. 반면에 이 방법론의 '단점'은 이 접근법을 적용하는 데 필요한 지식이 많은 데에 있다. 성능 변수를 선택하고 모델 기반의 추세선들을 그리기 위해 가정을 하려면, 셀과 어레이, 알고리즘과 공정 토픽들에 대한 자세한 지식들이 있어야만 한다.

비용, 에너지, 신뢰성 수치를 이용한 성능 지표 변수들의 개선, 그리고 서로 다른 비휘발성 메모리 구조를 나타내는 추세선의 평가는 메모리 구조의 경향을 전망하는 데 질적으로 큰 도움이 된다.

6.4 성능 지표 방법론의 애플리케이션

이미 개발된 공정 기술들의 플래시 메모리 개발 옵션들을 조사하기 위해 모델 기반의 성능 지표 방법론이 적용되었다. NAND 성능 지표 모델은 모든 어레이 구조 노드마다 비트 집적도와 프로그램 throughput을 두 배로 예측한다. 성능을 두 배로 달성하기 위한 비용 효율이 좋은 다음의 두 가지 방법이 예측되었다.

- 어레이의 분할(segmentation)은 비트 라인을 반으로 줄여 어레이 세그먼트들의 수를 두 배로 만들어 프로그램과 read 성능을 두 배로 올린다. 이 접근법은 shielded 비트 라인을 센싱하는 개념과 같은 알려진 개념들을 최대로 재사용하는 것을 토대로 한다.

- 병렬화를 극대화하는 것은 프로그램과 read 오퍼레이션 동안 모든 비트 라인들을 사용하는 것으로 이를 통해 프로그램과 read의 성능이 두 배로 된다. 이러한 접근법은 몇 가지 혁신이 필요하다. 크게 개선된 센싱 기술과 새로운 알고리즘 솔루션은 read와 프로그램 동안 shielded 비트 라인의 효과를 보상해야만 한다.

이 방법론은 NAND 플래시 제품의 혁신들을 분석하는 데 적용되고, 해당하는 성능 지표 집합들로부터 결론이 도출된다.

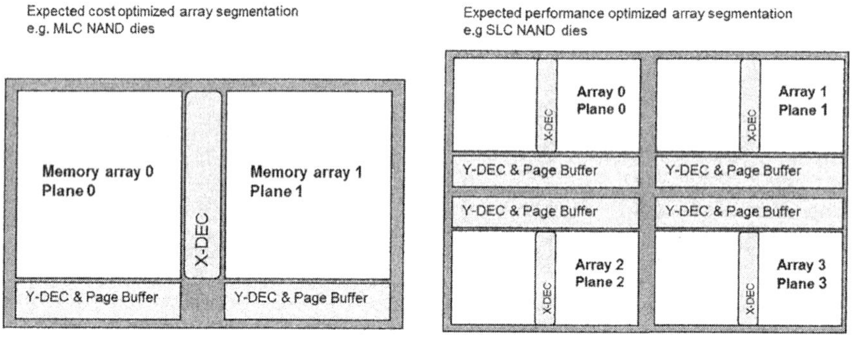

그림 6.18_ 메모리 어레이 분할은 NAND 프로그램과 read 성능을 향상시킨다.

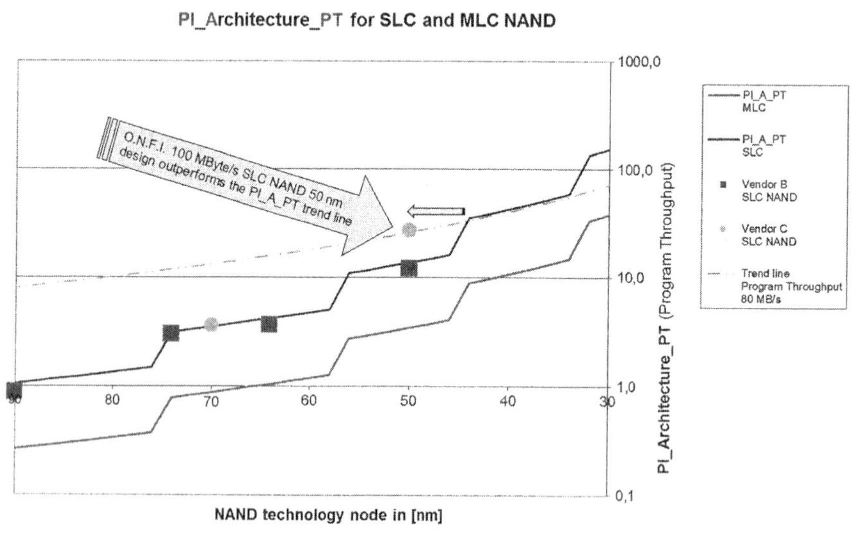

그림 6.19_ PI_A_PT SLC NAND 추세선과 이를 능가하는 O.N.F.I의 SLC NAND 설계(2008년)

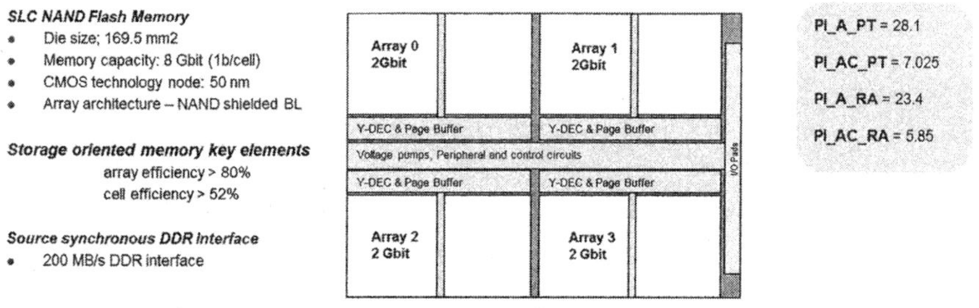

그림 6.20_ 2008년 ISSCC에서 발표된 8GBit SLC NAND의 성능 지표 값[6]

6.4.1 NAND 성능: 어레이의 분할과 인터페이스의 데이터 rate

셀 효율이 최적화된 NAND 제품 설계는 두 플레인에 해당하는 두 개의 어레이 세그먼트로 개발된다. 그림 6.18에 나와 있는 것처럼 추가적인 어레이 분할을 함으로써 두 가지 이점을 갖는데, 비트 라인의 길이가 줄고 사용할 수 있는 실질적인 페이지 크기를 크게 만든다.

두 설계 변경은 read와 프로그램 성능 값을 크게 향상시킨다.

그림 6.18에서와 같이 네 개의 플레인을 사용하는 설계에서는 로직 오버헤드가 크고, 네 개의 어레이 세그먼트 안에서 어레이 효율을 추가적으로 향상시켜 보상해야만 한다. NAND 플래시는 더 긴 NAND 스트링 조합을 선택해서(32에서 64로, 64에서 128로) 어레이 효율을 증가시키는 간단한 방법이 있다. 그림 6.19에서 보듯이 2008년 ISSCC에 발표된 O.N.F.I의 SLC NAND 설계[6]를 선택하여 계산된 PI_A_PT 값을 PI 추세 차트 분석에 추가하였다. 이 SLC NAND 설계[6]의 read와 프로그램 throughput은 50nm 노드에서 예측된 값을 넘어섰다. 모델 기반의 추세선은 비슷한 PI_A_PT 값을 44nm NAND 구조 공정 노드에서 이룰 것으로 예측하였다. 달성한 프로그램 성능 향상은 80MB/s 애플리케이션의 프로그램 throughput 추세선을 넘어선 수준으로 이동한 것이다.

Source synchronous DDR 인터페이스는 향상된 read와 write 어레이 데이터 throughput을 지원하도록 데이터 대역폭을 확장한다. 8GBit SLC NAND 설계에서 이러한 성능 수치를 달성하기 위한 로직 오버헤드는 그림 6.20에 나타나 있다. 이로 인해 줄어든 셀 효율은 경쟁력 있는 다이 크기를 위해 어레이 효율을 높여서(50nm에서 이미 스트링당 64셀을 사용) 보상하였다.

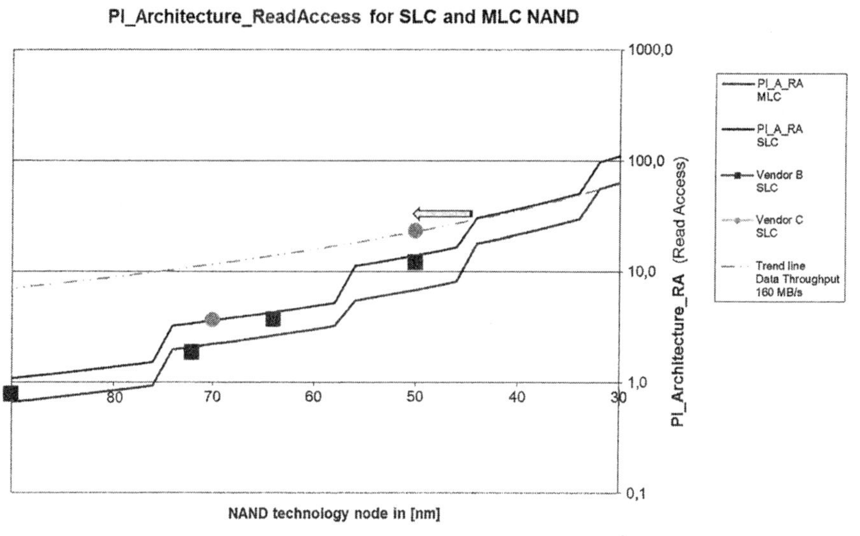

그림 6.21_ PI_A_RA SLC NAND의 추세선과 solid-state 애플리케이션의 추세선 비교

새롭게 개발된 DDR(Double data Rate) NAND 인터페이스와 합쳐진 네 개의 플레인 어레이 구조는 NAND 데이터 throughput을 크게 향상시킨다. 이 당시 보고된 200MB/s의 I/O read/write 데이터 throughput은 새로운 벤치마킹의 기준이 되었다. 뒤에서 이 혁신을 이끈 애플리케이션 원동력은 solid-state 스토리지 시장이다.

정규화된 160MB/s 데이터 throughput 애플리케이션의 추세선을 read 엑세스를 위한 메모리 구조를 특징지어 분석하는 성능 지표에 추가하면 상술한 8GBit SLC NAND와 그림 6.21에 나타나 있듯이 완벽하게 일치하는 것을 볼 수 있다.

SLC NAND 성능 추세선을 능가하기 위해 그리고 solid-state 스토리지 애플리케이션 시장에 예측된 시간보다 빨리 진입하기 위해서 세 가지의 혁신이 개발되고 적용되었다.

- Read와 프로그램의 데이터 throughput을 두 배로 하기 위해 네 개의 플레인을 사용한 어레이 분할
- 사용 가능한 더 높은 메모리 어레이 데이터 rate를 지원하기 위한 DDR NAND 인터페이스
- 어레이 효율을 개선하기 위한 NAND 스트링당 셀 숫자 높이기(32에서 64로)

나열된 혁신 리스트는 예상되는 성능 지표 추세선을 달성하기 위해 44nm부터 분석한 NAND 공정 노드의 성능 지표 모델에 의해서 예측된다.

이 SLC NAND 애플리케이션 예시를 사용한 성능 지표 방법론(PIM)에 근거해서 두 가지의 주요한 결론이 도출된다.

- 45nm 이하의 SLC NAND 설계는 고성능 SSD 디바이스를 지원할 수 있도록 solid-state 스토리지 애플리케이션의 요구 조건들을 만족시켜야 한다.
- 34nm 이하의 MLC NAND 설계는 성능 지표 분석을 토대로 봤을 때 SLC NAND가 달성 했던 것과 같은 solid-state 스토리지 애플리케이션에 진입할 수준이 된다는 것을 보여준다.

NAND 인터페이스 성능은 메모리 어레이 대역폭을 따라가야만 하며, 이는 7.1절에서 분석한다. 칩과 칩 사이 그리고 컨트롤러와의 연결을 위한 실리콘 관통 기술(TSV, Through Silicon Via)과 같은 패키지 기술은 참고문헌[7]에서 예측한 것과 같이 NAND 데이터 throughput을 늘리기 위해 필요하다.

6.4.2 NAND 성능과 신뢰성: All 비트 라인 구조

공격적인 추세선 기반의 NAND 성능 지표는 42nm 공정 노드 근처에서 비트 집적도와 프로그램 throughput이 두 배가 된다는 것을 예측한다. 전통적인 두 개의 플레인 구조는 예상되는 프로그램과 read의 데이터 throughput을 달성하지 못한다. 어레이 분할은 이전 마지막 절에서 하나의 솔루션으로 다뤘다. MLC와 XLC NAND의 개발 목표는 성능과 신뢰성을 동시에 개선시키는 것이다.

NAND 어레이 구조의 성공은 1994년에 이미 소개된 shielded 비트 라인 센싱 방법에 기초를 두고 있다[8]. 예를 들어, 짝수 비트 라인의 프로그램 verify와 read 동작을 위해 주변 비트 라인(홀수 line들)은 접지된다. 이러한 실딩 효과는 최적화된 single-sided 레이아웃과 최적화된 Y−mux 및 S/A 구조를 위한 기본이 된다.

동시에 모든 비트 라인을 프로그래밍하거나 동시에 모든 비트 라인을 read 할 수 있는 어레이 구조는 성능을 두 배로 향상시키고 모든 셀이 병렬로 프로그램되는 이상적인 셀 어레이에 한 발 더 다가서게 된 것이다. 셀 효율은 추가적으로 필요한 페이지 버퍼에 의해

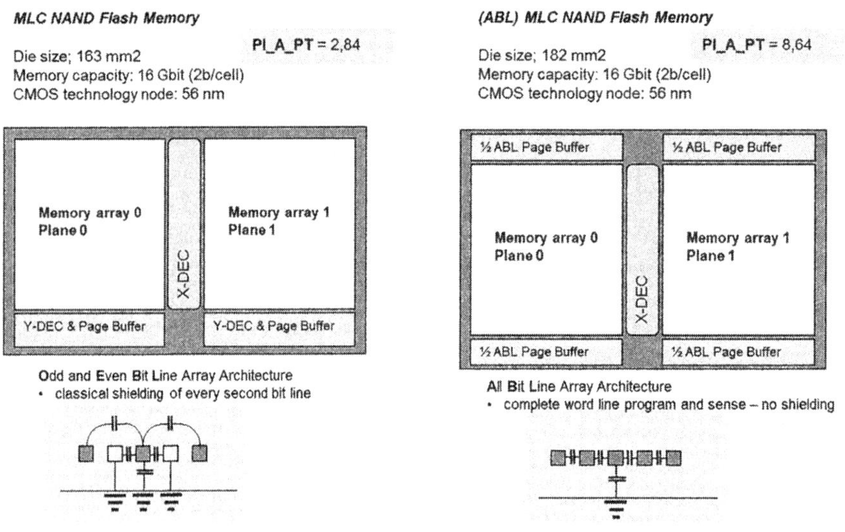

그림 6.22_ 쉴딩된 비트 라인과 all 비트 라인 간의 NAND 어레이 구조 비교

줄어든다. 공정 기술은 금속 배선 공정이 어레이의 맨 위와 아래가 동시 오퍼레이션하도록 해야 한다. 개선된 센싱과 프로그램 알고리즘 기술로 비트 라인 쉴딩 기술을 대체하기 위한 설계의 혁신이 필요하다. 이러한 두 개념과 셀 효율에 대한 영향이 그림 6.22에 나타나 있다.

All 비트 라인 프로그래밍은 하나의 물리적인 워드 라인을 따라 발생하는 간섭을 제거한다. 알고리즘에 대해 다뤘던 2.6절에서 자세히 다루었던 것과 같이 하나 이상의 추가 워드 라인에서 동작하는 고급 imprint 알고리즘은 서로 다른 워드 라인에서 셀들 사이에 간섭을 크게 줄여준다.

All 비트 라인 구조는 2008년 ISSCC에서 Toshiba/SanDisk에 의해 발표되었다[9]. 이때 발표된 ABL(All-Bit-Line) MLC NAND 설계는 전통적인 MLC NAND 프로그램 성능보다 세 배가 개선되었다. 성능 지표 모델과 NAND 디바이스 데이터를 바탕으로 봤을 때, 56nm에서 프로그램 throughput은 10~12MB/s이다. ABL NAND 설계는 발표된 데이터를 보면 34MB/s의 프로그램 throughput을 달성했다.

ABL 구조 기반의 MLC NAND 설계는 SLC NAND와 경쟁한다. ABL 구조와 비교하는 성능 지표 추세 분석이 그림 6.23에 나타나 있다. 어레이 분할이 적용된 ABL 구조는 MLC

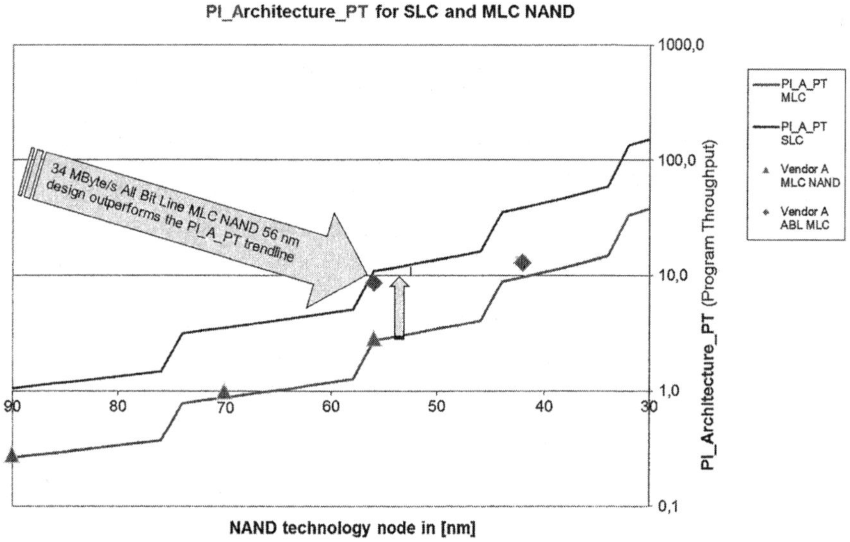

그림 6.23_ All-bit-line(ABL) MLC NAND 구조는 PI_A_PT MLC 추세선을 능가한다.

NAND 기술로 solid-state 스토리지 애플리케이션 시장에 적용할 수 있도록 해준다.

설계와 알고리즘의 혁신[9]으로 56nm 노드 기준으로 MLC NAND가 성능 추세선을 능가했다. 이러한 혁신적인 개념은 셀과 비트 라인 사이의 더 높은 간섭이 일어나는 더 낮은 공정 노드에서 XLC NAND의 성능 추세선을 따르기 위해서는 필수적이다. 성능과 신뢰성의 동시 개선에는 두 가지 중요한 기술이 필요하다.

- 비트 라인 전압을 방전하지 않고 워드 라인을 따라서 모든 셀들을 읽는 센싱 기술
- 프로그램 과정의 여러 단계 내에서 미리 정의된 논리적 페이지수 숫자를 포함하는 imprint 프로그램 알고리즘

세 개의 결론이 성능 지표 방법론(PIM)을 기반으로 도출되었다.

- 40nm와 30nm 공정 노드에서의 프로그램 성능 향상은 all 비트 라인 NAND 구조의 도움을 받는다.
- 셀과 셀 간 간섭은 all 비트 라인 NAND 구조에서 사용하는 것과 같이 이웃의 두 개의 워드 라인을 포함하는 고급 imprint 알고리즘에 의해 보상된다.
- 논리적 페이지 크기(예를 들어 4kByte)와 물리적 워드 라인 프로그래밍 스킴 사이의 차

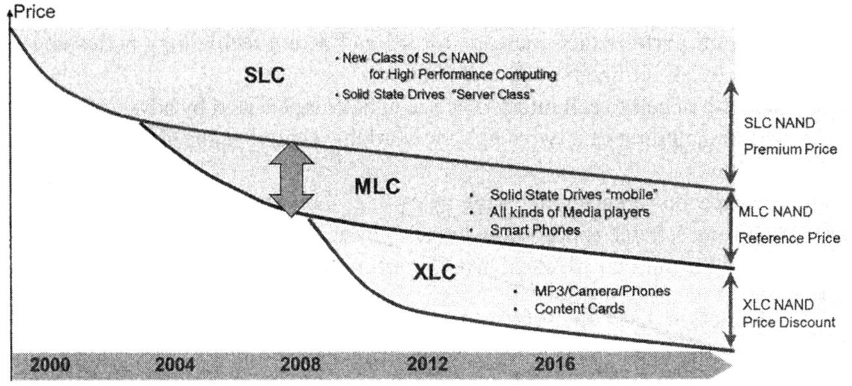

그림 6.24_ SLC, MLC 그리고 XLC(3b/셀과 4b/셀) NAND의 가격 유동성

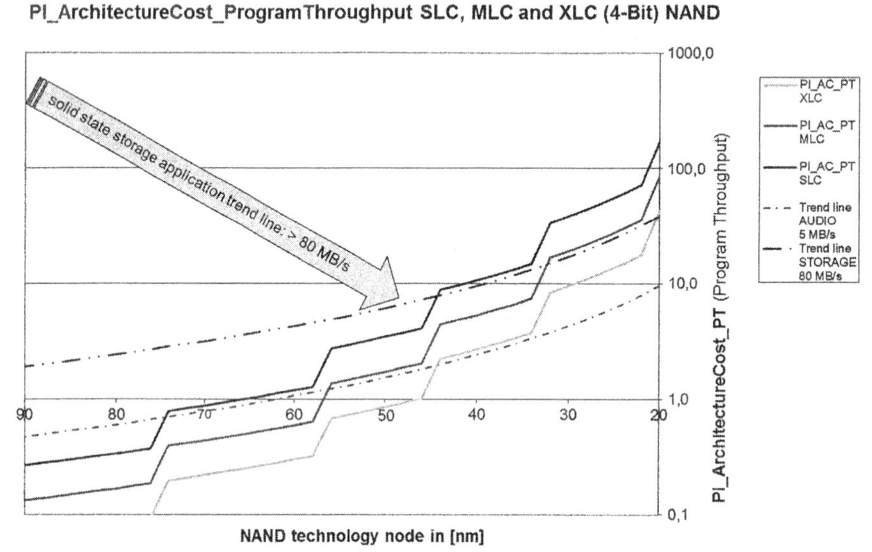

그림 6.25_ SLC, MLC 그리고 XLC NAND의 PI_AC_PT 추세 차트와 두 개의 가능한 성능 추세선

이는 점점 커지며, 물리적으로 8에서 32kByte 데이터 세그먼트가 고급 imprint 프로그래밍 시퀀스를 시작하기 위해 필요하다.

다음 절에서는 마진을 고려하고 랜덤 비트 오류에 대한 대책을 비트 기반으로 성능, 비용 그리고 신뢰성의 상호작용에 대해 다루게 될 것이다.

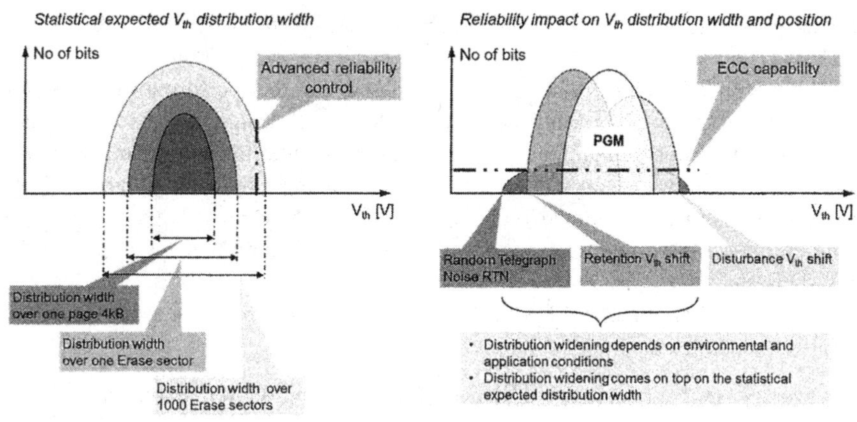

그림 6.26_ 신뢰성 마진 고려사항: 분포가 넓어지는 것은 XLC NAND에 영향을 줌

6.4.3 MLC와 XLC NAND: 신뢰성 대 비용

셀당 3-bit와 all 비트 라인(ABL)을 바탕으로 한 XLC NAND 제품들은 폭넓은 모바일 애플리케이션 영역에서 가격 경쟁력이 있다. SLC, MLC 그리고 XLC NAND 플래시 디바이스의 시장 점유율과 생산량은 서로 다른 제품군에 대해 가격에 크게 영향을 준다. 여기서는 MLC NAND(2b/cell)를 기준 가격으로 정한다. 기준 가격은 성능 지표 모델의 공격적인 추세선으로부터 유도된 가격을 기반으로 한다. 그림 6.24는 대량생산되는 플래시 메모리 제품의 가격에 대한 시간에 따른 예측의 어려움을 나타내었다. 개선된 성능과 신뢰성에 대한 가격 상승은 시장에서 개선된 값이 필요한 새로운 애플리케이션이 있을 때 가능하다.

이제 성능과 신뢰성 수치, 비용 그리고 플래시 구조 사이의 관계를 성능 지표 방법론을 사용하여 살펴보자. NAND의 프로그램 Throughput을 목표로 하는 메모리 구조와 비용을 특징지어 분석하는 성능 지표 PI_AC_PT(Performance Indicator characterizing the memory Architecture and Cost targeting the Program Thoughput) 기반의 추세선은 그림 6.25와 같이 셀당 2bit(2b/cell) MLC와 셀당 3bit(3b/cell) XLC NAND 설계들의 모바일 solid-state 스토리지 시장으로의 진입을 예측한다.

MLC와 XLC 플래시 제품의 개발은 그림 5.16의 플래시 최적화 삼각형에서 강조했던 문제들을 해결하기 위해 애플리케이션 별로 특별한 솔루션이 필요하다. V_{th} 분포 윈도우 마진

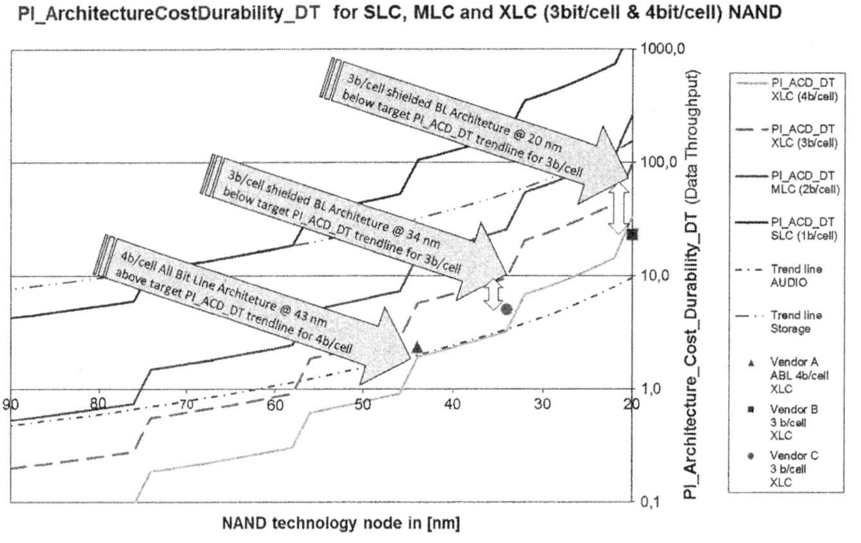

그림 6.27_ 4bit/셀 all 비트 라인(ABL) 대 3bit/셀 shielded 비트 라인 NAND 구조의 평가

의 정의와 그 분포도가 넓어지는 것에 대한 올바른 가정들이 그림 6.26에서와 같이 MLC와 XLC NAND 플래시 기반 제품의 신뢰성과 내구성의 약점을 극복하기 위한 핵심 포인트가 된다.

전통적인 메모리 마진의 정의로는 각 셀들의 성능, 비용 그리고 신뢰성 변수의 값을 보장할 수 없다. 다이당 신뢰성 마진에만 집중한 독립적 개발(stand-alone development)에서는 성능이 감소하고 비트당 가격이 상승한다. 모든 페이지의 ECC는 시스템 레벨에서 내구성을 최적화하기 위한(write amplification) 추가 면적이 필요하다. 신뢰성을 다루는 절에서는 더 큰 비트 집적도와 낮아진 프로그램 성능을 시스템 내구성 계산에서 자동적으로 포함하기 위해 신뢰성 요소(Reliability Factor, RF)를 소개했다. 따라서 데이터 Throughput을 목표로 하는 메모리 구조와 비용 및 내구성을 특징 분석 성능지표 PI_ACD_DT(Performance Indicator characterizing the memory Architecture, Cost and Durability targeting the Data Thoughput, 25% PGM-프로그램과 75% RD-read 오퍼레이션)는 최신 MLC와 XLC NAND 설계를 평가하기 위해 선택되었다.

All 비트 라인 NAND 구조는 그림 6.27에서 보듯이 MLC와 XLC의 성능과 신뢰성 값을 크게 개선시켜 PIM 추세선을 넘어서는 결과를 얻는다. Shielded 비트 라인 개념을 기반으로 한 셀당 3bit XLC NAND 설계들[10][11]은 공격적으로 목표를 정한 PIM 추세선(3b/셀 XLC 추세선이 추가 되었다)에 도달하지 못했다. 두 3b/셀 설계 모두 4b/셀의 XLC 추세선과 비슷하다[12].

PI_ACD_DT 성능 지표를 토대로 두 번째 NAND 플래시 평가는 차별화된 결과를 보인다. XLC NAND 설계는 오디오 또는 모바일 스토리지 애플리케이션에 진입 가능하다. 스토리지 시장에 진입하기 위해서는 이 성능 지표로 판단해 볼 때 상당히 차이가 크다. XLC NAND를 가격 경쟁력이 있는 이머징 비휘발성 메모리로 교체하거나 또는 XLC NAND 플래시의 전통적인 신뢰성 셋업을 다시 생각해야 하는 두 가지 결론을 낼 수 있다.

XLC NAND 플래시 디바이스의 성공적인 애플리케이션은 신뢰성 정의의 변화를 요구한다.

- 128Gbit 플래시 셀의 전체 통계적인 width를 포함한 XLC NAND의 가장 안 좋은 상황의 셋업은 얻을 수 있는 신뢰성 변수의 의미를 퇴색시킨다.
- 신뢰성 변수의 독립적인 정의는 시스템 신뢰성 수치를 조합함으로써 바뀌어야만 한다(예를 들어 시스템 레벨에서 모든 셀들의 99.999%의 동작을 표현하는 성능, 집적도 그리고 내구성 요소의 조합).

성능 지표 방법론을 기반으로 한 MLC 그리고 XLC NAND 설계에 대한 비용 평가와 신뢰성으로부터 두 개의 결론을 내릴 수 있다.

- 미리 정해진 셀들의 온-다이(on-die) 신뢰성 진단은 XLC NAND 제품의 수명이 다할 때까지 기본 옵션으로 추가되어야 한다. 디폴트 오퍼레이션 모드와 리커버리 오퍼레이션 모드는 XLC NAND 플래시 디바이스의 사용을 위한 필수 요구 조건이다.
- MLC와 XLC NAND 플래시 설계는 신뢰성 평가 제어 유닛의 동작을 위해 시스템 레벨까지 높은 데이터 throughput을 필요로 한다. 메모리 어레이와 신뢰성 평가 제어 유닛 사이의 데이터 throughput을 보장하기 위해 전용 제어기가 병렬로 연결되어야 한다.

고체 저장장치에서는 read recovery 레벨들을 갖는 오류 내성 시스템(failure tolerant system) 구조를 선호한다. 빠른 SLC NAND와 MLC/XLC NAND 애플리케이션에서는 메모리 어레이와 라인상에 위치한 신뢰성 제어 유닛 사이의 높은 데이터 throughput을 유지하면서 가격 경쟁력을 갖기 위해 3D 배선 기술들을 요구한다.

표 6.4_ 가장 일반적인 성능 특성: sequential 오퍼레이션과 랜덤 오퍼레이션

Benchmark/measurement	IOPS description	Remark regarding PIM
Total IOPS	Total number of I/O operations per second (mix of read and write tests)	
Random Read IOPS	Average number of random read I/O operations per second	Associated with small data transfer sizes e.g. 4 Kbyte
Random Write IOPS	Average number of random write I/O operations per second	Associated with small data transfer sizes e.g. 4 Kbyte
Sequential Read IOPS	Average number of sequential read I/O operations per second	Associated with large data transfer sizes e.g. 128 KByte
Sequential Write IOPS	Average number of sequential write I/O operations per second	Associated with large data transfer sizes e.g. 128 KByte

6.4.4 성능과 에너지의 균형

IOPS(Input/Output operatios Per Second) 변수는 특정 블록 크기에 대해 무작위로 분산된 read와 write 오퍼레이션 throughput을 계산하는 데 사용된다. 이 변수는 HDD(hard disk drive), SSD(solid atate drive), 그리고 SAN(Storage Area Network)과 같은 메모리 기반 저장 장치들의 성능 평가 지표로서 사용된다.

변수 IOPS를 기반으로 한 성능 측정 절차가 표 6.4에 정리되어 있다. 이 절차는 반드시 성능 지표 모델 평가 방법론을 함께 고려해야 한다. 성능 측정을 통해 얻어진 IOPS 결과들과 각 테스트 과정에서 얻은 전류/에너지 소비량을 조합하면 훌륭한 성능 대비 에너지 벤치마크 결과들을 얻을 수 있다. 작은 데이터 패키지의 랜덤 read와 write 오퍼레이션들은 플래시 기반의 스토리지 시스템 대역폭을 약 10배 가량 크게 줄일 수 있다.

IOPS 변수는 독립적인 플래시 다이의 수, 플레인의 수, 뱅크의 수를 늘리거나, 모든 플래시 메모리의 데이터 인터페이스(DDR 인터페이스>100MHz)의 속도를 올리거나, read 오퍼레이션에 우선순위를 주기 위해 프로그램과 erase 오퍼레이션 커맨드를 중단함으로써 향상시킬 수 있다. IOPS 성능 벤치마크의 응용과 비휘발성 메모리의 성능 지표 평가로 다음 두 가지의 결론을 도출할 수 있다.

- 시스템에 중점을 둔 에너지와 성능의 최적화를 수행하기 위해서는 액세스 지향 메모리와 스토리지 지향 메모리를 엄격하게 구분 지어야 한다.
- 어레이 에너지 소비는 모든 어레이 오퍼레이션 변수에 대해서(NAND의 전압 유도 커패시티브 커플링처럼) CMOS 공정이 미세화(shrink)되어도 거의 일정하다. 이 조건이 충족되어야 어레이에 필요한 에너지 양의 증가 없이 메모리 어레이의 데이터 throughput을 증가시킬 수 있다.

6.5 성능 지표 방법론 요약

비휘발성 메모리 개발의 복잡성을 플래시 메모리로 설명하였고 초기 플래시 메모리 복잡도로 그림 6.1에 요약하였다. 비휘발성 메모리 제품에 영향을 주는 변수의 개수를 줄이기 위한 간단한 접근 방식이 소개되었다. 이 방식은 메모리 어레이 모델 접근에 기반한 성능 지표 수치들을 대신 계산할 수 있다.

간략화된 메모리 어레이 모델이 정의되어 성공적으로 NAND 플래시 메모리에 적용되었다. 비휘발성 메모리의 주된 성능 지표는 프로그램 Throughput(PT)이다. 왜냐하면 프로그래밍은 모든 비휘발성 기억 소자의 완전한 특성들을 포함하고 있기 때문이다. 다른 종류의 성능 지표(PI)들도 메모리 설계와 공정 개발 옵션에 대해 특징을 분석하고 정량화하기 위해 개발되었다.

- PI_A_PT: PT를 목표로 하는 메모리 구조 특성을 분석하기 위한 PI
- PI_AC_PT: PT를 목표로 하는 메모리 구조와 비용 특성을 분석하기 위한 PI
- PI_ACD_PT: PT를 목표로 하는 메모리 구조, 비용, 그리고 지속성 특성을 분석하기 위한 PI

성능 지표 방법론의 범위를 확장하기 위한 두 가지 예시가 있다.

- PI_A_RA: Read 액세스를 목표로 하는 메모리 구조의 특성을 분석하기 위한 PI
- PI_ACD_DT: 데이터 throughput을 목표로 하는 메모리 구조, 비용, 그리고 지속성의 특성을 분석하기 위한 PI-결합된 read와 write 데이터 전송 속도

성능 지표 방법론을 적용하면서 생기는 이점들을 세가지 예시들을 통해 얻을 수 있다. 이 방법의 강점은 다른 구조와 어레이 셀들의 조합에 대한 고유한 정량적 판단 기준에 기반

한다. 메모리 집적도와 프로그램 성능은 선택된 비휘발성 메모리 애플리케이션의 지속성을 보상할 수 있다. 그리고 보상의 양은 PI 값들로부터 유도할 수 있다.

특정 플래시 구조를 위한 모델 기반 성능 지표 추세선, 애플리케이션 성능 시장 진입 추세선, 그리고 다양한 제조사로부터 얻은 실제 실리콘 데이터의 배치 등의 조합은 특정 메모리 개발 프로젝트에서 필요로 하는 혁신의 개수와 관련하여 훌륭한 결정을 내릴 수 있도록 보장한다. 성능 지표 방법론은 공격적인 모델 기반 성능 추세선을 따라가기 위해 필요로 하는 혁신들을 예상하고 평가하기 위해 6.4장에서 적용되었다.

- 공격적인 성능 배가(설계 개선들에 기반한-double 데이터 속도와 같은-인터페이스 향상과 조합된 추가적인 어레이 분할)와 (고밀도 병렬 TSV 칩 배선들과 같은)공정 기술의 혁신
- 신뢰도와 성능의 향상(모든 간섭 효과를 줄이기 위해 동시에 대부분의 셀들을 프로그램하거나 이동시키는 새로운 알고리즘으로 보장됨- All 비트 라인 구조와 같은).
- 어레이 효율은 예상되는 셀 효율의 감소를 과하게 보상해야 한다(예상보다 빠른 스트링당 64셀의 도입과 같이).

출판되어 있는 SLC와 MLC NAND 데이터들은 모델 기반 방식을 검증하기 위해 사용되어 왔다. 성능 추세선이 처음 사용되고 몇 년 후[13] 새로운 논문들은 예상된 추세를 따라가고 있다.

SLC와 2bit/cell MLC NAND 플래시 제품들이 많이 사용되고 있으나 XLC NAND 플래시 기술이 대부분의 애플리케이션으로 서서히 진입하고 있다. 3bit와 4bit/셀 XLC NAND 플래시의 제품 변수 약점들은 단일 제품의 변수 레벨이 아닌 성능 지표 레벨로 보상될 수 있다.

집적도, 성능, 그리고 플래시 다이와 시스템 레벨의 알고리즘 솔루션의 조화는 시스템 레벨에서 필요로 하는 애플리케이션 조건들을 만족시킬 수 있는 시스템 동작을 보장한다. 40nm 이하 메모리 셀들의 통계적인 특성을 다루기 위한 기술들은 비휘발성 고체 스토리지 서브 시스템을 판단할 수 있는 PIM의 정량적인 측정 결과의 일부가 되었다.

성능 지표의 부분집합인 PI_ACD_XX는 비휘발성 메모리에 대한 완전한 평가를 요약해준다. 이 접근 방법은 이미 애플리케이션 레벨상에서 사용되고 있다. SSD의 신뢰성 수치들은 시스템 밀도당 최대 오퍼레이션의 수로 명시되어 있다.

성능 지표 방법론은 지속적으로 더 발전해 나갈 수 있고 시스템 레벨의 품질 결정을 하는 데 있어 명확한 차이점을 구분할 수 있도록 할 것이다.

- 애플리케이션 경향과 그들 뒤의 다양한 추진 요인들에 대한 분석에 집중해야 함
- 모든 시스템의 핵심 요소와 로드맵들에 대한 자세한 조사를 해야 함
  - 간략화된 메모리 모델들을 사용하면서 발생하는 일반적인 영향을 제외함
  - 경쟁하는 메모리/요소들의 차이점만을 비교함

- 차이점들을 자세히 조사하고 제품 혁신을 위한 검색 과정을 시작함.

비휘발성 고체 메모리 기술은 비휘발성 메모리의 완전한 3D 집적에 원동력이 될 것이다. 성능 지표 방법론은 분석들을 정량화하고 반도체 산업에서 파괴적인 혁신을 함께 만들어 갈 수 있도록 하는 강력한 도구라고 할 수 있다.

- 3D 메모리 어레이 기술 개발에 대한 성능 잠재력을 성능 지표로 변환해야 한다. 이 방법을 이용하면 2D 메모리 어레이 구조 대비 3D 구조의 내구성과 성능이 얼마나 좋아졌는지 알 수 있다.
- 3D 메모리 데이터 throughput이 증가함에 따라 발생하는 인터페이스 관련 문제들에 집중해야 한다.

3D 기술은 2D에서 발생하는 문제들을 해결하기 위한 잃어버렸던 추가적인 변수로, 모델 기반 성능 지표 추세 차트들의 예측을 바탕으로 애플리케이션 기반의 추세선들을 따라갈 수 있도록 보장한다.

참고 문헌

1. T. Hara, K. Fukuda, K. Kanazawa, N. Shibata, K. Hosono, H. Maejima, M. Nakagawa, T. Abe, M.Kojima,M. Fujiu,Y. Takeuchi, K. Amemiya, M. Morooka, T.Kamei, H.Nasu, C.-M.Wang, K. Sakurai, N. Tokiwa, H. Waki, T. Maruyama, S. Yoshikawa, A 146-mm2 8-Gb Multi-level NAND Flash Memory with 70-nm CMOS technology. *IEEE J. Solid-State Circuits,* vol. 41, 161–169, 2006
2. D. Byeon, S.-S. Lee, Y.-H. Lim, J.-S. Park, W. Han, P.-S. Kwak, D.-H. Kim, D.-H. Chae, S.-H. Moon, S. Lee, H.-C. Cho, J.-W. Lee, M.-S. Kim, J.-S. Yang, Y.-W. Park, D.-W. Bae, J.-D. Choi, An 8Gb Multi-Level NAND Flash Memory with 63nm STI CMOS Process Technology, in ISSCC, Digest of Technical Papers, pp. 46–47, San Francisco, 2005
3. K. Takeuchi, Y. Kameda, S. Fujimura, H. Otake, K. Hosono, H. Shiga, Y. Watanabe, T. Futatsuyama,Y. Shindo, M.Kojima, M. Iwai, M. Shirakawa, M. Ichige, K. Hatakeyama, S.Tanaka, T.Kamei, J. Fu, A. Cernea,Y. Li, M.Higashitani, A 56nm CMOS 99mm2 8Gb Multi-level NAND Flash Memory with 10MB/s Program Throughput, in ISSCC, Digest of Technical Papers, pp. 507–516, San Francisco, 2006
4. G.M. Borsuk, T. Coffey, Moore's Law: A Department of Defense Perspective, in Defense Horizons, pp. 1–8, July 2003
5. J. Meindl, Special Issue on Limits of Semiconductor Technology, in Proceedings of IEEE, 89 (3), March 2001
6. D. Nobunaga, E. Abedifard, F. Roohparvar, J. Lee, E. Yu, A. Vahidimowlavi, M. Abraham, S.Talreja, R. Sundaram, R. Rozman, L.Vu, C.L. Chen, U.Chandrasekhar, R. Bains, V. Viajedor, W. Mak, M. Choi, D. Udeshi, M. Luo, S. Qureshi, A 50nm 8Gb NAND Flash Memory with 100MB/s program Throughput and 200MB/s DDR Interface, in ISSCC Digest of Technical Papers, pp. 426–428, San Francisco, 2008
7. International Technology Roadmap For Semiconductors—Interconnect, ITRS, 2009
8. T. Tanaka, A quick intelligent page-programming architecture and a shielded bit line sensing method for 3 V-Only NAND Flash Memory. IEEE JSSC Bd. 29(11), 1366 (1994)
9. R. Cernea, Pham, F. Moogat, S. Chan, B. Le, Y. Li, S. Tsao, T.-Y. Tseng, K. Nguyen, J. Li, J. Hu, J. Park, C. Hsu, F. Zhang, T. Kamei, H. Nasu, P. Kliza, K. Htoo, J. Lutze, & Y. Dong, A 34MB/s-program-throughput 16Gb MLC NAND with all-bitline architecture in 56nm, in ISSCC, Digest of technical Papers, pp. 420–424, San Francisco, 2008
10. G. Marotta, A. Macerola, A. D'Alessandro, A. Torsi, C. Cerafogli, C. Lattaro, C. Musilli,D. Rivers, E. Sirizotti, F. Paolini, G. Imondi, G. Naso, G. Santin, L. Botticchio, L. De Santis, L. Pilolli, M. Gallese, M. Incarnati, M. Tiburzi, A 3bit/Cell 32Gb NAND Flash Memory at 34 nm with 6 MB/s program Throughput and with Dynamic 2b/cell Blocks Configuration Mode for a program Throughput Increase up to 13MB/s, in IEEE ISSCC, Techn. Digest, pp. 444–445, San Francisco, 2010

11. K.-T. Park, O.Kwon, S.Yoon, M.-H.Choi, I.-M. Kim, B.-G.Kim, M.-S. Kim,Y.-H.Choi, S.-H. Shin, Y. Song, J.-Y. Park, J.-E. Lee, C.-G. Eun, H.-C. Lee, H.-J. Kim, J.-H. Lee, A 7MB/s 64Gb 3-Bit/Cell DDR NAND Flash Memory in 20nm-Node Technology, in IEEE ISSCC, Digest of Technical Papers, pp. 212–213, San Francisco, 2011
12. C. Trinh, N. Shibata, T. Nakano, M. Ogawa, J. Sato, Y. Takeyama, K. Isobe, B. Le, F. Moogat, N. Mokhlesi, K. Kozakai, P. Hong, T. Kamei, K. Iwasa, J. Nakai, T. Shimizu, M. Honma, S. Sakai, T. Kawaai, S. Hoshi, J. Yuh, A 5.6MB/s 64Gb 4b/Cell NAND Flash Memory in 43nm CMOS, in ISSCC, Digest of Technical Papers, pp. 246–247, San Francisco, 2009
13. D. Richter, Vorlesung Halbleiter Bauelemente—Nichtfluchtige Speicher Titel: NVM Shrink Roadmap 3–4bit/cell NAND - Key Performance Indicator, Munchen: TUM, Lehrstuhl fur Technische Elektronik, Fakultat fur Elektro-und Informationstechnik, 16. December 2008

F l a s h M e m o r y

CHAPTER 07

성능 지표 모델들을 기반으로 한 시스템 최적화

산업에서는 다양한 애플리케이션 영역에서 멀티-코어 프로세서를 적용하고 있다. 그에 따라 하드웨어 처리 능력에 여유가 생겨 하드웨어 기반 솔루션에서 소프트웨어 기반 솔루션으로 변화하고 있다. 시스템 구조는 반드시 모든 메모리 서브 시스템에서 발생하는 비트 불량률을 예측할 수 있는 방향으로 갈 수 있도록 해야 한다. 애플리케이션 레벨상의 소프트웨어와 낮은 레벨의 임베디드 소프트웨어 전용 알고리즘을 조합하면 멀티-비트나 멀티-레벨(하나의 셀당 2, 3, 4비트) 비휘발성 메모리들을 수용할 수 있다.

성능 지표 방법론은 이제 시스템 레벨에도 적용할 수 있다. 시스템 레벨상의 성능 변수들은 일반적인 케이스에서 사용하는 애플리케이션 요구 사항들과 연결될 수 있다. 시스템이 시장에 소개되기 2~4년 이전에 사용하는 케이스들에 대한 정량화 작업이 이루어지기는 어렵다. 메모리 어레이 모델을 바탕으로 파악한 추세를 메모리와 시스템 구조를 정량화하기 위해 적용하고 있다.

7.1 메모리 중심 시스템 개발의 경제 원리

하드웨어와 소프트웨어가 조합되어 있는 복잡한 시스템들은 요구 사항을 바탕으로 한 시스템 개발 과정들을 적용시켜야만 제시간 안에 개발을 완료할 수 있다. 플래시 메모리를 이용한 시스템은 복잡한 시스템으로 분류될 수 있다. 시스템 구조는 애플리케이션 케이스들과 애플리케이션 요구 사항들로부터 유도되어야 한다.

요구 사항을 기반으로 한 개발은 어떻게 시스템을 나누고 어떻게 서브 시스템들의 개발을 시

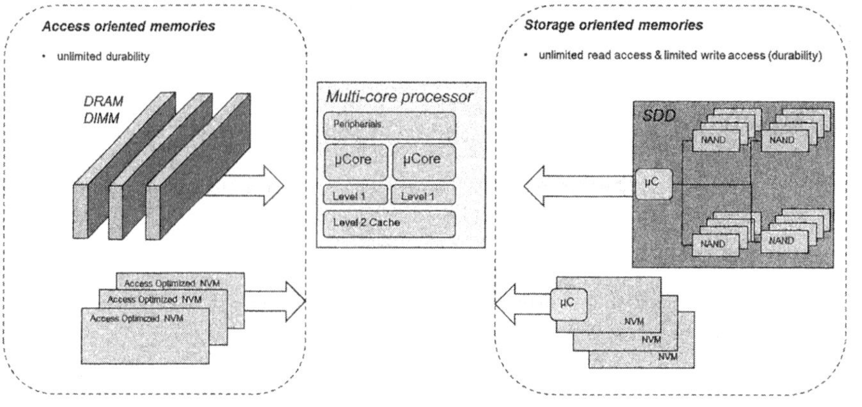

그림 7.1_ 액세스 및 스토리지 지향 메모리

작할지에 대한 규칙들을 정의한다. 현재는 두 가지 방식이 메모리 개발에 사용되고 있다.

- 메모리는 2~5장에서 언급된 메모리 개발 로드맵과 연관되어 표준화와 사양(specification) 프로세스를 따라가면서 개발될 수 있다.
- 메모리는 5장과 6장에서 소개된 애플리케이션과 시스템의 요구 사항들을 충족시키기 위한 시스템 구성요소와 유사하게 볼 수 있다.

성능 지표 방법론은 모순된 메모리 성능 변수들을 단일 목표를 갖는 메모리 구조로 옮기는 것을 지원한다. 그림 7.1은 애플리케이션 추세선(trend line)과 연관되어 시스템 메모리들의 액세스와 스토리지의 포괄적인 요구 사항들을 나타낸다. 이 개발은 어레이 성능, 비용 그리고 내구성을 예측하기 위해 메모리 어레이 모델과 그에 상응하는 성능 지표 추세선들에 의해 지원된다. 우리는 시스템 개발을 위한 의사결정 과정을 이끌어 줄 수 있는 메모리 액세스 모델에 집중하려 한다. 표준 개발 절차는 다음 질문에 답할 수 있어야 한다.

- 어떤 종류의 메모리가 사용 가능한가? 그리고 어떤 메모리가 주어진 시스템 구조에 가장 적합한가?

메모리 중심의 요구 사항 기반의 시스템 개발 과정은 다른 질문들을 묻기도 한다.

- 가격 경쟁력을 갖춘 시스템을 보장하기 위해서는 어떤 메모리 솔루션이 필요한가?

데이터 throughput을 목표로 하는 메모리의 구조, 비용, 그리고 내구성 성능 지표 PI_ACD_

표 7.1_ 액세스 지향 메모리와 스토리지 지향 메모리의 비교

Access oriented memories	Storage oriented memories
• Read cycle = write cycle	• Read cycle different than write cycle
• Short random read access time	• Highly parallel read and write array access
• Energy optimized page access	• Energy optimized non-volatile write access
• Durability—continuously fault free operation on a small address size – 1 to 4 bit ECC solution for Random bit failure rate	• Durability—continuously fault free operation within a large address size – Random bit failure rate is covered with 10 to 24 bit ECC solutions
• Package optimized for data interface performance	• Package optimized for die stacking and cost
• Performance Indicators preferred: – PI_ACD_PT—durability – PI_A_RA—read access – PI_AC_RA—access and cost	• Performance Indicators preferred: – PI_A_PT—array performance – PI_AC_PT—array and cost – PI_ACD_DT—performance, cost and durability

DT들은 비휘발성 메모리들을 포함하고, 조합된 read, write 데이터 전송률을 기반으로 한다. 비휘발성 메모리의 모든 신뢰도 변수들은 성능 지표의 내구성 부분으로 압축된다. 그러므로 애플리케이션 레벨상에서 요구되는 내구성 값들은 JEDEC 테스트 패턴과 조합된 코너 케이스들을 위해 명시된 내구성 값들 대신에, 메모리 선택 과정에서 중요한 신뢰성 변수가 될 것이다. 표 7.1에서는 액세스 및 스토리지 지향 메모리들을 비교하였고, 선호되는 성능 지표들을 나타내었다. 액세스 지향 메모리들을 위한 내구성 변수는 휘발성 메모리의 경우 10^{12}으로 정해졌고 액세스 지향 비휘발성 메모리들과 경쟁하는 정도의 값이다. 스토리지 지향 메모리들의 모든 신뢰성 변수들은 전체 시스템 성능 계산의 일부가 되어야만 한다. 4.3장에서 소개했던 신뢰성 지수 원리는 비용과 신뢰성 사이에서 시스템 구조의 균형을 잡기 위해 적용하는 것을 추천한다.

메모리 중심적인 시스템 결정들을 위한 추가적인 규칙과 제한은 패키지 개발 과정에서도 고려되어야 한다. 스토리지 지향 플래시 메모리들은 큰 다이 크기들로부터 얻을 수 있다. 왜냐하면, 고전압 회로의 오버헤드는 일정하지만, 셀과 어레이의 면적은 증가되기 때문이다. 그림 7.2의 왼쪽 부분은 스토리지 지향 싱글 다이 최적화를 나타낸다. 그림 7.2의 우측 부분은 고밀도 스토리지 애플리케이션용으로 선호되는 멀티플-다이 stacking을 나타낸다. 이 방식은 허용되는 최대 다이 크기에 대해 서로 다른 요구 조건들을 가지고 있다.

6장에서 다루었던 성능 지표 방법론은 NAND 구조 기술 노드를 기반으로 한다. 이 기술 노드는 목표 다이 크기를 메모리 밀도와 성능을 배가시키기 위해 $165mm^2$로 가정한다.

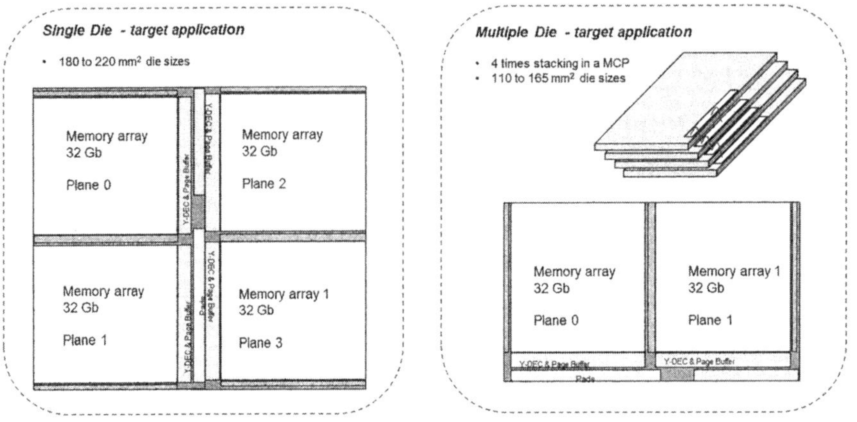

그림 7.2_ 싱글 다이와 멀티플-다이를 대상으로 한 애플리케이션의 최적화—멀티-칩 패키지(multi-chip packages, "MCP")

표 7.2_ NAND 인터페이스 대역폭은 페이지 크기에 따라 read 데이터 throughput을 따라간다.

Plane number	Page size (kByte)	Random read cycle	Read throughput	NAND interface bandwidth 8 bit interface width
2	4	30 µs (SLC)	133 MB/s	SDR; 133 MHz; 7,5 ns cycle time DDR ; 66 MHz; 15,0 ns cycle time
2	4	50 µs (MLC)	80 MB/s	SDR; 80 MHz; 12,5 ns cycle time
2	8	30 µs (SLC)	266 MB/s	DDR ; 133 MHz; 7,5 ns cycle time
2	8	50 µs (MLC)	160 MB/s	DDR; 80 MHz; 12,5 ns cycle time
4	8	30 µs (SLC)	533 MB/s	DDR ; 266 MHz; 3,75 ns cycle time
4	8	50 µs (MLC)	320 MB/s	DDR ; 160 MHz; 6,25 ns cycle time

특정 인터페이스들의 데이터 전송률은 NAND 플래시 다이상에서 가능한 실제 페이지 크기를 따라야 한다. 표 7.2에 read 오퍼레이션에 요구되는 인터페이스 데이터 대역폭을 정리하였다:

비휘발성 메모리들의 필요 데이터 대역폭을 통합하기 위해서 줄어든 인터페이스 전압 값, on-die termination, 그리고 다른 솔루션들은 DDR-SDRAM 시장으로부터 잘 알려져 있다.

에러 검출과 에러 수정(error correction) 개념들, 유도된 시스템 구조, 그리고 분할은 단일 NAND당 필요한 데이터 전송률에 영향력을 미친다.

경쟁하는 여러 메모리 구조들에 대한 진지한 평가와 이머징 메모리 개념은 지속적으로 산업체에서 행하여지고 있다. 모든 필요 데이터들은 이 평가들을 가능하게 하지만, 다른 구조들을 비교하기 위한 방법론 자체도 개선될 수 있다. 다음 절에서는 성능 지표 추세에서 유도된 정량적 사실들을 기반으로 하는 서로 다른 메모리 구조들을 가지고 각 구조들을 비교하기 위한 성능 지표 방법론을 적용할 것이다.

7.2 메모리 어레이 차이점들을 기반으로 한 시스템 최적화

NAND와 NOR 플래시 메모리들은 이 절에서 자세히 비교된다. 멀티-비트와 멀티-레벨 셀들의 능력을 포함하고 있는 두 가지 개념의 전통적인 평가는 5.3장에 있는 표 5.3에 정리되어 있다. 1개의 플로팅 게이트당 4비트를 갖는 NAND와 1개의 전하 트래핑 셀당 4비트를 갖는 VG-NOR 플래시 메모리들은 1개의 플래시 셀 설계당 4비트를 갖는 논문들 [1~3]을 기반으로 하여 $4F^2$ 셀 크기를 $1F^2$로 줄일 수 있도록 해준다. 이 두 가지 메모리 개념들을 이제 소개한 방법들을 적용하여 평가한다. 고밀도 비휘발성 메모리들은 시스템 레벨상에서 에너지를 절약하기 위한 큰 DRAM DIMM 뱅크들을 대체하기 위한 옵션으로 논의되었다. 셀당 멀티 비트들 그리고 비휘발성 특징으로 인한 지속적인 리프레시의 부재는 DRAM의 대체물로서 진지하게 논의될 수 있는 두 가지 기술적 이유가 된다.

성능 지표 방법론은 이 예상되는 전환을 위해 필요한 개선 요인을 정량화하기 위해 사용된다. 우리는 그림 7.3과 7.4와 같이 프로그램 throughput에 초점을 맞춘 성능 지표들과

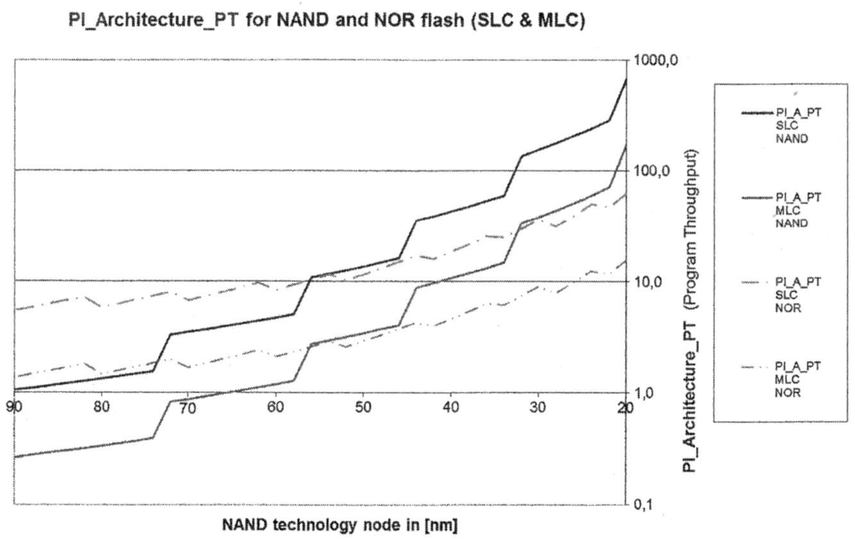

그림 7.3_ PI_A_PT—FG SLC와 MLC NAND 그리고 NOR 구조 추세 차트

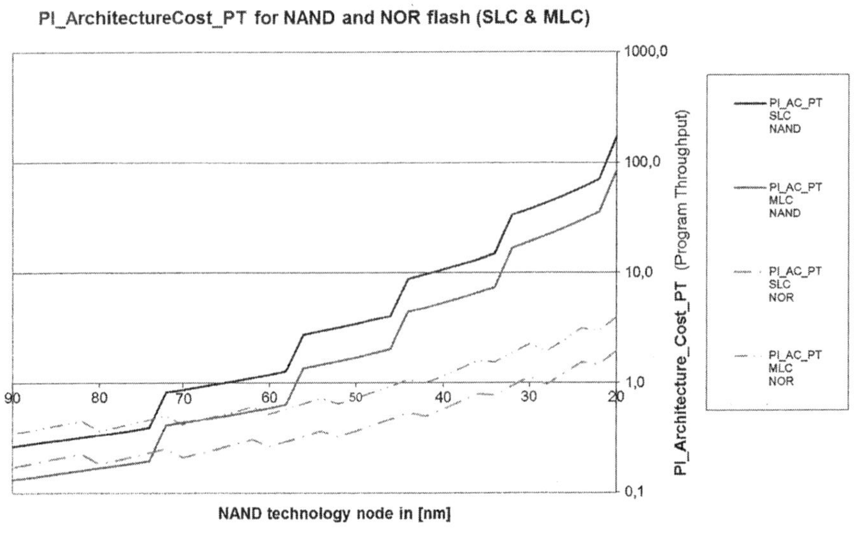

그림 7.4_ PI_AC_PT—FG SLC와 MLC NAND 그리고 NOR 구조 추세 차트

함께 분석을 시작한다.

PI_A_PT 추세선들은 NOR 플래시 위주에서 NAND 플래시 위주의 비휘발성 메모리 시장의 느린 전환과 각 플래시의 구조들의 경쟁을 나타낸다. PI_A_PT는 시장에서 주된 플래시 어레이 구조로서 NOR에서 NAND로의 전환을 정확하게 반영하지 않는다. 셀 효율에 기반한 성능 지표는 같은 어레이 구조를 기반으로 한 메모리들을 비교하기 위한 훌륭한 도구이다.

비용에서 유도된 PI_AC_PT 추세선은 비트 효율에 기반하고 있다. 더 좋은 비트 효율과 조합된 NAND의 NOR 대비 프로그램 성능 이득은 그림 7.4에서 보듯이 70nm 공정 노드에서부터 NAND를 위해 매우 좋은 성능 지표를 만들어준다.

스토리지 지향 비휘발성 메모리들의 분류는 그림 7.5와 같이 높은 비트 효율을 갖는 메모리 어레이를 요구한다. NAND 플래시는 모든 공정 노드에서 고유한 이점들을 유지하고 프로그램 Throughtput을 목표로 한 메모리 구조와 비용을 특징짓는 성능 지표 PI_AC_PT로 판단했을 때 다른 비휘발성 메모리와의 경쟁에서 지속적으로 더 나은 결과를 내고 있다.

그림 7.4를 기반으로 한 NAND 프로그램 throughput과 표 7.2를 기반으로 한 NAND read throughput은 NAND 플래시 기술의 성취 가능한 데이터 전송률과 DRAM 데이터 전송률

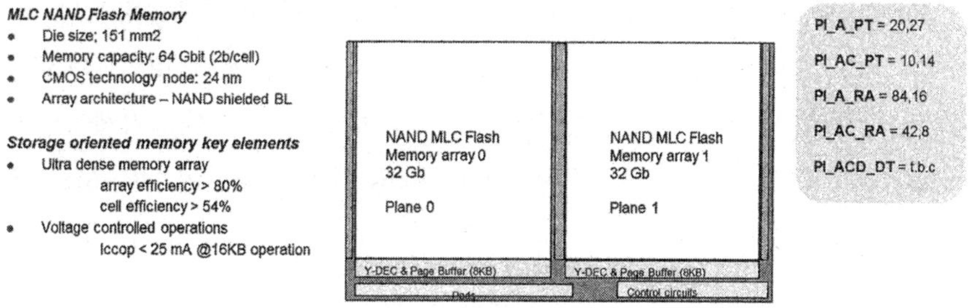

그림 7.5_ 스토리지 지향 메모리를 위한 MLC NAND 플래시의 예

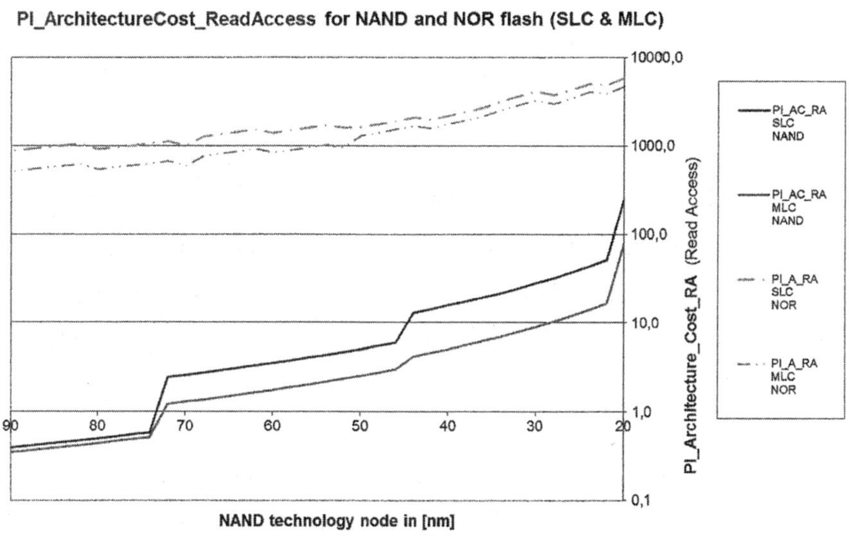

그림 7.6_ PI_AC_RA–FG SLC와 MLC NAND 그리고 NOR 구조 추세 차트

이 경쟁을 시작했음을 알 수 있다.

NAND는 성능을 증가시키기 위해 컴퓨터의 비휘발성 메인 메모리로서 진입할 수 있으나, 대부분의 애플리케이션들은 아직 스토리지 지향 용도로 사용하고 있다. 고성능 컴퓨팅(high performance computing, HPC)은 NAND를 기반으로 한 솔루션[4]과 VG–NOR를 기반으로 한 솔루션[5]이 DRAM DIMM과 심지어 액세스 지향 메모리 영역까지 대체할 수 있는 영역이다.

비휘발성 구조가 빠른 read 액세스 성능을 제공한다면 DRAM 대체를 성공적으로 할 수 있다. 우리는 read 액세스와 read throughput에 초점을 둔 성능 지표 기반 분석을 계속할 것이다. 액세스 지향 성능 지표 추세선은 그림 7.6과 같이 NOR가 NAND보다 더 나은 결과를 낼 것이라고 보여준다. 모든 액세스 지향 성능 지표들 중에 NOR와 NAND의 첫 랜덤 액세스 시간 차이가 가장 중요하다. 그림 7.6과 같이 만약 목표 애플리케이션이 DRAM을 액세스 지향 메모리로 사용 중 이라면, 오직 NOR 기반 구조만이 DRAM을 대체할 수 있는 잠재적 후보가 될 수 있다.

세 번째 분석 순서는 데이터 Throughput을 목표로 한 구조, 비용, 그리고 내구성 성능 지표들에 대한 분석이다.

그림 7.4의 스토리지 지향 메모리들을 위한 모델 기반 성능 지표 분석(PI_AC_PT)들은 45nm부터 최신 공정까지 NAND 플래시 구조가 10배 정도의 정량적 이득을 이루었음을 나타낸다.

액세스 지향 메모리 영역은 이 분석에서 차별화된 결과를 보여준다. PI 추세 차트 분석은 같은 방향을 나타낸다. 낮은 latency로 최적화된 SLC NAND 플래시는 월등한 가격과 집적도를 기반으로 경쟁할 수 있다. 낮은 latency를 갖는 NAND 플래시의 read 사이클 시간은 5μs에서 10μs 정도로 가정한다. 큰 페이지 크기와 그에 상응하는 페이지 버퍼들의 개수는 시스템 레벨상의 캐시로 판단될 수 있으며 큰 read 사이클 시간들을 보상한다. 조합된

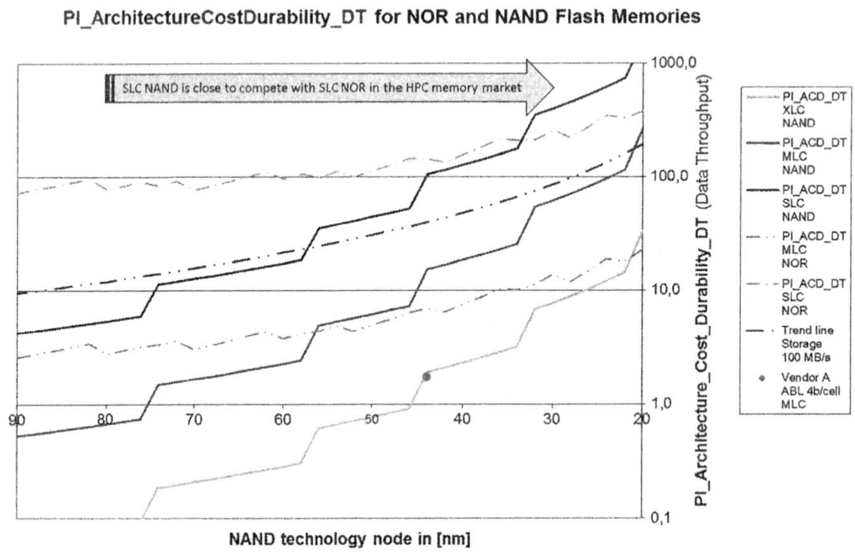

그림 7.7_ PI_ACD_DT—FG SLC와 MLC NAND 그리고 NOR 구조 추세 차트

read와 write 데이터 throughput을 기반으로 한 성능 지표 분석(PI_ACD_DT)은 그림 7.7처럼 SLC NAND가 심지어 액세스 지향 애플리케이션에 진입할 수 있는 중요한 옵션임을 나타낸다. 낮은 latency SLC NAND 플래시들은 20nm 이하 공정 노드에서 이 메모리 시장에 진입하기 위해서는 공격적인 성능 지표 추세선보다 더 좋은 결과를 보여야 한다.

Latency에 관대한 애플리케이션은 어드레스 요청을 예측하고 speculative NAND read 오퍼레이션을 미리 수행할 수 있게 해주는 시스템 알고리즘과 함께 사용되면 좋다. 이 방식은 NAND의 random read latency를 확률적으로 일부 숨길 수 있게 해준다. 스마트한 시스템 알고리즘은 해당 NAND 블록의 신뢰도 분석에 speculative read들을 추가로 활용할 수 있고 NAND 플래시 메모리의 내구성 향상을 드러내지 않고 물밑에서 지원할 수 있다. 훌륭한 가격 경쟁력과 다른 애플리케이션들을 위해 필요한 성능 레벨은 NAND 플래시 메모리의 탄탄한 입지를 위한 핵심 포인트이다. 내구성과 신뢰성 특성이 내구성을 위한 응용 설계에 포함된다면, NAND 플래시는 휘발성 메인 메모리를 대체하는 중요한 후보가 될 수 있다.

액세스 지향 메모리 시스템을 위한 매우 경제적인 메모리 솔루션은 Multi-Chip-Package(예, LPDRAM, PCM[6]) 안의 휘발성 메모리와 비휘발성 메모리의 조합이다.

7.3 집적 메모리 중심 시스템 최적화

메모리 중심 시스템 개발은 다른 통합 레벨상의 가능한 최적화 잠재력을 활성화해야 한다. 모델 기반 성능 지표 방법론은 다양한 시스템 최적화 전략들이 달성한 효율을 평가하기 위한 검증 척도로써 적용될 수 있다.

SLC와 MLC NAND를 위한 성능 지표 추세선들과(이번에는 신뢰 수준을 포함하여) 애플리케이션 성능 추세선들은 다음 세대 NAND를 위해 예상되는 설계 정도를 정의한다. 출판된 SLC와 MLC NAND 설계들은 그림 7.8에 추가되었다. 32, 34 그리고 21nm 공정을 사용한 MLC NAND 설계 예시들은 2D 공정 미세화 로드맵을 따라 나타나는 모든 기생효과들과 통계적 변화를 보상하기 위한 노력들로 인해 성능 배가의 속도가 느려짐을 보인다.

Local 프로세스 변화(bit와 워드 라인의 길이)와 각 트랜지스터의 통계적 변화를 보상하기 위해서는 프로그램 알고리즘의 혁신이 요구된다. 각 공정 노드마다 특히 SLC와 MLC에

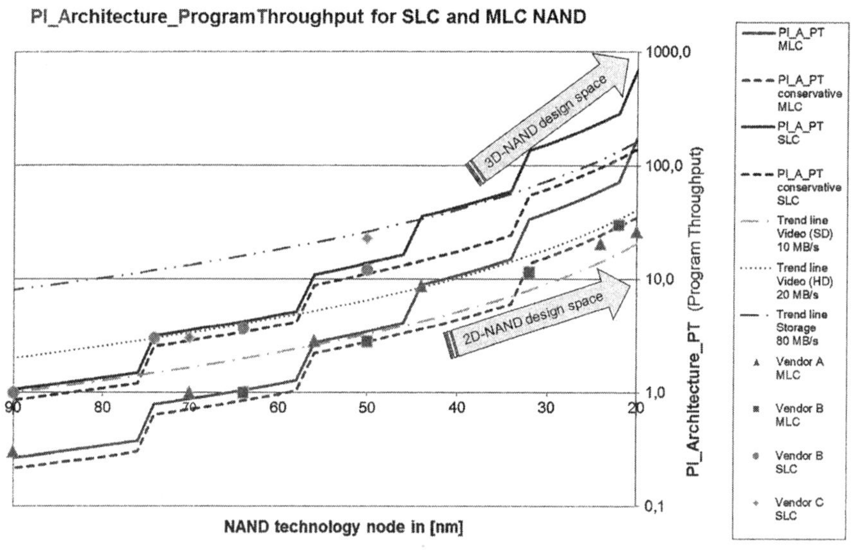

그림 7.8_ 신뢰 레벨과 함께 나타내어진 SLC와 MLC NAND의 PI_A_PT 추세 차트

대해 예상되는 프로그램 throughput의 증가 폭이 둔화된다. 전통적인 2D-NAND 개발의 경우 집적도 증가를 매년 이룰 수 있도록 하기 위해 3bit/셀 그리고 4 bit/셀 XLC NAND 설계들이 잘 동작하도록 노력이 필요하다. XLC NAND 플래시는 안정된 V_{th}가 필요하다. 시간 소모가 큰 고급 XLC NAND 프로그램 알고리즘은 통계적 변화들을 보상할 수 있다.

프로그램 throughput을 기반으로 한 공격적인 성능 지표 추세선들은 그림 7.8과 같이 출판된 설계 데이터로 얻어지지 않았다. 고체 스토리지 기반 애플리케이션 경향은 요청하는 성능과 집적도를 조합하여 필요로 하는 비휘발성 메모리 구조를 강화하고 활성화할 것이다. 3D NAND 출판물의 개수가 지난해 동안 증가하였다. 그림 7.8과 같이 3D NAND는 비휘발성 스토리지 메모리를 위한 애플리케이션 성능 추세선을 다시 이어갈 수 있는 가장 희망적인 후보이다.

그림 7.9는 달성된 MLC와 XLC NAND 프로그램 throughput 성능 값들의 커지는 차이와 예상되는 성능 지표 모델 추세선들을 나타낸다. '오디오'와 '비디오 I' 애플리케이션 추세선들이 나타나 있고, 이 추세선들은 그림 6.3에서 이미 소개된 바와 같이 특정 애플리케이션에서 예상되는 성능이 포화됨을 확인시켜 준다.

성공적인 XLC NAND 애플리케이션을 정의하는 모든 요소들은 필수적인 시스템 최적화

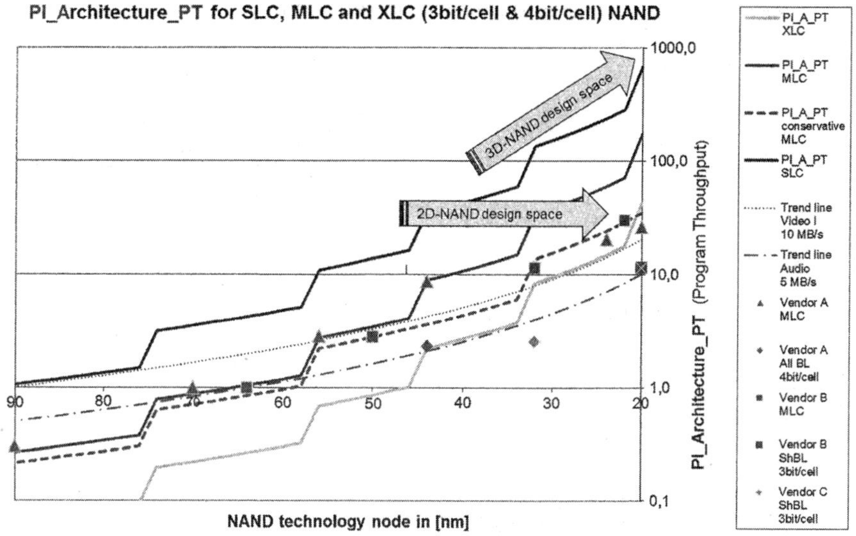

그림 7.9_ MLC, XLC 2D-NAND와, SLC 3D-NAND 개발 경향과 함께 나타내어진 PI_I_PT 추세 차트

의 부분이다.

- 플래시 셀의 V_{th} 마진에 대한 도전 과제는 최하위 레벨의 알고리즘과 설계 기술들로 언급되었다. V_{th}의 안정성은 플로팅 게이트나 모든 인접 셀과 셀 사이의 강한 간섭에도 보장되어야 한다(상호작용이 강해질수록 V_{th}에 대한 각 셀들의 영향력이 작아진다).
- V_{th} 분포의 확장은 특정한 라이프 타임 동안 어레이 오퍼레이션에 의한 예상 가능한 마진 감소로 제한되어야만 한다. 내구성 값들과 신뢰성 결과들은 애플리케이션에 밀접한 관계가 있고 최하위 설계 레벨에서 센싱되어야 하며 소프트웨어 솔루션들에 의해 다음 상위 레벨상의 대책들과 함께 향상되어야 한다.
- 액세스 최적화, 어드레스의 remapping, 최악 조건의 데이터 패턴의 삭제, 그리고 반복적인 리프레시들은 특정한 좁은 폭을 제품 수명기간 동안 유지하기 위해 플래시 제어기 레벨 상에서 실행된다.

2D MLC와 XLC NAND 로드맵 확장에 대해서 우리는 단일 소프트웨어 기반 최적화 전략은 메모리 어레이와 셀 기반 효과들을 극복할 수 없다고 결론지을 수 있다. 설계와 공정의 이러한 약점들은 ECC의 수학적 증명 가능성을 제한할 수 있다. 다음 세대의 리소그래피가 이 상황을 개선시킬 수 있으나 현재 상태에서는 평가될 수 없다.

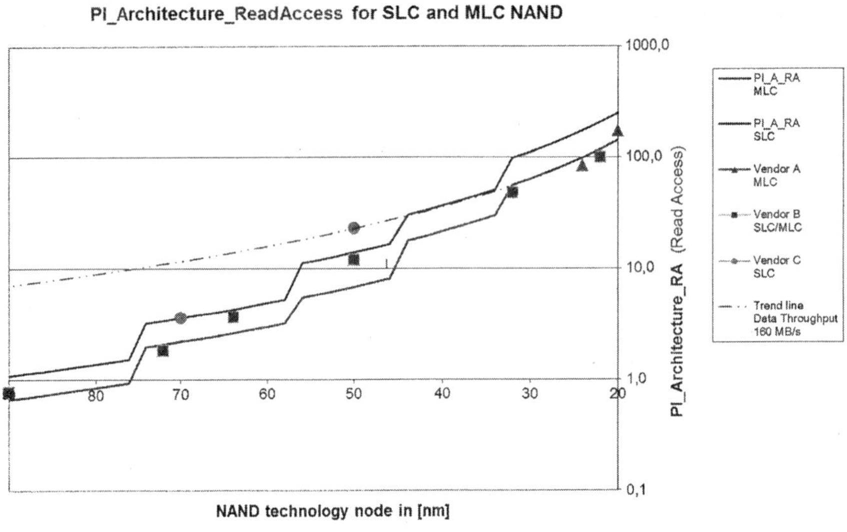

그림 7.10_ 2012년에 설계된 SLC와 MLC NAND와 함께 나타내어진 PI_A_RA 추세 차트

Read 액세스를 목표로 하는 메모리 구조를 특징짓는 다른 성능 지표는 PI_A_RA이다. 그림 7.10과 같이 SLC와 MCL NAND의 성능 지표 값들은 결정되었으며, 이 경향은 예상되는 추세선들을 따른다. [10, 11]에서 보고된 메모리들은 400MB/s의 훌륭한 read 데이터 throughput을 갖는다. 이들은 성능 지표 값들에서는 잘 보이진 않는다. 왜냐하면 분석된 설계들에 대한 read 액세스 사이클 시간이 40μs에서 80μs까지 증가되고 셀 효율은 40~50% 이하로 감소했기 때문이다.

플로팅 게이트와 charge trapping FinFET 3D 플래시 셀 트랜지스터들은 같은 셀 원리를 갖는 2D에 비해 내구성의 증가와 매우 안정적인 retention 값들을 보였다. 3D 플래시 셀 트랜지스터의 모든 장점들을 적용하는 다음 세대 개발은 3D NAND 어레이 구조이다.

[8, 9, 12~15]에서 출판된 3D NAND 구조들은 그림 7.11의 우측과 같이 일반적 원리의 구조에 집중되어 있다. 삼차원은 F^2당 비트 집적도를 증가시키기 위해 요구되는 유연성과 동시에 짧아진 global line들의 프로그램 성능 회복을 제공한다. 3D NAND 어레이 구조는 대량생산을 위해서 주요 도전 과제들을 극복해야 한다. 하지만 3D NAND는 미래 비휘발성 고체 기반 메모리 구조에게 다음과 같은 고유한 장점들을 제공한다.

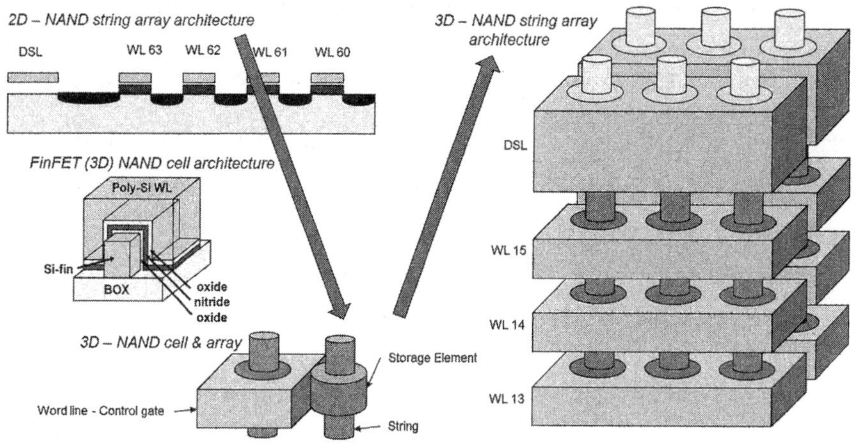

그림 7.11_ 2D vs 3D NAND 어레이 구조 개념들[16]

- 3D 트랜지스터의 활용
- 게이트 길이는 높이에 의해 정해지며 리소그래피 변화와는 무관하다.
- 멀티플 비트들은 다른 위치에 놓이게 된다–Z–축을 따라 서로 다른 셀들

위에서 가정한 3D NAND 스트링 구조는 이 책에서 이상적인 비휘발성 셀 개념으로 정의된 필요조건들을 만족시킨다. 3D 셀은 FN 터널링 오퍼레이션과 관련된 charge trapping 셀 특성을 향상시키고 NAND 어레이 안에 있는 charge trapping 셀들을 활성화할 수 있다. 어떤 셀을 사용할지에 대한 결정은 이미 언급된 charge trapping 셀들의 약점으로 인해 3D NAND 스트링 구조를 위한 가장 중요한 혁신들 중 하나라고 여겨진다.

성능 지표 방법론은 셀 효율 혹은 비트 효율, 성능 그리고 내구성 데이터에 기반한 개념들을 비교한다. 첫 판단에 의하면 오직 3D 비휘발성 메모리들만이 SLC 성능 지표 추세선을 능가할 수 있고, 멀티–코어 마이크로프로세서 기반의 모바일 애플리케이션에 필요한 성능과 집적도 요구 조건들을 지원할 수 있다.

7.4 오류에 강한 시스템들: 내구성을 위한 설계

메모리 중심 시스템의 뛰어난 가격 경쟁력은 전체 비용에 최적화된 비휘발성 메모리와 특정 기간 동안 데이터의 무결성이 보장되었기 때문이다. 메모리 어레이 구조의 강점과 핵심 애플리케이션 요구 조건들의 매핑은 소개된 성능 지표 방법론에 의해 지원된다. 성능 변수들은 일반적인 사용 케이스상의 애플리케이션 요구조건들과 연결된다. 애플리케이션 지식은 연관되는 사용 케이스들을 만들기 위한 기본이 된다. 사용 케이스들의 정량화는 어렵다. 그러므로 애플리케이션 요구 조건들을 나타내기 위해 모델 기반 애플리케이션 추세선들이 소개되었다. Read와 write 데이터 throughput의 평균값들이 스토리지 지향 비휘발성 메모리들을 위한 주 벤치마크 기준으로 선택되었다. 메모리 어레이 데이터 rate(프로그램과 read 데이터 throughput)은 개발된 성능 지표 세트의 기본이다.

액세스 지향 비휘발성 메모리는 2.8장에서 요약된 두 개의 메모리 어레이 구조를 비교하면서 7.3절에서 성능 지표 평가의 목표였다. NAND 플래시는 같은 애플리케이션 부분에 있는 NVM과 경쟁하기 위해서 공격적인 성능 지표 추세선들을 따라야 한다. 메모리 혁신들이 필요하고 스토리지 요소와 3D 어레이 구조들에 의한 모든 어레이 line들의 rise time 감소와 관련하여 혁신이 예상된다. 내구성과 신뢰성은 메모리와 셀 레벨에 초점을 맞춘다. 메모리 구조는 액세스 지향 메모리의 최하위 레벨에서 안전 혹은 보안 시스템으로부터 알려진 오류에 강한 설계와 구조(failure tolerant design and architecture) 개념들을 받아들여야 한다.

스토리지 지향 비휘발성 메모리들은 에러 검출과 수정을 위한 고급 기술들을 적용한 긴 역사를 가지고 있다. 스토리지 지향 NAND 플래시 메모리는 7.3절의 성능 지표 평가 목표였고 SLC, MLC, 그리고 XLC NAND 플래시 개념들을 비교하였다. Read 액세스와 read throughput(PI_A_RA)을 목표로 하는 공격적인 성능 지표 추세선은 90nm부터 19nm까지 완성된 개발 로드맵을 따르는 SLC와 MLC NAND 플래시 메모리들을 위해 나타내었다 [11].

프로그램 throughput을 목표로 하는 보수적인 성능 지표 추세선은 평균적으로 실현되었다. 하지만 성능이 더 좋지는 않았다. 지속적인 페이지 크기의 배가에 의한 성능 이득은 비트 라인과 워드 라인의 rise time 값들의 증가와 모든 공정과 셀 변화를 보상하기 위한 고급 프로그래밍 알고리즘에 의해 부분적으로 소비되었다. 추가적으로 요구되는 EDC, ECC, 그리고 적응형 read 기술들을 위한 면적은 얻어진 셀 효율을 감소시킨다.

예상된 프로그램 성능 증가는 내구성 측정을 위한 설계에 의해 모두 소비된다. MLC와 XLC 플래시 메모리들의 데이터의 무결성을 보장하기 위한 노력과 복잡도는 이 책에서 자세히 논의되었다. 소개된 기술들은 지금까지 모두 적용되었다.

오류에 강한 메모리 시스템을 정량화하는 추가적인 지표는 시스템 개념 단계 동안 내구성을 위한 설계를 지원할 수 있다. EDC와 ECC를 증가시키는 이 접근은 자동으로 오류에 강한 시스템으로 만들진 않을 것이다. 애플리케이션상에서 랜덤 비트 오류를 야기하는 각 특성의 근본적인 원인들은 분석되어야 한다. 향상되는 오류에 대한 내구성을 보장하기 위한 설계와 소프트웨어 척도의 효율성을 증명하기 위한 체크리스트가 제안되었다.

메모리 시스템의 평가는 예상되는 랜덤 오류율과 예상할 수 없는 통계적으로 연관된 잡음 효과에 대한 대책들을 포함하여 완성되어야 한다. 이 평가의 초점은 약점의 식별을 설정해야 한다는 것이다. 왜냐하면 각 메모리 개념의 장점은 잘 문서화되어 있기 때문이다. 메모리 서브 시스템의 알려진 그리고 받아들여진 약점들만이 보상될 수 있다. 약점들을 보상하기 위한 소프트웨어 안의 개발 노력이 크다. 그러므로 선택된 메모리 구조의 장기적인 잠재력은 다른 관점들을 가지고 분석되어야만 한다.

시스템 구조 결정은 가장 높은 성능과 내구성 그리고 재사용 가능성 잠재력을 제공하는 메모리 공정을 선택해야 한다. 재사용 가능성은 특히 주위의 시스템 소프트웨어 패키지에 매우 중요하다.

플래시 기반 시스템상에 저장되어야 할 데이터의 분류는 신뢰성, 그리고 내구성을 크게 향상시킬 수 있다. 모든 데이터 패키지는 특별히 각 패키지나 패키지 그룹을 위한 신뢰성 필요 조건을 묘사하는 속성을 가질 수 있다. 오류에 강한 하드웨어와 소프트웨어 메모리 서브 시스템은 자동으로 데이터 파이프라인을 따라 적합한 대책을 선택한다.

참고 문헌

1. A. Shappir, E. Lusky, G. Cohen, B. Eitan, NROM Window sensing for 2 and 4-bits per cell products, in *NVSMWS*, Monterey, CA, (2006)
2. N. Shibata, H. Maejima, K. Isobe, K. Iwasa, M. Nakagawa, M. Fujiu, T. Shimizu, M. Honma, S. Hoshi, T. Kawaai, K. Kanebako, S. Yoshikawa, H. Tabata, A. Inoue, T. Takahashi, T. Shano, Y. Komatsu, K. Nagaba, M. Kosakai, N. Motohashi, A 70 nm 16 Gb 16-level-cell NAND Flash Memory. IEEE J. Solid-State Circuits 43, 929–937 (2008) 260 7 System Optimization Based on Performance Indicator Models
3. C. Trinh, N. Shibata, T. Nakano, M. Ogawa, J. Sato, Y. Takeyama, K. Isobe, B. Le, F. Moogat, N. Mokhlesi, K. Kozakai, P. Hong, T. Kamei, K. Iwasa, J. Nakai, T. Shimizu, M. Honma, S. Sakai, T. Kawaai, S. Hoshi, J. Yuh, A 5.6MB/s 64Gb 4b/Cell NAND Flash Memory in 43nm CMOS, in *ISSCC, Digest of Technical Papers*, pp. 246–247, San Francisco, 2009
4. M. Deutscher, Fusion-io's flash NAS software makes your servers run 25X faster. Silicon Angle. 03 Aug 2012
5. M. Feldman, HPC Wire. 22 Jan 2010. http://www.hpcwire.com/hpcwire/2010-01-22/govt_brews_national_cloud_for_science.html. Zugriff am 17 Juni 2011
6. Micron Technology, Inc., Product Brief LPDDR2-PCM and Mobile LPDDR2 121-Ball MCP. Micron Product Specification, Boise, 2012
7. M. Miranda, When every atom counts—as transistors shrink, the problem of chip variability grows. IEEE Spectrum, 30–35 (July 2012)
8. H. Tanaka, M. Kido, K. Yahashi, M. Oomura, R. Katsumata, M. Kito, Y. Fukuzumi, M. Sato, Y. Nagata, Y. Matsuoka, Y. Iwata, H. Aochi, A. Nitayama, Bit cost scalable technology with punch and plug process for ultra high density Flash Memory, in *IEEE Symposium on VLSI Technology, 2007*, pp. 14–15, Kyoto (2007)
9. A. Nitayama, H. Atochi, Bit cost scalable (BiCS) flash technology for future ultra high density storage devices, in *VLSI Technology Systems and Applications (VLSI-TSA)*, pp. 130–131, Hsinchu (2010)
10. C. Kim, J. Ryu, T. Lee, H. Kim, J. Lim, J. Jeong, S. Seo, H. Jeon, B. Kim, I. Lee, D. Lee, P. Kwak, S. Cho, Y. Yim, C. Cho, W. Jeong, K. Park, J.-M. Han, D. Song, K. Kyung, A 21nm High Performance 64 Gb MLC NAND Flash Memory With 400MB/s asynchronous toggle DDR interface. IEEE J. Solid-State Circuits 47, 981–989 (2012)
11. K. Kanda, N. Shibata, T. Hisada, K. Isobe, M. Sato, Y. Shimizu, T. Shimizu, T. Sugimoto, T. Kobayashi, N. Kanagawa, Y. Kajitani, T. Ogawa, K. Iwasa, M. Kojima, T. Suzuki, Y. Suzuki, S. Sakai, T. Fujimura, Y. Utsunomiya, T. Hashimoto, A 19 nm 112.8 mm2 64 Gb multi-level Flash Memory with 400 Mbit/sec/pin 1.8 V toggle mode interface. IEEE J. Solid-State Circ. 48, 1–9 (2013)
12. T. Maeda, K. Itagaki, T. Hishida, R. Katsumata, M. Kito, Y. Fukuzumi, M. Kido, H. Tanaka, Y.

Komori, M. Ishiduki, J. Matsunami, T. Fujiwara, H. Aochi, Y. Iwata, Multi-stacked 1G cell/layer Pipe-shaped BiCS Flash Memory, in *Symposium on VLSI Circuits, 2009*, pp. 22–23, Kyoto (2009)

13. R. Katsumata, M. Kito, Y. Fukuzumi, M. Kido, H. Tanaka, Y. Komori, M. Ishiduki, J. Matsunami, T. Fujiwara, Y. Nagata, L. Zhang, Y. Iwata, R. Kirisawa, H. Aochi, A. Nitayama, Pipe-shaped BiCS Flash Memory with 16 stacked layers and multi-level-cell operation for ultra high density storage devices, in *Symposium on VLSI Technology, 2009*, pp. 136–137, Honolulu (2009)
14. J. Jang, H.-S. Kim, W. Cho, H. Cho, J. Kim, S. I. Shim, Y. Jang, J.-H. Jeong, B.-K. Son, D. W. Kim, Kihyun, J.-J. Shim, J. Lim, K.-H. Kim, S. Y. Yi, J.-Y. Lim, D. Chung, H.-C. Moon, Vertical cell array using TCAT (Terabit Cell Array Transistor) technology for ultra high density NAND Flash Memory, in *Symposium on VLSI Technology, 2009*, pp. 192–193, Honolulu (2009)
15. Y. Yanagihara, K. Miyaji, K. Takeuchi, Control gate length, spacing and stacked layer number design for 3D-stackable NAND Flash Memory, in 4th IEEE International Memory Workshop (IMW), 2012, Milan (2012)
16. C. Friederich,M. Specht, T. Lutz, F. Hofinann, L. Dreeskornfeld, W. Weber, J. Kretz, T.Melde, W. Rosner, E. Landgraf, J. Hartwich, M. Stadele, L. Risch, D. Richter, Multi-level p+ tri-gate SONOS NAND string arrays, in *IEDM Technical Digest*, pp. 1–4, Washington, 2006

F l a s h   M e m o r y

CHAPTER 08

결론과 전망

모델 기반의 정량적 성능 지표 방법론을 도입하기 위하여 비휘발성 메모리들이 채택되었다. 메모리 개발 과정 동안 제품의 혁신을 정량화하기 위한 방법론을 도입하고 적용하기 위하여 플래시 메모리의 복잡한 예시들이 사용되었다. 비휘발성 고체 상태 저장 시스템은 거의 대부분의 모바일 장치들과 멀티-코어에 기반한 시스템들을 있게 해준 핵심 기술이다. 플래시 메모리에 대한 개발 요구 사항은 매우 높은데, 예를 들어, 비휘발성 설계와 기술의 복잡성을 관리하고 목표 단가를 맞추며 적절한 시기에 파급력 있는 혁신을 포함하는 것들이다.

애플리케이션의 미래 동향과 이런 애플리케이션 요구 사항들 및 필요한 설계와 기술적 혁신 사이의 매칭 과정은 비휘발성 메모리 시장에서 경쟁력 있는 제품이 되기 위한 핵심적 요소들이다.

8.1 요약

플래시 메모리의 셀, 어레이, 성능 및 신뢰성 효과가 소개되고 분석되었다. 플래시의 복잡성을 다루기 위하여 핵심 성능 변수가 유도되었다. 성능과 어레이 메모리 모델이 개발되었고 구조, 비용 및 내구성의 특성을 나타내는 지표들이 정의되었다. 플래시 메모리의 성능과 신뢰성 및 설계와 알고리즘 혁신 사이의 의존성은 V_{th} 윈도우 마진 분석을 적용하여 설명되었다.

이 책의 목적은 플래시 로드맵과 개발 과정 동안에 설계와 기술에 대한 결정을 정량화하기 위하여 기술적 및 경제적 척도에 기반한 확고한 방법론을 세우는 것이다.

수백 가지의 설계와 기술적 변수들의 복잡성이 구조화된 성능 지표라는 하나의 집합으로 줄어들었다. 모델 기반의 접근 방식은 공정 미세화 로드맵에 따라서 성능 지표 값들의 경향을 파악하고 예측하기 위하여 도입되었다. 여러 공정 노드에서 경향성 그래프에 기반한 시각적인 표현은 경쟁사 제품, 혁신 및 시스템 최적화 전략의 분석의 기본이 된다.

플로팅 게이트 NAND와 charge trapping VG-NOR 플래시 제품은 5대를 넘는 기술적 세대를 경험하고 출판된 비휘발성 메모리 설계들은 모델 기반의 성능 지표 방법론의 개념을 증명하기 위해 사용되었다. 방법론의 면면들은 MLC NAND 제품 사양, 설계 및 기술적 혁신을 이끄는 데 성공적으로 사용되었다. 완전한 성능 지표 방법론은 지난 4년간 개발되어 대량생산되는 다량의 MLC NAND 제품 데이터들을 이용해 추세선을 검증하였다.

성능 지표 방법론은 상업적으로 성공적 제품과 시스템 개발 로드맵을 위하여 드러나지 않은 메모리 변수들의 중요성을 나타내기 위해서 SLC, MLC 및 셀당 4비트 XLC 플래시 메모리들에 적용하였다. 플래시 메모리의 성능, 비용 신뢰성 변수들의 시각적 성능 지표 추세선에 기반한 정령적 평가 항목의 잠재력과 명확성을 여러 애플리케이션을 통해서 보여주었다. 메모리 모델의 반복되는 개발로 지식이 확실해졌고 중요한 기술적 변수들의 이해를 시각화해 주었다. 성능 지표 계산에 있어서 여러 효율성 변수들의 선택적 사용은 표준 변수 평가와 비교하였을 때 차이를 나타내었고 성공적인 제품 혁신의 잠재력을 확인해주었다. 모델 기반의 성능 지표의 추세선, 특정 애플리케이션의 추세선과 경쟁사 제품들의 조합은 비휘발성 저장 기술에 있어서 메모리와 시스템 구조를 개발하고 최적화하는 데 강력한 도구가 된다.

메모리 모델의 개발은 두 공정 노드의 실제 실리콘 데이터를 집중적으로 분석해서 이루어졌다. 비휘발성 메모리의 성공적인 제품 개발 전략은 제품 혁신을 두 공정 노드에 미리 적용해보고 이 설계 개념과 높아진 성능 목표나 집적도 목표를 결합하는 것이다. 어레이 노이즈와 실리콘의 신뢰성 효과에 대한 학습은 V_{th} 오퍼레이션 윈도우에 영향을 주는 본질적 노이즈 효과의 수학적 모델링과 함께 결합되어야 한다[1].

8.2 플래시 메모리에 대한 전망

성공적 메모리 개발 과정은 애플리케이션과 시스템에 의해 이루어져야 한다.

경제적 원리는 반도체 메모리 로드맵의 상업적 성공을 위한 핵심이다.

중요 애플리케이션 드라이버의 식별과 설계, 공정 및 임베디드 소프트웨어의 복잡성을 포함한 성능 지표로의 변환은 메모리 서브 시스템 개념 개발 과정의 중요한 단계가 된다.

시스템 요구 사항에 100% 부합하는 메모리 구조는 자동적으로 완벽한 시장의 추진 동력이 되고 있다. 우리는 다시 한 번 Herbert Kroemer의 말을 음미해본다. "새롭고 혁신적인 모든 기술의 주요 애플리케이션은 항상 그리고 앞으로도 그 기술로 제작된 애플리케이션이다."[2]

시스템 요구 사항으로 전달되는 애플리케이션 사례의 지식은 메모리 서브 시스템의 신뢰성 영역을 정의한다. 내부 오류에 강한 메모리 구조는 미래의 메모리 어레이 구조의 상업적 성공을 위한 필수 요인으로 되고 있다. 시스템 레벨에서의 내구성을 위한 설계와 메모리 레벨에서의 적응형 설계 기술들은 비휘발성 반도체 메모리에 있어서 필수적이다.

에러 센싱, 에러 수정 및 소프트웨어에 기반한 데이터 처리는 메모리 서브 시스템 구조의 일부분이 되어야 하고 모든 통계적 관련 효과들과 최적화된 설계 레벨에서 각각의 사례마다 특화된 대응책들에 대한 심도 깊은 이해를 필요로 한다.

방법론으로 소개한 "모델 기반의 핵심 성능 지표를 어떻게 적용할 것인가"는 비용과 성능이 최적화된 상품들을 위해 요구되는 혁신들을 개발하는 데 있어서, 또 앞으로 십 년 이상의 공격적인 메모리 성능과 구조의 추세선을 맞출 수 있도록 좀 더 빠른 결정 과정을 지원해 준다.

참고문헌

1. C. Friederich, J. Hayek, A. Kux, T. Muller, N. Chan, G. Kobernik, M. Specht, D. Richter, D. Schmitt-Landsiedel, Novel model for cell—system interaction (MCSI) in NAND Flash, in IEDM Technical Digest, (Washington, 2008), pp. 1–4
2. H. Kroemer, Nobel Physica Laureate, in Lex Prix Nobel, (2000)

찾아보기

마

바

사

아

자

차

카

G

H

I

J

L

M

S

T

V

W

X

Y

숫자